交通运输科技丛书·水路基础设施建设与养护
交通运输重大科技创新成果库入库成果

生态航道建设探索与评价
——以长江南京以下深水航道工程为例

乔 冰 曹民雄 等 编著

人民交通出版社股份有限公司
北 京

内 容 提 要

本书分为8章,重点介绍了长江南京以下深水航道建设工程生态航道建设的探索,并进行了生态航道建设评价。其中,第1章介绍了生态文明建设的宏观要求和工程区域生态环境重点保护目标,第2章介绍了工程建设的目标和主要内容,第3章介绍了生态型护坡、生态型护底(低滩)、生态型护滩(高滩)、生态坝体结构,第4章介绍了取水口及水源保护技术、江豚保护技术,第5章介绍了鱼类繁殖停工期设置、工程建设期环境管理、生态补偿措施,第6章介绍了生态整治效果、人工鱼巢和生态浮床生态修复效果、增殖放流效果的监测及分析评估情况,第7章介绍了推广应用成果及科技示范进展概况、航道工程生态环境影响机理与对策关键作用、航道整治对鱼类生存环境影响分析技术、多层级生态环境影响综合指标体系构建与评价,第8章介绍了生态航道建设模式构建、影响和对策效果评估模型、生态航道建设效果评价。

本书为交通运输部科技示范工程专项项目的系列成果,不仅提出了系统、完整的生态航道建设和评价的理论与技术方法,而且配套了丰富、翔实的工程建设应用实例和珍贵、全面的生态环境效果调查监测资料,可作为航道工程规划、设计、建设、运行、管理人员和环境保护工作者开展生态航道建设相关研究和评价的参考用书。

图书在版编目(CIP)数据

生态航道建设探索与评价:以长江南京以下深水航道工程为例 / 乔冰等编著. — 北京:人民交通出版社股份有限公司,2022.9
ISBN 978-7-114-18078-1

Ⅰ.①生… Ⅱ.①乔… Ⅲ.①长江口—深水航道—航道建设—研究 Ⅳ.①U612.32

中国版本图书馆 CIP 数据核字(2022)第 117701 号

Shengtai Hangdao Jianshe Tansuo yu Pingjia——
Yi Chang Jiang Nanjing Yixia Shenshui Hangdao Gongcheng Weili

书　　名:	生态航道建设探索与评价——以长江南京以下深水航道工程为例
著 作 者:	乔　冰　曹民雄　等
责任编辑:	牛家鸣　钱悦良
责任校对:	席少楠　刘　璇
责任印制:	张　凯
出版发行:	人民交通出版社股份有限公司
地　　址:	(100011)北京市朝阳区安定门外外馆斜街3号
网　　址:	http://www.ccpcl.com.cn
销售电话:	(010)59757973
总 经 销:	人民交通出版社股份有限公司发行部
经　　销:	各地新华书店
印　　刷:	北京交通印务有限公司
开　　本:	787×1092　1/16
印　　张:	24.5
字　　数:	465千
版　　次:	2022年9月　第1版
印　　次:	2022年9月　第1次印刷
书　　号:	ISBN 978-7-114-18078-1
定　　价:	160.00元

(有印刷、装订质量问题的图书,由本公司负责调换)

交通运输科技丛书编审委员会
(委员排名不分先后)

顾　　问：王志清　汪　洋　姜明宝　李天碧

主　　任：庞　松

副 主 任：洪晓枫　林　强

委　　员：石宝林　张劲泉　赵之忠　关昌余　张华庆

　　　　　郑健龙　沙爱民　唐伯明　孙玉清　费维军

　　　　　王　炜　孙立军　蒋树屏　韩　敏　张喜刚

　　　　　吴　澎　刘怀汉　汪双杰　廖朝华　金　凌

　　　　　李爱民　曹　迪　田俊峰　苏权科　严云福

《生态航道建设探索与评价
——以长江南京以下深水航道工程为例》
编写委员会

主 编：乔 冰　曹民雄

编 委：袁立莎　常留红　刘春玲　黄召彪　李晋鹏

　　　　应翰海　吴 宣　寇 军　李元音　肖 政

　　　　陈明波　李雪元　王时悦　罗宏伟　李 玥

　　　　王 翔　李小超　王仙美　王效远　马爱兴

　　　　郑惊涛　丁 洁　申 霞　雷 立　邓 涯

　　　　张辉苏　杨顺益

总　序

科技是国家强盛之基,创新是民族进步之魂。中华民族正处在全面建成小康社会的决胜阶段,比以往任何时候都更加需要强大的科技创新力量。党的十八大以来,以习近平同志为核心的党中央做出了实施创新驱动发展战略的重大部署。党的十八届五中全会提出必须牢固树立并切实贯彻创新、协调、绿色、开放、共享的发展理念,进一步发挥科技创新在全面创新中的引领作用。在最近召开的全国科技创新大会上,习近平总书记指出要在我国发展新的历史起点上,把科技创新摆在更加重要的位置,吹响了建设世界科技强国的号角。大会强调,实现"两个一百年"奋斗目标,实现中华民族伟大复兴的中国梦,必须坚持走中国特色自主创新道路,面向世界科技前沿、面向经济主战场、面向国家重大需求。这是党中央综合分析国内外大势、立足我国发展全局提出的重大战略目标和战略部署,为加快推进我国科技创新指明了战略方向。

科技创新为我国交通运输事业发展提供了不竭的动力。交通运输部党组坚决贯彻落实中央战略部署,将科技创新摆在交通运输现代化建设全局的突出位置,坚持面向需求、面向世界、面向未来,把智慧交通建设作为主战场,深入实施创新驱动发展战略,以科技创新引领交通运输的全面创新。通过全行业广大科研工作者长期不懈的努力,交通运输科技创新取得了重大进展与突出成效,在黄金水道能力提升、跨海集群工程建设、沥青路面新材料、智能化水面溢油处置、饱和潜水成套技术等方面取得了一系列具有国际领先水平的重大成果,培养了一批高素质的科技创新人才,支撑了行业持续快速发展。同时,通过科技示范工程、科技成果推广计划、专项行动计划、科技成果推广目录等,推广应用了千余项科研成果,有力促进了科研向现实生产力转化。组织出版"交通运输建设科技丛书",是推进科技成果公开、加强科技成果推广应用的一项重要举措。"十二五"期间,该丛书共出版72册,全部列入"十二五"国家重点图书出版规划项目,其中12册获得国家出版基金支持,6册获中华优秀出版物奖图书提名奖,行业影响力和社会知名度不断扩大,逐渐成为交通运输高端学术交流和科技成果公开的重要平台。

"十三五"时期,交通运输改革发展任务更加艰巨繁重,政策制定、基础设施建设、运输管理等领域更加迫切需要科技创新提供有力支撑。为适应形势变化的需要,在以往工作的基础上,我们将组织出版"交通运输科技丛书",其覆盖内容由建设技术扩展到交通运输科学技术各领域,汇集交通运输行业高水平的学术专著,及时集中展示交通运输重大科技成果,将对提升交通运输决策管理水平、促进高层次学术交流、技术传播和专业人才培养发挥积极作用。

当前,全党全国各族人民正在为全面建成小康社会、实现中华民族伟大复兴的中国梦而团结奋斗。交通运输肩负着经济社会发展先行官的政治使命和重大任务,并力争在第二个百年目标实现之前建成世界交通强国,我们迫切需要以科技创新推动转型升级。创新的事业呼唤创新的人才。希望广大科技工作者牢牢抓住科技创新的重要历史机遇,紧密结合交通运输发展的中心任务,锐意进取、锐意创新,以科技创新的丰硕成果为建设综合交通、智慧交通、绿色交通、平安交通贡献新的更大的力量!

2016 年 6 月 24 日

前　言

水路运输作为相对节能和经济的运输方式,多年来承担约90%的国际贸易货物运输及中转服务。在水路运输为全球及区域社会经济发展提供了便捷、经济的运输保障的同时,由于认知、管理、技术及经济的局限性以及天灾人祸等多方面原因,船舶、港口、航道的建设和运行也对海洋、内河、岸线及沉积物、大气和生态环境造成了不同程度的污染损害。

联合国于1948年制定的《政府间海事协商组织公约》(后更名为《国际海事组织公约》)充分考量了船舶运输可能造成的污染损害以及环境影响,并将"鼓励并促进在有关海上安全、航行效率、防止和控制船舶造成海洋污染的问题上普遍采用可行的最高标准"奉为国际海事组织(IMO)的重要宗旨。通过IMO及其成员国和各相关国际组织随后70余年的共同奋斗,陆续研究制定和生效实施了多项防控船舶造成污染损害的国际公约、议定书、附则及技术支持文件,明显遏制了全球范围内船舶污染频发的势头及其所造成的环境损害。各国通过环境评价和管理制度,持续改进并有效控制了港口和航道开发与运营中的不利环境影响。

尽管人类社会已经取得了上述成就,但是随着经济的发展和运输总量的增加,船舶航运与港口、航道建设运行中的环境问题依然比较突出,明显制约了水路运输的绿色、可持续发展。随着公众的生态保护意识普遍增强,绿色水运的生态航道建设备受社会各界的关注,需要在保证航道工程效果的同时兼顾河道及两岸的生态环境需求。为了从根本上妥善解决这一生态环境与可持续发展问题,本专著作者申请提出了交通运输部科技示范工程——长江南京以下深水航道二期工程生态航道建设与评估科技示范工程,获批立项后,以长江南京以下深水航道建设工程为依托,进行了生态航道建设探索,开展了生态型护坡、护底、护滩结构及生态坝体结构的研发与示范应用,以及生态环境保护及修复技术的研究,采取了生态保护与补偿措施,进行了生态效果监测及评估,对各项工程与生态措施进行了生态航道建设评价,编制了生态航道建设模式与对策效果评估模型用户培训手册,开展了交流研讨,研究形成了本专著中关于生态航道建设探索与评价的实例成果。同时本书入选2019年度交通运输重大科技创新成果库,对于构建国家生态水运网络及其生态型航道、港口、船舶和支持系统,构建及运行与之相配套的绿色产业链,具有重要参考和借鉴价值。

美国密西西比河除干流外约有50多条支流通航,多条运河与五大湖及其他水系相连,构成巨大的内河水运网络,其发展理念为:"为国家安全、商业发展及娱乐提供安全、可靠、高效、环境可持续发展的内河运输系统";欧盟各国航道护岸结构都选用利于生态系统稳定的"软性化"结构,为水体、土壤、生物间的相互涵养创造适合生物生存和繁衍的自然优越条件。上述各国相关研究理论和经验均显示,生态保护措施最好在工程设计阶段就开始考虑,统筹安排,合理兼顾,施工期严格执行,施工后进行评估并加以保持。

我国海域辽阔,江河湖泊遍布,海上丝绸之路和内河水运历史久远,由沿海、近海、远洋和内河干线及支线组成的国家水运网络,为区域和国际贸易及长江、珠江、黄河、松嫩等流域的社会经济发展提供了重要支撑。"十四五"及未来中长期水路运输要更好地发挥对国家发展新常态的战略支撑作用,十分有必要按照生态文明建设的治国理政方针,坚持生态优先和绿色发展,着力推进国家生态水运网络及其产业链的发展和科技创新,为水运供给侧结构性改革提供引领和支撑,加快构建生态型水运交通干线及支线走廊,提升黄金水道功能和生态航道符合性,促进航线网络和港口的合理布局以及综合交通网络的完善,实现联程联运生态型提质增效。

根据国际绿色产业联合会(International Green Industry Union,IGIU)2007年的声明,如果产业在生产过程中基于环保考虑,借助科技和采用绿色生产机制,力求节约资源和减少污染,则其即可冠名为绿色产业。近年来我国水路运输行业开展了绿色港口、绿色航道和绿色船舶评价指标体系的研究,对于从外部评价港口、航道和船舶的节能减排与生态文明建设水平具有明显的推进作用。

本书提出的建设生态航道及评价体系的理论、技术方法和应用案例,主要是从内部来探究生态型航道、港口和船舶的建设、运行与养护技术及装备研发,追求本质上的生态友好与可持续性,同时体现外部监管与支持系统的联防联控,进而为更加积极主动和有效地推动水路交通的生态环境保护与可持续发展提供可贯穿于规划、设计、建设、运行全过程、全方位、全链条的科技支撑。

具体而言,我国生态水运建设不仅需要推动构建国家生态水运网络所包括的生态型航道、港口、船舶和支持系统,同时还需要推动发展相关供给侧产业链,促进整个产业各个价值环节都得到绿色发展,形成配套、成体系的绿色产业链,实现生态水运产业的有效供给和可持续发展,达到短期效益和长期发展的和谐统一。

例如,在国家航道网络生态化规划与建设、生态型船舶设计与建造、生态型港口及装备研发、分布式可再生能源利用、外来物种入侵风险防范、船舶修造与无害化拆解、溢油及危化品应急处置、船上及岸基污染物排放控制设施等多个方面,均需要绿色产业链的供给侧支持，积极推进这些新兴绿色产业链的开拓，将为国家生态水运建设以及推进水运行业的转型升级发展提供有力支撑。

鉴于国家生态水运绿色产业链与传统水运行业相比在系统的组成和质量控制等诸多方面均发生了本质的变化，其推进实施将是一项庞大的系统工程。尤其是在相关政策、制度、法规、标准、技术、装备、管理等方面尚存在诸多薄弱环节，包括缺乏有关生态水运的规划、设计、建设、制造技术和装备的优质供给，以及相应需要的资金支持、创新研发和运行保障，理想中的国家生态水运绿色产业链在现实中还存在多处断裂和空白区域，亟待加强绿色供给与保障，推动现有产业链实现绿色转型。

为此，本书作者建议在"十四五"期及未来中长期大力开展科技创新研发支持，同时开展相关重点工程的规划、行业支持政策的制定、配套技术标准制修订，在我国相关环保法规、标准、污染防治行动计划和 IMO 环境保护公约体系框架下，重点研究国家生态水运系统的规划、设计、加工、制造、运行等绿色产业链的框架及组成、现有标准状况和制修订对策、相关技术政策建议报告，积极、稳妥、有效地推进国家生态水运绿色产业链的构建完善及新旧转换。

北京大学环境科学专业理学博士
交通运输部水运科学研究院研究员
交通运输部专家委员会（第三、四届委员会）水路组委员
中国环境科学学会环境损害鉴定评估专业委员会副主任委员
2020 年 8 月 28 日　于北京

目　　录

第1章　研究背景	01
1.1　长江南京以下河段概况	02
1.2　环境保护目标	07
第2章　深水航道工程概况	18
2.1　工程建设目标	18
2.2　工程建设内容	19
第3章　生态航道整治技术	25
3.1　生态型护坡结构	25
3.2　生态型护底(低滩)结构	46
3.3　生态型护滩(高滩)结构	76
3.4　生态坝体结构	87
第4章　生态环境保护技术	102
4.1　取水口及水源地保护技术	102
4.2　江豚保护技术	109
第5章　生态环境保护措施	114
5.1　鱼类繁殖停工期设置	114
5.2　工程建设期环境管理	114
5.3　生态补偿措施	121
第6章　生态效果监测及分析	126
6.1　工程前后生态环境监测及分析	126
6.2　生态结构生态效应监测及分析	187
6.3　生态修复效果监测及分析	221
6.4　增殖放流效果监测及分析	243
第7章　航道工程生态影响和保护对策评估理论、技术和方法	250
7.1　推广应用成果及科技示范进展	250
7.2　航道工程生态环境影响机理与对策的关键作用	255
7.3　航道整治对鱼类生存环境影响分析	284
7.4　多层级生态环境影响综合指标体系构建与评价	308

第 8 章　生态航道建设模式与对策效果评估模型 ································ 328
　8.1　生态航道建设模式构建 ·· 328
　8.2　影响和对策效果评估模型 ·· 336
　8.3　生态航道建设效果评价 ·· 361
参考文献 ·· 376
致谢 ··· 378

第1章 研究背景

长江是中国水量最为丰富的河流，水资源总量9616亿 m^3，约占全国河流径流总量的36%，居世界第三位，航运资源非常丰富。长江干线由水富至长江口通航里程达2838km，是我国水运主通道和沿江地区综合交通运输体系主骨架。充分发挥长江运能大、成本低、能耗少等优势，加快推进长江干线航道系统治理，整治浚深下游航道，有效缓解中上游瓶颈，改善支流通航条件，优化港口功能布局，加强集疏运体系建设，发展江海联运和干支直达运输，打造畅通、高效、平安、绿色的黄金水道，是依托黄金水道推进长江经济带发展的重要内容。

国家高度重视长江黄金水道的建设，为了打通长江口"拦门沙"天然屏障，从1998年开始实施长江口航道整治工程。2002年一期工程建成，长江口航道水深从7m增至8.5m并上延至南京；2005年二期工程建成，航道水深达到10.5m并上延至南京；2010年三期工程建成，航道水深达到12.5m并上延至江苏太仓，能满足第三、四代集装箱船和5万吨级船舶全潮双向通航的要求，同时兼顾满足第五、六代大型远洋集装箱船和10万吨级满载散货船及20万吨级散货船减载乘潮通过长江口的要求。

为充分发挥长江口航道治理工程效益，推进长江干线航道系统治理，支撑长江经济带发展，国家对长江口12.5m深水航道向上游延伸工程进行了一系列部署。2004年"长江三角洲交通发展座谈会"明确："继续进行长江口深水航道建设，做好二期工程建设，抓紧落实三期工程和研究深水航道继续向上延伸的实施方案，为江苏港口的发展创造更好的通航条件，带动长江流域经济发展。"2010年国务院批准的《长江三角洲地区区域规划》将长三角地区定位为"亚太地区重要的国际门户、全球重要的现代服务业和先进制造业中心和具有较强国际竞争力的世界级城市群"，并指出"要推进长江口12.5m深水航道向上延伸工程建设"。2014年国务院发布的《关于依托黄金水道推动长江经济带发展的指导意见》提出"加快实施重大航道整治工程，下游重点实施南京以下12.5m深水航道工程；中游重点实施荆江河段航道整治工程，加强航道工程模型试验研究；上游重点研究实施重庆至宜宾段航道整治工程。"

长江是中华民族的母亲河，是重要的战略水源地、水电能源基地、黄金水道和生物宝库。随着中国经济发展进入新的阶段，民众的生态保护意识也普遍增强。党和人民对生态文明建设的需求提到了新的高度。2016年1月5日，习近平总书记在重庆主持召开推动长江经济带发展座谈会上强调，"长江是中华民族的母亲河，也是中华民族发展的重要支撑。推动长江经济带发展必须从中华民族长远利益考虑，走生态优先、绿色发展之路，使绿水青山产生巨大生态效益，使母亲河永葆生机活力"。2017年，党的十九大报告又将"以共抓大保护、不搞大开发为导向推动长江经济带发展"纳入新时代实施区域协调发展战略的重要内容。2018年4月26日，习近平总书记在武汉主持召开深入推动长江经济带发展座谈会，再次强调"必须从中华民族长远利益考虑，把修复长江生态环境摆在压倒性位置，共抓大保护、不搞大开发，努力把长江经济带建设成为生态更优美、交通更顺畅、经济更协调、市场更统一、机制更科学的黄金经济带,探索出一条生态优先、绿色发展新路子"。"共抓大保护、不搞大开发"是习近平总书记关于长江经济带建设的一系列重要指示和讲话的精神主线和实践要求,是习近平总书记关于长江经济带建设思想的高度凝练,也是长江流域经济社会发展到一定阶段后实现绿色发展、可持续发展的内在要求,还是长江流域经济社会迈向更高端发展层次的重要基础。

党的十八大、十九大会议都提出了加快生态文明建设、坚持绿色发展的要求,绿色转型升级发展已成为各行各业必须遵循的唯一出路。长江南京以下12.5m深水航道工程作为"十二五""十三五"期间全国内河水运投资规模最大、技术和建设环境最复杂的重点工程,在实现长江"黄金水道"建设任务的同时,主动贯彻国家生态文明建设的要求,始终秉承"生态优先、绿色发展"的理念,积极探索生态航道建设技术、努力推进长江经济带生态文明建设。

1.1　长江南京以下河段概况

长江南京以下12.5m深水航道工程位于长江下游冲积平原河流段至河口段,下起长江下游太仓荡茜闸,上至南京新生圩河段,长约283km。江阴以下至太仓荡茜闸河段属于长江河口段,潮汐现象较为明显,江心洲滩发育。江阴至南京河段河道宽窄相间,窄深河段一般受山丘矶头控制而河槽稳定,宽浅河段则江宽流缓而多洲滩。工程河段主要有6个碍航浅段,分别是仪征水道、和畅洲水道、口岸直水道、福姜沙水道、通州沙水道和白茆沙水道,其在南京以下长江河势的具体位置详见图1.1-1。

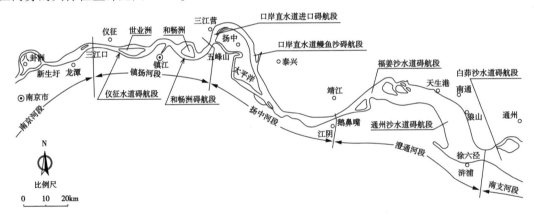

图1.1-1　主要碍航浅段在长江南京以下河段河势的位置图

1.1.1　仪征水道

仪征水道上起三江口,下讫瓜洲,全长31km,为微弯分汊河型。世业洲将水道分为左右两汊。世业洲右汊为主航道,右汊进口及中上段有浅区存在,10.5m、12.5m等深线相对较窄,一般年份可满足10.5m×500m航道尺度的要求,少数年份10.5m等深线宽度不足500m,但均大于200m。汛期边滩淤积或心滩发育,造成河道淤浅、航槽摆动。

世业洲尾建有润扬大桥。受进口三江口、陡山一对节点控制及沿程岸线控制工程作用,仪征水道近年来总体河势变化不大,但局部河段演变仍较为明显:左汊分流比持续增大,洲头低滩以及分流区岸线当前处于持续冲刷后退状态,2000年以来洲头右缘边滩冲刷,形成倒套,右汊进口深槽略有淤积,右汊进口"冲滩淤槽",趋于宽浅,同时,三峡蓄水后来沙量急剧减少,世业洲头低滩冲刷后退将很难自然恢复,因此若不采取工程措施加以遏制,左汊的发展趋势仍将延续。左汊分流比继续增加,将会导致汇流区主流进一步右偏,瓜洲边滩有进一步淤涨可能,航道条件有恶化趋势,详见图1.1-2。

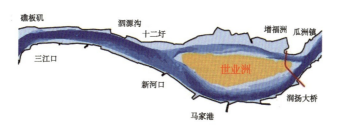

图1.1-2　仪征水道世业洲河势图

1.1.2　和畅洲水道

和畅洲水道位于长江镇扬河段下段,上起世业洲汇流口下至五峰山,全长48km(包含和畅洲汊道左右汊)。自世业洲尾至沙头河口为六圩弯道,长约15km,平面形态为单一弯曲河段,河道左侧为深槽,右侧为征润洲边滩;自沙头河口至大港青龙山为和畅洲汊道,左汊长10.9km、右汊长10.2km,现行主航道为右汊。和畅洲右汊呈Z形,在不到5km航段内呈现连续的两个反向急弯,两个弯道的过渡段仅1km左右,船舶经此水域,需在较短的航程内累计转向220°以上;和畅洲右汊的10.5m等深线常年贯通,但沿程航宽十分狭窄,以致大型船舶只能单向通航且右汊进口5km内水流流向多变、流速较大,且流态紊乱。

历史上和畅洲汊道一直处于兴衰交替的演变中,目前左汊为主汊,并被列为长江豚类省级自然保护区,右汊分流比逐年减小,呈缓慢淤积态势:右汊进口段深槽虽基本稳定,但进口右侧征润洲尾沙仍淤涨下延,和畅洲右缘的河道左侧边滩持续淤积,使得右汊进口后航宽越来越窄。同时,右汊出口在和畅洲一侧的边滩也呈现向右淤涨态势。详见图1.1-3。

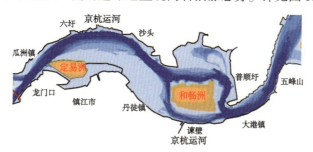

图1.1-3　和畅洲水道河势图

1.1.3　口岸直水道

口岸直水道落成洲河段呈连续双分汊格局,长江过五峰山被太平洲分为左右两汊,太平洲右汊为支汊,左汊是主汊;五峰山以下太平洲左汊河道展宽,被落成洲分为左右两汊,落成洲右汊为支汊,左汊为主汊,是现行航道。落成洲汊道碍航影响主要表现在三益桥浅滩:主流右偏落成洲左缘而下,从三益桥浅滩过渡到下游嘶马弯道深槽,三益桥浅滩不满足12.5m航道尺度要求,且出浅部位不稳定;同时,因落成洲头冲刷,造成右汊发展,加剧了三益桥浅滩处输沙能力的进一步降低。鳗鱼沙顺直段全长达20km以上,河床变化符合顺直河道演变的基本规律。该段水流动力轴线易左右摆动,河床横向冲淤不平衡,一般鳗鱼沙心滩段的航道条件与鳗鱼沙心滩形态密切相关,当鳗鱼沙高大完整时航道条件就好,反之航道条件就差。

口岸直水道总体河势保持相对稳定(河势图见图1.1-4)。但落成洲头及其左缘持续冲刷后退、主流略向右摆,三益桥过渡段航道条件随水文年过程的不同而出现时好时坏变化。落成洲汊道如不控制,右汊分流比将持续增大。是鳗鱼沙心滩是长顺直河段自然属性所决定的,仍处于不稳定状态,由于水流动力易左右摆动,今后心滩与两侧深槽有可能出现冲淤交替变化,特别是遭遇大洪水时,仍可能冲心滩、淤两侧深槽,甚至滩槽易位。

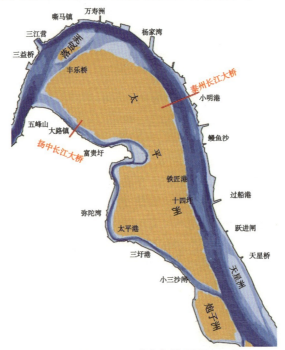

图1.1-4 口岸直水道河势图

1.1.4 福姜沙水道

福姜沙水道在平面上呈现"两级分汊、三汊并存"的格局:水流出鹅鼻嘴至炮台圩节点后,被福姜沙分为左右两汊,为一级分汊,右汊福南为支汊,左汊为主汊。进入左汊的主流被双涧沙又分为福北和福中,为二级分汊。目前,福姜沙水道为三汊通航,经前期研究确定,福中和福北水道作为12.5m深水航道航路。福姜沙左汊左有靖江边滩依附,右有福姜沙左缘边滩对峙,年内与年际间左汊冲淤多变,航槽不稳。福北水道进口段和上段受靖江边滩尾部冲刷下移的周期性沙体影响,深槽不稳定;切割下移的心滩逐步下移造成航深不足,且位置不定;丹华港以下至如皋中汊水道狭窄,航宽不足。福中水道进口段受双涧沙头的冲退与靖江边滩演变的影响,不时出现 12.5m 槽宽不足或发生中断的情况。

一级分汊中,福姜沙左、右汊分流比多年来变化不大,福姜沙汊道将长期维持左汊为主汊、分流比相对稳定的一级分汊格局。福南水道为鹅头形弯道,自 20 世纪 80 年代以来,一直处于缓慢淤积状态,这种缓慢淤积趋势还将继续。福姜沙左汊为宽浅型顺直微弯河道,河床滩槽活动性大,主流不稳。靖江边滩"切割—淤涨"的交替过程,导致江中心滩活动及主流摆动。二级分汊中,福北进口段受靖江边滩冲刷下移的影响,呈现冲淤交替的态势。同时,如皋中汊发展受限,也限制了福北水道的发展。福中水道处于发展当中,但双涧沙洲头的不稳定直接影响到福北和福中水道的稳定,详见图 1.1-5。

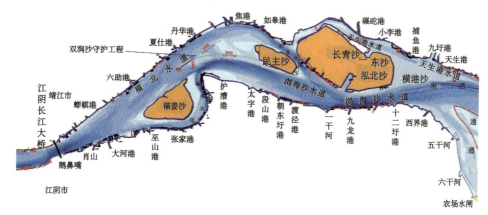

图 1.1-5　福姜沙水道河势图

1.1.5　通州沙水道

通州沙河段属澄通河段,上起十三圩,下至徐六泾,全长约 39km,为暗沙型多分汊河道,江中通州沙、狼山沙、新开沙以及铁黄沙等沙体发育。由于通州沙下段左缘落潮偏西向漫滩流的发育,加之狼山沙窜沟分流,通州沙东水道下段主槽内的落潮动力减弱。同时裤子港沙下段南缘淤长南压,暗沙分布。受其影响,在南农闸附近深槽束窄。2002—2009 年间,该段 12.5m 深槽最窄宽度一度不足 250m,其间还出现 12.5m 槽中断 2.8km。2011 年以来,该河段沿程 12.5m 深槽继续走弯,狼山沙左缘 5～10m 滩坡冲刷后退,裤子港沙南缘 5～10m 滩坡淤长南压,导致东水道下段局部深槽淤浅,淤积区平均淤积厚度达 2m 左右。

通州沙河段在上游九龙港、龙爪岩和下游徐六泾人工缩窄段的控制下,通州沙河段主流走通州沙东水道和狼山沙东水道的反 S 形平面格局基本不变。通州沙西水道总体仍将处于萎缩的态势。通州沙头部左侧串沟近年来呈发展趋势的变化,其发展变化可能对通州沙沙体稳定和深水航道的建设带来不利的影响。狼山沙沙体主要表现为左缘冲刷、沙体缓慢下移西偏、尾部略有上提。随着狼山沙缓慢西移,新开沙及其夹槽有所冲刷,通州沙东水道下段、狼山沙东水道展宽,江中心滩发育,详见图 1.1-6。

1.1.6　白茆沙水道

长江白茆河口以下为展宽连续双分汊型河道,首先长江在此被崇明岛分南北两支,北支为支汊,南支为主汊;其次南支又被江中白茆沙分为白茆沙南、北水道,北水道为支汊,南水道为主汊。白茆沙南水道段的碍航区主要位于其进口段,在其进口段北侧存在顶部水深小于 7.0m 的浅区。同时由于深泓偏南,贴近南岸码头前沿水域,不利于航道布置。近一年来,白茆沙沙体基本稳定,但沙头 0～5m 滩坡仍在冲刷,白茆沙南水道上段主槽继续淤浅,河床坦化。

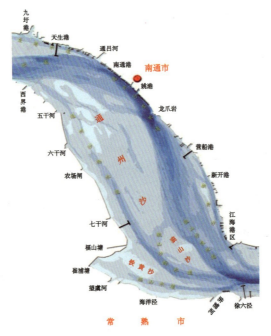

图 1.1-6　通州沙水道河势图

白茆沙水道表现为南水道发展,北水道相应萎缩。白茆沙头受冲持续后退白茆沙沙体面积持续减小,头部两侧局部近年发生明显冲刷,白茆沙南缘切割沙体刷低,南水道进口段河槽展宽,河道断面向宽浅方向发展,对南水道进口段航槽稳定产生不利影响。白茆沙水道河势图详见图 1.1-7。

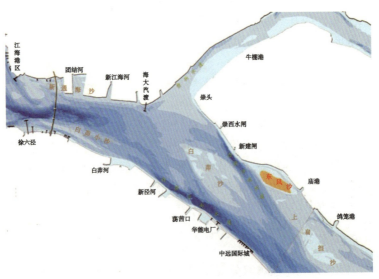

图 1.1-7　白茆沙水道河势图

1.2 环境保护目标

长江南京以下12.5m深水航道二期工程建设范围跨度较长、整治河段较多、环境较繁杂，工程河段水生生物种类多样、渔业资源丰富，并涉及多个自然保护区、水产种质资源保护区、饮用水源保护区和生态红线管控区，环境敏感区密集，社会关注度高，环境保护工作任务十分艰巨。

1.2.1 水环境保护目标

工程项目的地表水环境保护目标主要是：航道所处长江干流水域水质及航道沿线集中式生活饮用水取水口及其水源保护区的水域及陆域范围。

(1)《江苏省地表水(环境)功能区划》划定的饮用水水源保护区

长江南京以下12.5m深水航道二期工程范围(南京新生圩至南通天生港)内,《江苏省地表水(环境)功能区划》划定的饮用水水源保护区共有19处(扬州3处、泰州3处、南通2处、南京1处、镇江4处、常州2处、无锡3处、苏州1处)，拟建整治工程涉及2处划定为水源保护区的水功能区，分别为：长江江都三江营调水水源保护区、长江泰州永安饮用水水源区；从水环境功能区划分情况来看，长江泰州永安饮用水水源区为饮用水水源保护区，长江江都三江营调水水源保护区为渔业用水区。

工程河段内《江苏省地表水(环境)功能区划》划定的饮用水水源保护区分布情况及与拟建工程相对关系见图1.2-1、图1.2-2。

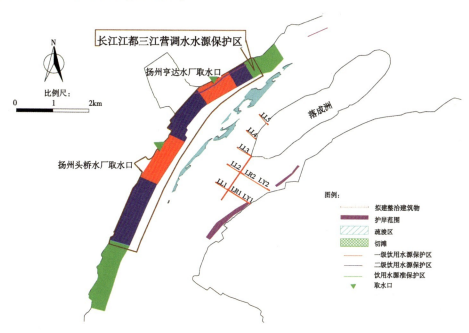

图1.2-1　长江江都三江营调水水源保护区范围及本项目与其位置关系

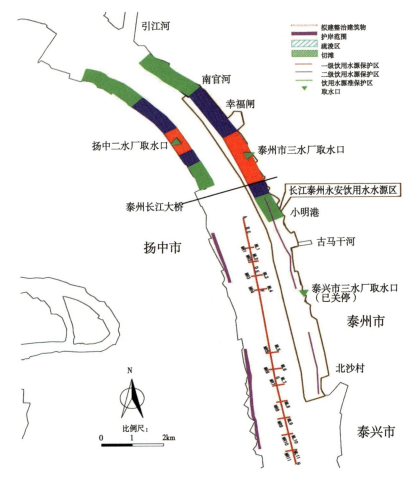

图1.2-2 长江泰州永安饮用水水源区、长江永正水源地范围及本项目与其位置关系

(2)江苏省人民政府划定的集中式饮用水水源地保护区

根据江苏省人民政府《省政府关于全省县级以上集中式饮用水水源地保护区划分方案的批复》(苏政复〔2009〕2号)(2009年1月6日),本研究评价范围内长江干流涉及1处已划定的县级以上集中式饮用水水源保护区,即长江永安州永正水源地,口岸直水道鳗鱼沙河段左岸部分护岸加固工程位于其准保护区内。

根据江苏省人民政府《省政府关于部分乡镇集中式饮用水水源地保护区划分方案的批复》(苏政复〔2013〕111号)(2013年11月22日),本研究评价范围内长江干流涉及1处已划定的乡镇集中式饮用水水源地保护区,即江心洲水源地,和畅洲水道左汊潜坝工程位于其准保护区内。

拟建工程与长江永安洲永正水源地的相对位置关系见图1.2-2,与长江江心洲水源地的相对位置关系见图1.2-3。

(3)集中式饮用水源取水口

各整治河段内集中式饮用水源取水口分布情况及其与拟建工程的相对位置关系见表1.2-1～表1.2-4、图1.2-4。

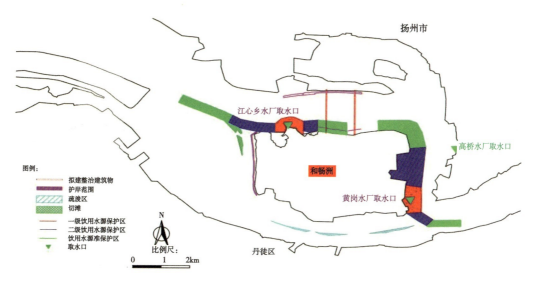

图 1.2-3 长江江心洲水源地范围及本项目与其位置关系

世业洲整治河段取水口分布情况　　　　　　　　　　　　　　　表 1.2-1

序号	名 称	地理位置	与工程关系	基本情况	现状照片
左汊					
1	镇江市世业镇水厂取水口	世业洲北岸，还原圩东埂上游的凹槽内，距凹槽口门200m	距上游最近工点（世业洲左汊护底带及右岸护岸加固）约4.4km	泵房取水，取水规模2万t／天，供应世业镇约2万人生活用水	
2	扬州四水厂取水口	润扬长江大桥下游600m	距上游最近工点（世业洲左汊左岸护岸加固）约9.36km	泵房取水，取水管道伸入江中近150m，取水能力40万t／天，供水范围为扬州市区	

和畅洲整治河段取水口分布情况　　　　　　　　　　　　　　　表 1.2-2

序号	名 称	地理位置	与工程关系	基本情况	现状照片
左汊					
1	江心自来水厂取水口	现有已建的水利部潜坝下游760m	位于和畅洲左缘护岸加固段上游1000m、和畅洲左汊新建潜坝g上游1330m、潜坝d上游2330m	泵房取水，取水规模1000t／天，供应和畅洲上江心乡约8000人生活用水。已于2014年9月关停取消，江心乡水厂已改至在黄港水源地内新建的取水口取水	

续上表

序号	名称	地理位置	与工程关系	基本情况	现状照片
左汊					
2	高桥水厂取水口	和畅洲东侧夹槽内	距上游最近工点(和畅洲左缘护岸加固段)约3.2km	趸船取水,取水规模1500t/天,供应高桥镇约1万人生活用水	
3	黄港水厂取水口	和畅洲左汊右岸,距离右岸口门约600m	距最近工点(和畅洲右汊下段疏浚工程)约660m,但分别位于不同河汊。位于和畅洲左缘护岸工程下游约3.6km	黄港取水口延伸工程于2009年建成投入使用。泵房取水,取水规模30万t/天,供应丹阳约90万人生活用水	

口岸直水道整治河段取水口分布情况　　　　　　表1.2-3

序号	名称	地理位置	与工程关系	基本情况	现状照片
左汊					
1	扬州市头桥水厂取水口	三江营上游约1.6km	位于三江营下游新建护岸段上游约2.3km(该岸线段原方案中护岸加固工程已取消)	为扬州市五水厂水源取水口,泵房取水,取水规模30万t/年,供应广陵区居民生活用水	
2	扬州市亨达水厂取水口	三江营下游约800m	位于三江营下游新建护岸段内,距岸边约60m	泵房取水,设计取水规模2万t/天,供应大桥镇及开发区居民生活用水	
3	泰州市三水厂取水口	永安附近,泰州公路大桥上游约1km	最近的工点为鳗鱼沙左汊左岸小明港段护岸加固工程,位于取水口下游900m	趸船取水,目前取水规模30万t/天,供水范围为泰州市区。远期规划50万t/天,供应泰州市区(40~50万人)、姜堰区(10万人)、泰兴市区生活用水(40万人)共100万人	

续上表

序号	名 称	地理位置	与工程关系	基本情况	现状照片
右岸					
4	扬中市二水厂取水口	二墩港汽渡下游1.2km,泰州大桥上游2.4km	最近的工点为下游东兴港护岸加固,相距约6.1km	取水规模4万t/天(设计规模10万t/天),供水区域为"一城一区二镇"(扬中城区、三跃镇、联合镇),供水区域面积74km², 饮水人口18万人	

福姜沙水道整治河段取水口分布情况　　　　　　　表1.2-4

序号	名 称	地理位置	与工程关系	基本情况	现状照片
左汊					
1	靖江市三水厂(雅桥水厂)取水口	蟛蜞港上游680m	距下游双山岛头部丁坝约4km,距福中水道疏浚区约6.3km	泵房取水,取水规模10万t/天,供应靖江市城市居民生活用水	
右岸					
2	双山水厂取水口	双山岛左缘中段,上距洲头堤顶公路约2.5km,千斤港上游400m,F3-1红浮附近	双山岛左缘FL3、FL4丁坝分别位于双山水厂取水口的上游1000m、下游1020m	泵房取水,取水规模400t/天,供应双山岛上双山街道办事处约1000人生活用水(目前双山岛实施旅游岛开发,大部分居民已搬迁至金港镇一侧)	
3	如皋长青沙鹏鹞取水口	长青沙西南洲头	距其最近工点为上游的双涧沙左岸护岸工程,相距约20km(该岸线段原方案中长青沙护岸加固工程已取消)	南通鹏鹞水务有限公司设在长青沙的取水口。泵房深层取水,取水规模60万t/天,供水范围为如皋市、海安县及通州的部分地区	
4	张家港三水厂取水口	一干河口上游650m	距其最近工点为上游的双涧沙南堤南侧丁坝,相距约12km	生活用水取水口,供应张家港市城区居民生活用水	—

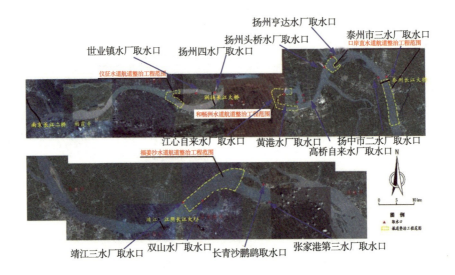

图 1.2-4　整治河段内集中式饮用水源取水口分布示意图

1.2.2　生态环境保护目标

评价范围内的生态环境保护目标包括自然保护区、种质资源保护区、珍稀保护动植物、鱼类产卵场、索饵场、越冬场及洄游通道等,具体有:

(1)评价区

评价区内分布的野生植物、野生动物(包括两栖动物、爬行动物、鸟类、兽类等)、水生生物(包括浮游生物、底栖生物、鱼类等),特别是《国家重点保护野生动物名录》和《国家重点保护野生植物名录》中规定的保护物种。

该江段常有国家一级保护动物中华鲟和国家二级保护动物胭脂鱼、江豚等觅食栖息,并曾有国家一级保护动物白鳍豚活动记录。

对于江豚,农业农村部已提出长江江豚按照国家一级重点保护野生动物的保护要求,实施最严格的保护和管理措施。

(2)镇江长江豚类自然保护区

镇江长江豚类自然保护区是江苏省政府 2003 年 12 月以苏政办函〔2003〕121 号文批复建立的省级自然保护区。依据江苏省人民政府《省政府关于新建南京长江江豚省级自然保护区和优化调整镇江长江豚类省级自然保护区功能区的批复》(苏政复〔2014〕98 号)同意对江苏镇江长江豚类省级自然保护区功能区划进行调整。

根据调整后的功能区划,南京以下 12.5m 深水航道整治二期工程的水下建筑(两道潜坝)、护滩和切滩施工地点均在调整后保护区的核心区或缓冲区范围内,航道整治工程与保护区功能区划的关系见图 1.2-5。

由于长江南京以下 12.5m 深水航道二期工程的施工仍涉及调整后的保护区核心区与缓冲区,江苏省省人民政府《省政府关于新建南京长江江豚省级自然保护区和优化调整镇江长江豚类省级自然保护区功能区的批复》(苏政复〔2014〕98号)同时也批准在长江南京以下12.5m深水航道工程建设期间,工程施工涉及的部分核心区、缓冲区临时调整为试验区,施工结束后恢复原功能区,具体为:在航道整治工程施工期间,需将下游潜坝350m以上的和畅洲核心区和缓冲区临时调整为试验区,将位于切滩区域的水域以及和畅洲左汊左岸、和畅洲洲头及右缘岸段的护岸工程区域100m范围的水域临时调整为试验区。

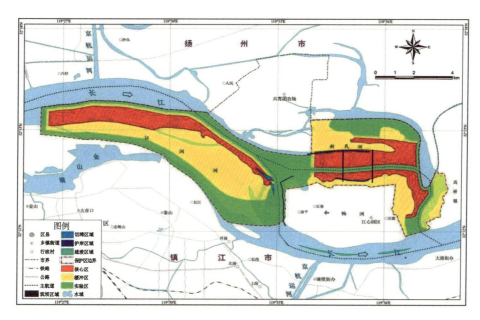

图1.2-5 和畅洲航道整治工程与镇江豚类保护区的位置示意图

(3)水产种质资源保护区

工程评价范围及附近区域共分布有4处国家级水产种质资源保护区,分别为:长江靖江段中华绒螯蟹鳜鱼国家级水产种质资源保护区、长江如皋段刀鲚国家级水产种质资源保护区、长江扬州段四大家鱼国家级水产种质资源保护区、长江扬中段暗纹东方鲀刀鲚国家级水产种质资源保护区。

①长江靖江段中华绒螯蟹鳜鱼国家级水产种质资源保护区。

福姜沙河段施工区域的双涧沙头部潜堤及丁坝工程位于长江靖江段中华绒螯蟹鳜鱼国家级水产种质资源保护区内,福姜沙左缘丁坝工程距离保护区1.1km,福中水道疏浚区域距离长江靖江段中华绒螯蟹鳜鱼国家级水产种质资源保护区5.4km,福北水道疏浚区域位于长江靖江段中华绒螯蟹鳜鱼国家级水产种质资源保护区内。

工程与长江靖江段中华绒螯蟹鳜鱼国家级水产种质资源保护区位置关系见图1.2-6。

②长江如皋段刀鲚国家级水产种质资源保护区。

工程项目在长江如皋段国家级水产种质资源保护区范围内没有整治工程。距其最近工点为上游的双涧沙左岸护岸工程,护岸工程末端距离长江如皋段刀鲚国家级水产种质资源保护区试验区3km。

工程与长江如皋段刀鲚国家级水产种质资源保护区的位置关系见图1.2-7。

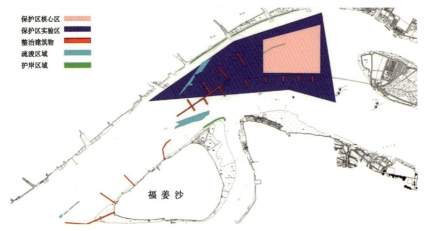

图1.2-6　福姜沙河段整治工程与靖江中华绒螯蟹鳜鱼国家级水产种质资源保护区的位置关系

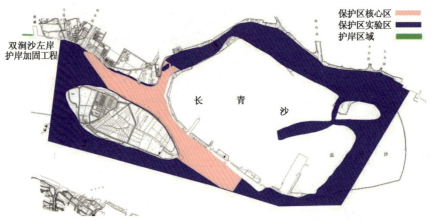

图1.2-7　福姜沙河段整治工程与如皋刀鲚国家级水产种质资源保护区的位置关系

③长江扬州段四大家鱼国家级水产种质资源保护区。

三江营口上游护岸工程末端距离长江扬州段四大家鱼国家级水产种质资源保护区试验区1.2km；三江营口下游护岸工程起点距离保护区试验区1km。

工程与长江扬州段四大家鱼国家级水产种质资源保护区的位置关系见图1.2-8。

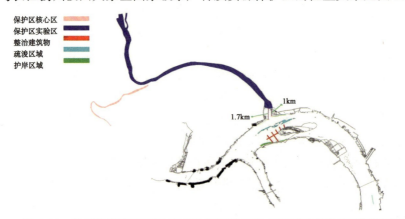

图1.2-8　落成洲河段整治工程与扬州四大家鱼国家级水产种质资源保护区的位置关系

④长江扬中段暗纹东方鲀刀鲚国家级水产种质资源保护区。

长江扬中段暗纹东方鲀刀鲚国家级水产种质资源保护区位于镇江市扬中段南夹江水域（太平洲捷水道）内，与拟建落成洲航道整治工程分别位于太平洲的左汊、右汊，距离本项目最近直线距离约 2.7km。

工程与长江扬中段暗纹东方鲀刀鲚国家级水产种质资源保护区的位置关系见图 1.2-9。

图 1.2-9　工程与长江扬中段暗纹东方鲀刀鲚国家级水产种质资源保护区的位置关系

（4）鱼类产卵场、索饵场、越冬场

据调查，在长江干流中，青、草、鲢、鳙四大家鱼是在流水中繁殖，它们的产卵场集中在重庆至彭泽长约 1695km 的江段。

整个工程河段是很多重要经济鱼类的生存场所，也是洄游鱼类的必经通道。

（5）生态红线保护区区域

根据《长江南京以下 12.5m 深水航道二期工程工程可行性研究报告》《江苏省生态红线区域保护规划》，工程河段（南京至南通）内共分布有生态红线区域 37 处，其中工程整治范围涉及生态红线区域的共有 11 处，2 处涉及一级管控区（镇江长江豚类省级自然保护区、长江靖江段中华绒螯蟹鳜鱼国家级水产种质资源保护区），其余涉及二级管控区，仪征、和畅洲、口岸直、福姜沙水道涉及的生态红线保护区及位置详见图 1.2-10 ~ 图 1.2-13。

1.2.3　声环境、环境空气保护目标

长江南京以下 12.5m 深水航道二期工程河段江面较宽，两岸沿江分布的城镇、居民点距本工程工点在 500m 外，不在工程项目评价范围内。

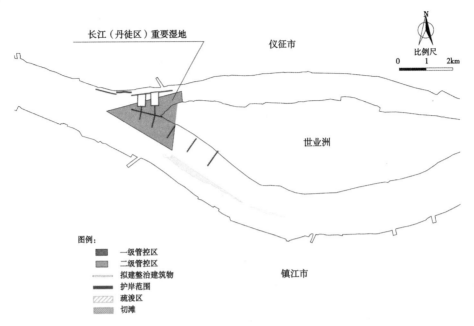

图 1.2-10　仪征水道航道整治工程涉及生态红线保护区示意图

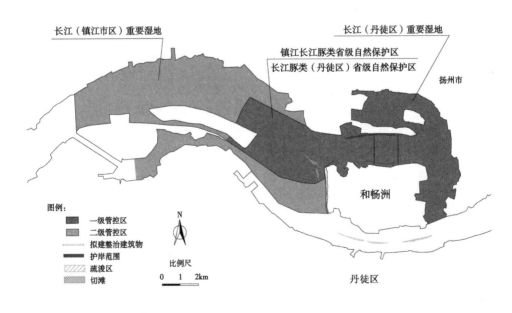

图 1.2-11　和畅洲水道航道整治工程涉及生态红线保护区示意图

根据现场调查情况,双涧沙、鳗鱼沙为水下沙洲,无人居住;落成洲上仅有少量渔民,与工点距离较远;世业洲、和畅洲、双山岛规模较大,岛上居民较多,其中和畅洲距大堤 500m 以内范围无居民点分布,双山岛目前实施旅游岛开发、大部分居民现已搬迁至福南水道对岸的金港镇,仅世业洲临江堤有居民点分布,工程建设在洲上设置的施工场地、施工营地将对靠近大堤的居民点产生影响,将其作为本书研究的声环境、环境空气保护目标。

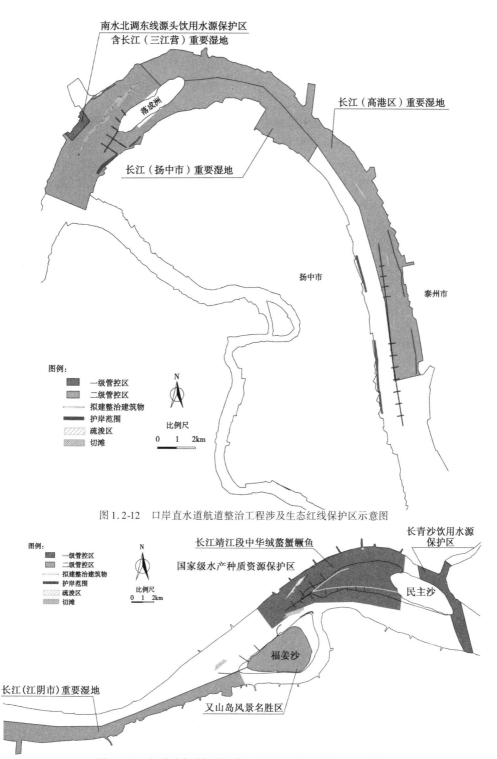

图1.2-12 口岸直水道航道整治工程涉及生态红线保护区示意图

图1.2-13 福姜沙水道航道整治工程涉及生态红线保护区示意图

第 2 章 深水航道工程概况

长江南京以下 12.5m 深水航道工程是"十二五"和"十三五"期间全国内河水运投资规模最大、技术和建设环境最复杂的重点工程,项目全长 283km,自苏州太仓溯流而上,经沿江八市至南京新生圩,对接 2011 年已经建成的长江口 12.5m 深水航道,将为高质量发展长江航运,深化水运供给侧结构性改革,构建高效畅通的长江综合立体交通走廊,推动长江经济带发展和交通强国建设发挥重要作用。

2.1 工程建设目标

长江南京以下 12.5m 深水航道工程建设范围为长江干线南京至太仓河段,共包含 11 个水道,全长约 283km,其中有仪征、和畅洲、口岸直、福姜沙、通州沙和白茆沙 6 个水道因河势不稳定、滩槽变化等原因,不能满足 12.5m 水深要求,工程的建设任务就是通过对这 6 个水道进行整治,使 12.5m 深水航道从太仓上延至南京。工程按照"整体规划、分期实施、自下而上、先通后畅"的建设思路,计划分三期组织实施。

一期工程在太仓荡茜闸至南通天生港区约 56km 河段建设 12.5m 深水航道,主要对通州沙下段至狼山沙尾部、白茆沙中上段等进行整治,结合疏浚措施,实现 12.5m 深水航道从太仓荡茜闸上延至南通天生港港区的建设目标。航道设计水深 12.5m(当地理论最低潮面,下同),设计有效宽度为 500m,最小转弯半径为 1500m。满足 5 万吨级集装箱船(实载吃水≤11.5m)全潮,5 万吨级散货船、油船乘潮双向通航和 10 万吨级及以上海轮减载乘潮通航要求。一期工程总投资为 39.2 亿元,其中中央资金占总投资的 80%,计 31.4 亿元;江苏省资金占 20%,计 7.8 亿元。

二期工程在南通天生港区至南京新生圩港区约 227km 河段建设 12.5m 深水航道,对福姜沙水道、口岸直水道(鳗鱼沙段和落成洲段)、和畅洲水道和仪征水道实施整治,并结合疏浚措施,初步实现 12.5m 深水航道由南通天生港区上延至南京新生圩港区。航道设计水深为 12.5m(其中江阴以下起算基面为当地理论最低潮面,江阴以上起算基面为长江干线航道航行基准面),优良河段通航宽度为 500m,受限河段单向航道通航宽度为 230~260m,双向航道为 350~500m;无须疏浚区段转弯半径为 3000m,疏浚区段转弯半径为 1500m。航道建设尺度为 12.5m×500m×1500m,满足 5 万吨级集装箱船(实载吃水≤11.5m)双向通航、5 万吨级其他海轮减载双向通航,兼顾 10 万吨级散货船减载通航(江阴长江大桥以下兼顾 10 万~20 万吨级散货船减载通航)。其中和畅洲水道右汊 12.5m 水深单向通航。二期工程概算总投资 71 亿元,其中中央投资 57 亿元、江苏省投资 14 亿元。

2.2 工程建设内容

2.2.1 一期工程

长江南京以下12.5m深水航道一期工程主要建设内容为：新建潜堤34.95km，丁坝11座，护堤坝4座，对通州沙北侧两处区域和白茆沙南侧两处区域进行疏浚，加固护岸2km，配备相应的导助航设施及其他相关配套设施，工程规模详见表2.2-1。

一期工程建设规模一览表　　　　　表2.2-1

序号	工程名称	单位	初步设计	实际完成
一	整治建筑物工程			
1	通州沙整治建筑物	km	21.51	21.51
2	白茆沙整治建筑物	km	21.05	21.05
3	新建闸护岸加固	km	2.05	2.075
	整治建筑物总长	km	44.61	44.635
二	疏浚工程			
1	航道工程	km	57.2	57.2
三	配套设施			
1	航标工程	项	1	1
2	锚地调整工程	项	1	1
3	海事高速巡航救助指挥船	艘	1	1

一期工程整治建筑物工程于2012年8月28日开工建设，2014年5月底完工。新建闸护岸加固工程2013年8月开工，12月完成。

疏浚工程于2014年3月开始实施基建开挖，6月18日交工并通过第三方检测，共完成船载方量178.7万 m^3；7月9日整体工程交工验收并投入试运行，2015年12月2日工程顺利通过竣工验收。

主航道配布助航标志59座，其中浮标58座，岸标1座，更换浮标35座，利用原浮标调整浮标位置14座。整治工程及锚地助航设施共设专用浮标10座，灯桩12座。主航道航标调整配布工程2014年5月24日开工，6月18日完工。

为遏制通州沙左缘逐年冲刷后退、狼山沙窜沟冲刷发展的不利趋势，在通州沙与狼山沙左缘实施限流潜堤，以保护沙体完整，并限流增深航槽；在左缘坡脚布置丁坝群以防止潜堤外侧滩坡冲刷，增强潜堤稳定。具体布置见图2.2-1。

针对沙体冲刷后退、南北水道交替发展、南水道进口出浅的问题，在其沙体南北边缘布置护滩潜堤以稳定沙体的完整,头部沙脊布置潜堤,以稳定分流格局,并在南侧布置丁坝群以增强浅段落潮动力,增加航深。具体布置见图2.2-2。

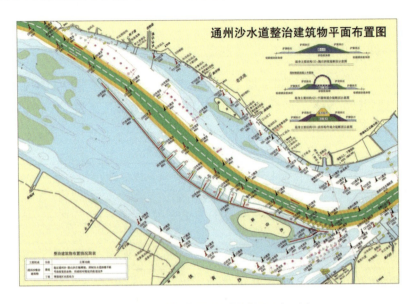

图 2.2-1　通州沙水道整治建筑物平面布置图

图 2.2-2　白茆沙水道整治建筑物平面布置图

2.2.2　二期工程

长江南京以下12.5m深水航道二期工程主要建设内容为:新建潜堤6道,丁坝30座、护滩带23道、护底带4道,加固护岸长约48.3km,航道疏浚共约1983.4万 m^3,并配套建设导助航设施及其他相关配套实施,工程规模详见表2.2-2。

二期工程建设规模一览表　　　　　　　　　表 2.2-2

序号	工程名称	单 位	初步设计	实际完成
一	整治建筑物工程			
1	福姜沙整治建筑物	km	15.36	15.38
2	口岸直整治建筑物	km	21.00	21.30
3	和畅洲整治建筑物	km	3.74	3.74
4	仪征整治建筑物	km	5.37	5.19
5	护岸工程	km	47.4	48.3
	整治建筑物总长	km	92.87	93.91
二	疏浚工程			
1	航道工程	km	227	227
三	配套设施			
1	航标工程	项	1	1
2	锚地调整工程	项	1	1
3	航道配套工程	项	2	2
4	水位站工程	个	4	4
5	海事配套工程	项	1	1

二期工程整治建筑物工程于 2015 年 6 月 29 日开工建设，2017 年 6 月 29 日整治建筑物交工验收；基建疏浚工程于 2017 年 11 月 1 日开始，2018 年 4 月 30 日完成。2018 年 4 月 22 日整体工程交工验收，5 月 8 日正式投入试运行，2019 年 5 月 20 日竣工验收。

按照交通运输部要求，在二期工程整治建筑物施工过程中，12.5m 深水航道通过疏浚初通至南京。初通航道疏浚工程于 2016 年 3 月 21 日开工，6 月 20 日完成，完成基建疏浚量 169 万 m^3，6 月 21 日初通航道进入维护疏浚期，7 月 5 日 12.5m 深水航道初通至南京。初通航道维护期间，完成疏浚量 461.2 万 m^3。

二期工程河段福姜沙水道 12 号海轮锚地、福中锚地，口岸直水道泰州海轮锚地、镇江危险品锚地、镇江海轮联检锚地等 5 个锚地进行了调整。

按照主航道通航尺度的要求，二期工程航标配布进行了 3 次调整：工程开工后、初通航道和交工航道。为保障施工期和营运期的船舶通航及整治建筑物自身安全，根据工程实际情况，在堤头、堤身、丁坝布设整治建筑物专用标，标示整治建筑物的位置与走向。

为维持福姜沙三汊分流格局，遏制双涧沙头冲退、淤涨周期性演变带来的航槽变化，设置双涧沙头部潜堤及北侧丁坝群，改善福北进口条件；在潜堤南侧布置丁坝群，以守护双涧沙沙体完整与潜堤稳定。在福姜沙左缘布置丁坝群，以维持福姜沙左汊航槽的稳定。具体布置见图 2.2-3 和图 2.2-4。

图 2.2-3　福姜沙水道(双涧沙)整治建筑物平面布置图

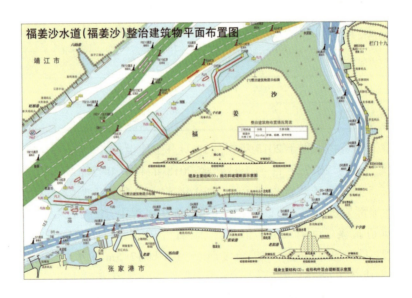

图 2.2-4　福姜沙水道(福姜沙)整治建筑物平面布置图

针对鳗鱼沙心滩冲刷后退、逐年冲蚀引起两侧航道出浅、航宽不足的不利趋势,在心滩头部已有守护工程的基础上沿沙脊线布置潜堤,两侧布置护滩带,以保护心滩。具体布置见图 2.2-5。

为遏制落成洲头冲刷后退,主流右摆引起的航宽不足和过渡段出浅的不利趋势。设头部潜堤守护洲头,潜堤左侧与下游设置丁坝群挑流,并增强浅区动力;在潜堤右侧布置丁坝与护底带,以限制落成洲右汊进一步发展。具体布置见图 2.2-6。

为遏制和畅洲左汊过渡发展、改善右汊航行条件,在口门已建潜坝下游新建两道变坡限流潜坝,以增强右汊航道动力;并通过右汊进口段切滩、右汊浅区段疏浚和下口的清障,以改善右汊航道条件。具体布置见图2.2-7。

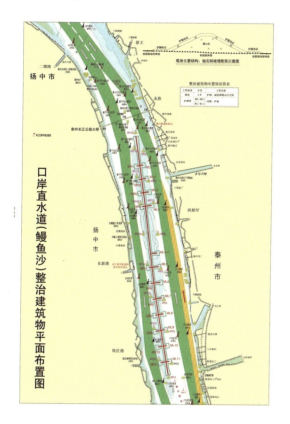

图 2.2-5　口岸直水道(鳗鱼沙)整治建筑物平面布置图

图 2.2-6　口岸直水道(落成洲)整治建筑物平面布置图

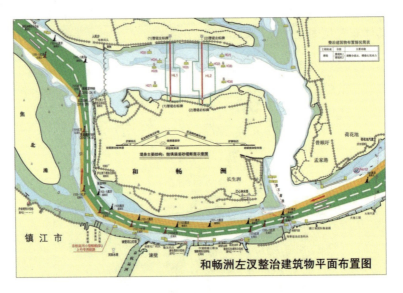

图 2.2-7　和畅洲左汊整治建筑物平面布置图

为遏制世业洲洲头冲刷后退、左汊发展引起右汊航槽出浅的不利趋势,设洲头潜堤及两侧丁坝以稳定洲头分流,进口护底带遏制左汊的进一步发展;右汊进口设置丁坝群以增强局部浅段动力。具体布置见图2.2-8。

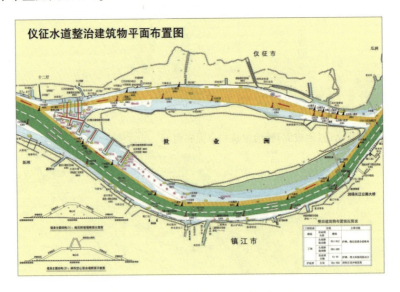

图 2.2-8　仪征水道整治建筑物平面布置图

第3章 生态航道整治技术

3.1 生态型护坡结构

3.1.1 格状石笼+三维快速植生垫的生态护岸

(一)开发思路

根据现有生态护岸在长江河道和航道整治中应用的具体情况,生态护岸取得了一定的生态效果,但是也存在效果差等问题,其主要原因为:结构基本为单一的平面网结构,虽然结构基本通过覆盖层避免水流冲蚀营养土,起到保土的作用,但结构消能效果较差,基本无消能减速功能,不能促进泥沙淤积;工程完工后,经过一个洪水期,水位变动区营养土和植被种子基本被冲蚀,甚至水位变动以上区域的营养土和植被种子部分被冲蚀,从而影响生态效果。

要达到最终建设长江生态航道的目标,就需要系统总结长江干线航道整治工程中生态护岸的应用效果。研究发现,生态护岸设计的关键技术是"如何保护好水位变动区及其以上区域植被赖以生存的营养土不被冲蚀"。解决这个问题的具体思路为:调查护岸工程区域自然岸坡有无植被覆盖的界限区(称青黄线或青黄带),寻找"青黄线(带)"高程与水位淹没时间的对应关系,确定生态护岸结构在岸坡上应用范围;在系统总结现有生态护岸结构存在的问题基础上,基于三维立体网消能思路,提出三维网立体透空结构,该结构能够很好减缓近岸岸坡水流流速及消减波浪波能,以阻止岸坡上营养土被水流冲蚀,适应边坡变形,同时立体透空结构有利岸坡坡面水体交换,促进泥沙淤积,为植被提供良好的生长环境。

(二)结构的水动力冲淤特性及稳定性

1)生态护岸结构初步方案

根据长江的水文、地质、地形等条件,提出了格状生态护岸结构形式,材料分别考虑模袋混凝土和格宾石笼。

(1)格状模袋混凝土结构

格状模袋混凝土结构是一种类似于模袋混凝土的结构,断面详见图3.1-1。该结构底部设置植物生长垫,生长垫上设置格状混凝土肋,混凝土肋宽0.6~1m,肋高0.3~0.5m,混凝土肋之间为宽1~2m的模袋。生长垫不但满足了植物生长需要,而且在植物长成期还起到固土的作用,混凝土肋不但满足该结构自身稳定的需要还为模袋植物生长提供了良好的条件。

(2)格状格宾石笼结构

格状格宾石笼结构是一种类似于格宾石笼的结构,断面详见图3.1-2。该结构底部设置覆土(掺芦苇根系)0.35m+植物生长垫,生长垫上设置格状格宾石笼,格宾石笼肋宽0.6m,肋高0.4m。生长垫不但满足了植物生长需要,而且在植物长成期还起到固土的作用,格宾石笼不但满足该结构自身稳定的需要还为植物生长提供了良好的条件。

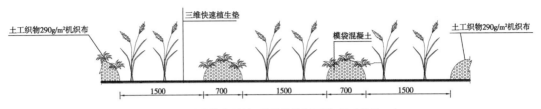

图3.1-1 格状模袋混凝土护坡结构断面图(尺寸单位:m)

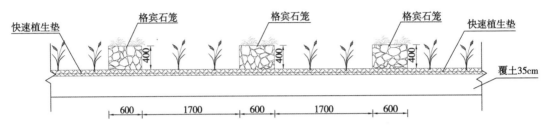

图3.1-2 格状格宾石笼护坡结构断面图(尺寸单位:m)

2)格状结构水动力特性及促淤性能研究

考虑到格宾石笼稳定性、消浪效果、边坡适应性相对模袋混凝土较好,对模袋混凝土进行试验研究更具有代表性并便于推广。针对格状模袋结构开展水槽模型试验,包括水动力特性、促淤性能等,在此基础上选择较优的结构形式,对其布置方式或尺度进行优化。

(1)试验条件及布置

①试验水流条件。试验选择多年平均洪峰流量57500m³/s时的水流条件作为试验水流条件,对应原型水深2.81m,垂线平均流速1.14m/s,模袋顶部点流速0.95m/s。由于采用大比尺模型设计,原型水深条件无法直接缩尺得到,试验水流条件的模拟按护岸结构顶部点流速相同的原则进行控制和试验。模型上游行进控制点流速0.43m/s,行进水深0.4m(表3.1-1)。模袋结构尺度优化过程中的相关试验在平底水槽中进行,待确定最终尺度后进行边坡试验。

水槽水流试验条件(水动力特性、抗冲促淤,1:5)　　　　表3.1-1

流量级	原型		模型	
	水深(m)	结构顶部点流速(m/s)	水深(m)	结构顶部点流速(m/s)
多年平均洪峰流量($Q=57500m^3/s$)	2.81	0.95	0.4	0.43

②加沙条件。促淤试验时通过上游浑水加沙试验观测空间体排的促淤性能。模型加沙量:30kg/h。该加沙量计算时设定:空间体排上游床面无泥沙淤积,即为冲刷环境。模型加沙时间:4h,相当于原型4.2天。

③试验布置。首先从水动力特性及促淤性能角度,进行设计护岸结构选型及尺度优化,确定结构形式和尺度后,对护岸结构推荐形式进行稳定性试验。

水动力特性试验中,沿程布置17条测流垂线,护坡结构上游2m(模型值,下同)布置1条垂线(0#),护坡结构内沿程布置15条垂线(1#~15#,图3.1-3),护坡结构下游0.5m处布置1条垂线(16#)。

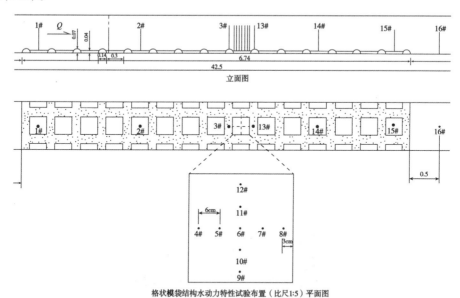

图3.1-3　格状模袋结构测流布置示意图(模型,尺寸单位:m)

主要在护坡结构中部两压载体格子之间布置11条测流垂线(3#~13#),如图3.1-4所示。模型试验中上游流量下游尾门水位与双层模袋结构试验相同。

图3.1-4　格状模袋设计结构

在压载体之间的模袋上布置植物,模型中间隔8cm布置一株植物,即在压载混凝土格子间垂直和顺水流方向各种4排植物,植物布置密度为1.77株/dm^2。植物模型高22cm。

水槽中沿程布置17条测流垂线,护坡结构上游2m(模型值,下同)布置1条垂线(0#),护坡结构内沿程布置15条垂线(1#~15#),护坡结构下游0.5m处布置1条垂线(16#)。主要在护坡结构中部两压载体格子之间布置11条测流垂线(3#~13#),如图3.1-5所示。

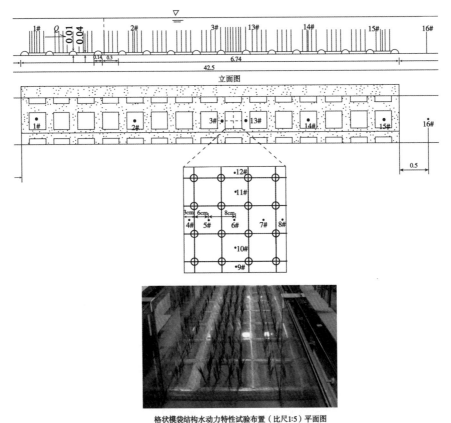

图 3.1-5 格状模袋结构植物及测流布置示意图(模型,尺寸单位:m)

(2) 主要研究成果

①垂线流速、紊动强度变化。图 3.1-6 为优化后推荐形式生态模袋结构相邻两压载体间纵向(顺水流方向)沿程流速 u、紊动强度 σ_x 垂线分布。从图中可以看出,两压载体之间模袋附近流速明显减小,护坡上游行进水流压载体附近垂线流速在 0.72~0.93m/s,进入压载体之间模袋附近近底流速减小至 -0.2m/s;水体紊动强度有所加大,护坡上游行进水流压载体附近垂线紊动强度 σ_x 约 0.1m/s,进入压载体之间模袋附近近底 σ_x 加大至 0.13~0.15m/s。

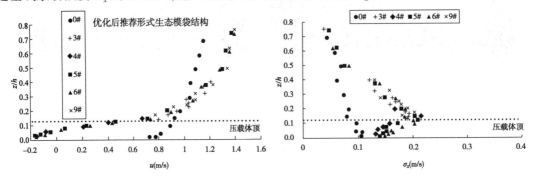

图 3.1-6 相邻压载体之间纵向流速和紊动强度垂线分布

②近底流速、紊动强度沿程分布。图3.1-7为优化后推荐形式生态模袋结构,模袋表层之上3cm处流速、紊动强度纵向(顺水流向)沿程变化,可以看出,压载体之间近底流速基本在 $-0.27 \sim -0.24$m/s之间,而紊动强度则由0.13m/s逐渐增至0.15m/s。

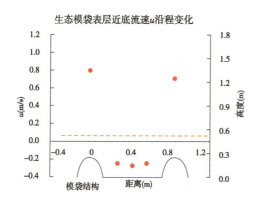 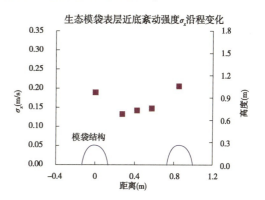

图3.1-7 相邻压载体之间纵向流速和紊动强度沿程分布

③促淤性能。优化后推荐形式生态模袋结构压载体之间近底流速为 $-0.27 \sim -0.24$m/s,大于工程区段床沙质(中径0.09mm)起动点流速 u_c(0.068m/s),且压载体之间沿程紊动强度较大(0.13~0.15m/s),所以可以推测上游悬沙将难以在模袋表层形成大范围落淤。

但由于优化后推荐形式生态模袋结构压载体高度(25cm)和宽度(25cm)比值为1,增大了压载体附近的局部掩护效果,浑水促淤试验观察也表明,上游悬沙进入格状模袋后,将迅速掀起向下游输送,经过模型2h加沙后,除压载体后方附近区域有粗沙淤积外,压载体之间基本无泥沙落淤(图3.1-8)。

图3.1-8 优化后推荐形式生态模袋护坡结构促淤性能

④生长植物后垂线流速、紊动强度变化。图3.1-9为优化后推荐形式生态模袋结构相邻两压载体间纵向(顺水流方向)沿程流速 u、紊动强度 σ_x 垂线分布。从图中可以看出,两压载体之间模袋附近流速明显减小,护坡上游行进水流压载体附近垂线流速在0.72~0.93m/s,进入压载体之间模袋附近近底流速减小至 -0.2m/s;水体紊动强度则明显加大,护坡上游行进水流压载体附近垂线紊动强度 σ_x 约0.1m/s,进入压载体之间模袋附近近底 σ_x 在0.10m/s左右。

⑤生长植物后近底流速、紊动强度沿程分布。图3.1-10为优化后推荐形式生态模袋结构,模袋表层之上3cm处流速、紊动强度纵向(顺水流向)沿程变化,可以看出,压载体之间近底流速基本在 $-0.15 \sim -0.12$m/s之间,而紊动强度则在0.09~0.10m/s之间。

⑥生长植物后促淤性能。优化后推荐形式生态模袋结构压载体之间近底流速为 $-0.15 \sim -0.12$m/s,大于工程区段床沙质(中径0.09mm)起动点流速 u_c(0.068m/s),且压载体之间沿程紊动强度较大(0.09~0.10m/s),所以可以推测上游悬沙将难以在模袋表层形成大范围落淤。

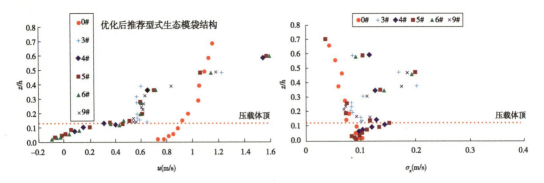

图 3.1-9 相邻压载体之间纵向流速和紊动强度垂线分布

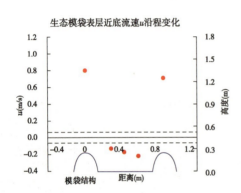
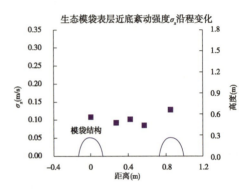

图 3.1-10 相邻压载体之间纵向流速和紊动强度沿程分布

图 3.1-11 植物生长后优化后推荐形式生态模袋护坡结构促淤性能

但由于优化后推荐形式生态模袋结构压载体高度(25cm)和宽度(25cm)比值为1,增大了压载体附近的局部掩护效果,浑水促淤试验观察也表明,上游悬沙进入格状模袋后,将迅速掀起向下游输送,经过模型2h加沙后,除压载体后方附近区域有粗沙淤积外,压载体之间基本无泥沙落淤(图3.1-11)。

3)格状结构稳定性试验研究

(1)试验条件及布置

①试验条件。考虑到护岸结构的稳定性,从最不利角度出发,波浪要素选取50年一遇。护岸工程布置方向为顺岸,因此分别选取顺岸方向(NNW)和垂直岸方向(E)作为不利波向,顺岸方向为波流叠加作用,垂直岸方向为纯波浪作用。

在波流叠加作用下(顺岸方向),从护岸工程结构稳定性角度考虑,应选取多种不利特征水流条件(洪中枯),如大水深大流速和小水深大流速。从生态护坡结构现场应用区段水流条件可知,防洪设计流量(水深4.36m,护岸结构顶部流速0.96m/s,下同)和多年平均洪峰流量(水深2.81m,流速0.95m/s)护岸结构顶部流速接近,后者水深较小,从不利性角度应选取多年平均洪峰流量;多年平均流量(水深1.35m,流速0.90m/s)和平滩流量(水深2.12m,流速

0.98m/s)护岸结构顶部流速相差较小,但前者水深较小,应选取多年平均流量;除此之外,护岸工程位于水陆变动区,因此需考虑结构临近淹没时淹没水深(0.5m)。

在纯波浪作用下(垂直岸方向),在坡比1/24条件下选取的水深条件与波流叠加作用一致;而在坡比1/5条件波浪在斜坡传播过程中发生破碎,对模袋护坡结构冲击明显,因此波浪作用下考虑波浪破碎位置分别在模袋铺排的排前、排头、排中和排尾四种布置方式。

各特征水深下波高的选取则是根据《港口与航道水文规范》(JTS 145—2015)6.2.3节中的规定,"直墙式、墩柱式、桩基式和斜坡式建筑物的强度和稳定性计算时,设计波高的波列累计频率标准应按表6.2.3采用。推算的波高大于浅水极限波高时,应采用极限波高。其中,表6.2.3注给出:斜坡式建筑物的护面块体稳定性计算,平均波高与水深的比值 $\overline{H}/d \geqslant 0.3$ 时,F(波高累积频率)取13%,$\overline{H}/d < 0.3$ 时,F 取5%"。生态模袋护坡结构稳定性试验条件见表3.1-2。

生态模袋护坡结构稳定性试验条件(比尺1:10)　　　　表3.1-2

水 深	波浪方向	坡 比	波高H(m)	周期T(s)	流速v(m/s)
2.81m (多年平均洪峰)	NNW(顺岸方向)	1/24,1/5	1.4($H_{13\%}$)	4.4	1.14
	E(垂直岸方向)	1/24	1.0($H_{5\%}$)	3.3	—
1.35m (多年平均流量)	NNW(顺岸方向)	1/24,1/5	1.4($H_{13\%}$)	4.4	0.94
	E(垂直岸方向)	1/24	0.8($H_{13\%}$)	3.3	—
0.5m (淹没水深)	NNW(顺岸方向)	1/24	1.4($H_{13\%}$)	4.4	0
	E(垂直岸方向)	1/24	0.8($H_{13\%}$)	3.3	—
排前破碎水深	E(垂直岸方向)	1/5	1.0($H_{5\%}$)	3.3	—
排头破碎水深	E(垂直岸方向)	1/5	1.0($H_{5\%}$)	3.3	—
排中破碎水深	E(垂直岸方向)	1/5	1.0($H_{5\%}$)	3.3	—
排尾破碎水深	E(垂直岸方向)	1/5	1.0($H_{5\%}$)	3.3	—

②试验布置。对生态模袋护坡结构推荐形式进行稳定性试验,坡比考虑1/5,鳗鱼沙右汊右岸生态护坡设计结构的平面图见图3.1-12,稳定性试验中设计护岸结构模型见图3.1-13。

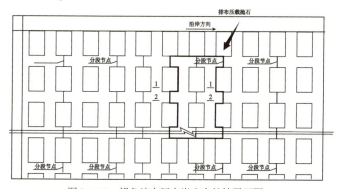

图3.1-12　鳗鱼沙右汊右岸生态护坡平面图

图3.1-13　模袋护坡($\gamma = 2.4$g/cm³)

顺水流方向试验即波浪和水流方向相同,平行于边坡,波浪、水流共同作用。坡比1/5模袋护坡顺水流方向水槽试验照片见图3.1-14。

图 3.1-14　模袋护坡顺水流向布置试验照片

垂直水流方向试验即波浪垂直于边坡作用。此时波浪在沿斜坡传播的过程中,会发生破碎,对护坡模袋结构冲击明显。水槽试验照片见图 3.1-15。

图 3.1-15　模袋护坡垂直水流向布置试验照片

试验时,首先率定波浪要素及流速,再进行各项要求内容的波浪模型试验。观测各构件及防护块石的稳定性情况时,每一波况累计试验持续时间不小于原型 3h。

各构件稳定性判别标准为:无振动、位移为稳定,有位移为失稳,整体无变形为稳定。

(2)主要研究成果

试验验证了材料密度为 2.4g/cm^3 的模袋护坡在坡比 1/5 条件下,各设计水位、波浪或波流共同作用时的稳定性。

①波流作用下(顺岸方向)。

在多年平均洪峰对应水位 +2.81m, $H_{5\%}$ 规则波及相应流速 ($H=1.4\text{m};T=4.4\text{s};v=1.14\text{m/s}$) 共同作用下,当波浪累计作用时间相当于原型 3h 后,模袋护坡无明显位移,满足稳定性要求。

在多年平均流量对应水位 +1.35m, $H_{5\%}$ 规则波及相应流速 ($H=1.4\text{m};T=4.4\text{s};v=0.94\text{m/s}$) 共同作用下,当波浪累计作用时间相当于原型 3h 后,模袋护坡无明显位移,满足稳定性要求。

在构件淹没水深 +0.5m, $H_{5\%}$ 规则波 ($H=1.4\text{m};T=4.4\text{s}$) 单独作用下,当波浪累计作用时间相当于原型 3h 后,模袋护坡无明显位移,满足稳定性要求。

②波浪作用下(垂直岸方向)。

在 $H_{5\%}$ 规则波 ($H=1.0\text{m};T=3.3\text{s}$) 破碎点位于模袋护坡结构排前附近位置时,当波浪累计作用时间相当于原型 3h 后,模袋护坡无明显位移,满足稳定性要求。

在 $H_{5\%}$ 规则波($H=1.0$m;$T=3.3$s)破碎点位于模袋护坡结构排头附近位置时,当波浪累计作用时间相当于原型3h后,模袋护坡无明显位移,满足稳定性要求。

在 $H_{5\%}$ 规则波($H=1.0$m;$T=3.3$s)破碎点位于模袋护坡结构排中附近位置时,当波浪累计作用时间相当于原型3h后,模袋护坡无明显位移,满足稳定性要求。

在 $H_{5\%}$ 规则波($H=1.0$m;$T=3.3$s)破碎点位于模袋护坡结构排尾附近位置时,当波浪累计作用时间相当于原型3h后,模袋护坡无明显位移,满足稳定性要求。

综上所述,推荐护岸结构($\gamma=2.4$g/cm³)在设计坡比1/5下,护坡结构在各类波流作用下可保持稳定,波流稳定性试验结果见表3.1-3。

坡度1/5条件下模袋护坡($\gamma=2.4$g/cm³)稳定性试验结果　　　　表3.1-3

水　位	波浪方向	波　况	稳 定 性
多年平均洪峰2.81m	顺岸方向	$H_{5\%}$规则波+流	稳定
多年平均流量1.35m	顺岸方向	$H_{5\%}$规则波+流	稳定
淹没水深0.5m	顺岸方向	$H_{5\%}$规则波	稳定
破碎点位置	波浪方向	波况	稳定性
排头前	垂直岸方向	$H_{5\%}$规则波+流	稳定
排头	垂直岸方向	$H_{5\%}$规则波+流	稳定
排中	垂直岸方向	$H_{5\%}$规则波+流	稳定
排尾	垂直岸方向	$H_{5\%}$规则波+流	稳定

(三)结构的生态机理分析

格状石笼+三维快速植生垫的生态护岸防护于岸坡后,从水动力的角度,植物生长条件与护坡结构表层的水流结构密切相关,如中洪水期结构表层营造较为缓和的水流动力环境时,则有利于植物的生长;另一方面,植物生长后,即便压载体破坏、植物基质暴露,但植物的存在,在一定程度上也利于对基质的防护。格状石笼+三维快速植生垫的生态护岸,维系了水生生态系统与陆地生态系统之间的联系,保留了河流和作为生态廊道的功能。具有护坡基础功能的同时,又具有自然、生态、景观及兼顾航道水质改善的功能。

(四)结构形式确定与物种选择

(1)结构形式

在鳗鱼沙右汊右岸桩号MYS-221处布置顺岸方向32m长、垂直岸线方向5.2m宽约160m²的生态护坡。

生态护岸采用格状格宾石笼护坡结构,格宾石笼施工前先对现场理坡,理坡后坡度约1:8.7,坡顶高程为2.5~2.6m,坡底高程1.6~2.0m。格状格宾石笼护坡结构自下而上分别为覆土(掺芦苇根系)350mm、三维快速植生垫和格状格宾石笼400mm。

格宾石笼顺岸线方向长度32m,垂直岸线方向长度5.2m。平行及垂直于水流方向设置格宾肋,肋中填充石料,肋高0.4m,沿岸肋间距2.3m,垂直岸向肋间距2.3m。坡顶、坡底采用块石压载,坡顶块石底宽2.0m、高1.0m,坡底块石压载宽度约1.8~5.4m,厚0.6m。

(2)物种选择

经过现场物种调研,决定选择工程区域附近的芦苇进行种植。

(五)工艺与施工

格状格宾石笼生态护岸施工流程:

(1)在排布铺设前,对坡面进行找平、修整,保证坡面平顺、无明显凸凹、无杂物,坡面平整度不大于100mm。

(2)覆耕植土35cm后播种芦苇根。

(3)铺设三维快速植生垫,冲灌植物基质,铺设加筋麦克垫。

(4)铺设格宾石笼,填充石料。

(5)水下抛填块石防护。

(六)实施应用

(1)实施方案

在鳗鱼沙右汊右岸桩号 MYS-221 处布置顺岸方向 32m 长、垂直岸线方向 5.2m 宽约 160m² 的生态护坡。

(2)实施效果

2017年4月17—18日,利用落潮时间施工了植物生长垫及格宾石笼,2017年4月19日利用低潮位实施高性能生态基材喷覆(图3.1-16)。

图3.1-16 生态护岸施工现场

2017年4月30日,施工2周后,对已施工护岸进行了查看,部分植物已经格宾内长出,并且已有部分淤泥淤积[图3.1-17a)]。

2018年6月6日,施工1年后,也对已施工护岸进行了查看,靠近岸侧格宾内已长出较多芦苇以及其他植物,格宾内有10~15cm的淤积[图3.1-17b)]。

a)施工两周后　　　　b)完工一年后

图3.1-17 格状石笼+三维快速植生垫实施效果

3.1.2 立体网状构件生态护岸

(一)开发思路

从目前国内生态型护岸的工程实践来看,由于全生态护岸的结构强度和整体稳定性相对较差。因此,在长江河道和航道整治工程建设中生态护岸形式基本上全为半生态护岸,而全生态护岸结构基本用在支流流速很缓的高滩出露部分。

由半生态护岸在长江河道和航道整治中应用具体情况反映,生态护岸取得了一定的生态效果,但是也存在效果差等问题,其主要原因为:①结构基本为单一的平面网格结构,不能形成一个消能效果好的三维空间体;②结构基本通过覆盖层隔离水流,避免水流冲蚀营养土,从而起保土作用,结构基本无消能减速功能,不能促进泥沙淤积,消能效果和保土效果差。工程完工后,经过一个洪水期,水位变动区营养土和植被种子基本被冲蚀,甚至水位变动以上区域的营养土和植被种子部分被冲蚀,从而影响生态效果(图3.1-18)。具体开发思路与本书3.1.1节格状石笼+三维快速植生垫的生态护岸的内容一致。

图3.1-18 钢丝网格护坡生态效果图

(二)结构的水动力冲淤特性及稳定性

1)促淤性能

变坡水槽中分别进行了边坡为1:24(设计坡度)和1:5(对比坡度)两种坡度的浑水促淤试验,观测立体网状结构格栅内泥沙的落淤情况。促淤试验进行4h(原型约4天)。两种坡度下的试验段泥沙均有较为明显的淤积,而在排尾后部由于缓流区,也有明显的泥沙落淤。从泥沙落淤情况可以看出,边坡比1:24排尾后部泥沙落淤分布均匀;而边坡比为1:5时,落淤量由浅水向深水区呈现一定递减[图3.2-19a)、b)]。

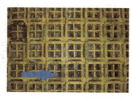 

a) 边坡比1:24   b) 边坡比1:5

图3.1-19 促淤试验结果

选取水流控制条件相同的水槽纵向中心线所在位置的格栅内部沿程泥沙落淤量,绘制相对厚度沿程变化图,如图 3.1-20 所示。试验结果表明,在试验段排头泥沙落淤较为明显,后段部分淤沙基本趋于平稳,平均淤沙相对厚度分别为 0.14(边坡比 1:24)和 0.06(边坡比 1:5)。

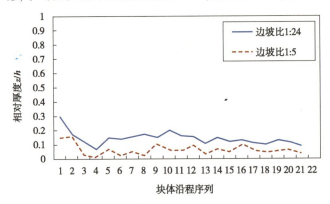

图 3.1-20　不同坡度沿程相对淤积厚度

总体来看,边坡比为 1:24 的情况下,泥沙落淤量要较 1:5 边坡比的高,且落淤分布较为平均,促淤综合效果较好。

2)抗冲性能

在水槽中分别进行了两种坡度的清水冲刷试验。试验考虑水流过渡段,结构从第 9～18 排设为动床段(图 3.1-21)。试验以动床段格栅底部泥沙冲刷基本稳定为依据,模型放水时间约 4.5h(原型 3 天),抗冲试验重复 2～3 次,以消除试验的偶然性。

 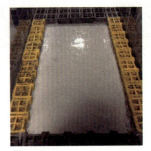

a)边坡比 1:24

b)边坡比 1:5

图 3.1-21　抗冲试验水槽布置

(1)格栅内外泥沙冲淤变化

图 3.1-22 为两种边坡比(1:24 和 1:5)条件下立体网状结构清水冲刷后格栅内泥沙冲淤变化。可以看出,两种坡度下,最终结构的冲刷结果表现出与优化方案较为相似的分布情况,同一格栅内沙面高度总体表现为上游高、下游低的形状。冲刷结果对比显示,边坡比 1:24 的情况下,床沙平均起伏落差要较 1:5 更为缓和。

a) 边坡比1:24

 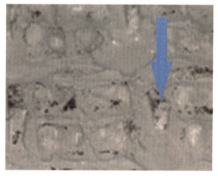

b) 边坡比1:5

图 3.1-22 试验结束后动床冲淤情况(为便于观察,右图均为移走格栅拍摄)

由于格栅四周开孔,水体纵向和横向均存在交换,总体上横向泥沙交换相对纵向小得多。值得注意的是,在两种坡度下,沿水流向左右相邻两个格栅的侧板缝隙内,床面的后部出现较为明显冲坑。

(2)格栅对坡面营养土的防护能力

通过对试验前后的床沙量和床沙平均厚度的量测,分别对两种坡度下格栅的保土能力进行计算分析。4.5h 清水冲刷试验结果表明,1:24 的边坡比下,格栅对床沙的保土率为 92%(以沙量计)或 95%(以厚度计量);1:5 的边坡比下,格栅对床沙的保土率为 90%(以沙量计)或 92%(以厚度计量)。总体上,两者保土率差异较小,但从试验结果现象观察可以看出,1:24 边坡比下的床面经过冲刷后,起伏程度较 1:5 更缓(表 3.1-4)。

不同边坡比保土率统计表   表3.1-4

边坡比	保土率(以厚度计)	保土率(以重量计)
1:24	95%	92%
1:5	92%	90%

3) 波浪、波流作用下的稳定性

波浪稳定性试验分别考虑了平行于边坡的波流共同作用(顺水流方向)以及垂直于边坡(垂直水流方向)的单独波浪作用两种工况,其中顺水流方向试验在水槽中模拟边坡存在局限性,因此坡度较大的工况的试验结果仅作参考。

试验立体格栅材料 $\gamma=1.8 \mathrm{g/cm}^3$。依据要求,分别选取 NNW 向和 E 向作为顺水流方向(0°)和垂直水流方向(90°)的波浪作为稳定性试验的条件,具体波浪要素见表3.1-5。各工况下格栅护坡稳定性试验结果见表3.1-6,下面按顺水流方向和垂直水流方向分别介绍。

波浪稳定性试验条件   表3.1-5

水 位	波浪方向	波高 H(m)	周期 T_m(s)	流速 v(m/s)
多年平均洪峰2.81m	0°(沿水流向)	1.4($H_{13\%}$)	4.4	1.14
	90°(垂直水流向)	1.0($H_{5\%}$)	3.3	—
多年平均流量1.35m	0°(沿水流向)	1.4($H_{13\%}$)	4.4	0.94
	90°(垂直水流向)	0.8($H_{13\%}$)	3.3	—
淹没水深0.5m	0°(沿水流向)	1.4($H_{13\%}$)	4.4	0
	90°(垂直水流向)	0.8($H_{13\%}$)	3.3	—

格栅护坡稳定性试验结果汇总表   表3.1-6

水 位	波浪方向	波 况	稳定性 1:24	稳定性 1:5
多年平均洪峰流量对应水位	0°	$H_{13\%}$ 规则波+流	稳定	稳定
		不规则波+流	稳定	稳定
	90°	$H_{5\%}$ 规则波	稳定	—
多年平均流量对应水位	0°	$H_{13\%}$ 规则波+流	稳定	排尾格栅发生位移;排尾更换为 $\gamma=2.4\mathrm{g/cm}^3$ 格栅后仍块体发生位移
		不规则波+流	稳定	—
	90°	$H_{13\%}$ 规则波	稳定	—
		不规则波	稳定	—
淹没水深	0°	$H_{5\%}$ 规则波	排尾格栅发生位移;排尾更换为 $\gamma=2.4\mathrm{g/cm}^3$ 格栅后稳定	排尾块体发生位移,排尾更换为 $\gamma=2.4\mathrm{g/cm}^3$ 格栅后稳定
	90°	$H_{13\%}$ 规则波	排头格栅发生位移;排头格栅更换为 $\gamma=2.4\mathrm{g/cm}^3$ 格栅后稳定	—

（三）结构的生态机理分析

立体网状结构通过格栅面板阻挡水流，面板开孔消减格栅内涡流能量等角度来减小格栅底部水流流速，从而有利于岸坡坡面水体交换，促进泥沙落淤，即使在清水冲刷，对坡面底部营养土亦能达到95%的防护能力，为植被提供良好的生长环境。结构内的空格为原有植物留出了生长空间，可通过种植芦苇和狗牙根等植物，有效地固滩护坡，从而实现生态保护的功能。

立体网状结构可以减缓近岸岸坡水流流速及消减波浪波能，阻止岸坡上营养土被水流冲蚀，有较好的促淤保土性能；能促进泥沙淤积，使工程区域的青黄线（带）高程有所降低。

（四）结构形式确定与物种选择

1）结构形式确定

（1）设计思路

本生态护坡结构在总结平面网格结构存在的问题基础上，利用生态环境保全的孔隙理论，基于三维立体透空消能思想，提出立体透空的网状结构，取名为立体网状结构。

结构在立面上有一定的高度，并在立面上进行开孔形成格栅面板，同时通过相互之间两个方向凹凸镶嵌即可形成一个三维空间。格栅面板起阻挡水流作用，面板开孔用于岸坡坡面水体交换，同时起到消减格栅内涡流能量达到减小格栅底部水流流速，从而促进泥沙落淤，为植被提供良好的生长环境。结构内的空格为原有植物留出了生长空间，可通过种植植物，有效地固滩护坡，从而实现生态保护的功能。

（2）结构初步形式

从方便施工的角度出发，结构构件不宜过大，从取材方便的角度出发，采用传统的混凝土预制结构。

立体网状结构由外框构件和内十字构件两部分组成，外框构件平面形状为正方形，内十字构件包含四块翼板，外框构件侧壁和内十字构件翼板开孔。

外框平面形状为正方形，外轮廓尺寸设计为600mm×600mm×250mm（长×宽×高）的正方体外框格栅，外框格栅厚50~70mm；内十字构件的格栅净间距185mm，壁厚40mm。外框和内十字构件面板上布置直径70mm的圆孔。

上述确定的初步结构见图3.1-23，最终结构具体尺寸以模型试验研究结果为准。

外框和内十字构件可以分开预制，分开运输和施工，并且开孔亦便于搬运和施工。

（3）推荐结构形式

从格栅净距、孔径大小、开孔位置、圆孔布置方式等方面，对立体网状结构尺度进行了优化试验，结果表明，格栅对床沙（营养土）防护能力随格栅净距的减小而快速加大；一定范围内，随孔径加大，防护能力有所加大；开孔位置靠向格栅顶部时，防护能力加大；内外格栅圆孔对孔布置时，防护能力较错位布置时略有增加。

在此基础上，充分考虑构件强度要求，对初步形式进行优化，内外面板净距由初步方案的0.185m减小至0.165m，面板圆孔半径由初步方案的7cm增至7.5cm，下部圆孔圆心距格栅底部距离由初步方案的7.5cm上升至8.8cm，并采用对孔布置。外框尺寸设计为0.55m×0.55m×0.25m（长×宽×高），面板厚度为4.5cm；内部面板厚度为4cm。如图3.1-24、图3.1-25所示。

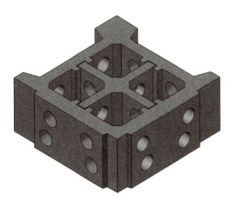

图 3.1-23　生态护岸立体网状结构示意图

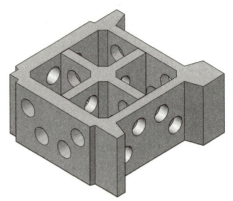

图 3.1-24　立体网状推荐结构

图 3.1-25　立体网状结构照片

2）植物的选择

（1）植被选择原则

在选择河道护坡植被的时候要从当地的地质以及环境出发来进行选择。要确保植物有着非常强的生长能力和适应能力并且对土质的要求相对较低，要耐酸、碱、寒冷、高温和干旱等。要保证有着发达的二根系，有低矮的茎干、茂盛的枝叶、快速的生长力以及长时间的绿化效果，能够对地表进行迅速覆盖。同时要有着较强的三生根系和较高的成活率，能够对深层的水分进行吸收。所选择的植物要能够对水质进行净化、对土壤进行巩固和改良等。要尽量选择那些有着较高经济效益的植物来组成群落，这样就可以在整治河道时产生的经济回报也比较多，与此同时，还可以对当地河道的景观进行改善。

（2）植被选择

①河岸带植物群落类型。

根据相关研究项目对长江中下游河岸带植被的调查，通过对 16 个样地 68 个样方中植物调查，长江中下游河岸带植被主要以草本植物为主，乔木较少。乔木种以人工栽植的意杨林为主，偶有桑树和枫树出现。主要植物群落类型见表 3.1-7。

河岸带主要植物群落　　　　　　　　　　　表 3.1-7

群　落　名	植　物　种　名				
低矮草丛	狗牙根	荠菜	藕草	天蓝苜蓿	水芹
	广州蓼菜	三籽两型豆	日本看麦娘	棒头草	朝天委陵菜

续上表

群 落 名	植 物 种 名				
高大草丛	芦苇				
高大木本	意杨				

调查区域内可分为13个群落:藨草群落、狗牙根群落、藨草—狗牙根群落、藨草—广州蓼菜群落、荠菜—看麦娘群落、芦苇群落、狗牙根—益母草群落、朝天委陵菜—石龙芮群落、狗牙根—天蓝苜蓿群落、狗牙根—萹蓄群落、棒头草—细叶水芹群落、广州蓼菜—细叶水芹群落、笔筒木贼群落。

A. 藨草群落:优势物种为藨草,高度为35~60cm,盖度为65%~85%,伴生物种很少,伴生物种有广州蓼菜、水苦荬、荠菜等。

B. 狗牙根群落:优势物种为狗牙根,盖度为60%~95%,伴生物种有石龙芮、棒头草等。

C. 藨草—广州蓼菜群落:优势物种为藨草、广州蓼菜,伴生物种有泥蒿、天蓝苜蓿、黄鹌菜等。

D. 藨草—狗牙根群落:优势物种为藨草、狗牙根、救荒野豌豆,伴生物种有泥蒿、天蓝苜蓿、黄鹌菜等。

E. 荠菜—看麦娘群落:优势物种为荠菜和日本看麦娘,群落高度为30~45cm,伴生物种有碎米荠、双穗雀稗等。

F. 芦苇群落:总盖度为70%~85%,优势物种主要为芦苇、三籽两型豆、棒头草,伴生物种有黄鹌菜、藨草等。

G. 狗牙根—益母草群落:优势物种主要为狗牙根和益母草,伴生物种有细灯心草、石龙芮、棒头草和水芹等。

H. 朝天委陵菜—石龙芮群落:优势物种主要为朝天委陵菜和石龙芮,盖度为35%,伴生物种有细叶水芹、棒头草和水芹等。

I. 狗牙根—天蓝苜蓿群落:优势物种主要为狗牙根和天蓝苜蓿,伴生物种有细灯心草、石龙芮、棒头草和水芹等。

J. 狗牙根—萹蓄群落:优势物种主要为狗牙根和萹蓄,伴生物种有藨草、细灯心草、石龙芮、水苦荬和水芹等。

K. 棒头草—细叶水芹群落:优势物种为棒头草和细叶水芹,高度为15~45cm,盖度为30%~55%,伴生物种有泥蒿、天蓝苜蓿、草莓苜蓿、黄鹌菜等。

L. 广州蓼菜—细叶水芹群落:优势物种为广州蓼菜和细叶水芹,高度为15~45cm,盖度为30%~55%,伴生物种有朝天委陵菜、附地菜、通泉草等。

M. 笔筒木贼群落:优势物种为笔筒木贼,高度为20~30cm,盖度为40%,伴生物种罕有。

②河岸带植被的优势种组成。

通过调查,河岸带半自然植被主要由草本和草丛组成,共出现的植物种类共有87种。主要的优势物种是:荠菜、日本看麦娘、藨草、救荒野豌豆、狗牙根、天蓝苜蓿、广州蓼菜、萹蓄、水芹、细灯心、益母草、朝天委陵菜、石龙芮、三籽两型豆、棒头草、牛繁缕、意杨。其中意杨基本上是人工栽植,作为一种经济木材普遍种植于河岸。

根据调查数据的统计和计算,调查的河岸各段都有分布的植物种类有:狗牙根、䅟草、救荒野豌豆、日本看麦娘、广州蔊菜和附地菜等,各植物的生长特性见表 3.1-8。

调查的河岸各段都有分布的植物种类统计表　　　表 3.1-8

植物种类	生长特性
狗牙根	多年生草本,具根状茎或匍匐茎,秆平卧部分长达 1m,节上生根,蔓延力强;耐水淹能力强,能在砾石、块石、壤土、沙地等基质中分布
䅟草	长根茎性禾草,根桩状茎发达,富含养分,芽点又多,在修割情况下能促进芽点萌发和出土,能在砾石、块石、砂土、壤土等基质中生长
救荒野豌豆	二年生草本,茎条柔软,对土壤基质生境要求不高,耐瘠薄,耐寒性强,不耐炎热,不耐水淹。分布在河岸带中上部,能在沙地、壤土、粉砾质壤土中生长良好
日本看麦娘	根须柔软,少数丛生。较耐水淹、短期淹水后,又可以恢复良好的生长状态。分布在河岸带中上部,能适应沙地、壤土、砾石等贫瘠的基质环境
广州蔊菜	两年生草本,茎直立或成铺散状分枝。喜湿性植物,耐水淹性强,能在沙地、壤土、粉砂质壤土中生长良好
附地菜	一年生草本,茎纤细直立,或丛生。适应性强,不耐水淹,能适应沙地、壤土、砾石等贫瘠的基质环境,在整个河岸带分布广泛

③其他植被选择。

香根草原产于泰国、印度等热带、亚热带地区。香根草又叫岩兰草,是生长在热带、亚热带地区的十几种主要牧草之一,它已被证明是一种理想的水保植物,20 世纪 80 年代受到世界各国的青睐。1988 年开始引入我国南方红壤世行项目。1999 年 10 月,中国香根草网络(http://www.vetiver.org.cn)在南昌召开了"国际香根草生物工程技术保持水土与工程保护讲习研讨会",香根草开始正式用于工程护坡。香根草株丛紧密、丛生、无芒、坚韧、叶面平滑的多年生草本植物。因其有以下特性,使它成为一种理想的永久性的水土保持植物:香根草具有发达的网状根系。如果距离恰当,将很快形成篱笆,根部可以将土牢牢地固定在等高线上。不能传粉授精,只能无性繁殖,它不会给农田形成杂草。篱笆一旦形成,就不会被家畜采食,因为其适口性不佳。为多年生草本植物,一旦形成篱笆后,几年内不需要维护。耐火、耐旱、耐涝。香根草已经显示出对病虫害强大的抵抗力,其根内所含挥发性芳香油可驱赶鼠类及其他有害动物。在干旱地区,它还是一种很好的果园覆盖草种。

2010 年,在泰兴市如泰运河滨江镇段,筛选了香根草作为航道生态护坡栽种试验项目,此次试验项目栽种面积为 $500m^2$,其中边坡为驳岸的 10m,边坡为天然土坡的 90m,共计 100m 长度的岸线。目前香根草成活率为 98%,其中 90% 以上香根草的高度为 1.5～1.8m,已形成一道天然的绿色篱笆,既控制了受船形波影响的水土流失,又美化了航道。

④植被的选择。

根据河岸植被的调查与分析结果,筛选出试验段河漫滩已有的芦苇以及耐淹性较好的狗牙根(研究中全淹没时间可成活 80 天以上)作为生态护岸试验段的植被。

(五)工艺与施工

立体网状结构施工工艺主要包括:模具设计、预制、运输和现场施工。

(1)模具设计

立体网状结构采用钢制模具进行预制生产,模具制作材料为 5mm 厚度以上的 Q235 钢板。模具分为外框模具和内十字架模具。模具尺寸和开孔的部位严格按照设计图纸制作。为了方便搬运脱模,在模具外侧设置手柄。

外框模具由外框外模具、外框内模具、底部卡槽、顶部卡槽等几部分组成。外框模具严格按照外框构件尺寸制作。底部卡槽平面严格按照外框俯视图进行制作,高度在 3~5cm 之间。顶部卡槽由四个 U 形钢组成,长 30cm,高度为 2.5cm,卡槽内宽分别为相应的外框厚度加外框模具的厚度。

内十字构件模具平面严格按照内十字构件的俯视图进行整体制作。选择相应数量和孔径的圆管,塞在壁面的圆孔内。

为了确保结构能满足拼装的要求,严格要求预制后内十字架构件长度略小于外框构件的内边长。

(2)预制

混凝土搅拌时,严格按照混凝土强度等级的 C25 配合比进行原材料投放和搅拌。大规模预制前,进行典型施工,确定外框模板内口正方形呈"上宽下窄"的微小坡度,利于脱模且可保证构件各尺寸满足设计要求。模板安装时,为防止模板局部变形影响构件整体尺寸,加装卡块定型。

在混凝土浇筑前,钢模内应当清理干净并且均匀涂刷脱模剂或铺设塑料薄膜以代替脱模剂,从而达到方便脱模的效果。为保证预制质量,采用分层浇筑的方法,每层浇筑时及时振捣密实,顶层浇筑完成后进行收面处理。混凝土初凝期间,每隔1h 转动套管,防止脱模时套管与混凝土粘连过紧。初凝后,为防止在混凝土硬化过程中干缩形成微裂缝,需进行抹面处理。抹面时沿试模口表面抹平压光,保证构件的棱线尺寸。脱模时,先缓缓将套管转出,再将模板从合页处展开。涂刷脱模剂后,将外框模具和底部卡槽进行拼装,拼装观察后人工装填混凝土,并放置震动平台上初步振动,初步振动后,安装顶部卡槽,然后振捣密室。待混凝土初凝后用铁抹子将其表面抹光。

混凝土终凝后 5~8h 之内,开始洒水养护,待混凝土杆件的强度达到设计强度75% 后,即可拆模。洒水养护维持 7 天,同时做好养护记录(图 3.1-26)。

a)构件浇筑　　　　　　　　　　b)构件脱模

图 3.1-26　立体网状结构制作照片

(3) 运输

拆模后,即可搬运、运输。采用人工搬运,轻抬轻放。外框构件使用长约 1.5m 小棍子插入圆孔内,两人抬运至托盘上,按照分层摆放的原则进行摆放,即先摆放外框构件一层,然后在框内摆放内十字架构件一层,再摆放第二层,如此循环。摆放层数不得高于 6 层。构件装好后,运输至施工现场后,人工搬运至施工现场,轻抬轻放。

(4) 现场施工

现场施工主要包括测量放样、场地清理及开挖整平、土方回填、种植狗牙根及芦苇、抛石施工、铺设无纺布、竹片编织垫、铺设立体网状结构、铺筑平台、马道铺石等工序。

(六)实施应用

首先于 2016 年 3 月开展了本结构的局部试验。在经过大半个水文年的检验,工程效果较好的基础上,于 2017 年在鳗鱼沙右槽右岸护岸工程中正式采用,铺设面积约 1.08 万 m²。

1)局部试实施效果

在依托工程生态护岸专项设计前一年,开展了立体网状结构现场局部试实施,局部试实施部位位于青黄线以下没有植被覆盖的区域,主要目的是研究施工工艺,验证结构经过一个汛期的抗风浪稳定性和保土性的效果。

2016 年 3 月 30 日,在生态护坡试验段,先期铺设了 98 个立体网格结构。采用人工拖运和人工摆放的方式,直接将立体网格结构铺设在淤泥质粉质黏土上,如图 3.1-27 所示。

图 3.1-27　局部试实施摆放整体图

2016 年 5 月 25 日,试实施区域结构高潮被淹没;2016 年 9 月 17 日,试实施区域结构低潮露出水面,结构淹没时间 114 天。试实施区域立体网状结构,经受住了 2016 年的特大洪水和多个台风(特别是"尼伯特"和"鲇鱼")的考验,结构内已被落淤的泥沙覆盖,如图 3.1-28 所示。

图 3.1-28　试实施区域效果图

2)生态护岸试验段效果

(1)稳定性和促淤效果

2016年,完成了生态护岸试验段的专项设计;2017年5月,完成了立体网状结构生态护岸试验段的铺设。

2018年3月6日,现场踏勘情况表明,经过一个洪水期和2017年多次台风,生态护岸试验段未发生水毁和失稳迹象,立体网状结构下未发现土工布出露现象。立体网状结构整体落淤,淤积厚度从坡顶马道至坡脚脚槽侧逐渐加大,淤积幅度为2~25cm。其中坡顶马道侧,立体网状结构格栅内落淤厚度约2~5cm;脚槽侧宽5~8m的区域,立体网状结构格栅被泥沙全覆盖,淤积厚度为25cm。说明立体网状结构可以减缓近岸岸坡水流流速及消减波浪波能,阻止岸坡上营养土被水流冲蚀,有较好的促淤保土性能(图3.1-29)。

a)2017年5月铺设后

b)2018年3月落淤效果

图3.1-29 立体网状结构铺设后效果图

(2)绿化效果

2018年3月下旬,在脚槽至平台间的立体网状结构格栅内撒了狗牙根种子,平台至马道间格栅内种植芦苇根茎。

实施前,立体网状结构区域为光秃泥面,芦苇生长在坡顶马道后方。2018年4月,原无植被覆盖的立体网状结构区域,芦苇已长的高于立体网状结构高度,淹没区域狗牙根已零星出露水面。2018年5月,绿化效果已初显,已具有一定的绿化生态效果(图3.1-30)。这表明,立体网状结构能促进泥沙淤积,本工程区域的植被生长的高程已往青黄线(带)高程以下有一定的延伸。

图3.1-30 绿化生态效果图

3.2 生态型护底(低滩)结构

3.2.1 空间体生态排结构

(一)开发思路

1)传统护底结构及其存在问题

在航道整治工程中,长期采用的传统护底结构主要有抛石、抛砂枕或碎石枕、钢丝石笼或钢丝网兜石等散体式护底,散体式护底具有一定防冲刷效果,但整体性较差,易冲毁,需经常维护。20世纪80年代以来,随着土工织物的发展,整体性好的排体式护底得到应用,如系沙袋软体排、系混凝土块软体排、铰链混凝土块软体排、砂肋软体排、混凝土联锁块软体排等,其中砂肋软体排、混凝土联锁块软体排更是在长江口深水航道等大型整治工程得到广泛应用,取得了良好效果。

随着对护底结构功能的认识和设计理念的提升,参照枂槎的方法采用群体式框架或构件来消减水流能量,达到防冲促淤效果的消能式护底也开始应用于工程中并取得了一定成果,如四面六边透水框架(图3.2-1)、双扭工字透水框架、新型主动式钩连体等。此外,仿沙波排(图3.2-2)也有应用。

图3.2-1 四面六边透水框架

图3.2-2 仿沙波排

传统护底(滩)技术的核心是结构的安全性及耐久性,材料主要采用施工性好、耐久性强的混凝土或土工织物,有利于工程取得长期整治效果。其缺点在于没有考虑对生物及其生态环境的影响。二期工程的结构方案是主要为传统软体排护底及抛石堤、袋装砂斜坡堤和抛石基床预制混凝土构件混合堤,其整治建筑物耐久性好,有利于工程取得长期整治效果,但较少考虑置身于河道的工程的生态需求。根据二期工程环境影响报告书,二期工程中采用的护底(滩)结构(主要是混凝土联锁块软体排)将对底栖生物(主要是沙蚕、钉螺、河蚬、蛤蜊等)和鱼类(包括虾类、蟹类等)造成一定影响。

为改善工程建设对生态环境的影响,打造生态友好型航道工程,需在工程建设中研究、运用生态型整治建筑物结构,使其在发挥整治作用的同时,也能为河段内生物栖息环境创造有利的条件,并为有关领域的理论进步及生态结构在工程中的推广应用提供有益的尝试。

2)结构生态性优化方向

二期工程设计采用的传统护底软体排的土工织物排布(为150g/m² 无纺布与350g/m² 长丝机织布复合)隔绝了底栖生物(主要是沙蚕、钉螺、河蚬、蛤蜊等)的生存空间和通道。按照生态保护的理论,要达到护底功能,又尽量减少对原有底栖生物的影响,护底结构改进思路主要为:

①为保证保土效果,需要保留传统排布,但排布阻断了河床底栖生物与水体的交流。此时可按生态重建的理论,研发具防冲促淤效果的消能式块体,减缓底层流速,使护底河床区域处于冲淤平衡或微淤状态,吸引新的底栖生物种群聚集。

②江河中高级生命体因其对季节变化、昼夜转换以及外界环境条件的适应性,几乎均依赖于孔穴、洞窟、缝隙、屏蔽或空间隔离的区域而生息。因此,为适应相关动物的生息要求,可将实体压载构件改进为透空式压载构件。

3)结构概念方案

空间体压载基本形式由顶板、底板和四柱构成的立体空间混凝土结构,整个构件的透空率约为50%～60%。为更好地发挥空间体压载的促淤缓流效果,空间体压载可以有以下几种形式:

①Ⅰ-1型空间体[图3.2-3a)]:上、下两板、等高四柱的立体空间结构;

②Ⅰ-2型空间体[图3.2-3b)]:将Ⅰ-1型空间体其中一个侧面进行封闭;

③Ⅱ-1型空间体[图3.2-3c)]:将Ⅰ-1型空间体上层的水平面板改为倾斜一定角度的斜坡式面板;

④Ⅱ-2型空间体[图3.2-3d)]:在Ⅱ-1型空间体的基础上对高度较矮的一端进行封闭。

a.Ⅰ-1型　　b.Ⅰ-2型　　c.Ⅱ-1型　　d.Ⅱ-2型

图3.2-3　空间体结构形式

空间体压载采用绳索连接形成整体单元,再绑扎在排布的加筋带上。可规则排列[图3.2-4a)],也可错位布置[图3.2-4b)]。为防止孔洞的长直贯通,不利于消能。对上述结构进行微调,其一是可将结构体预制成高度不一的空间体,并在排布上有序[图3.2-4c)]或随机错落摆放[图3.2-4d)],这还有利于生物栖息;其二是将其中一个侧面进行封闭形成墙体,并在排布上随机摆放[图3.2-4e)]。

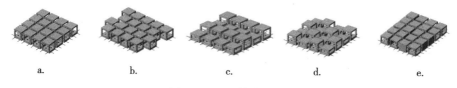

a.　　b.　　c.　　d.　　e.

图3.2-4　空间体单元布置

针对上层的水平面板改为倾斜一定角度的斜坡式面板的结构体不同的安放形式将取得不同效果;针对单向流,可将高度较矮的一端放置于迎流面[图3.2-5a)],能达到局部向上挑流的效果,也可对高度较矮的一端进行封闭以适应往复水流[图 3.2-5b)]。也可将相邻两个结构体对称布置,可规则排列[图 3.2-5c)]也可错位排列[图 3.2-5d)],或间隔布置多形式空间体[图 3.2-5e)],形成波浪形布置。

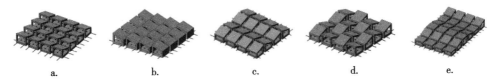

图 3.2-5 斜坡式面板空间体布置形式

4)实现生态功能方式

空间体生态排结构采用的是传统排布+新型生态空间体压载方案。采用常规排布,能够有效实现保土、防冲刷作用,有效实现护底结构的整治效果。排布上部开发合适的消能压载体,通过形成透空性较大的立体空间,减缓底层流速而使护底河床区域为微淤状态,以重新恢复适合底栖生物的环境,且其结构空间可为鱼、蟹、虾等提供适宜的生态环境,吸引水生物来此栖息。

(二)结构的水动力冲淤特性及稳定性

新型结构的整治效果及生态效果首先通过水槽物理模型试验研究。主要解决以下关键技术问题:①是否能满足护底要求;②优化结构设计尺度、布置方式。试验选择了Ⅰ-1 型空间体[图 3.2-3a)]、Ⅱ-2 型空间体[图 3.2-3d)]结构并考虑多种布置形式与布置间距,开展了结构稳定性、水动力特性及促淤效果试验研究(表 3.2-1),为结构选型及优化提供技术支撑。

水槽试验研究项目及内容　　　　表 3.2-1

试验项目	试验水流条件	试验内容
水动力特性	洪季大潮落急流速	1. 水流结构特点、流速及紊动强度 2. 结合促淤效果确定适合的结构形式和布置方式
促淤效果	洪季大潮落急流速	1. 空间体内泥沙淤积厚度与分布 2. 空间体周边泥沙运动状况 3. 结合水动力特性确定适合的结构形式和布置方式
结构稳定性	临界水流条件 纯水流作用和波浪、水流共同作用	1. 结构在设计流速下的稳定性 2. 结构被掀动的临界水流、波浪条件

1)水动力特性及促淤试验

(1)结构形式的比较

通过对空间体设计结构形式Ⅰ-1 型、Ⅱ-2 型(两种结构均为对齐布置,间距均为10cm)开展水动力及促淤试验。

经过试验,两种结构形式表现出一些共同特征:水流进入空间体排后,腔内水流流速、紊动强度快速衰减,直至趋于稳定,稳定区流速衰减率达80%~90%,空间体顶板附近是紊动强度的峰值区。水流稳定后腔内垂线流速分布与结构形式及布置方式有关:Ⅰ-1 型(顶板水平)对齐布置时呈"两端小、中上部大"的分布规律,Ⅰ-1 型错位布置及Ⅱ-2 型(顶板倾斜)对齐布置时均呈"上小下大"分布。空间体内的落淤泥沙主要来源于上游空间体通道内输送的泥沙以及排体顶部进入空间体间隔区域的泥沙。空间体排沿程泥沙淤积分布表现为排头一定范围无泥沙落淤,之后快速增加出现峰值区,随后逐渐减小趋于稳定。生态空间体结构的促淤机理是通过4根方柱耗散近底水流能量,顶板隔离空间体垂向内外水流,在空间体内营造一种缓和的水动力环境(接近或小于泥沙起动条件),从而达到促淤的功能。促淤性能与空间体内近底流速大小及进入空间体内的泥沙数量有关。

通过Ⅰ-1、Ⅱ-2型空间体在相同布置方式(对齐、排头不封闭、间距10cm)条件下的比较,Ⅰ-1型空间体排对近底水域的阻水率为51.1%,近底相对起动流速为0.93<1❶,稳定区相对淤积厚度为0.09❷,而Ⅱ-2型阻水率为48.3%,近底相对起动流速为1.46~1.99>1,相对淤积厚度为0.02~0.06,从促淤性能的角度,Ⅰ-1型空间体优于Ⅱ-2型。

(2)布置方式比较

根据不同结构形式的水动力特性及促淤试验结果,选择较优的Ⅰ-1型空间体,从布置方式、布置间距和排头封闭与否等方面进一步研究,开展了以下试验内容(表3.2-2)。

Ⅰ-1型空间体水动力试验布置方式比较　　表3.2-2

序号	布置方式			阻水率(%)
	空间体纵向布置情况	排头空间体迎流侧封闭情况	间距(cm)	
1	对齐	不封闭	10	51.1
2	对齐	不封闭	15	47.7
3	对齐	封闭	10	85.7
4	对齐	封闭	20	75.0
5	错位	不封闭	10	63.9
6	错位	不封闭	15	62.6
7	错位	不封闭	20	61.5

结果表明,错位布置略优于对齐布置,增加空间体间距将显著降低促淤性能,排头封闭可消除排头无泥沙淤积的现象。具体如下:

①Ⅰ-1型空间体在对齐、间距10cm条件下,排头封闭时,对近底水域的阻水率为85.7%,稳定区近底相对起动流速为0.92<1,稳定区相对淤积厚度为0.11;而排头不封闭时,阻水率为51.1%,稳定区近底相对起动流速为0.93<1,相对淤积厚度为0.09。总体上,稳定区域近底流速大小及淤积厚度差异较小,但排头未封闭时,排头存在约5m长的无泥沙淤积范围,而排头封闭时,则无此情况发生。因而从增加生态护底促淤范围,提供底层水生物更多生存适宜空间的角度来看,排头封闭效果较佳。

②Ⅰ-1型空间体在错位、排头不封闭条件下,间距10cm、15cm、20cm时,对近底水域的阻水

---

❶ 空间体近底处相对起动流速(u/u_c):空间体近底处(底板之上3cm)点流速u与床沙质起动点流速u_c之比。

❷ 空间体相对淤积厚度:空间体内淤沙平均厚度与空间体腔内空间平均高度之比,相对淤积厚度为0时无泥沙淤积,为1时腔内泥沙淤满。

率分别为63.9%、62.6%、61.5%,稳定区近底相对起动流速分别为0.97、1.35、1.58,稳定区相对淤积厚度分别为0.12、0.06、0.03,可见间距增大后,空间体内近底流速增大显著,因流速对输沙率的影响呈高次方关系,具有较强的敏感性,进而导致空间体内相对淤积厚度明显减小。

③Ⅰ-1型空间体在对齐、排头封闭条件下,间距10cm、20cm时阻水率分别为85.7%、75.0%,稳定区近底相对起动流速分别为0.92、1.21,稳定区相对淤积厚度分别为0.11、0.00。空间体在对齐、排头不封闭条件下,间距10cm、15cm时阻水率分别为51.1%、47.7%,稳定区近底相对起动流速分别为0.93、1.12,稳定区相对淤积厚度分别为0.09、0.02。进一步表明间距增大对空间体内水动力特性和促淤性能影响较为显著。

考虑到空间体内流速对促淤性能较强的敏感性,为保证一定促淤性能为底层水生物提供适当的栖适空间的,空间体对齐布置时的间距取10cm(排头封闭时相对淤积厚度0.11,排头不封闭时相对淤积厚度0.09),空间体错位布置时的间距可取15cm(相对淤积厚度0.06)。

2)结构稳定性

根据Ⅰ-1型空间体不同布置方式比较试验结果,选择较优的两种布置形式(对齐布置,间距10cm;错位布置,间距15cm),进一步开展整体稳定性试验。经试验,两种布置方式失稳底流速(空间体顶处)均约为1.9m/s,大于厚12cm的混凝土联锁排(1.82m/s)。波浪稳定试验表明,双涧沙SL4丁坝应用区枯水大潮水深4.75m条件下,单纯波浪作用时(破碎波高2.62m)排体保持稳定;波流同向作用时,静水波高1.4m($H_{5\%}$)时临界失稳垂线平均流速为1.58m/s,设计水流、波浪条件下可满足稳定性要求,如表3.2-3所示。

结构稳定性试验研究内容　　　　　　　　　　　　　　　　表3.2-3

空间体结构	排头封闭情况	空间体定点流速(m/s)	稳定性情况
Ⅰ-1对齐间距10cm	排头封闭	1.60	稳定
		1.72	稳定
		1.79	排头晃动
		1.90	排头翘起
		1.96	排头掀起失稳
	排头不封闭	1.60	稳定
		1.74	稳定
		1.81	排头晃动
		1.85	排头翘起
		1.92	排头掀起失稳
Ⅰ-1错位间距15cm	排头不封闭	1.75	稳定
		1.77	排头晃动
		1.83	排头翘起
		1.90	排头掀起失稳

(三)结构的生态机理分析

1)河道生态保护的常用理论

(1)生态环境保全的孔隙理论

河道生态系统的保护、恢复与建筑物的形式、构造以及使用的材料有关,以往采用混凝土砌筑的连续硬化型河岸、护坡和河底对生态系统有较大的危害。而多孔质形式的结构和自然的河底能很好地保护和促进生态系统发展。

河道治理的孔隙理论就是在河道治理中,使用适当质地和结构的材料,主动创造适合生物生存的空间环境,不破坏生态系统的自然属性,甚至进一步创造条件以促进其发展,使河道成为保护或恢复其原始生态功能的空间。

(2)生态环境的恢复与重建理论

河道生态环境的恢复与重建理论基础是恢复生态学,即通过对一定生境条件下河道生态系统退化的原因及退化机理的诊断,运用生物、生态工程的技术与方法,依据设定目标,使河岸带生态系统的结构、功能和生态学潜力尽可能地恢复到原有或更高的水平。

河道的生态恢复与重建技术可划分为三大类:①河道生物恢复与重建技术,主要是通过物种引入技术来优化与重新组建群落结构。②河岸缓冲带生境恢复与重建技术。主要是在水体与土体的交界区域,通过采取各类技术措施建立起来新的河道生态环境。③河岸带生态系统结构与功能恢复技术,主要包括生态系统总体设计技术,生态系统构建与集成技术等。

2)研究区域范围

(1)水位变动范围的滩地段

已经存在原生植被或具备植被生长条件,可采用工程措施与植被护滩相互结合的方法。此类区域在一期工程中已有研究和应用,本书不再进行研究。

(2)深水区

一般位于江中,水流较急,底质较粗、有机物少,底栖生物较少,鱼、虾、蟹等水生物种群也相对较少。因此,本书研究不考虑深水区。

(3)浅水区

一般位于边滩,水流较缓,沉积物营养丰富,利于底栖生物的繁殖,也是鱼、虾、蟹等水生物活动频繁的区域。本书的研究和应用主要针对该类水域。

通过生态保护和生态修复护滩结构的试验,一期工程使护底结构在生态方面开展了系列研究和应用,但工程中高滩区和低水位露滩区只是一小部分,更多的是低水位不出露的区域,其护底考虑生态需求才是最为关心和迫切的,解决好水下部位的生态问题才可真正体现工程生态性。

二期工程河段水流较急,浅水区即使生命力顽强的芦苇也不好生长,深水区植物更难以生长,因此,水下生态护底主要是考虑底栖生物(主要是沙蚕、钉螺、河蚬、蛤蜊等)的保护。常用土工织物软体排采用具有一定厚度、空隙小(等效孔径约 0.07~0.5mm)、强度较大的土工布(380~600g/m^2 的编织复合布或机织复合布),具有透水但不透泥沙的反滤功能,防冲刷效果好,但排使水体和土体之间的生物交换通道和生存空间隔绝,对栖息在河床底质上的生物是一层"坚不可摧"的隔离层,对底栖生物的生境有显著的不利影响。传统的混凝土联锁块软体排压载为实体混凝土片,具较强的抗冲和防护功能,但仅在联锁片间留有很小的空隙,也不利于生物栖息。因此需要对传统护底软体排结构进行生态改进。

3)本结构生态理念及适用条件

本书研究的生态护底(滩)结构的生态目标是在工程覆盖区重新营造新的河床以吸引新的底栖生物种群,同时为鱼类(包括虾类、蟹类等)构造一定的活动空间,以维护生物的多样性、保证生物总量。

从生境重建角度出发,在水流较急,地形以冲刷为主的浅水区,底栖生物相对较少,但仍是鱼、虾、蟹等水生物活动频繁的区域。可接受护底(滩)对原有底栖生物的影响,采用促淤手段在结构物表面形成新的沉积层,利用生态系统的自我修复能力,重新聚集数量相当的底栖生物群种,形成沉积物、底栖生物、附着生物、鱼类、虾类、蟹类等组成的良好生态系统。

因考虑接受护底(滩)结构对底质生态环境的影响,故仍采用传统护底(滩)的保土排布,保土效果不受影响。上部压载以构造生态空间为主,通过采用上下两板、中间四柱形成的空间结构压载体,在达到消能、促淤的同时,减缓底层流速而使压载体的中空区域为微淤状态,形成新的沉积层,使得各种浮游生物和底栖动物在此滞留成为饵料,为鱼、虾、蟹等水生物类提供嬉戏和觅食场所。

(四)结构形式确定

(1)土工织物排布

排布与常规混凝土联锁块软体排相同,采用150g/m²无纺布与350g/m²长丝机织布复合。为加强排布强度,设置2根7cm丙纶加筋带,间距根据压载结构的排列形式分别为0.7m和0.75m。

(2)压载结构形式

压载外轮廓尺寸为60cm×60cm×40cm(长×宽×高)的空间体结构形式,由顶板、底板和四柱组成。顶板厚度为8cm;底板厚度为10cm,并在中部预留4个ϕ120mm的圆形孔;顶板与底板之间采用柱形结构在四角连接,柱截面为方形,截面尺寸为8cm×8cm(图3.2-6)。

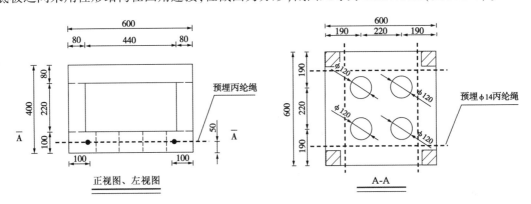

图3.2-6 空间体压载结构图(尺寸单位:mm)

根据《水运工程混凝土结构设计规范》(JTS 151—2011)规定及构件强度初步计算,压载结构材料采用C30素混凝土。

(3)单元布置方式

空间体压载采用ϕ14mm三股丙纶绳按6×6排列的方式连成一个单元,再绑扎在土工织物排布上。空间体软体排单元的压载拟采用2种布置形式:其一为压载块对齐布置,压载块之间净距为10cm[图3.2-7a)];其二为压载块错位布置,压载块之间净距为15cm[图3.2-7b)]。

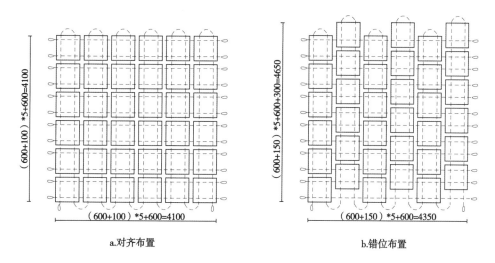

a.对齐布置　　　　　　　　　　b.错位布置

图3.2-7　空间体压载结构布置图(尺寸单位:mm)

(4)搭接处和排边处理

根据前述空间体稳定性试验结果,生态空间体临界失稳流速与12cm传统混凝土联锁排相当,故余排边缘5m范围采用20cm厚混凝土联锁块加强防护。搭接处,压在底部的一边5m范围采用12cm厚联锁块,设计搭接宽度可按3m控制。

(5)造价测算

根据对生态空间体选型结构的材料用量测算,10cm净距对齐布置的Ⅰ-1型生态空间体结构混凝土用量处于16cm与20cm传统排之间;15cm净距错位布置的Ⅰ-1型生态空间体结构混凝土用量处于12cm与16cm传统排之间。总体来说混凝土用量与传统排用料差不多,但因空间结构在施工工艺上存在一定的难度,施工效率低而导致工程造价较高。

(五)工艺与施工

1)结构预制

空间体软体排结构的制作将顶板、底板和四柱分开预制,再经螺栓连接或焊接连接成一个完成的结构。底板按单元片整体预制,制作底模板时主要考虑底部螺帽埋设和螺栓孔的埋设,以及底板中部的4个ϕ120mm的圆孔;顶板预制采用多块整体制作的方法,在四角预留套管固定穿ϕ16mm圆钢形成预留孔;立柱预制采用多根整体制作的方法,在柱的中心位置预埋ϕ16mm塑料套管作ϕ12mm螺栓孔。人工搬运顶板和柱,用ϕ12mm螺栓螺帽铁垫片将底板、顶板、柱连接成整体,连接流程如图3.2-8所示。

2)起吊与堆放

单元片的吊装采用常规混凝土联锁块专用吊架起吊,吊架下的吊索采用ϕ14mm丙纶绳。为防止顶部碰撞在一起,尽量缩短吊索。根据对单个块体进行极限层数试验(图3.2-9),堆放至8层,底部块体仍无破损现象,工程应用中,建议堆放6层以内。

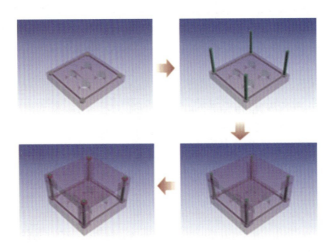

图 3.2-8　空间体压载预制连接流程

图 3.2-9　单元吊装试验

根据空间体预制工艺研究试验情况,对预制工艺进行优化,流程详见图 3.2-10。

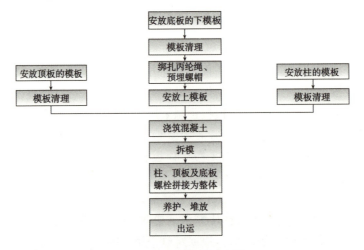

图 3.2-10　预制工艺流程图

3) 运输与铺设

空间体生态排的铺设工艺与联锁块软体排铺设工艺基本相同，但在单元体运输、系结及软体排铺设过程中有以下事项值得注意：

(1) 单元体的运输

根据前期工艺研究成果，为保证空间体的柱结构安全，运输过程中，单元体叠放层数不超过4层。

(2) 单元体的吊放

根据前期工艺研究成果，错位布置的空间体生态排单元体在起吊初期抬升时，部分空间体块因拉力不均、顶角有相互挤压的情况。空间体单元采用两边起吊的方式来减少顶角挤压问题。

(3) 单元体的系结

①工程试验采用的生态排边缘仍为传统的混凝土联锁软体排，为便于施工，用不褪色笔在排头、排尾做好标记，并从排头起每隔20m标记一个刻度。

②因排布加筋间距较传统排的排布加筋间距密，设计绑扎套环与空间体块对应，混凝土联锁软体排单元体则不能一一对应。在单元体系结过程中需要注意传统排的系结，详见图 3.2-11。

图 3.2-11　生态空间体施工传统排的系结图片

施工单位通过提前预制、组装空间体单元片，加工加筋排布等准备工作，于2017年1月顺利铺设了全部的空间体生态排。实施证明，空间体生态排铺设工艺与联锁块软体排基本相同，完全可利用现有设备。

（六）实施应用

(1) 实施方案

生态护底（滩）结构现场试验选择在福姜沙水道的双涧沙北侧SL4丁坝（图3.2-12）。SL4丁坝位于双涧沙头部潜堤北侧，长度900m。SL4丁坝中部水深适中、水流较缓、流态平稳，适合开展生态保护研究方向的生态护底（滩）结构的现场试验。

根据局部地形特点，选择桩号为K0+250～K0+425段作为试验段，长度175m，试验总面积为 $2.37 \times 10^4 m^2$；并选取相邻的K0+400～K0+550段传统混凝土联锁块软体排护底作为生态效果对照段，见图3.2-13。

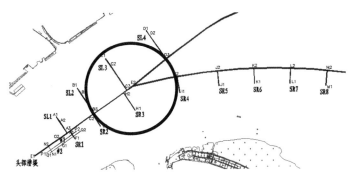

图 3.2-12　SL4 丁坝平面布置图

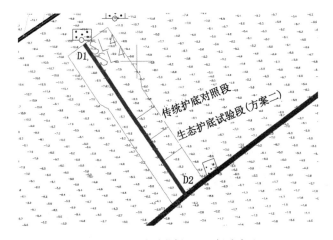

图 3.2-13　双涧沙北侧 SL4 丁坝试验区

(2) 实施效果

通过对试验工程开展现场生物调查,对比分析传统护底区、新型空间体排区和无护底区沉积物性质差异,底栖生物和附着生物的丰度、多样性及种群结构变化等生态指标,主要发生了两方面的变化:其一为新型护底区域沉积物向细颗粒黏性土、有机质方向积累,为水生物提供了更好的生境;其二为底栖生物物种种群数量、丰度发生了一定改变。新型护底的空间体营造了新的生境,短期内即形成了一定的沉积物和底栖生物,基本达到了研究预期的生态环境重建目标。具体监测及分析详见第6.2.1节。

3.2.2　主动式钩连体

(一) 开发思路

以往的航道整治工程实例表明,航道整治建筑物中护滩或者护底的破坏是引起整治建筑物损坏和滩槽不稳的主要原因之一。长江南京以下 12.5m 深水航道建设工程一期工程(太仓—南通段)所在河段底质均为粉砂~细砂沙体,并且厚度较大,工程水域涨落潮流强劲,工程所在区域沙体易受冲刷从而引起护滩或者护底破坏,为了实现滩槽相对稳定,工程中采用了大量的软体排护滩和护底工程。

在长江航道整治工程以及长江口深水航道整治工程中,软体排作为能够在冲刷环境中较为有效控制建筑物周边河床冲刷、适应建筑物周边地形变化的保砂、透水的护底结构被广泛应用,但同时软体排破坏及修复问题也较为突出。

总结以往航道整治工程中对洲滩和整治建筑物的基础砂体免受冲刷的守护措施,大多是利用护滩或者护底排体自身的重量来维持洲滩或护底的稳定。这种完全被动式的守护,在较高水流条件下,由于水流的脉动性等原因,造成排体边缘或者局部淘刷最终形成严重破坏的情况较为常见,如图3.2-14所示。

图 3.2-14 护滩、护底工程破坏相关图片

为保障一期工程护滩、护底的稳定性与整治效果,尽可能减少后续维护量,通过对以往工程中的不足分析,研究能够有效改善近底水流结构、在守护区形成较好的消能防冲效果,具有较好的稳定性、耐久性和经济性并且方便工程施工的结构物。针对本工程的特点,提出一种主动式钩连体,如图3.2-15所示。

该构件最大的优点是,构件自身散抛状态下可实现各自钩连,整体性好,构件抛投区域形成孔隙性结构,能够有效降低水流,起到消能防冲的作用,中交水运规划设计院开展的预研工作表明,通过调整构件的不同尺度特征,可获得不同的孔隙特征从而达到适应不同水沙条件,起到消能防冲的作用。

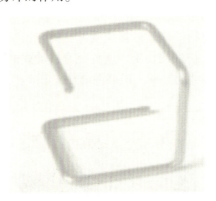

图 3.2-15　主动式钩连体示意图

（二）结构的水动力冲淤特性及稳定性

1）不同抛投长度和高度下水流特性研究

钩连体作为一种透水结构,抛投长度和抛投高度是影响其消能防冲作用的关键因素。为研究长度和高度的影响,进行不同长度、不同抛投层数系列试验,试验成果表明：

（1）水流沿纵向在钩连体透空结构内逐渐减速

随着抛投长度的增加,抛投区及其尾部的减速效果呈增强趋势,表明水流在行进到钩连体区域后,流速没有立刻消减至很小,而是通过钩连体的透水结构,在钩连体内部沿着纵向方向在一定的透空空间里的一个逐步减速的过程。长度为0.5m,即长度约为单个钩子大小的7倍时,由于长度太短,对水流的作用较小,减速率在50%左右;长度大于0.5m的其他组次,减速率均在65%以上;当长度达到2m及以上时,钩连体内部和尾部流速均已降到0.1m/s以内,减速率达到70%~90%（图3.2-16）。表明在实际工程应用中,钩连体应具备一定长度,以取得预期的防冲促淤效果并对较大范围进行促淤守护。

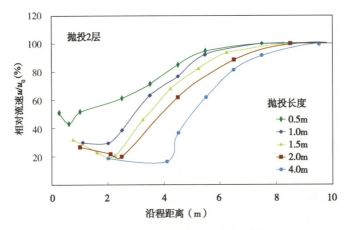

图 3.2-16　不同抛投长度沿程流速变化图

注：u_0 为无工程时的流速；本图起算位置统一为工程区头部位置。

(2)随着抛投层数的增大减速效果有所增强

抛投长度一定时,随着抛投层数的增大,抛投区减速效果有所增强,但减速效果增强的幅度有限。抛投长度为4m时,抛投1层的底层流速减速率约为60%,抛投2层减速率为80%,抛投4层减速率为84%,可见,抛投1层时减速率较小,2层以上减速效果较好,且抛投层数达到2层以上后随着层数增长减速效果的变化幅度也较小,因此在工程实际应用中,抛投2层或以上时能够保证较大的减速率。

2)不同抛投宽度下的水流特征研究

通过对钩连体断面满抛和单侧抛投 $0.2B$(B为断面宽)的水流试验研究抛投宽度对水流特征的影响。

(1)满抛条件下的水流特性研究

①流速垂线分布。无钩连体时,水流分布呈J形,符合 Von Karman-Prandtl 半对数关系式。钩连体抛投后,工程区钩连体内、外部水流结构以及工程区下游水流条件有所变化,抛投前后工程区(工程区中心线)及其下游附近(工程区尾部下游10cm)位置处的流速垂线分布见图3.2-17,纵向流速紊动强度的垂线分布见图3.2-18。

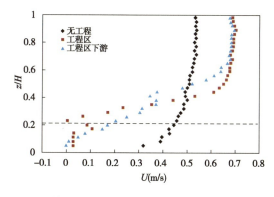

图3.2-17 工程区及下游垂线流速分布

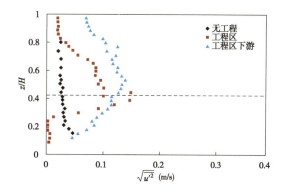

图3.2-18 工程区及下游紊动强度分布图

与无钩连体工程相比,试验水体表层流速增大,底层流速骤减,流速沿垂线变化较剧烈。在钩连体作用下,流速在垂线分布上的调整使得流速不再遵循对数分布,从床面向水面,依次可以分为钩连体层、流速急速增大的过渡层、基本符合对数分布的表层三个区域。

钩连体内部的流速分布为,钩连体顶部较底部大,钩连体内近床面的流速很小,变化不大可视为一个常数。钩连体内部流速大致呈S形,流速梯度存在一定的反转现象,但反转梯度较为柔和,因此仍可将其视为常数看待。过渡区的水体流速沿高度增加的方向迅速增大,在钩连体上部 $0.2H \sim 0.3H$ 高度范围内,流速基本呈线性快速增长。随着钩连体影响的减弱,钩连体上部一定高度至水面流速恢复为对数分布,该区域流速较均匀、变化缓慢。

钩连体与上层水体的交界面上下一定范围内紊动强度明显增强,远离交界面的表层紊动强度基本不变,接近床面的钩连体内部紊动强度略小于无钩连体工程的情况。钩连体顶层以上为流速急速增大的过渡层,也是紊动强度最大的区域。

②沿程流速变化。钩连体的沿程影响方面,由于钩连体对水流有一定的干扰作用,可以影响到下游相当一段距离,这种影响表现在流速场的空间结构变化上,其影响范围的长度与钩连体自身参数、铺设长度等有关。水流结构在工程区及工程区下游变化较大,随着距离工程区越

来越远,水流流速和垂线分布逐步恢复(图3.2-19)。

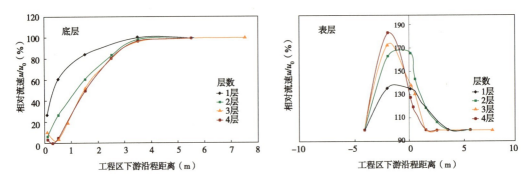

图3.2-19 底层和表层流速沿程流速变化图(u_0代表工程前流速)

a. 抛投区及抛投区下游一定范围内,底层流速显著减小。整体上,抛投区内近底流速减速率在70%以上;抛投区下游底层减速效果随抛投层数的增大而有所增强,抛投1层时流速沿程恢复较快,2层的减速范围大于1层,抛投至3层和4层时对下游的影响差别已不大。

b. 表层流速恢复迅速,底层流速恢复较慢。在模型上,表层流速在抛投区下游1~5m即完全恢复,而底层流速的恢复距离大于表层流速。在抛投区下游,钩连体高度以下水流流速较小,流速梯度也小于钩连体上层,钩连体高度以下的紊动强度大小与工程区近似,但表层紊动强度明显大于工程区内的紊动强度,紊动特性的差异使得上层流速掺混强烈恢复较迅速,而底层流速恢复较慢。

c. 减速区的范围与钩连体孔隙率、钩连体高度、抛投长度、来流条件等有关。随着层数的增加,底部减速区域的高度范围随着层数的增加而增高,纵向影响距离也有所增大,与此同时,钩连体高度越大表层流速的增幅也越大。当来流流速增大时,钩连体底层的减速范围有所增大。

(2)单侧抛投对水流特性的影响

在水槽中分别进行了抛投宽度为0.2B(B为断面宽)的水流试验。试验采用比尺为30的钩连体,抛投长度3m,抛投自左边墙开始铺设。水流条件为:断面平均流速0.33m/s,控制水深0.167m。钩连体抛投及测量示意如图3.2-20所示。

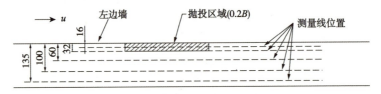

图3.2-20 钩连体抛投及测量布置图(尺寸单位:cm)

在钩连体的阻水作用下,工程区流量减少,水流偏向主流区,引起横向和纵向流速的变化。单侧抛投对水流的影响主要表现为:距离钩连体工程区越近,流速变幅越大,且底层流速变幅大于表层流速。抛投钩连体后,垂线平均流速、纵向流速、横向流速变化见图3.2-21~图3.2-23。在近钩连体边缘,工程区的底层纵向流速降低明显,约减小为无工程时的80%左右,且离工程区越远,纵向流速变化的幅度越小。横向流速具有相同的性质,距离工程区越近,横向流速变幅越大。

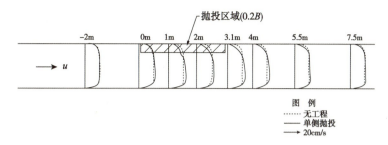

图 3.2-21　断面流速分布

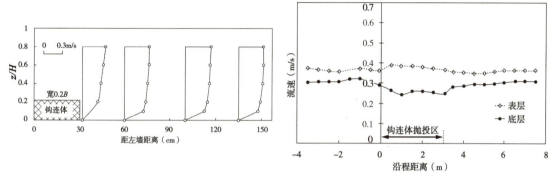

图 3.2-22　抛投区中间断面纵向流速分布　　　　图 3.2-23　纵向流速沿程变化

3) 淤积情况

在钩连体作用下,钩连体内部的流速很小且紊动较弱,促使泥沙在钩连体内落淤且不易起悬,达到护滩促淤的效果。满抛条件下,泥沙首先大量淤积在钩连体头部,此后随着时间的推移淤积逐渐向下游推进,终形成普遍淤积。

由图 3.2-24 可知,满抛条件下,泥沙淤积发展迅速。当上游加沙 0.5h,在距离钩连体最前端 6~8cm 处就已经形成一个垂直于水流方向的淤积坝体,随着时间的推移,淤积逐渐向下游发展,整体上看,抛投区上游的淤积厚度较大,下游淤积厚度逐渐减小,加沙 3h,头部淤至钩连体顶部,尾部淤积厚度基本与单个钩连体的高度持平,整个工程区平均淤积厚度 1.6cm。尾部的淤积体沿断面呈带状分布,在加沙初期淤积长度较小,随着钩连体内泥沙淤积向尾部的推进逐渐淤长,由 5cm 缓慢增长到 13cm 左右。

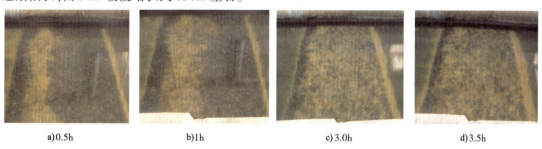

a) 0.5h　　　　b) 1h　　　　c) 3.0h　　　　d) 3.5h

图 3.2-24　满抛条件下淤积变化情况图

(三)结构的生态机理分析

主动式钩连体结构由于其可以改变周边流场结构,达到消能、促淤的效果,并且与传统的联锁块软体排结构会阻断水体和下部土体联系的特点不同,主动式钩连体是透空结构,下部也没有土工布等底布,不会阻断水体与下部土体联系,由此也可以预测,其应用也可能带来生态效应方面的变化。因此,在此基础上,开展主动式钩连体结构的生态环境效应研究,明确这种新型结构与传统护底结构相比所具有的生态友好性,对于促进新型结构在航道工程中的应用,实践和丰富有利于生境保护的绿色工程技术,推动水运行业的绿色发展具有重要意义。

(四)结构形式确定

项目立项时,已确认7边立体结构的方案(图3.2-25),该结构在钩吊过程中,无论哪一个角被钩住,下边对应的角相应在产品的最底端。

图3.2-25 钩连体结构示意图

(1)保持产品结构强度基础上实现减重设计

原始设计方案按常规加骨位的方式,经过力学分析,改为半弧形加骨位方式,产品整体强度更高,同时由于骨位总体积的减少,产品重量也大幅度降低(图3.2-26、图3.2-27)。

图3.2-26 钩连体结构优化示意图　　图3.2-27 钩连体骨位优化局部图

(2)避免应力集中优化

为保证产品的结构强度满足施工及使用工况要求,设计过程中尽量避免产品受力部分出现应力集中,导致产品断裂的情况。通过优化设计方案,在受力部位采用了圆弧结构设计,使应力易于集中的地方变成应力分散,更可靠地保证产品的结构强度满足安全施工和使用要求。

力学模拟分析结果显示(图 3.2-28),采用直角过渡结构形式,当在钩连体对角加载 50kg 质量时,直角部位的受力最高可以达到 250MPa,材料强度设计很难达到。将产品结构中的直角部位改为半圆弧形结构,力学模拟分析的结果显示(图 3.2-29),该结构有效地降低了应力集中现象,在同样加载条件下,产品中的最大受力从 250MPa 降至 30~40MPa,材料的强度设计可以实现。最终材料性能见表 3.2-4。

图 3.2-28　直角过渡结构形式在外加应力下钩连体整体应力分布图

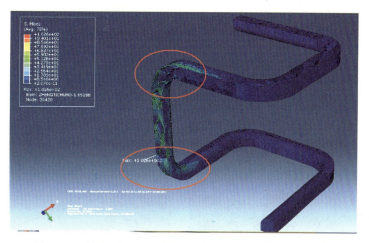

图 3.2-29　圆弧过渡结构形式在外加应力下钩连体整体应力分布图

材料主要性能指标　　表 3.2-4

性　　能		测试标准	国际单位	典型值 S.I.
力学性能	拉伸强度	GB/T 1040.2	MPa	47
	断裂伸长率	GB/T 1040.2	%	4.2
	弯曲强度	GB/T 9341	MPa	72
	弯曲模量	GB/T 9341	MPa	6800
	悬臂梁缺口冲击强度	GB/T 1843	kJ/m²	13
其他	密度	GB/T 1033.1	g/cm³	1.9
	熔体质量流动速率	GB/T 3682	g/10min	5

(3)钩连体产品结构适应模具开发、生产、运输与施工的要求

根据产品整体外形的设计思路,同时兼顾模具开发及生产可行性,将整体单一结构优化为更简单的组装结构(图3.2-30),可以大大降低模具的厚度,简化模具的设计,降低生产成本,同时组装结构既可以组装后运输,也可以运到现场后组装,根据需要可以方便选择更有利的运输方式。

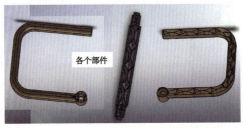

图3.2-30 组装式钩连体结构示意图

(五)工艺与施工

1)船机铺设施工

主动式钩连体施工主要由单个构件组装后随机抛投,自行勾连,通过船机抛投时构件为水下铺设,难以保证构件密度及关联性,因此采用格栅固定钩连体构件,既可以精确控制钩连体抛填密度,同时可以通过在船舶甲板绑扎,确保构件间牢固连接。

由于常规格栅抗拉强度难以满足铺设联锁块及主动式钩连体拉力要求,为防止出现格栅出现撕裂,格栅网络铺设方向,按照间隔2m穿插绑扎$\phi 14mm$三股丙纶绳,并用扎带沿着丙纶绳方向间隔1m进行绑扎,提高格栅网络强抗拉强度,见图3.2-31。

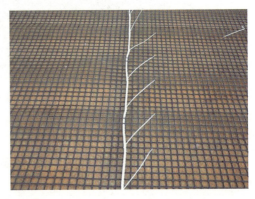

图3.2-31 格栅绑扎

主动钩连体配件由铺排船吊机自运输船吊放至铺排船甲板,随后由人工组装钩连体并叠放,将钩连体相互间及与格栅间进行绑扎,确保每平方米绑扎个数不少于3个。绑扎完成后,首先将铺排船进点至施工区域边缘,缓慢下放格栅并移船,依次循环直至施工完成。主动钩连体采用定点随机抛投的方式施工,控制抛投数量,待抛投完成后大潮汛低潮露滩时,由人工上滩对边缘薄弱区进行补抛,同时将格栅边缘与联锁块绑扎连接,确保主动钩连体整体稳定性,见图3.2-32。

图 3.2-32　主动式钩连体船机施工

2）人工铺设施工

（1）构件运输

由于施工区域滩面较高，施工船舶需在低潮露滩期间搁滩施工。主动式钩连体部件经由生产厂家陆上运输至项目部码头后，需首先卸货至登陆艇，随后高潮期间锚泊至主动式钩连体施工区域。由于构件卸车效率低，长距离运输易导致构件损坏，因此项目部结合厂家生产进度，安排在大潮汛高潮期间进行卸货。登陆艇趁大潮汛高潮期间靠泊卸货码头，运输卡车直接行驶至登陆艇甲板，原地进行卸货，既提高了卸货效率，同时避免了卸货、搬运过程中的构件破损。

（2）人工抛投施工

登陆艇在构件卸载完毕后，趁高潮位锚泊至施工区域，工人在摆渡船甲板上进行主动钩连体拼装，拼装好的主动钩连体进行捆扎。低平潮时挖机将捆好的主动钩连体运抵至抛投区域网格内。按照每平方米 8 个进行定点定量抛投、绑扎，发现抛投数量不足的及时进行补抛，直至达到验收标准。具体施工流程见图 3.2-33，抛投过程见图 3.2-34～图 3.2-37。

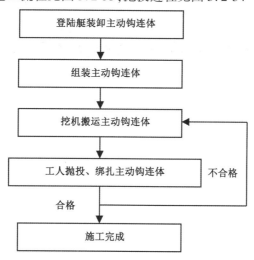

图 3.2-33　人工抛投区域施工流程图

图 3.2-34　钩连体绑扎

图 3.2-35　挖机搬运主动钩连体

图 3.2-36　主动式钩连体抛投

图 3.2-37　人工抛投远景

（六）实施应用

（1）实施方案

主动式钩连体结构主要应用于一期工程的白茆沙北堤中部高滩区域，布设于本工程北潜堤 BN1+913—BN2+113 之间滩面侧护底，其中 BN2+078—BN1+113 段为船机铺设施工，BN1+913—BN2+078 段为人工铺设施工。该区域滩面高程较高，基本在 +0m 以上，选取该区段最内侧 40m 护底范围作为典型应用区，该区段应用区范围以外护底软体排以及上部压排石仍采用原设计，钩连体抛投内边缘距堤轴线 50m，长 200m，宽 40m，与护底软体排的搭接宽度为 5m，见图 3.2-38。

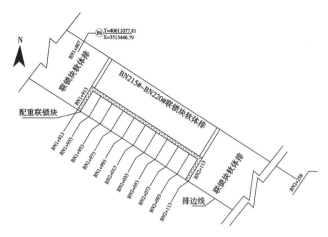

图 3.2-38 主动式钩连体施工平面布置

为控制抛投质量,保证抛投高度,将抛投区划分为 5m×10m 的小抛投区,每个抛投区抛投钩连体的个数控制在 380~400 个,见图 3.2-39。

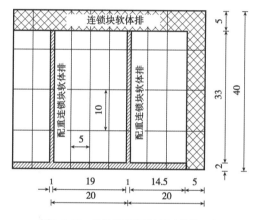

图 3.2-39 抛投区定位图(尺寸单位:m)

排体边缘区在低潮时进行人工补抛和细抛,防止出现边缘薄弱区。在有联锁块作为配重的区域,抛投中应将钩连体和联锁块软体排或配重联锁块软体排绑扎在一起,每平方米绑扎个数不小于 3 个。

钩连体铺设区与软体排搭接长度不小于 5m,搭接区用绑扎绳将钩连体与混凝土连锁块软体排绑扎到一起。

(2)实施效果

主动式钩连体结构主要应用于一期工程的白茆沙北堤中部高滩区域,面积约 0.8 万 m^2。现场观测显示,主动式钩连体守护效果良好,防冲促淤效果显著,促淤后,钩连体由于其相互勾连形成了类似植物庞大根系的骨架型结构能起到较好的固滩作用。在白茆沙试验区,抛投施工后摸底测量结果显示,经历一次枯季水文条件和一次洪季水文条件作用后,抛投区内平均淤高了 0.48m(图 3.2-40),且受抛投施工期间抛投区内初始地形影响,抛投区内的淤积幅度南北向差异不明显。

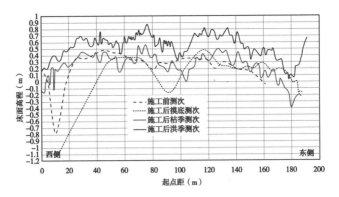

图 3.2-40 抛投区滩面高程变化

现场调查结果(图 3.2-41)显示,在软体排铺设区域,排体边缘存在明显因局部冲刷产生的横向潮沟,而钩连体抛投区边缘及外侧不仅未出现横向局部冲刷潮沟,甚至原抛石施工时形成的横向潮汐通道亦基本淤平,表明主动式钩连体对其抛投区外缘亦有较好的消能护滩的作用,将其用于促淤时,一定程度上可起到引导洲滩逐步生长、扩大的作用。根据现场观测,钩连体掩护区面积约为150m(长)×(30~60)m(宽),考虑到掩护区后地形逐渐增高,如果是平整地形,掩护区面积还会增加。

图 3.2-41 抛投施工后洪季测次抛投区南缘现场照片(2014年10月14日)

3.2.3 新型透水框架

(一)开发思路

由于四面六边透水框架具有重心低,单体自身稳定性较散抛块石好,不易翻滚,有明显的分散水流,消耗水流能量的作用,目前,四面六边透水框架在长江中下游及长江口段涉水工程中应用较为广泛,并取得了较好的消能促淤效果,尤其是透水框架应用于排体边缘或直接应用于滩面,消能护滩效果较好。

虽然传统的四面六边透水框架在使用过程中取得了较好的工程效果,但也存在一些问题,主要体现在:①四面六边透水框架在实际使用时,通常抛投2~3层。由于各四面六边透水框架间钩连性较弱,咬合性不强,整体稳定性仍然不足,在水流作用下产生位移,在大水作用下又容易冲散、走失。②抛投堆积高度和均匀度难以同时满足,抛投质量控制难度较大。③焊接施工工艺难度大,焊接处易腐蚀,构件质量难以控制,易导致透水框架结构解体至完全破坏,失去加糙促淤效果。④中洪水期,透水框架作为护滩结构淹没于水下,四面六边透水框架焊接处钢筋外露形成尖角,虽然护滩结构一般不会位于主航道,但对过往小型船舶及测量船的航行安全构成较大的威胁。

因此有必要研究新型透水框架,在不改变透水框架作用机理的前提下,解决整体稳定性差、制作难度大、对过往船舶构成威胁的缺陷。

新型透水框架设计基于四面六边体透水框架的实际工程经验,参照四面六边体透水框架的作用机理,考虑四面六边透水框架的设计和制作、施工工艺,使新型透水框架既能兼顾四面六边透水框架的优点,同时也能避免其杆件易脱落、钩连性差的缺陷。

（二）结构的水动力冲淤特性及稳定性

(1) 新型透水框架在复杂水流条件下的稳定性

在波浪水槽上开展了两种透水框架结构在不同布置形式（抛投宽度、抛投层数）、不同波流条件下的稳定性试验,分析了透水框架的稳定性。

单纯波浪作用下的框架稳定性试验表明,当框架群抛投厚度仅1层,水深3m或5m时,在$H=2.0m$、$T=6.0s$波浪作用下,个别无支撑的透水框架发生滚动,部分发生位移,在波浪持久作用下,框架在部分区域相互堆积,露出了本应受到守护的滩面（图3.2-42）。当框架抛投2层后,由于框架在空间上相互交错,在试验极限波高下均能保持稳定;框架抛投3层对提高框架稳定性不显著（图3.2-43）。

a) 试验前　　　　　　　　　　　　b) 试验后

图3.2-42　单层新型透水框架在2.0m波高作用后的稳定性情况

波流共同作用下的框架稳定性试验表明,两种框架抛投2层时,在强波流作用下,仅抛投时支撑条件较差的框架发生滚动,随后到达新的平衡位置并重新达到稳定状态,在持久波流作用下,不再有框架发生滚动,满足稳定性要求（图3.2-44）。

可动床面有利于透水框架的稳定,试验表明,透水框架抛投单层时,在2m/s流速、2.5m波高共同作用下,两种透水框架均能保持稳定,当流速达到2.5m/s时,正双工字型透水框架抛投段中部及后端局部滚动,出现失稳现象,露出守护滩面,而扭双工字形仅在后端个别出现滚动现象,仍能满足稳定要求,即扭双工字形透水框架稳定性优于正双工字形（图3.2-45）。

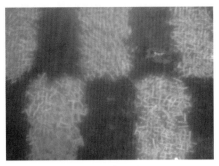
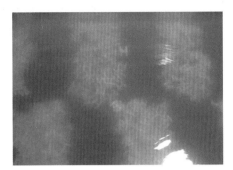

a) 抛投2层　　　　　　　　　　　　b) 抛投3层

图3.2-43　扭双工字形透水框架抛投2层、3层时在波浪作用下的稳定性

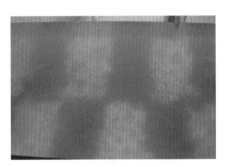

a) 抛投2层　　　　　　　　　　　　b) 抛投3层

图3.2-44　扭双工字形透水框架抛投2层、3层时在波流共同作用下的稳定性

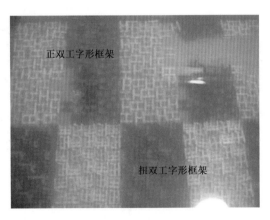

图3.2-45　可动床面波流共同作用后照片

(2)新型透水框架的水动力冲淤特性

在变坡水槽上开展了两种透水框架结构在不同布置形式(抛投宽度、抛投层数、抛投方式等)、不同水流条件下的水动力特性,主要包括透水框架附近流速分布、紊动强度、水体能量和阻力特性。

透水框架抛投于床面后垂线流速分布发生明显调整:底层流速大幅度削减、表层流速增大、过渡层流速梯度加大,整个垂线流速分布不再服从对数规律(图3.2-46)。

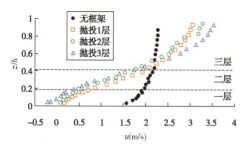 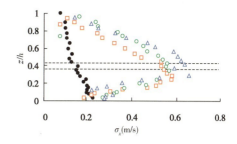

图 3.2-46 框架群内垂线流速分布及紊动强度变化(控制流速 2.0m/s)
(图中虚线代表框架群顶部所处垂向位置)

水流进入透水框架后,框架高度内平均减速率约 0.57~0.80,近底层($z/h=0.1$)流速减速率达 0.79~0.95,在天然流速 3m/s、水深 5m 条件下,抛投两层框架后,框架内流速平均减小率约 0.77。框架对近底流速的削减率随抛投层数的增加而加大(表 3.2-5)。

透水框架群高度内平均流速、平均紊动强度变化(单位:m/s)　　表 3.2-5

流速(m/s)	层数	框架群内						框架群下游 2m 处					
		无框架		有框架		变化率		无框架		有框架		变化率	
		u	σ_x	u	σ_x	u	σ_x	u	σ_x	u	σ_x	u	σ_x
1	2	1.01	0.11	0.43	0.21	-0.57	0.91	1.03	0.10	0.41	0.32	-0.60	2.20
2	1	1.76	0.22	0.35	0.31	-0.80	0.41	1.76	0.22	0.20	0.61	-0.89	1.77
	2	1.89	0.20	0.58	0.44	-0.69	1.20	1.90	0.20	0.79	0.77	-0.58	2.85
	3	1.93	0.19	0.56	0.42	-0.71	1.21	1.99	0.20	1.23	0.69	-0.38	2.83
3	2	2.34	0.28	0.53	0.44	-0.77	0.57	2.35	0.28	0.60	0.76	-0.74	1.71

注:变化率=(有框架-无框架)/无框架,"-"表示减小,"+"表示增大。

框架群引起沿程流速变化:上游受壅水作用流速减缓、变化平缓,框架群内部底层($z/h=0.1$)受框架消能作用流速骤减,降幅达 80%以上,表层($z/h=0.8$)水流受框架挤压影响流速加大,增幅约 30%以上,框架群下游近底流速沿程逐渐恢复至无框架时的流速,恢复距离约 38~56m(表 3.2-6)。

新型透水框架群内部近底层($z/h=0.1$、0.2)**平均流速统计**(单位:m/s)　　表 3.2-6

流速(m/s)	层数	$z/h=0.1$				$z/h=0.2$		
		无框架 u_0	有框架 u	变化率	恢复距离(m)	无框架 u_0	有框架 u	变化率
1	2	0.91	0.19	-0.79	38	0.98	0.24	-0.76
2	1	1.83	0.26	-0.85	47	2.00	0.64	-0.68
	2	1.83	0.15	-0.92	47	2.00	0.49	-0.76
	3	1.83	0.10	-0.95	47	2.00	0.29	-0.86
3	2	1.83	0.24	-0.87	56	2.67	1.26	-0.53

注:变化率=(有框架-无框架)/无框架,"-"表示减小,"+"表示增大。

以单位质量的水体能量来综合反映流速、紊动对床沙运动的影响,框架抛投于床面后,底层水体能量大幅度衰减、表层能量加大,框架群高度内水流消能率为 0.63~0.92(表 3.2-7),

近底层($z/h = 0.1$)水体消能率达 $0.93 \sim 0.99$(表 3.2-8)。

透水框架群高度内平均能量变化(单位:J)　　　　表 3.2-7

流速(m/s)	层数	框架群内			框架群下游2m处		
		无框架	有框架	变化率	无框架	有框架	变化率
1	2	0.525	0.194	-0.63	0.542	0.257	-0.53
2	1	1.577	0.134	-0.92	1.586	0.235	-0.85
	2	1.822	0.353	-0.81	1.849	0.804	-0.57
	3	1.907	0.429	-0.78	2.017	1.452	-0.28
3	2	2.830	0.388	-0.86	2.861	0.651	-0.77

注:变化率 =(有框架 - 无框架)/无框架,"-"表示减小,"+"表示增大。

新型透水框架群内部近底层($z/h = 0.1$、0.2)平均能量统计(单位:J)　　表 3.2-8

流速(m/s)	层数	$z/h = 0.1$			$z/h = 0.2$		
		无框架 E0	有框架 E	变化率	无框架 E0	有框架 E	变化率
1	2	0.424	0.028	-0.93	0.490	0.040	-0.92
2	1	1.766	0.077	-0.96	2.035	0.348	-0.83
	2	1.766	0.052	-0.97	2.035	0.215	-0.89
	3	1.766	0.017	-0.99	2.035	0.089	-0.96
3	2	2.600	0.088	-0.97	3.526	1.026	-0.71

注:变化率 =(有框架 - 无框架)/无框架,"-"表示减小,"+"表示增大。

框架群对水流的阻水作用引起沿程水位发生改变:上游水位壅高,进入框架群后水位快速跌落,在框架群末端水位达到谷底,之后水位快速上升恢复至原有水面线,框架群尾部出口出现倒比降(图 3.2-47)。框架群对上游水位壅高值随框架抛投密度或抛投宽度抑或水流行近流速的增大而加大,随水深的增加而减小,根据试验实测资料得到了扭双工字型透水框架引起上游水位壅高值的经验公式

$$\Delta h = 5.05 \left(\frac{\varepsilon \vartheta}{h}\right)^{1.40} \left(\frac{B}{h}\right)^{1.25} \frac{U^2}{2g}$$

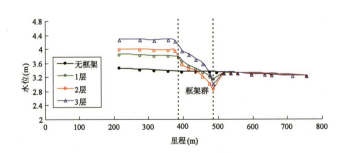

图 3.2-47　新型透水框架抛投 1~3 层时水面线变化(流速 2.0m/s)

水槽试验表明,两种框架结构扭双工字形、正双工字形对底层水流流速的消能、减速率相当,在抛投宽度、抛投密度相当的条件下,其阻力特性基本相同。

(3) 新型透水框架的杆件连接及整体承载力

新型透水框架整体承载力通过承载力试验进行研究，根据新型透水框架的实际工作环境，其在施工过程中主要经受动态荷载，其在抛投稳定后主要承受静态荷载。在试验中工况选取主要考虑透水框架在抛投过程能够中以及堆积后的可能受力情况，并由有限元试算，选取对结构不利的受力情况，进行静态加载试验和进一步的数值模拟分析（图3.2-48）。

a) 视图1

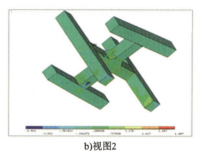
b) 视图2

图3.2-48　扭双工字形透水框架混凝土应力云图

根据试验结果，双工字形整体框架结构尺寸确定为 $800mm \times 100mm \times 100mm$，内置钢筋直径确定为 $8mm$；混凝土强度等级确定为C30。通过以上参数设置，双工字形整体框架具有较强的结构承载力，框架整体具有较好的延性，避免了脆性破坏，能够保持透水框架群的整体性。

正双工字形透水框架的结构承载力略高于扭双工字形透水框架。

（三）结构的生态机理分析

透水框架由于有减速促淤作用，能达到航道整治效果，被大量用于护滩护岸、边滩压载等；透水框架又具有中空结构，在航道整治工程中不阻碍水土交换具有透水透沙作用，一般认为透水框架属于环境友好型结构。根据相关研究透水框架能够起到人工鱼礁的作用，框架的内部空隙为鱼类等水生生物提供栖息庇护场所，对鱼类有较强的诱集效果。

新型透水框架与四面六边透水框架一样，能够有效降低近底水流流速，起到防冲促淤的作用。由于其透空率高，促淤性好，不阻断河床底部水沙交换，利于底栖动植物生长，同时新型透水框架也能够起到人工鱼礁的作用，框架的内部空隙为鱼类等水生生物提供栖息庇护场所，对鱼类有较强的诱集效果，有一定的生态功能。

（四）结构形式确定

在四面六边透水框架的基础上，总结归纳了新型透水框架在设计过程中主要遵循的原则：

(1) 工艺简单，适合工厂化生产

在护岸、护滩工程中使用透水框架，往往对数量要求较大，因此要求新型透水框架结构与制作工艺简单，易在工程现场开辟预制厂，进行工厂化生产，满足进度要求。

(2) 具有准各向同性

新型透水框架应具备准各向同性和较好的稳定性，也能够较快适应水流环境，适合随机抛投。

(3) 具有较大的孔隙率

新型透水框架应具有较好的透空性，既能"温和"地调整水流，又使自身具有较好的稳定性,可以通过改变杆件的尺寸,对透水框架群的孔隙率进行调整,适用不同的使用要求。

(4)具有较好的勾连性

透水框架具有较好的勾连性,既可以增强透水框架群整体的稳定性,又可以框架群勾连成型,可构筑各种形状的坝体。

提高框架间的勾连性,增强框架群的整体稳定性,是提高整治效果的重要途径。当有较好的勾连性时,并在杆件强度范围之内,即使透水框架群局部悬空,框架群仍然保持整体性,特别适用于坡面和坡面的防护,在床面出现局部冲刷坑的情况时,也不会导致透水框架群的散落。

(5)具有较好的耐久性

在设计新型透水框架时,应克服四面六边透水框架存在的不足,不易发生断裂和散架。

(6)减少对船舶航行安全的影响

新型透水框架应避免杆件搭接时形成尖角,减小对船舶安全航行的威胁。

依据以上原则,设计双工字形透水框架的2种结构形式,即正双工字形以及扭双工字形透水框架(图3.2-49)。

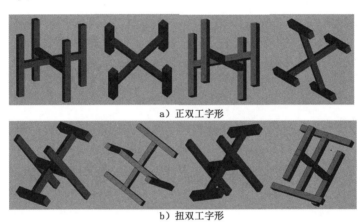

a)正双工字形

b)扭双工字形

图3.2-49 新型透水框架三维结构图

可动床面有利于透水框架的稳定,试验表明,透水框架抛投单层时,在2m/s流速、2.5m波高共同作用下,两种透水框架均能保持稳定,当流速达到2.5m/s时,正双工字形透水框架抛投段中部及后端局部滚动,出现失稳现象,露出守护滩面,而扭双工字形仅在后端个别出现滚动现象,仍能满足稳定要求,即扭双工字形透水框架稳定性优于正双工字形。因此,推荐采用扭双工字形透水框架。

(五)工艺与施工

1)现场制作

工字形构件通过模具整体预制,杆件尺寸为800mm×100mm×100mm,翼缘与腹板间设置倒角,新型透水框架工字形构件制作需分为上工字形和下工字形,采用螺接的方式连接上、下工字形构件。

(1)上工字形构件

对于透水框架上工字形构件,在其腹板内布置两根$\phi 8$钢筋,在其翼缘内各布置1根$\phi 8$钢筋。连接部件为预留有双孔的钢板(80mm×180mm×4mm,Q235)孔径为12mm,与其内置

的两根 $\phi 8$ 钢筋焊接;钢板内置于腹板中间,钢板预留有孔的部分在腹板两侧出露,出露宽度为 40mm,两孔间距 148mm(图 3.2-50)。

(2)下工字形构件

对于透水框架下工字形构件,在其腹板内布置两根 $\phi 8$ 钢筋,在其翼缘内各布置 1 根 $\phi 8$ 钢筋。连接部件为两根出露的螺栓(M10×150),置于腹板中间部分,并与其内置的两根 $\phi 8$ 钢筋焊接,并从腹板上表面出露,出露长度为 70mm,两个出露点间距 148mm。下工字形构件出露的螺栓套入上工字形构件的内置钢板预留孔内,通过螺接连接上、下工字形构件(图 3.2-51)。

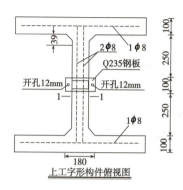

图 3.2-50 上工字形构件(尺寸单位:mm)

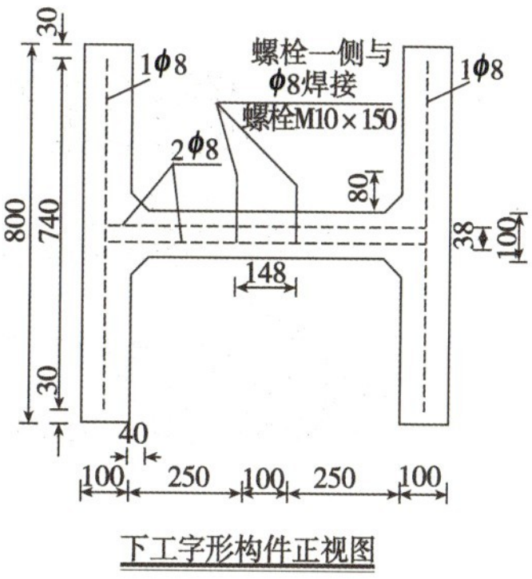

图 3.2-51 下工字形构件(尺寸单位:mm)

(3)制作模具

针对透水框架的上、下工字形构件,开发了便于组装、拆卸的活动模具(图 3.2-52),使透水框架的制作更为快捷,实现了现场大规模生产。

2)施工工艺

为了减少透水框架在施工过程中的破损,提高透水框架投放准确度,设计了专用的装载透水框架的平台和吊架。将透水框架置于装载平台上,分层叠放,进行运送。运输船到达施工现场,吊机直接将平台吊至施工船,通过绳扣将

图 3.2-52 用于制作透水框架的活动模具

透水框架通过连接到吊架上,共 16 架。吊架设计为上下两层,16 个铁销固定在上层。当透水框架吊至预定位置后,吊架上层受控抬起,铁销从吊架下层孔中移出,系结透水框架的绳扣从吊架上脱落,安放完成(图 3.2-53)。平均每组框架施工用时 6min。

(六)实施应用

(1)实施方案

一期工程中扭双工字形透水框架代替通州沙潜堤超前护底部分,面积约 1.07 万 m^2;二期工程中扭双工字形透水框架应用于仪征水道 SR2 丁坝根部,抛投面积 0.68 万 m^2,以及和畅洲左汊限流潜坝护底,抛投面积 26 万 m^2。

装载透水框架的平台

框架通过绳扣连接在吊架上

吊离甲板

沉放

图 3.2-53　新型透水框架施工照片

图 3.2-54　2013 年 12 月 17 日通州沙试验区地形三维渲染图

（2）实施效果

通过侧扫声呐设备获取的图像界定透水框架的边缘，从而分析施工的效果。结果显示，透水框架抛投后的稳定性较好，声呐及多波束测深系统扫测范围内中未发现明显移位的透水框架单体（图 3.2-54）。此外，现场布放于扭双工字形透水框架体上的 0.25t 近底水沙观测架，在观测过程中架体姿态始终保持稳定。

针对通州沙试验区开展了水文测验，历次水文测验均表明，水流流经抛投区时上部水层流速无明显变化，但近底的框架顶部水层减速明显，施工后摸底测次、施工后枯季测次和施工后洪季测次的近底涨急流速沿程减速率分别为 32%、25% 和 19%，平均为 25%；施工后摸底测次、施工后枯季测次和施工后洪季测次的落急流速沿程减速率分别为 12%、31% 和 41%，平均为 28%。历经一次枯季水文过程后，试验区域内床面表现为整体淤积态势，床面上最大淤积幅度为 0.6m，平均为 0.22m，且深水区（东侧）淤积幅度大于浅水区（西侧）。历经一次洪季水文过程后，试验区域内床面表现为整体冲淤平衡态势，未发生明显冲淤变化，平均淤高幅度为 0.05m。在经历枯季和洪季水文过程后，抛投区内部整体表现为淤积态势，平均淤高 0.27m。

3.3　生态型护滩（高滩）结构

3.3.1　生态软体排结构

（一）开发思路

长江南京以下 12.5m 深水航道一期工程于 2011 年开展初步设计阶段工作，根据工程测量资料的研究,发现在通州沙水道狼山沙高滩上存有面积较大、挺水植物生长茂盛的区块,而工程的护滩结构需要穿过该片绿地,实施整治工程措施。为保护原生绿地,保护生态环境,提出了铺设生态排的设计方案,同时根据交通运输部颁发的《公路水路交通运输环境保护"十二五"发展规划》中提出的目标,将"坚持生态保护与修复并重理念,加强工程建设中的生态保护,实施重大工程生态修复措施"设定为目标,在保护原有生态环境的基础上,研究生态修复技术,扩大生态区域作为开发思路。

根据工程实际情况,研发了两种生态软体排结构:一是生态保护区的生态软体排结构,即针对原有逐渐被冲刷缩小的生态区,研究既保护原有植物,又通过实施工程措施保护生态区范围不再继续因冲刷而减小的护底结构;二是生态修复区的生态软体排结构,即针对在低水位时能有露滩时间的高滩段,采用人工干预的工程方式,研究既护滩又能实施后期栽种植物、修复生态环境的护底结构。

(二)结构在水动力条件下的稳定性

软体排结构稳定是实现其防护功效的基础,其中压护块体的稳定是软体排结构稳定的重点。在浪流联合作用条件下,压护块体所受的水平力和垂直升力是可能引起块体失稳的主要动力。鉴于生态软体排铺设于浅水洲滩,受水位变化的影响大,水流、波浪等动力环境复杂,需通过物理模型试验确定生态软体排结构在不同水深和浪流组合情况下的稳定性,为生态软体排压重结构的设计提供依据。

由于排头压载块体的前方无掩护,块体同时受水平力和垂直升力作用,其失稳主要表现为掀扬滚动的形式;排内块体则由于前方块体的遮掩,迎水面所受的水平力相对较小,其失稳主要为垂直升力引起的漂浮失稳。软体排的稳定具有散粒性和整体性两方面特征。但无论对排头块体的掀扬滚动失稳还是排内块体的漂浮失稳,波浪和水流对压载块体的作用是影响其稳定的首要因素。台风期间的大风浪、河道径流和潮流叠加是直接影响生态软体排压载块体稳定的主要动力。由于生态排铺排范围处于水面线频繁变化的水位变动区,生态软体排水深及波浪、水流强度各异,压载块体的稳定首先要求其水下自重足以抵御工程区的波浪和水流的水平力与垂直升力。

为了合理确定生态软体排压载块体的规格,开展了两方面的多组次试验研究:

①通过波浪和水流共同作用下单个块体稳定性的水槽试验,见图3.3-1,研究不同规格的单个块体在各典型断面处不利动力组合条件下的稳定性,确定在防波挡沙堤各区段设计浪、流组合条件下均能保持稳定的压载块体规格,作为排头块体设计的基础。

②通过各典型断面护底稳定性的波浪水槽试验,验证典型护底断面结构中排头与排内块体在大浪作用下的稳定性。

研究表明,软体排结构稳定是实现与生态软体排防护功效的基础,其中压载块体的稳定是软体排结构稳定的核心。软体排排头块体的失稳以掀扬滚动为主,最易失稳的部位为波浪首次破碎

图3.3-1 生态软体排结构波流作用稳定试验

的破波线附近,受工程区水位变动频繁的影响,不同水位下最不利位置出现在滩面不同高程位置。平面尺度380mm×380mm、厚度200mm的压载块体满足工程区设计条件(50年一遇波浪)下排头单个块体稳定和断面稳定性要求。排头5m范围内采用200mm,排内块体厚度为120mm时满足断面稳定性要求。

(三)结构的生态机理分析

(1)生态保护区

在一期工程狼山沙高滩存有数块面积较大、挺水植物茂盛的区块,经测量,狼山沙高滩绿地约100万m^2。根据工程的平面布置,整治建筑物需穿过原有绿地,工程方案为在滩面上铺设软体排后采用压排石压护,原有绿地受工程影响的区域约1.5万m^2。为保护原有绿地不被破坏,在设计中提出了铺设大网格土工格栅软体排保护滩面,再采用十字块对格栅软体排进行压护的方案,为原有植物留出了生长空间,高滩边缘铺设工程软体排与滩面土工格栅软体排牢固搭接,形成护坡,达到既保护高滩边缘不再因冲刷而后退,又保护滩面高程不再因冲刷而降低,滩面原有的植物在施工后恢复生长,实现生态保护的研究目标。

(2)生态修复区

在生态保护区周边,有一片在低水位仍可露滩的区域,分析认为这里过去也是植物生长区,由于冲刷造成泥土流失,高程降低,植物死亡,但由于存在一定的露滩时间,就存在植物接收光合作用的时间,存在植物生长成活的机会。本区域作为生态修复区,研究采用人工干预的方式进行生态修复的技术。

(四)结构形式确定

(1)生态保护区

设计并试制大网格土工格栅,工程中使用的土工格栅的网格一般为4cm×4cm,为给植物留出尽可能多的生长空间,通过调整格栅肋的拉力,试制了网格尺度10cm×10cm的大网格土工格栅,格栅材质采用聚酯,其高分子性能可以抵抗紫外线辐射造成的老化,尽量延长使用期,给促淤和植物根系的发展留有一定的时间。

对格栅的压护,采用混凝土块体,经过对容易形成较大网格的丰字块、井字块、口字块、十字块进行研究,最终考虑高滩施工只能采用人工搬运的施工条件,需控制单块质量,于是选择十字块并将每块质量控制为25kg左右,利于人工施工。十字压护块中间可形成38cm网格,供植物生长。压护块体的实体肋尺度为120mm×120mm,框格尺度为380mm×380mm。实体肋端部做成斜边,可在块体发生错动时起到咬合作用。为加强十字块与格栅的连接,十字块上留出绳索孔,与格栅采用绳索连接。

(2)生态修复区

针对生态土工布的研发、植物物种选择、栽种方式和栽种时机、压护方式等开展了多项前期研究工作;最终在工程的生态修复区护底采用了生态软体排及大间距联锁块作为新的护底结构。大间距联锁块的尺度为380mm×380mm×120mm,间距120mm,较大的间距及可被植物穿透的排体为基底原生植物的生长创造了有利条件。研制出了高强度、高耐久性、高退让性的生态土工布,既具有工程性又体现生态性,其生态性体现在可作为植物栽种和生长的载体,工程性为护滩防冲刷的护底结构。突出的特性为植物的根系可以穿过排布扎根于地基土而排布不因扎洞而受到撕裂破坏。

压护结构采用的是方形联锁块,该联锁块外形规则,模具(板)简单。由于施工采用的铺排船工艺,需要将块体之间相连、块体与排布相连,而规则的方(矩)形块体更便于各向的连接。依托工程普通联锁块的尺度为480mm×480mm×120mm,块间间距为20mm,经综合考虑块体稳定性和压重结构与生态植物所占面积的比例,以及块体预制、施工的便捷性等因素,将联锁块的尺度定为380mm×380mm×120mm,块间间距为120mm,单位尺度内绿化面积为42.24%。

基布是软体排的核心结构,起到覆盖防冲刷的作用,而生态软体排的基布还要具备多种独特的性能。通过总结以往工程软体排的使用情况,认为采用机织布与无纺布进行复合后作为排体的做法是合理的,生态软体排的首要功能是满足工程排体的所有要求,因此仍采用无纺布与机织布的复合以及布上缝制加筋带的结构形式。但生态排的独特功能是要适宜植物的生长,因此要具备高退让性,使植物杆系向上、根系向下均能穿透排布且排布不断丝,同时要满足铺设施工中的强度要求,具有在植物茂盛之前能够防止自身的老化破坏的功能,见图3.3-2。

图3.3-2　植物根系穿透土工布

进行了多种植物的现场移栽试验,经过调查、试种和多次现场栽种试验,验证了在长江赶潮河段的高滩软体排上进行植物种植和生态修复是可行的,至少已有三种植物(菖蒲、三百草和香菇草)能够适应现场恶劣环境进行繁衍生长,阶段性成果明显。尤其是菖蒲经一年多时间的生长长势良好,并已实现由单株蔓延生长成多株(一丛),达到了生态修复的目标要求。

(五)工艺与施工

1)生态保护区

生态保护区的施工关键点主要为十字压护块的制作与现场铺设土工格栅和摆放压护块。

(1)十字压护块制作

十字压护块在预制场生产,采用全自动砌块成型机压制而成,生产工艺如下:

①将水泥仓、砂石仓(或粉煤钢渣仓)等原材料按配合比输送到储料仓,经提升斗送至搅拌机,根据配合比加水搅拌。

②搅拌完成后,将拌好物料送到储料斗,进行压制。

③成型后的十字块由叉车送至堆放场进行养护。

(2)土工格栅铺设与压护块摆放

铺设土工格栅前,先将原生植物沿滩面切割,将土工格栅由船运至高滩,采用人工铺设。十字块由运输船运至高滩后,使用定位船上的吊机将十字块卸在浅滩上。工人用手推车将十字块运送到铺设现场,将十字块摆放到已铺好的土工格栅上面,并与土工格栅绑扎在一起(图3.3-3)。

a)十字块卸船

b)十字块运输

c)土工格栅铺设

d)摆放十字块及绑扎

图3.3-3 施工过程与施工工艺

2)生态修复区

通过分析软体排在制作、连接、铺排下水的施工全过程中的受力状态,研究最佳的生态软体排的制作合成、铺设方法,包括每道工序;排布与压重结构的合成方法、排体与生态部分的合成方法等,通过科学的施工方法保证施工过程的顺利。

工程生态区位于设计低水位以上的高滩段,在水位变动区,目前施工采用的铺排船只能乘潮作业,很多材料运输与压重块的连接、铺设都需要采用人工作业,因此在施工条件上要考虑滩地湿滑、露滩时间短、大型施工机具上不去的难点(图3.3-4)。

图3.3-4 工程区露滩时滩面

生态软体排施工工序为：

排体加工与联锁块预制→铺排船上排布与联锁块组合→下水铺设。

高滩铺排因受水深与地形限制，要求施工作业船必须能够坐底施工，高潮铺排船移船至铺排工作区开始铺排，铺至水深无法满足铺排船吃水后坐底，涨潮至铺排船起浮后即开始铺排，利用多个高潮铺设完成(图3.3-5)。

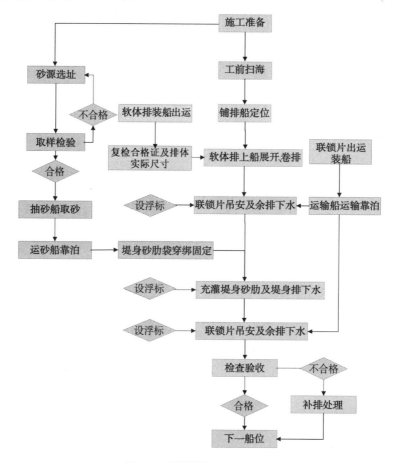

图3.3-5 软体排铺设工艺流程图

（六）实施应用

1）实施方案

（1）生态保护区

在一期工程通州沙整治工程的狼山沙高滩、二期工程福姜沙水道和口岸直水道落成洲河段的整治工程中，均有接岸护滩结构。开工前，通过对现场实地了解调研，岸滩区域存在较茂密的原生植物，部分接岸区域的工程措施如不进行生态保护措施将会破坏当地生态植物环境。综合确定狼山沙高滩段、福姜沙左缘 FL1、FL2、FL3 丁坝以及落成洲头部潜堤、LL3、LL4、LL5 丁坝接岸护滩区域建设生态保护区，面积分别为狼山沙约 15000m²、福姜沙约 19000m²、落成洲约 27000m²。

(2)生态修复区

在一期工程通州沙整治工程的狼山沙高滩及二期工程福姜沙水道整治工程 FL2 丁坝接坡区域设立了生态修复区,面积分别为狼山沙 2700m²,福姜沙整治工程 FL2 丁坝 5300m²。

2)实施效果

工程交工一年后,经定期进行的滩面测量资料显示,生态保护区与生态修复区没有出现被冲刷情况,达到了工程保沙护滩的整治要求。较好的促淤效果保证了排体土工布与连接绳的耐久性,满足工程的使用年限要求。

(1)生态保护区

生态护滩结构在生态保护区实施后,当年植物就恢复了生长。施工一年后,植物生长茂盛,经过两年汛期,高滩区域保护措施完好,结构促淤效果显著,更加有利于植物恢复生长,滩面上的十字块基本被植物覆盖,形成了自然生态与工程措施融为一体的生态保护区(图3.3-6、图3.3-7)。

图 3.3-6　生态保护区实景

图 3.3-7　生态保护区现场图

(2)生态修复区

通过现场移栽试验,验证了在长江赶潮河段的高滩软体排上进行植物种植和生态修复是可行的,至少已有三种植物(菖蒲、三百草和香菇草)能够适应现场恶劣环境进行繁衍生长(图3.3-8),阶段性成果明显。

图 3.3-8　生态修复区实景

植物移栽技术的几个关键点是植物物种的选择、栽种季节时间的选择、植物栽种方式的选择和防冲固定方法的选择,相应取得的初步研究成果如下:

①通过进行多种植物的种植试验和品种筛选,提出植物的移栽品种可以从当地土著植物和试验成功的植物中进行选择。

②根据种植试验的经验,植物的存活率与土壤、水文、水质、气候等因素密切关联,其中任何一个因素出现变化时都会给植物的生长造成较大的影响。因此在今后的种植中,应在当地先行开展所选植物的适应性试种,减少大面积种植时的风险。

③对不同植物必须选择合适的种植时间,不同植物有其自然的生长规律,选择合适的种植时间对植物移植的成活率非常重要。施工时间和工期安排应与不同植物的生长周期相适应。

④对移栽植物采用适当的技术保障措施,例如植物根系的围护,带桩苗种植技术等,对促进植物生长提高植物成活率能起到较好的作用。

⑤对生态修复区要考虑适当的促淤措施,促淤对减小水流在联锁块沟槽中形成对植物的冲击,促进植物生长有很大的作用。但同时应控制促淤程度,防止部分植物被淤土淹没而致死亡,或因过多的淤泥排不出去而造成植物叶子表面淤泥沉积,影响植物采光。

3.3.2 新型砂肋软体排结构

(一)开发思路

结合工程区域沙源较丰富的特点,根据护滩带余排位置的功能需要,在满足结构防冲、护滩、固沙、促淤的同时,研发砂肋结构排体取代原余排位置的压排石和联锁块护底排体,降低了余排结构的硬度;利用新型砂肋排布的生态效应,加速原生态的恢复。

(二)结构在水动力条件下的稳定性

根据排体保砂护滩的使用功能要求,新型砂肋护滩结构由基布和上部压护结构组成。上部压护由充满砂的半圆形砂肋组成,砂肋半径0.25m,砂肋净距0.08m(图3.3-9)。

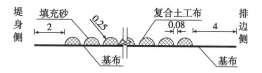

图3.3-9 新型砂肋护滩结构设计断面(尺寸单位:m)

纵向水流中的抗掀稳定性计算:

为了确定砂肋软体排在纵向水流中的稳定性,可利用 Pilarczyk 关系式:

$$\Delta_t D_k \geq 0.035 \frac{\phi K_T K_h u_{CT}^2}{\Psi K_S \cdot 2g} \quad (3.3\text{-}1)$$

式中,Δ_t 为结构部件的相对密度;D_k 为充沙土工织物的有效厚度(m);ϕ 为稳定参数;K_T 为紊流系数;K_h 为深度系数;u_{CT} 为沿结构方向的临界流速(m/s);Ψ 为希尔兹参数;K_S 为河岸倾斜角系数;g 为重力加速度(m/s²)。

①砂肋软体排的相对密度:

$$\Delta_t = (1-n)\frac{\rho_S - \rho_W}{\rho_W} \quad (3.3\text{-}2)$$

式中,n 为砂肋软体排充填料的孔隙率;ρ_S 为充填料的密度,大约为2650kg/m³;ρ_W 为水的密度(淡水:1000;海水:1030)(kg/m³)。

上述公式不同于通常用于传统水工建筑物的公式,原因在于:充沙土工织物的整体稳定性是非常重要的,而非结构内单个沙粒的稳定性。各结构的重量取决于系统的孔隙率,所以该公式中含$(1-n)$。

②稳定参数选取下列数值:

连续顶层:$\phi = 1.0$;

边缘:$\phi = 1.5$。

③紊流系数描述了水流中的紊流程度,见表3.3-1。

不同水力条件下的紊流系数 K_T 表3.3-1

条件	K_T
河流中的正常紊流	1.0
较大紊流:河曲	1.5
防波堤处的紊流	2.0
强紊流:水跃、急转弯、局部扰乱	2.0
螺旋桨射流及其他水射流引起的紊流	3.0~4.0

④利用深度系数 K_h,将均深流速转化为沿结构方向上的任意流速(h):

$$K_h = \frac{2}{\left(\log\frac{12h}{K_r}\right)^2} \quad (3.3\text{-}3)$$

式中,h 为水深(m);K_r 为等效粗糙度。

关于等效粗糙度 K_r,可利用砂肋软体排有效厚度 D_k 的初步估算值。需要注意的是,式(3.3-3)仅适用于饱和水流剖面,若非此种情况,则采用如下关系式:

$$K_h = \left(\frac{h}{K_r}\right)^{-0.2} \quad (\text{非饱和水流剖面}) \quad (3.3\text{-}4)$$

$$K_h = 1.0 \quad (\text{粗糙水流})(h/K_r < 5) \quad (3.3\text{-}5)$$

⑤砂肋软体排的希尔兹参数(指导值)为:土工沉排 $\Psi = 0.07$。

⑥斜率 K_S 指关于砂肋软体排与下层土之间剪阻角的影响的函数:

$$K_S = \sqrt{1 - \left(\frac{\sin\alpha}{\sin\delta}\right)^2} \quad (3.3\text{-}6)$$

式中,α 为结构倾斜角(°);δ 为砂肋软体排与下层土之间的表面摩擦角(°)。

大多数情况下,沉排被锚固在斜坡的最上方。如果这种锚固方法足以防止滑动 $K_S = 1$。本工程拟采用的区域为出水高滩,项目滩面较平缓,故 $K_S = 1$。利用上述公式,在正常条件下,砂肋软体排在正常水流条件下不会受临界载荷的影响。

根据下列已知条件,计算沿坡度方向的最大水流速度 u_{cT}。

水深:$h = 2.2$ m;

倾斜角:$\alpha = 0°$;

沙土的孔隙率:$n = 0.50$(正常取0.4,因砂肋间有间距取0.5);

沙土密度:$\rho_s = 2650 \text{kg/m}^3$;
水的密度:$\rho_w = 1000 \text{kg/m}^3$。
砂肋软体排具有以下特性:
砂肋软体排的平均厚度:$D_k = 0.25\text{m}$;
各砂肋间距:0.08m;
砂肋软体排与下层土之间的表面摩擦角:$\delta = 25°$;
土工织物:聚丙烯织造材料。

为了确定砂肋软体排在纵向水流中的稳定性,可利用 Pilarczyk 关系式(3.3-1);根据公式(3.3-2),砂肋软体排的相对密度:

$$\Delta_t = (1-n)\frac{\rho_S - \rho_W}{\rho_W} = (1-0.5) \times \frac{2650-1000}{1000} = 0.825$$

稳定参数 $\phi = 1.5$(边缘处);
希尔兹参数 $\Psi = 0.07$;
$K_T = 2$(见表3.3-1)。
根据公式(3.3-6)和(3.3-3):

$$K_S = \sqrt{1 - \left(\frac{\sin\alpha}{\sin\delta}\right)^2} = 1$$

$$K_h = \frac{2}{\left(\log\frac{12h}{K_r}\right)^2} = \frac{2}{\left(\log\frac{12 \times 2.2}{0.25}\right)^2} = 0.49 \quad (\text{其中 } K_r = D_k = 0.25)$$

求得:

$$\Delta_t D_k \geq 0.035 \frac{\phi K_T K_h u_{CT}^2}{\Psi K_S \cdot 2g}$$

即

$$0.825 \times 0.25 \geq 0.035 \times \frac{1.5 \times 2 \times 0.49 \times u_{CT}^2}{0.07 \times 1 \times 2 \times 9.8}$$

$$u_{CT} \leq 2.4 \text{m/s}$$

通过以上计算可知,砂肋软体排在纵向水流中保持稳定的临界抗掀流速为 2.4m/s。

(三)结构的生态机理分析

设计的高耐久性砂肋护滩结构代替上覆600mm厚的1~50kg块石的传统排体,可以节省原混凝土联锁块上部压护块石结构,降低工程对块石用量的需求,同时排布表面特殊的织物纤维可增加表面摩阻力,将底层悬移质更多地留存在排布表面,为水栖物提供更好的生存环境,可极大增加生态环保效果。

在高耐久性砂肋护滩结构的砂肋间固定球形带营养土植物包,将会加快生态修复的速度,部分实现对于工程环境破坏的生态补偿。

(四)结构形式确定与物种选择

根据排体保砂护滩的使用功能要求,设计的新型砂肋护滩结构由基布和上部压护结构组成。上部压护由充满砂的半圆形砂肋组成,砂肋半径0.25m,砂肋净距0.08m。新型砂肋基布与原设计方案一致,是可以保证结构耐久性要求的。高滩段常规设计方案采用的是混凝土联锁块软体排,排体采用 $500g/m^2$ 针刺复合土工布,同时排体上覆盖 600mm 厚的 1~50kg 块石。新型砂肋排代替了传统排体及其上覆的 600mm 厚的 1~50kg 块石,同时抗紫外线能力(500h)可达到不小于 90% 的强力保持率,远远超过了原设计方案的抗紫外线设计能力。石料的减少,可降低工程造价,减少开山取石的环境破坏程度。

新型砂肋生态修复区域每平方米安装球形带营养土植物包 3~5 只,植物种类为黄菖蒲花球、香菇草花球和三白草花球。具体分布为靠近堤岸部分为黄菖蒲花球,靠近江水部分为三白草花球(因为三白草最耐淹),中间部分为香菇草花球。

(五)工艺与施工

新型砂肋软体排是一种新型的护底结构,由上层复合土工布和下层基布组成,排体材料具有抗老化、渗透性强的特点,利于充填砂施工,还具有很强的土壤吸附性,有利于生态环境保护。在排体制作上,排布搭接侧预留 2m 基布用于搭接,上层复合布上预留拉环用于紧密连接;排布一侧缝合,另一侧开口作为充填袖口,充填袖口上预留有绑扎孔(图 3.3-9)。

a)新型砂肋排铺设

b)拉环绑扎

c)充填砂

d)充填完成

图 3.3-9 新型砂肋排铺设工艺

①铺设前清理滩面杂物,防止尖状物破坏排体。
②对铺设区域测量放线,人工展开平铺排体。
③后充填的排体搭接在先充填排体的基布上,搭接宽度 2m。相邻排体在拉环上绑扎系结绳紧密连接。
④充填砂,充灌率不小于 80%,充填不饱满的进行二次充填。
⑤充填砂完成后绑扎袖口。

（六）实施应用

（1）实施方案

新型砂肋护滩结构应用位置选择在福姜沙左缘 FL3 丁坝高滩区域,应用面积约 $5576m^2$。在砂肋间固定球形带营养土植物包的技术更是加快了生态修复的速度,部分地实现了对于工程环境破坏的生态补偿。

（2）实施效果

新型砂肋护滩结构采用长江流域丰富的地材细沙作为砂肋填充材料以满足护滩结构的稳定性,因此可以较大程度地减少石料的用量,减少开山取石对自然环境的破坏。新结构采用细沙替代块石,使得护滩结构的硬度大为降低,由于采用的砂肋材料的较大表面糙率,加快了结构的促淤效果和表面动植物附着的可能性,初步实现了护滩结构软化及生态化的理念（图 3.3-10）。

a)完工（2017年）

b)一年后（2018年）

图 3.3-10 新型砂肋护滩结构效果图

3.4 生态坝体结构

3.4.1 梯形空心构件

（一）开发思路

丁坝是常用的航道整治措施,在发挥整治效果的同时,因对局部流场和冲淤条件的改变,影响了河段的生态环境质量,进而影响河流生态环境,而且这些影响较为复杂,时间跨度较长。随着人们对生态需求的认识不断深入,生态丁坝也逐渐成为研究热点。如何在航道建设过程中,形成具有优良整治效果,又具有自然、生态、景观及兼顾航道水质改善的生态型整治建筑物结构形式,是我国内河水运建设的一个新挑战。

长江下游鱼类资源丰富、物种多样,是重要渔业水域及生态通道。丁坝工程在发挥整治效果的同时,因对局部流场和冲淤条件的改变,影响了河段的生态环境质量,进而影响河流生态环境。因此,进行航道整治设计时,需要树立整体性的生态设计理念,在保证整治效果的前提下,尽量在不改变丁坝纵断面尺寸(长度和堤顶高程)的情况下,只要拟采用的新型丁坝结构的透水率不大于抛石丁坝,则不影响试验丁坝的航道整治效果。因此,本书研究重点针对不同结构形式的断面开展透水特性分析,进一步论证新型结构形式的航道整治效果。

透水率是过坝流量与总流量的比值。而透水率主要受开孔率、流速和水深等因素的影响。因此,本研究通过系列透水特性水槽试验,从透水率方面分析不同结构形式的坝体的透水性能主要影响因素的影响规律,进而根据整治效果水槽试验结果,进行优化设计,确定满足整治功能的生态丁坝结构形式和尺度。

(二)结构的水动力冲淤特性及稳定性

(1)坝型(开孔率)对透水率影响分析

表3.4-1和图3.4-1给出了不同坝型(开孔率)下,坝体透水率的变化规律。由图表可知,在相同的水深和流速条件下,开孔率10%的梯形构件透水率最小,变化范围在2.28%~4.29%之间;抛石坝体的透水率变化范围在3.4%~5.6%之间;开孔率20%的梯形构件,透水率范围在4.76%~9.49%之间;开孔率30%的梯形构件,透水率范围在6.69%~14.23%之间;开孔率40%的梯形构件,透水率范围在9.08%~18.69%之间。总体来说,不同坝型的透水率由小到大的顺序为:10%梯形构件<抛石坝<20%梯形构件<40%梯形构件<40%梯形构件。

不同坝型情况下透水率变化　　　　表3.4-1

水深 (m)	流速 (m/s)	抛石丁坝	梯形构件 10%开孔率	梯形构件 20%开孔率	梯形构件 30%开孔率	梯形构件 40%开孔率
0.3	0.1	5.60%	4.29%	9.49%	14.23%	18.69%
	0.2	5.45%	4.16%	8.88%	13.85%	17.86%
	0.3	5.02%	4.01%	7.98%	13.01%	16.94%
0.4	0.1	4.86%	3.04%	6.72%	10.08%	13.24%
	0.2	4.48%	2.99%	6.17%	9.74%	12.79%
	0.3	4.40%	2.87%	5.40%	9.27%	12.07%
0.5	0.1	3.85%	2.33%	5.16%	7.73%	10.16%
	0.2	3.51%	2.30%	4.96%	7.01%	9.75%
	0.3	3.40%	2.28%	4.76%	6.69%	9.08%

抛石坝体由于采用了级配良好的石料,颗粒间的间隙由小碎石填充,密实效果较好,从而透水性较差。开孔率20%以上的梯形构件通过在构件迎水面和背水面开孔,实现水流直接通

过坝体,其透水率较抛石和四棱台坝体要大,且随着开孔率的增加而显著增加。但当开孔率为10%时,直接通过坝体的水流非常小,其透水率较抛石还小。

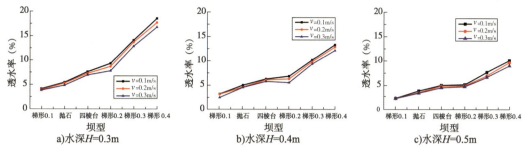

图 3.4-1　透水率随坝型(开孔率)的变化规律

为了尽量保留部分河段的天然面貌,为水生生物提供必要的自然生存空间,与实体坝相比,生态丁坝具有一定的孔隙率,可对小型鱼类的庇护、底栖生物的恢复和枯水期维持鱼类活动空间起到支撑作用。同时坝体的透水结构也可以为坝体前后水体交换提供可能,避免在枯水期或静水条件下,坝后水体因不能有效与外界发生交换而导致水环境恶化。因此,通过优化丁坝结构形式的设计,形成既满足航道整治效果,适应河段生态需求,且有利于长期生态稳定的丁坝结构形式。

(2) 水深对透水率的影响

图 3.4-2 给出了不同坝型情况下,透水率随水深的变化规律。由图可知,抛石坝的透水率最大减少了 30%～36%,梯形构件的透水率则减少了 40%～50%,由此可知,水深对透水率的变化影响较大,且随着水深的增大,生态坝体与抛石坝体的透水率差距逐步减小。

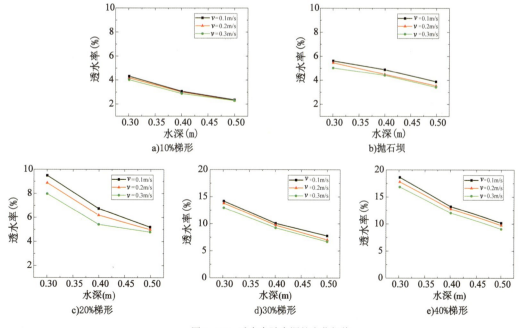

图 3.4-2　透水率随水深的变化规律

通过对比分析可知,随着水深的增加,坝体结构的阻水面积比例减小较大,阻水面积的减少导致了通过坝顶的主流增加,通过坝体的水流减少,从而导致透水率减少。

因此,透水率受水深影响非常明显,且随水深的增加而减少,生态坝体与抛石坝体的透水率差距逐步减小。

(3)流速对透水率的影响

图3.4-3分别给出了不同坝型情况下,透水率随流速的变化情况。由图可知,随着流速的增加,抛石堤坝透水率减少了9.5%~11.6%,梯形构件的透水率则减少了9.0%~18%,由此可知,随流速的增加,抛石透水率减少值较小,而梯形构件透水率对流速变化相对敏感。

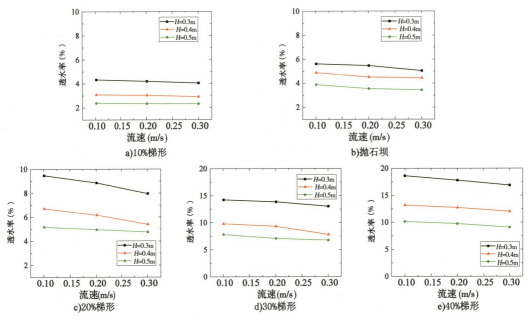

图3.4-3　透水率随流速的变化规律

通过对坝前流场分析可知,通过坝体水流由于坝体的阻拦,在坝体前形成回流随着断面平均流速的增加,进入坝体的水流增加值不多,而通过坝顶的主流流量增加较大,导致透水率随着流速的增加而呈减少的趋势。

因此,透水率变化受流速的影响,透水率随流速增加而减少。

(三)结构的生态机理分析

梯形构件生态丁坝放置入水体后,对具有良好的环境功能。生态坝体前产生的上升流可以促进上下层水体的交换,扩大营养盐和基础饵料的分布水平,易于诱集各层鱼类形成渔场;背涡流可以形成缓流区和阴影区,提供鱼类休憩和躲避强水流的场所;坝体内形成的流场结构,可作为幼鱼和鱼仔的栖息地。

根据其环境功能的差异,可将坝体区域的流场结构划分为上升流区、背涡区和坝体内三个区域,通过对这些区域的流场结构变化,分析生态坝体产生的流场效应变化。

1)不同流量条件下流场效应分析

(1)上升流区流场效应变化

取水流的 Z 方向速度分量(竖直向上)与来流速度之比大于或等于10%的水域作为上升流区域(图3.4-4)。

图3.4-5给出了不同流量条件下,坝体区域的流场结构分布。由于坝体的阻水作用,当水体绕梯形坝体流动时,在坝体迎流面上方以及坝体顶面上方形成上升流。上升流区域的范围和上升流特征参数可以反映该区域的流场效应指标。

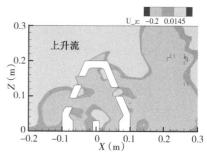

图3.4-4 流量 $Q=28500\text{m}^3/\text{s}$ 坝体上升流分布云图(开孔率15%)

由图3.4-5可知,随着流量增加,迎流面上方回流区逐渐明显,影响区域和强度也进一步增加。通过上升流区域范围的观测可知,随着流量的增加,上升流区范围有一定的减少,主要集中体现在坝前区域范围内。

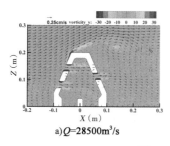 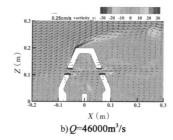 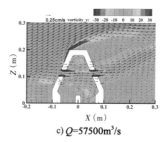

a) $Q=28500\text{m}^3/\text{s}$　　b) $Q=46000\text{m}^3/\text{s}$　　c) $Q=57500\text{m}^3/\text{s}$

图3.4-5 不同流量条件下坝体区域流场图(开孔率15%)

(2)背涡区流场效应变化

由于生态坝体的阻流作用,坝体下游形成了一个充满漩涡的背涡流区。某些鱼类将被吸引到礁后的背涡流区中;随着坝体高度的增加,紊流范围即可进一步增加,这将为很多鱼类提供庇护场所、索饵场、繁殖场、栖息地或暂栖地,从而使生态坝体具有诱集鱼类的作用。同时,背涡流区因其相对静止的环境而为某些鱼类提供庇护,在此处往往可观察到明显的泥沙等和营养盐的沉积。另外,背涡流区外的高紊流区还能吸引其他的趋流性鱼类来栖息。因此,背涡流可以作为流场效应的主要指标,背涡区的范围和强度可以反映该区域的流场效应指标。

从图3.4-6可知,随着流量的增加,背涡流的涡量有一定的增加,涡心位置下移,涡流区范围有一定的减少。

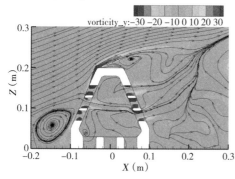 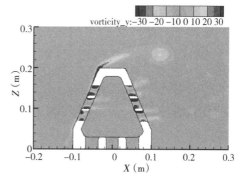

图3.4-6 背涡流区域随流量的变化规律(开孔率15%情况)

通过上升流和背涡流的变化分析可知,随着流量的增加上升流和背涡流影响区域均有一定的减小,但上升流特征参数没有明显变化。因此,多年平均流量以上情况,生态丁坝的流场效果呈一定的下降趋势。

2)不同开孔率对流场效应的影响分析

(1)上升流区流场效应变化

图3.4-7给出了28500m³/s流量下,10%、15%、20%和30%四种开孔率情况的流场图。由图可知,随着开孔率的增加,梯形坝体自身的透水能力增强,上升流范围出现了随开孔率增加而减小的趋势;同时,迎流面上方回流区逐渐减弱,影响区域和强度也进一步减小。

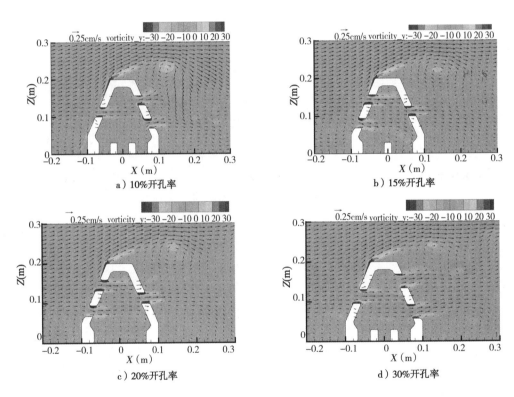

图3.4-7 不同开孔率梯形坝体流场图($Q=28500m^3/s$)

随着开孔率的增加,上升流最大速度v_{max}减小,上升流平均速度v_{mean}也呈现减小趋势。由此可知,随着开孔率的增加,上升流区域范围和规模均受到一定的减小影响,该区域作为诱饵场的功能受到一定的减弱。

(2)梯形坝体内流场结构变化

由于梯形生态结构为中空结构,坝体内可形成稳定的流场结构,为鱼仔和幼鱼提供栖息地和避难所。

①坝体内流场结构变化。随着坝体开孔率的增加,坝体过流流量增加,坝体内流速增加。坝体内流场呈现中部流速大,顶部和底部流速较小的分布规律,当开孔率超过15%时,该规律更加明显,使得坝体内流场分层现象更加明显。

②坝体内涡量场变化。图 3.4-8 给出了坝体内底部、中午和顶部区域的涡量场分布图。由图可知,坝体底部涡流变化比较复杂,强度较大,而顶部涡量变化相对较小。该分布规律有利于不同类型鱼类幼鱼、鱼子和底栖生物的生态需求,尤其是中华绒螯,其蟹幼体的流速区域为 1.3~1.5m/s,坝体内的流速条件能满足中华绒螯蟹幼体的生态需求,能成为幼体的育婴所。

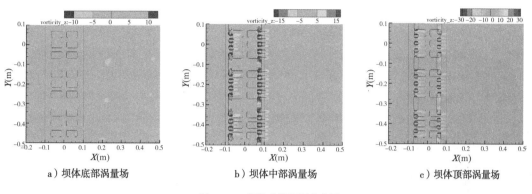

a)坝体底部涡量场　　b)坝体中部涡量场　　c)坝体顶部涡量场

图 3.4-8　坝体内涡量场分布图

③坝体内紊动能变化。图 3.4-9 给出了坝体内底部、中午和顶部区域的紊动能分布图。由图可知,坝体底部和中部紊动能变化比较复杂,强度较大,而顶部紊动能强度相对较小。该分布规律同样有利于不同类型鱼类幼鱼、鱼子和底栖生物的生态需求。

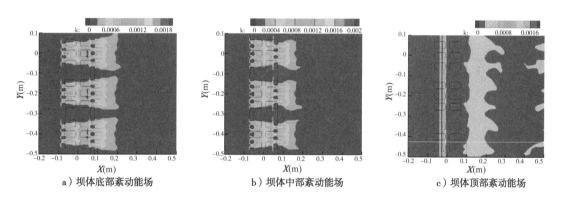

a)坝体底部紊动能场　　b)坝体中部紊动能场　　c)坝体顶部紊动能场

图 3.4-9　坝体内紊动能分布图

综合上升流、背涡流和坝体内的流场效应可知,随着开孔率的增加,上升流区域呈现减弱趋势,背涡区涡量变化呈现一定的减小趋势,背涡区范围增加,同时涡量分布更加均匀。开孔率 15% 的情况下,坝体内流场结构更有利于坝体后鱼类和浮游生物的栖息。

(四)结构形式确定

针对梯形空心构件开展了航道整治效果影响分析、水动力特性数值模拟、正态水槽物理模型试验等研究,最终确定开孔率 15%、无立板且前后错孔布置的梯形构件方案作为设计方案。该生态整治建筑物结构形式的特点是具有透水作用,可改变工程区域上升、背涡流流场结构,从而改善水生生物的诱饵场、产卵场和避难所,同时坝体结构本身也可以成为水生生物的栖息地。

最终确定设计方案,梯形空心构件顶宽 2.0m,底宽 6m,下部为 1.5m 直线段,壁厚 500mm,单个构件长 5m,质量约 110t。结构两侧设 5m 宽护肩,护肩块石采用 200～300kg 块石。梯形空心构件下部为 1～200kg 的抛石基床,抛石基床的最小厚度为 1.5m。抛石基床下采用砂肋软体排护底,砂肋间距 1m。两侧抛石护脚宽 5m,采用 100～200kg 块石,厚 1.5m。抛石护脚外余排采用混凝土联锁块体软体排护底,排边压护联锁块加厚,见图 3.4-10、图 3.4-11。

 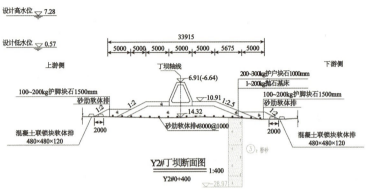

图 3.4-10　梯形空心构件结构示意图　　图 3.4-11　梯形空心构件堤身断面图(尺寸单位:mm)

(五)工艺与施工

生态丁坝主体采用预制开孔梯形构件,构件侧壁和顶板上开有多个孔,形成空腔,为钢筋混凝土薄壁结构,两侧设置护肩和护脚块石。

开孔梯形构件在专业预制厂内平地集中预制。制作采用"立式"预制工法,构件的尺寸及形状相对固定,采用定型组合式钢模板,内模采用整体钢模铰接连接,外模采用桁架式模板,保证模板的刚度。钢筋现场绑扎成型,然后整体起吊安装至底胎模位置,混凝土在后方搅拌站集中拌和,罐车运输,泵车泵送入仓。当混凝土达到设计强度后,利用吊孔采用龙门吊及钢扁担进行场内翻转,然后运至堆存区堆存。

开孔梯形构件单只约 110t,为水下安装,可研制开发水下构件安装实时定位和辅助检测技术,实现预制构件水下精确定位安装。

构件安装前需对基床进行整平作业,采用专用整平船进行基床整平,满足构件安装平整度要求。详细施工过程如图 3.4-12 所示。

(六)实施应用

仪征水道拟采取工程措施守护世业洲洲头低滩,稳定汊道分流格局,适当调整右汊进口段流场,增大右汊中上段航槽水流动力。整治工程主要包括护岸、潜坝、丁坝及护底带等,丁坝作用是守护世业洲右缘低滩并维持其稳定,塑造有利的滩槽形态,适当调整右汊进口段流场,增大右汊中上段航槽内水流动力,改善右汊中上段航道条件。考虑洪水期洪水对洲头丁坝的顶托影响,兼顾到丁坝坝体的安全性,选择仪征水道整治工程世业洲右缘 3 道丁坝中下游 Y2 丁坝(图 3.4-13),结合指标生物的生境需求指标开展生态丁坝的结构形式及其效果评价研究。

Y2 丁坝长度为 618m,头部高程为 -8m,根部与护岸相接,设计范围为丁坝护底、堤身结构、接岸结构、堤身范围内护岸结构设计。其中梯形空心构件共应用 50 个,长度为 250m。

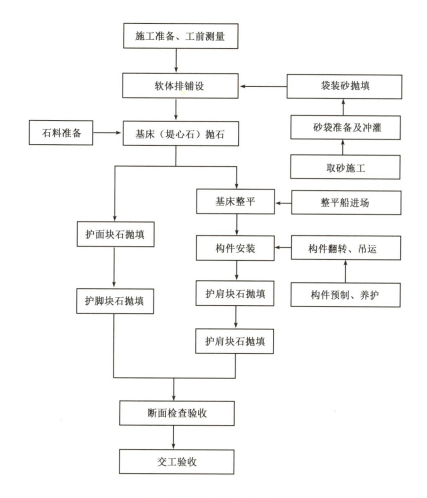

图 3.4-12　施工总流程图

根据研究结果,仪征标段生态丁坝布置在 Y2 丁坝水深合适的区域,该生态整治建筑物结构形式的特点是具有透水作用,可改变工程区域上升流、背涡流流场结构,从而改善水生生物的诱饵场、产卵场和避难所,同时坝体结构本身也可以成为水生生物的栖息地。根据监测成果,Y2 生态丁坝效果明显(图 3.4-14),具体监测及分析详见第 6.2.4 节。

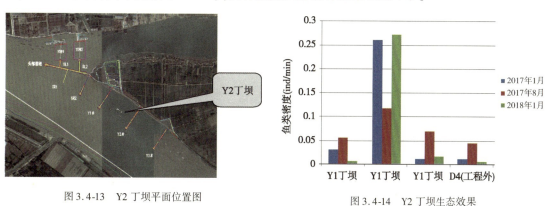

图 3.4-13　Y2 丁坝平面位置图　　　　　图 3.4-14　Y2 丁坝生态效果

3.4.2 异形网箱生态堤

(一) 开发思路

一期工程的生态保护区和生态修复区的设计是对护底结构的设计创新,在二期工程中,高滩区根据总体整治布置,需要设置堤坝结构。对于宽度 20~30m 之间,高度 1m 的堤坝结构,其主要作用是缓流、护滩。但这些护滩带位置多处于生长有芦苇草与树木的原生绿地区域,如采用传统的护底软体排加抛石结构势必影响原有植被,因此需研发生态型堤身结构,以达到既满足整治效果的要求,又尽可能减少对原生态的破坏,最大限度地实现生态保护的目的。

根据已有工程的经验,植物可以从网箱块石缝隙中生长,因而网箱块石本身具有一定的生态性能;网箱具有束缚作用,网箱块石堤所占据的地表面积比传统抛石堤少,也就意味着遭到破坏的植被少。因此在设计中,采用网箱块石作为潜堤和丁坝堤身的主体结构。

(二) 结构的水动力冲淤特性及稳定性

网箱结构在水流作用下的稳定性与网格的强度、厚度以及填充石块的粒径大小等多种因素相关有关。1982 年 3 月,经过美国科罗拉多州立大学针对河床衬砌和河堤铺层所做的模型试验,得出了格宾护岸结构流速与所填石料间的关系,详见表 3.4-2。

雷诺护垫/格宾网箱的不同厚度对应的水流流速指标　　表 3.4-2

类 型	厚度(m)	石料规格(mm)	平均粒径 d_{50}(m)	临界流速(m/s)	极限流速(m/s)
雷诺护垫	0.15~0.17	70~100	0.085	3.5	4.2
		70~150	0.110	4.2	4.5
	0.23~0.25	70~100	0.085	3.6	5.5
		70~150	0.120	4.5	6.1
	0.30	70~120	0.100	4.2	5.5
		100~150	0.125	5.0	6.4
格宾网箱	0.50	100~200	0.150	5.8	7.6
		120~250	0.190	6.4	8.0

显然,从试验结果可以看出,当块石放置到网箱后,在水流作用下的稳定性大为加强;依据相关规范中关于块石在水流作用下的稳定性开展相应的计算分析。

(1) 港工规范孤立墩柱水流力(方法一)

在水流作用下,网箱自重提供的抗倾力矩及阻滑力应大于水流力产生的倾覆力矩及滑动力。而水流对网箱的作用力应符合《港口工程荷载规范》(JTS 144-1—2010)中水流力计算公式:

$$F_w = C_w \frac{\rho}{2} v^2 A \qquad (3.4\text{-}1)$$

式中,F_w 为水流力标准值(kN);C_w 为水流阻力系数;ρ 为水密度(t/m³);v 为水流设计流速(m/s);A 为计算构件在与流向垂直平面上的投影面积(m/s)。

(2)《航道工程设计规范》方法(方法二)

在《航道工程设计规范》(JTS 181—2016)第 10 章的斜坡护岸一章指出:水流作用块石粒

径宜根据经验或模型试验确定,当流速大于3m/s时,也可按下式估算:

$$d_w = 0.04 v_f^2 \tag{3.4-2}$$

式中,d_w 为块石等容粒径(m);v_f 为建筑物处的最大表面流速(m/s)。

(3)《防波堤与护岸设计规范》方法(方法三)

在最新《防波堤与护岸设计规范》(JTS 154—2018)中的 7.3.9.1 给出水流作用时,块石粒径可根据工程实践经验确定。当流速大于3m/s时,可按下式估算:

$$d_w = 0.04 v_f^2 \tag{3.4-3}$$

式中,d_w 为块石稳定粒径(m);V_f 为表面流速(m/s)。

当流速小于等于3m/s时,护面块石的稳定重量可取 100~200kg。有无网箱条件下块石粒径比较参见表3.4-3。

有网箱与无网箱条件下块石粒径比较　　　　　表3.4-3

类　型	厚度(m)	临界流速(m/s)	平均粒径 d_{50}(m)	方法二、三计算粒径(m)	直径比(重量比)
雷诺护垫	0.15~0.17	3.5	0.085	0.490	5.8(191.6)
		4.2	0.110	0.706	6.4(264.4)
	0.23~0.25	3.6	0.085	0.518	6.1(226.3)
		4.5	0.120	0.81	6.8(307.5)
	0.30	4.2	0.100	0.706	7.1(351.9)
		5.0	0.125	1.000	8.0(512)
格宾网箱	0.50	5.8	0.150	1.346	8.3(722.5)
		6.4	0.190	1.638	8.6(6028.6)

从表3.4-3可以看出采用网箱石后,从稳定角度所需块石粒径的大小和重量大为降低,因此网箱石的采用可使得大量的小粒径块石得到了充分的利用,因此单纯从稳定的角度,网箱石的采用也属于一种生态环保的有效措施。

为充分验证异型网箱石护滩带结构的稳定,根据施工现场实测的落成洲头部潜堤淤泥厚度数据分析显示:落成洲头部潜堤网箱堤段内的最大淤泥厚度39cm(K0+130),最小淤积厚度3cm(K0+060),平均淤积深度16.7cm,无冲深区域,参见图3.4-15。从中可以看出,异型网箱石护滩结构在2016年的大潮汛中发挥了缓流促淤的工程效果,结构安全稳定。

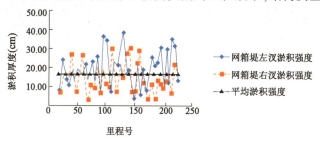

图3.4-15　落成洲现场实测淤积强度示意图

为了验证异型网箱块石功能性及美观性,进行了现场试验:将异型网箱装填石头后放置在工程区域,静置三个月后观察形态。三个月后,缓流堤(A型网箱块石)网箱形态良好,阻流堤(B型网箱块石)网箱形态较差,改进为M形网片支撑,即在V形网片左右各加一个支撑网片,使其形态得到改善。

(三)结构的生态机理分析

若按照传统结构设计方案,将潜堤、丁坝堤身及排体铺设范围内植物完全清除后再进行软体排及抛石堤身的施工。那么,工程区影响范围内以树木、灌木、草为主的生态体连续性将遭到破坏,工程结构变为人为介入的疮疤,整体美观性将荡然无存。因此,进行工程设计时,在保证结构功能性的前提下,研发新型整治结构对生态环境进行保护。

根据近年来网箱块石的研究成果,植物可以从网箱块石缝隙中生长,因而网箱块石本身具有一定的生态性能;网箱具有束缚作用,网箱块石堤所占据的地表面积比传统抛石堤少,也就意味着遭到破坏的植被少。

(四)结构形式

本结构采用的网箱由硅胶高耐久PE涂塑合金钢丝制成,外形尺寸为:长×宽×高=4000mm×1000mm×1000mm,沿4m方向平均分为4个隔舱。

网箱块石结构虽然有一定的生态性,但目前作为生态护坡使用的网箱块石结构相对较薄,均为0.3m厚,有利于低矮灌木钻出生长。工程中总体布置要求堤身高度为1m,而堤身范围内原生植物也均为低矮灌木,若采用满布块石的标准网箱方案,植物很难钻出生长,生态效果势必大打折扣。为了实现生态保护、生态利益的最大化,在设计中对标准网箱结构进行了优化:在每个隔舱内采用两片1100mm×950mm的镀锌电焊网片形成V形拼接,V形网片内装入10~30kg块石。根据V形网片支撑轴与网箱长边垂直布置时作为缓流堤(A型网箱块石);V形网片支撑轴与网箱长边平行布置时作为阻流堤(B型网箱块石)。异型网箱摆放现场如图3.4-16所示。

图3.4-16 异型网箱摆放试验图

(1)摆放方式

由于V(M)形块石区域只能在一个方向形成阻流断面,根据潜堤、丁坝的受流特点,确定V形网箱摆放方向及摆放密度:

潜堤主要受水流力方向与潜堤轴线平行,在垂直于潜堤轴线方向每隔5m设置一道缓流堤,每隔 15m 布置一道阻流堤,平行于堤轴线方向布置 11 道缓流堤,2 道阻水堤;丁坝主要受水流力方向与丁坝轴线垂直,在平行于丁坝轴线方向布置 4 道阻水堤,6 道缓流堤;垂直于堤轴线方向布置 1~2 道阻水堤。

采用这种间隔排列网箱堤的设计既满足了整治建筑的阻流改善流场的功能性要求,又留下了充足的植物生长空间,同时由于 V(M)形网箱块石并不占用植物生长土壤,几乎保留了全部生态区的植物,实现了生态效益的最大化,详见图 3.4-17。

图 3.4-17 异型网箱生态护滩结构的布置效果(落成洲)

(2)衔接段设计

生态网箱堤与抛石堤及现有防洪大堤均采用抛石结构进行衔接,要求第一排及最后一排网箱至少伸入衔接段抛石堤 1m,以保证排头及排尾网箱结构的稳定性,使整治效果达到设计要求,布置设计详见图 3.4-18 和图 3.4-19。

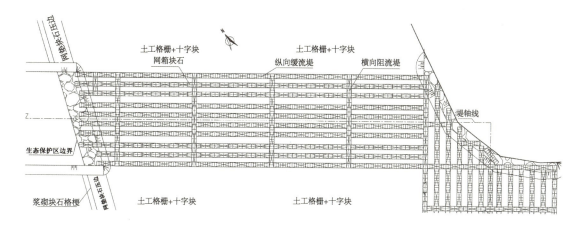

图 3.4-18 丁坝异型网箱排列布置图

(五)工艺与施工

异型填石网箱坝体是生态型堤身结构,网箱采用高耐久材料制成,在网箱内填充 10~50kg 的块石,采用小型机械运输、人工装石的方式,如图 3.4-20 所示。

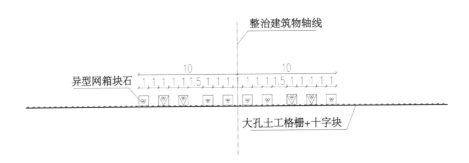

图 3.4-19　丁坝异型网箱断面图(尺寸单位:m)

图 3.4-20　福姜沙异型网箱石施工过程照片

(1) 网箱编制
①焊接 B 型网箱刚度辅助支撑结构;
②将网箱外框、V 形网片与网箱刚度辅助支撑结构(B 型网箱)拼接组装,按设计要求的方向放置装石区网片,以形成不同方向的 V 形装石区;
③用相同材料的扎丝绑扎牢固,每孔一个绑扎点,扎丝拧紧 3 圈以上,并将丝头内折。
(2) 网箱装石
①人工装填块石入网箱,装填完成后,检测网箱高度;
②将网箱封口锁边牢固,不得松脱。

(六) 实施应用

(1) 实施方案
异型网箱生态堤分别应用福姜沙 FL1、FL2、FL3 丁坝和落成洲头部潜堤、LL3、LL5 丁坝,总长度约 830m。
(2) 实施效果
异型网箱块石使堤身范围内的原生植物得到了保护,使生态保护率提高到了 87% 以上(生态保护率=保留的植物面积/生态区总面积),基本实现了对生态区植物的全保护。生态区范围内堤身及排体范围内的植被均生长茂盛,异型网箱堤形态完好,工程结构与生态环境融为一体,生态效果显著,见图 3.4-21。

a）汛期

b）汛期后

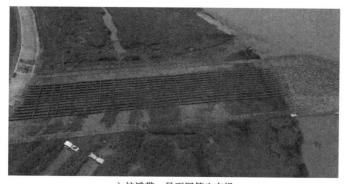
c）护滩带、异型网箱生态堤

图 3.4-21　生态区实拍效果图

第4章 生态环境保护技术

航道整治工程属于涉水工程,水环境及水生态的保护是工程的重点。深水航道工程共涉及饮用水水源保护区19处,以及镇江长江豚类自然保护区(详见第1.2节)。为保证重点生态环境保护目标的安全,针对饮用水水源和长江江豚开展了专门的保护技术研究。

4.1 取水口及水源地保护技术

4.1.1 保护方案研究

(一)悬浮物扩散模拟

航道整治施工中的筑坝抛石、护岸加固等工艺,会使得施工水域水体悬浮物浓度增加,对附近的取水口水质产生不利影响。防污屏是较为常用的工程技术,既可放置于取水口、水源保护区附近保护环境保护目标,也可放置于施工点等污染源强处,有效控制污染物扩散。选取双山水厂取水口所在的福姜沙水道为例,采用长河段二维水流模型和局部三维水流泥沙数学模型相结合,模拟福姜沙右岸左缘丁坝FL3、FL4施工引起的悬浮物输移扩散过程。局部三维水流泥沙数学模型采用基于有限体积的Cyclic method计算方法,平面网格尺度为5~25m,垂向分10层,平面及垂向泥沙扩散系数由k-ε紊动模型计算得到。三维模型的上、下游由二维水流数学模型提供,泥沙输移边界条件采用Neumann边界。经2014年7月12—14日的实测水位、流速资料验证,及2012年11月29日—12月6日大、中、小潮实测的24条垂线泥沙浓度验证,结果满足规范要求。计算模拟了不同施工源强情况下,涨落潮周期内取水口附近泥沙浓度的变化过程(图4.1-1)。

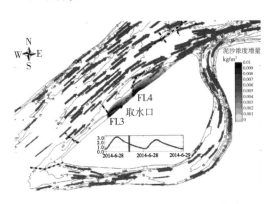

图4.1-1 落急时刻流场及泥沙浓度变化图

(二)不同施工及自然条件下泥沙和污染物扩散规律

选取双山水厂取水口为研究重点,该取水口为泵房式取水口(图4.1-2),调研发现取水口水深5m,设计取水规模400t/天。

二期工程福姜沙标段建设的FL3、FL4丁坝分别位于双山水厂取水口的上游800m、下游1020m,取水口周围主要的工程内容包括疏浚,护岸和丁坝建设。为此,在工程研究中分别针对洪季/枯季、大潮涨落潮和小潮涨落潮等不同的水流来沙条件,以及块石抛填的大小和强度、丁坝基床和坝身施工顺序等不同施工安排,设计选择了20个组合方案情景(表4.1-1)进行泥沙和污染物扩散模拟。

图4.1-2 福姜沙段双山水厂取水口照片

施工期泥沙和污染物扩散模拟情景设计　　　　　　表4.1-1

方　案	说　明
来水来沙条件	A 中水中沙❶
下游边界	a 小潮
	b 大潮
源强	i) 1kg/m³
	ii) 6kg/m³
施工顺序	实际施工顺序,由丁坝根部浅水区往丁坝顶部较深水区推进
施工位置	5个组合源强(1~5)和5个新的地形(以天为单位线性升级地形)

注:❶"中水"为介于洪水期和枯水期之间的期间水流状况,"中水中沙"指中等流量的水流泥沙条件。

根据地表水资源质量标准(SL63-94),以泥沙浓度25g/m³(地表水资源质量等级二级)、变化不超过10g/m³作为超标的判定标准。在福姜沙FL3和FL4丁坝之间、双山水厂取水口附近设置观测点,计算结果如图4.1-3~图4.1-6所示。可以发现,只有4个方案aii)1、aii)2、bii)1、bii)2(标号对应条件见表4.1-1)可能需要防护。最不利的情况是bii)1方案,即:大潮期间,施工源强为6kg/m³,施工位置在丁坝的堤根处。

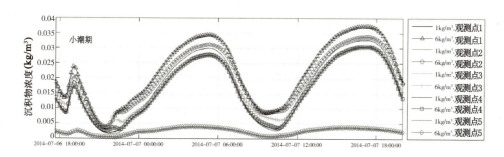

图4.1-3 观测点泥沙浓度变化(小潮)

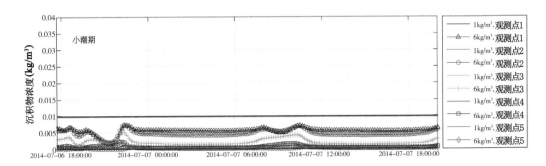

图 4.1-4　施工引起观测点泥沙增量(小潮)

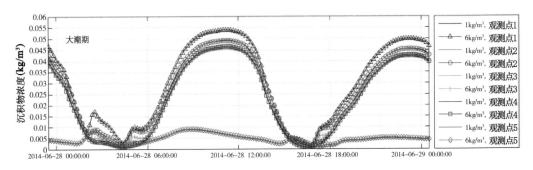

图 4.1-5　观测点泥沙浓度变化(大潮)

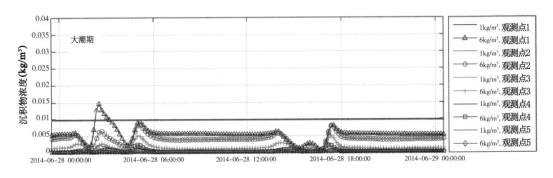

图 4.1-6　施工引起观测点泥沙增量(大潮)

(三)施工期敏感点水质防护方案制定

二期工程拟用防护帘对取水口进行水质防护。为此,在模型中用可透水板状帘布(porous plate)来模拟防护效果。由于防护帘部分透水,水体质量和动量被部分拦截,同时也会拦截部分泥沙输运,因此,模拟中根据防护帘位置、阻水率和水下深度,设计了48个组合防护方案(表4.1-2)。在使用了防护屏后,与泥沙含量的本底值相比,如果浓度变化少于$10g/m^3$,则认为防护措施有效。

防护帘布设方案设计　　　　　　　　　　　　表 4.1-2

防护方案	说　明	防护帘长度/面积估计
防护点	1. 距施工点 20m	180m
	2. 距施工点 40m	180m
	3. 距取水口 50m	200m
	4. 距取水口 100m	400m
阻水率	i) 30%	—
	ii) 70%	—
	iii) 90%	—
水下深度	a) 20% 水深	—
	b) 50% 水深	—
	c) 70% 水深	—
	d) 100% 水深	—

模拟结果如图 4.1-7～图 4.1-10 所示。与相同水动力情况下、不设置防护措施的结果对比,防护屏能有效减少泥沙向取水口扩散。方案 4(距取水口 100m 布设)在防护屏规格适宜的情况下可以有效控制取水口处的泥沙浓度,满足地表水资源质量标准(SL63-94)、变化不超过 $10g/m^3$ 要求,详细见表 4.1-3。相对别的方案,此方案需要的防护屏面积最小,对防护屏的使用和安装最为经济,因此推荐此方案。

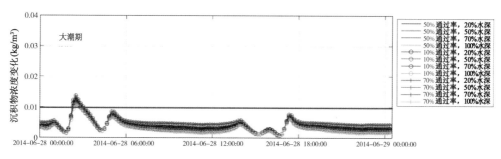

图 4.1-7　防护地点在距两个施工点各 20m 时取水口减少的泥沙浓度

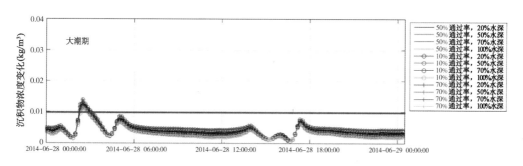

图 4.1-8　防护地点在距两个施工点各 40m 时取水口减少的泥沙浓度

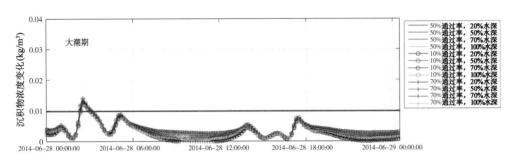

图 4.1-9　防护地点在取水口 50m 时取水口减少的泥沙浓度

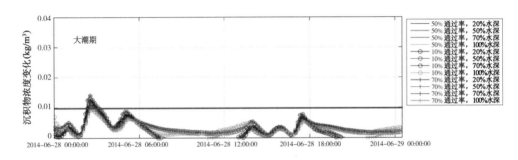

图 4.1-10　防护地点在距取水口 100m 时取水口减少的泥沙浓度

100m 防护距离（方案 4）时不同防护屏设计的防护效果统计　　　　表 4.1-3

方 案 4	20% 水深	50% 水深	70% 水深	全部 水深
30% 阻水率	×	×	√	√
70% 阻水率	×	√	√	√
90% 阻水率	×	√	√	√

注：× 表示不满足要求，√ 表示满足要求。

（四）水质变化现场监测试验

项目于 2016 年 11 月 30 日 7 点到 17 点，2016 年 12 月 2 日 9 点到 3 日 15 点在双山取水口和 FL3、FL4 丁坝施工区域作了现场监测，观测航道抛石工程对下游水质的实际影响范围和程度，同时对防污屏不同布设方式的实际防护效果进行对比。监测的内容包括流速、流向、水深等水文指标，悬浮物、浊度、高锰酸盐指数、总氮、总磷、石油类、砷、汞、镉、铅等水质理化指标。监测方案包括 3 种：无防污屏监测，防污屏（半包围）效果监测，防污屏（全包围）效果监测（图 4.1-11）。

现场观测表明，在观测期间施工抛石对整体水质略有影响，范围和强度不太显著（增幅约30%）。涨落潮时对水动力和泥沙浓度影响均不大。施工抛石对 S1、S2 泥沙浓度的影响比其他点略大，尤其涨急落急时，说明施工下游影响范围小于 200m。施工抛石未导致底泥重金属显著释放。

第4章 生态环境保护技术

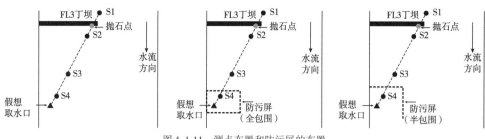

图 4.1-11 测点布置和防污屏的布置

FL3 丁坝的建成对流场的影响明显。开敞区域 S1 监测点的落潮流速比涨潮流速大,S2 比 S1 落潮流速小很多,而涨潮流速较 S1 大。

防护屏对悬浮物的去除比较明显,去除率 15%～20%之间。但防护屏对总氮、化学需氧量(COD)、总磷的去除效果不太明显。半包围和全包围区别不大,全包围有可能减缓扩散,反而不利于水质防护。防护屏对重金属的影响不明显。

将现场监测结果和三维模型的结果做进一步的对比验证,通过对4个监测点的水流和泥沙浓度在小潮时不同时刻的垂向结构分析,三维模型基本能复演现场实测的流速剖面和泥沙浓度。

4.1.2 取水口防护措施

(一)取水口位置

本工程河段内共涉及水环境敏感目标18处,其中2处为《江苏省地表水(环境)功能区划》划定的饮用水水源保护区,2处为江苏省政府划定的集中式饮用水水源地保护区,14处集中式饮用水水源取水口。

(1)长江江都三江营调水水源保护区、长江泰州永安饮用水水源区是《江苏省地表水(环境)功能区划》划定的饮用水水源保护区。落成洲左汊左岸上段1200m护岸工程位于长江江都三江营调水水源保护区内。

鳗鱼沙左汊左岸6.77km护岸工程位于长江泰州永安饮用水水源区内。

(2)鳗鱼沙左槽左岸上段护岸工程约500m位于长江永安州永正水源保护区的准保护区内,工程距取水口(泰州市三水厂取水口)距离为2km。

又来沙护岸工程807m位于长江长青沙饮用水水源保护区的准保护区内,工程距取水口(如皋长青沙鹏鹉取水口)距离为2.8km。

(3)14处水厂取水口中,1处(大港水厂取水口)正在建设未投入使用,4处取水口与工程距离小于1km,其他9处取水口距工程距离均在1.5～12km。

共有4处距离工程较近的取水口,分别为:亨达水厂取水口位于落成洲左汊左岸护岸内;高桥水厂取水口与工程最近距离为300m,江心洲新水厂取水口(新建)与工程最近距离为800m;双山水厂取水口与工程最近距离为700m。

(二)施工期防护措施

1)距离较近的三处水厂取水口

工程施工主要引起悬浮物浓度增加,施工过程中采取了严格限定施工作业范围;将施工船舶垃圾、含油污水集中收集上岸处理;运输砂石物料的船舶严禁装载过满;合理调度防止船舶碰撞、合理安排施工时间、取水口上游侧安装防污帘、施工期加密水质监测等措施。通过上述措施,工程施工未对水源地二级保护区产生明显不利影响,施工期及运营至今未发生水污染事故。

(1)高桥水厂、双山水厂、亨达水厂取水口附近施工前,施工单位制订了《取水口环境保护专项施工方案》,根据专项施工方案进行施工,并对水厂给予经济补偿。

(2)施工过程中,施工单位积极与水厂相关人员沟通,合理安排施工时间,规避水厂取水时间,并征求水厂方面对工程的施工建议。

(3)高桥水厂、双山水厂取水口施工前,对施工时间、船舶动态、施工内容及现场检查情况等进行了详细记录,同时在取水口上游侧安装了防污帘,以降低施工对取水口影响。

(4)对双山水厂、高桥水厂、亨达水厂、泰州市三水厂开展了施工期水质监测,进行3测次/月的加密监测,确保水厂取水口水质不恶化。

(5)根据对亨达水厂、双山水厂、高桥水厂的现场调研,水厂反映施工过程中未对其取水产生相关影响。工程实施后进一步稳定了岸坡,降低了水厂岸线崩坍的安全风险,有利于水厂的运行环境。

距工程施工范围内的取水口采取的环保措施照片见图4.1-12。

在双山水厂、亨达水厂沟通

高桥水厂取水口施工设置围油栏

取水口加密监测

双山水厂取水口防污帘

安装试验

钢丝缆绳下吸油毡铺设

图4.1-12 施工期针对水厂取水口采取的环保措施

2)长江长青沙饮用水水源保护区和如皋长青沙鹏鹞取水口

工程新增的又来沙护岸工程(807m)位于长江长青沙饮用水水源保护区准保护区内,距如皋长青沙鹏鹞取水口2.8km。建设原因为:该段位于取水口附近且岸坡陡峭存在崩塌风险,需抛石加固,据此响应如皋市人民政府要求,对该段开展了护岸工程。新增又来沙护岸工程不属于排放污染物的项目,主要为防止取水口上游段崩塌风险,确保饮用水安全。

又来沙护岸工程实施过程中,落实了相关保护措施,如避开取水口取水时间施工,加强船舶油污水、生活污水管理、加密水质监测等,且自来水厂的制水工艺本身就包含了沉淀工艺。根据施工期及试运行期又来沙护岸附近(W19断面)水质监测结果,施工期部分时段该断面

SS含量较高,超出《地表水资源质量标准》(SL 63—1994)三级标准限值,但主要原因是上游泥沙条件有限,与工程施工影响不大;试运行期该断面SS达标。又来沙护岸工程距鹏鹞取水口2.8km,距离较远。主体来看,项目护岸工程施工未对如皋长青沙鹏鹞水厂取水产生不利影响。

4.2 江豚保护技术

鉴于工程施工水域涉及长江江豚的重要栖息区域,为确保工程河段长江江豚不受伤害,先后开展了江豚影响专题评价、江豚保护技术研究及全河段江豚监测等工作,同时,通过生态补偿及修复、施工现场保护及专项基金等方式,对工程施工江段的长江江豚进行了全面保护。

由于和畅洲左汊位于镇江长江豚类省级自然保护区,生态环境十分敏感,为评价工程建设可能对江豚的影响,在工程可行性研究阶段,指挥部就以专题的形式委托中国水产科学研究院淡水渔业研究中心开展了二期工程(和畅洲段)生态和自然保护区影响评价工作。在二期工程开工之初,围绕和畅洲左汊通航可能对江豚的影响,指挥部又以专题的形式委托中国科学院水生生物研究所开展了二期工程和畅洲左汊船舶通航对江豚影响专题研究。以上研究为工程河段江豚保护工作奠定了基础。

4.2.1 全河段江豚监测

长江江苏段作为长江江豚的重要栖息区域,为全面评价工程建设可能对长江江豚造成的影响,更好地保护长江江豚。指挥部在前期江豚影响专题评价的基础上,委托中国科学院水生生物研究所开展了二期工程全河段江豚声学保护相关研究工作。通过将专题研究阶段获得的声学监测技术推广到工程全河段,并结合二期工程施工前全河段江豚监测的历史资料,综合评价二期工程建设可能对江豚造成的影响,并在此基础上提出相应的保护建议和措施。

（一）监测区域

江苏镇江长江豚类省级自然保护区及邻近水域,涵盖保护区重点关注水域,即世业洲洲尾至保护区最上端(征润洲洲头)之间的水域,以及落成洲周边水域。

（二）监测内容

监测水域的渔业生物群落组成、优势种组成、群落多样性、渔获规划及资源等;监测水域浮游植物、浮游动物、底栖动物和水生维管植物群落组成、资源等;监测水域水文、水质指标;定居性鱼类产卵场生态环境;主要保护对象江豚的种群结构及数量变化。

（三）监测时间及频次

施工期每年监测,主要评估施工活动对保护区渔业资源产生的实际影响;运行期监测2年,评估水环境因子变化后对保护区水生生物的实际影响,以及实施增殖放流及生态修复措施后渔业资源的恢复效果,并动态调整恢复策略。

4.2.2 江豚保护技术研究

为有效保护长江江豚,在工程建设过程中,指挥部委托相关单位先后开展了一系列江豚保护技术研究。

(1)施工现场噪声监测及分析

通过对航道整治工程施工过程的观察及水下噪声的测量和记录,了解不同施工工艺的水下声环境变化情况。铺排等噪声以低频噪声为主,并非在江豚的敏感频率范围,江豚感知这种声音的能力较差,容易误入施工现场。如果在铺排过程中施以同步的声学驱赶,则有利于江豚保护。抛石等噪声相对而言频率较高,尤其是石头落水后与其他的石头相互碰撞的声音。这类声音容易被江豚感知,江豚会主动躲避和逃离。在铺排、抛石等过程中,始终伴有船舶噪声,而船舶噪声传播的距离更远,所以在这些施工中江豚进入施工现场的概率相对较低。

抛石过程中噪声的主要能量分布在10kHz以下,抛石过程中的噪声声源级可以达到190~200dB。根据抛石噪声特征结合长江江豚的听力特性,在距离抛石地点200m处,抛石过程中产生的各个频率噪声声压级几乎均高于这一频率下长江江豚的听力阈值,说明抛石产生的噪声会对江豚产生一定的不利影响,如掩蔽其声信号、对其听觉造成损伤,妨碍江豚交流、觅食、导航,压缩其栖息空间等,详见图4.2-1。事实上,由于抛石产生噪声声源级较高,即使在距离声源较远处,噪声依然具有较高的声压级,仍可以对江豚造成一定的影响。

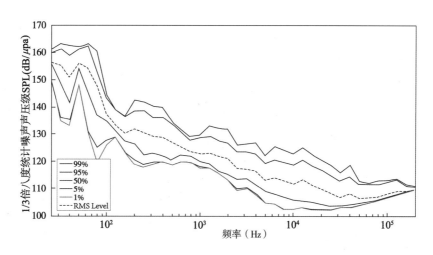

图4.2-1 距抛石噪声源约200m的1/3倍频程频谱曲线图

通过监测点位之间的对比,分析了背景噪声中船舶噪声的影响。可以发现,船舶噪声的增加使得主航道的低频背景噪声显著增加并且船舶噪声以20kHz的噪声为主。在少有船舶通行的水域,10kHz以下的水流自然噪声(低于90dB)对长江江豚影响不明显(阈值为80~90dB);10kHz以上的水流噪声(平均约50dB)对豚的影响亦不明显(阈值为50~60dB)。在主航道,由于航运的增加,10kHz以下特别是1kHz以下低频噪声显著增加,超过了90dB的临界阈值,可能会对长江江豚产生负面影响。而10kHz以上的高频噪声(平均约50dB)则没有超过阈值(50~60dB)。船舶噪声与船体大小和航速有直接关系,通常情况下船体越大噪声越强,速度越高噪声越强。几乎所有频率船舶噪声对于江豚而言都是可听见的,甚至过响。而将噪声数据与江豚声呐信号的各项特征进行比较可知,绝大部分噪声能够对江豚的声信号造成遮蔽影响,对其声号的传播不利。船舶航行产生的噪声可以在江豚声信号的传播、接收等两方面产生不利影响,从而影响到江豚的捕食、定位、辨别障碍物、交流等行为活动,甚至危害到其生存。

(2)江豚声反应及行为应急

为了掌握江豚对水下声环境的反应及行为特征,在长江天鹅洲故道水域开展了江豚网箱试验,通过水下喇叭对3头江豚进行了船舶噪声回放观察和记录江豚的行为、活动空间及水下发声。

统计学结果显示,噪声回放期间江豚出水点距声源的平均距离要显著高于噪声回放前后的时间段(Wilcoxon test, $p<0.01$),而噪声回放前后时间段的江豚出水点距声源的平均距离没有显著性差异(Wilcoxon test, $p=0.57$)。初步结果表明(图4.2-2),10min时长的噪声能造成江豚活动区域发声改变,但是在噪声源消除后,动物很快就回到原来位置。在野外,也有类似的情形,即动物对噪声源的反应是远离和返回(噪声源移除)。声学驱赶仪器的设计也应考虑到动物的这种习性,即在安全风险未解除之前,驱赶仪不能停止工作。噪声回放期间江豚平均呼吸频次要显著低于噪声回放前后的时间段(Wilcoxon test, $p<0.05$),而噪声回放前后的时间段的江豚平均呼吸频次没有显著性差异(Wilcoxon test, $p=0.85$)。结果表明,在噪声环境中动物单次潜水时间延长,说明动物需要更多的时间快速游离噪声区。以上的研究结果显示噪声播放使江豚的出水位置发生了明显的变化,江豚在更远离声源的地方出水并减少呼吸频次。短时间、相对较低强度的噪声环境可能对江豚出水活动的影响是短期和实时的。

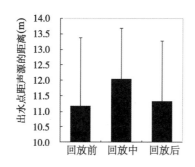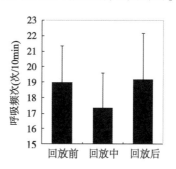

图4.2-2 噪声对江豚行为影响初步结果

统计学结果显示,噪声回放前的10min,每个A-tag(微型声学事件数据记录仪)平均记录到江豚脉冲串数要明显高于噪声回放期间以及噪声回放结束后(Wilcoxon test, $p<0.01$)。而噪声回放期间与噪声回放结束后每个A-tag平均记录到江豚脉冲串数之间没有显著性差异(Wilcoxon test, $p>0.1$)。脉冲总数的比较结果与脉冲串数类似。结果表明噪声回放会明显降低动物的发声频次(包括脉冲串数和脉冲总数),干扰动物的发声行为。而在噪声停止后,动物的发声行为并不能在短期内恢复到原有水平。这可能是动物的生存策略,在噪声环境中,动物难以听到自己的声呐信号回声,为了节省能量则选择保持一段时间的沉默。但是,这可能也是螺旋桨伤害江豚的原因之一,因为噪声使得江豚难以识别有害的目标。基于以上结果,提炼出江豚生物学及听觉能力特征参数,并绘制江豚听觉阈值图,为江豚声学驱赶和诱导提供了重要参考。

(3)声学驱赶技术

基于江豚的声呐信号、低频信号特征,以及声呐信号表观声源、级和听觉阈值等参数,结合施工现场可利用设备、设施的声特征,提出4种江豚声学驱赶技术:①船舶噪声驱赶——驱赶船以施工区为中心,速度不超过10km/h,航行线路呈螺旋形。②击打噪声驱赶——在驱赶船的两舷各安装1套钢管排,每套由4根钢管组成,外径分别为27、42、60和89mm,击打工具为短钢管。警戒时击打节奏为2~5Hz,驱赶时节奏为5~12Hz。③声学驱赶仪驱赶——驱赶仪声信号应超过10kHz,低于江豚声信号峰值频率,且略高于其听觉最灵敏。借助浮子和沉子将声学驱赶仪固定在水下1.5m,施工,点外围500m,各驱赶仪间隔200m。④气泡帷幕技术——通过水中喷射流形成的气液两相流帷幕,阻止施工噪声在水中传播。将耐压软管铺设于水底形成包围圈,管壁凿直径1.5mm的喷气孔,两端分别连接1台空气压缩机,在施工前15min,启动空压机产生稳定气流,形成水下环形气泡帷幕。

(4)声学诱导技术

声学诱导是一项复杂的、用于快速激发动物定向移动行为的声学过程,包括声源、声传播、声接收、动物移动、目标水域确定等。声学诱导一方面是利用声音将江豚从一个水域引导到另一个安全水域,另一方面是通过充足饵料和合适栖息环境将江豚留在安全水域。

对镇江豚类自然保护区鱼类资源调查开展历史文献调查和现场检测,镇江保护区鱼类区系组成和物种多样性分析都表明镇江豚类自然保护区江段鱼类多样性较高,物种均匀度较好,主要优势种种类丰富。鱼类群落组成中5种优势种均为中小型鱼类,而这些鱼类正是江豚的适口性鱼类,表明该水域是江豚栖息育肥的良好场所。但近年来,镇江保护区鱼类资源下降趋势明显。

分别选取了动物在捕食条件下的发声及刚出生的幼豚的声信号作为回放声源。此外,亦可尝试使用江豚应激状态下的低频声信号(作为回放声源)。此外,常在集群和协同活动中发挥重要作用的低频通信讯号或者在应激状态下的低频信号,在对江豚的吸引和改变其行为等方面均有较重要的作用,均可以作为备选的诱导信号源。

4.2.3 施工现场江豚保护

江豚保护工作的重点区域主要在施工现场,做好施工现场的江豚保护工作对于保护江豚意义重大。为此,各标段项目部均成立江豚保护救助领导小组和工作小组,设立江豚保护宣传牌,统一负责并开展施工期间的江豚保护工作。建立健全江豚保护制度,先后编制了《施工期江豚保护专项方案》和《江豚保护及救助专项应急预案》,定期开展江豚救助应急演练,加强监督检查,确保制度的贯彻落实。合理安排施工时间,避开每年4至9月的江豚繁殖期。聘请江豚研究领域专家为项目部江豚保护顾问,接受其相关意见和建议。邀请江豚研究领域专家对现场施工人员进行江豚保护知识的宣传和培训,以提高现场施工人员的江豚保护意识,并掌握江豚保护及受伤急救和环境保护等相关知识。紧密联系江豚保护专业机构,及时获得和提供江豚活动、搁浅受伤、救护信息等。聘请专业人员指导江豚观测,一旦发现江豚出没,视具体情况采取暂停施工或利用船舶噪声善意驱赶,避免意外事故发生,并立即向主管部门报告,保护每一头江豚。工程应用实景见图4.2-3。

4.2.4 豚类保护区生态补偿及修复

在工程可行性研究阶段,鉴于二期工程和畅洲整治工程可能对镇江长江豚类省级自然保护区内的江豚生活产生一定的不利影响,二期工程环境影响报告书中提出了对镇江豚类省级自然保护区进行补偿的意见。根据交通运输部批复的初步设计和工程概算,二期工程计列了长江江豚专项补偿经费。为此,指挥部主动与江苏省海洋与渔业局及镇江长江豚类省级自然保护区管理处沟通协商,确定了镇江长江豚类自然保护区补偿经费。在工程开工之初,指挥部与镇江豚类省级自然保护区管理处签订了江豚补偿协议,共投入3090万元用于江豚救助基地建设、水生生态修复、生态监测和江豚救助及保护宣传四个方面的补偿工作。

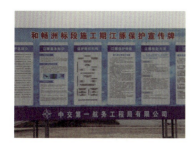

图 4.2-3　江豚现场保护

江豚等水生生物的保护是一项长期的工作,需要长期、多方面筹措资金,并集中管理和统一使用资金,以提高资金的使用效率。根据江苏省人民政府批准实施的《江苏省长江江豚保护行动计划(2016—2025年)》,江苏省将开展水生态环境及江豚等水生生物调查,建设江豚等水生动物监视救护站,推动长江捕捞渔民整体退渔,推进江豚迁地保护规划和建设,建立江豚保护专项基金,加大江豚人工繁育技术攻关力度,有效遏制资源的过度开发和利用。指挥部积极配合江苏省人民政府实施江豚保护行动计划,并按照环境影响报告书及环评批复要求,计列了江豚保护专项基金2000万元,用于江苏省长江江豚保护的长期资金来源。

第5章 生态环境保护措施

5.1 鱼类繁殖停工期设置

为最大限度地减少工程可能对周边水域水生生物造成的影响,更好地养护水生生物资源,保护水域生态环境,建设单位严格按照工程环境影响报告书及其批复要求合理安排工程施工时间,设置了停工期(图5.1-1)。其中,和畅洲水道护岸、潜坝施工避开每年4至9月的江豚繁殖期,其他涉水工程施工避开4至7月的鱼类繁殖期和仔幼鱼发育期、10至11月中华绒螯蟹成蟹洄游高峰期。通过停工期制度,有效地保证了水生生物的正常生长或繁殖,进一步减缓了工程施工对周边水域水生生物的影响。

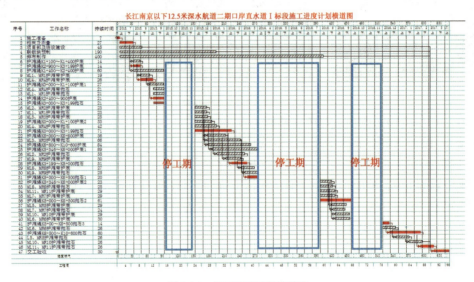

图5.1-1 施工进度计划横道图

5.2 工程建设期环境管理

二期工程环境保护工作十分艰巨,从工程立项、建设到竣工验收,涉及环境影响评价、环境保护、生态环境保护、环境风险防范等多项工作,为全面做好各项环境保护工作,指挥部对工程环境保护工作进行了全过程管理。

5.2.1 环境保护工作管理组织机构

根据工程各参建单位特性,指挥部建立了工程环境保护工作管理组织机构(图5.2-1),明确了各机构成员的主要环境保护职能(表 5.2-1)。其中,工程环境保护主管单位为环境保护部华东环境保护督查中心(现生态环境部华东督察局)和江苏省环境保护厅(现江苏省生态环境厅),环境保护工作管理主体为长江南京以下深水航道建设工程指挥部,环境保护措施指导落实单位为竣工环境保护验收技术服务单位,环境保护措施监督及协助落实单位为环境监理单位,环境保护管理对象为施工单位、环境保护监测单位、生态补偿及修复单位、生态效果评估单位及环境保护科研课题单位。

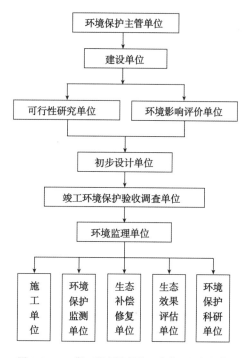

图 5.2-1 二期工程环境保护工作管理组织机构

工程环境保护工作管理组织机构成员及主要职能 表 5.2-1

机构成员	主要环境保护职能
环境保护主管单位	工程"三同时"监督检查及工程竣工环境保护验收
建设单位	全过程环境保护工作管理
可行性研究单位	编制可行性研究报告,并确保环境保护篇章质量
环境影响评价单位	编制环境影响报告书,提出合理性环境保护措施
初步设计单位	设计文件响应环境影响报告书及批复提出的各项环境保护措施要求
竣工环境保护验收调查单位	全过程环境保护措施指导落实
环境监理单位	全过程环境保护措施监督及协助落实
施工单位	落实环境影响报告书及批复提出的各项环境保护措施要求
环境保护监测单位	落实环境影响报告书及其批复提出的环境保护监测要求
生态补偿与修复单位	落实环境影响报告书及批复提出的生态补偿及修复要求
生态效果评估单位	开展生态效果评估工作,评价工程生态补偿及修复措施生态效果
环境保护科研课题单位	开展环境保护科研工作,转化环保科研成果指导工程环境保护工作

5.2.2 环境保护工作管理目标

（一）统筹兼顾、坚守红线

在工可阶段，加强环境管理，从源头分析工程建设对环境的影响，提出合理的环境保护要求，以此最大限度降低工程对环境的影响。与此同时，努力协调工程建设与生态保护红线、环境质量底线、资源利用上线等的关系，确保工程建设符合国家生态航道建设规划。

（二）批设相符、环保先行

在初步设计阶段，提前谋划环保准备工作，重视设计文件对环评及批复要求的响应，关注设计变动，对照环保部门发布的建设项目重大变动清单，完善相关工程变化可能造成的环境影响，依法开展环境保护措施实施单位的招投标工作。

（三）规范管理、有序落实

在施工阶段，制定并下发《长江南京以下深水航道二期工程环境管理办法》，紧密围绕环评及批复要求落实施工期环境保护措施和环保"三同时"制度，按照环评、批复及合同，督促各参建单位落实环保职责。在施工过程中，建立环保档案规范化管理制度，全面做好环保工作影像及档案材料的保存工作，力求涉及环保内容可溯源。在施工过程中，总结前期环保管理工作经验，编制《长江南京以下 12.5 米深水航道二期工程环境保护工作管理手册》，进一步规范环境保护工作程序，形成一套成体系的环境保护管理工作模式，为国内其他内河航道整治工程环境保护管理工作提供借鉴和参考（图 5.2-2）。

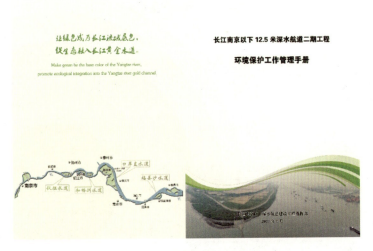

图 5.2-2　二期工程环境保护工作管理手册

（四）长效监控、风险防范

在工程建设全过程，实施环境监测、水生态监测、江豚监测、生态工程效果监测、增殖放流效果监测、生态浮岛与人工鱼巢效果监测等，紧密跟踪、评估工程环保保护措施效果实施情况，并完善相应措施。制定环境风险防范预案并反复演变,督促检查各项目部措施落实情况,避免工程出现污染事故、污染纠纷。

5.2.3 全工程环境保护

(一)强化监测,实时跟踪

鉴于工程涉及环境敏感区密集,生态保护要求高,为实时掌握工程建设可能对周边生态环境造成的影响,先后在施工阶段和试运行及验收阶段开展了环境监测和水生态监测工作。

(二)环境监测

工程环评阶段,委托上海中特检测技术有限公司开展了工程河段环境本底监测,共布设14个水质监测断面、4个环境空气监测点、12个声环境监测点及13个航道底泥监测点,对工程建设前工程河段的水环境、环境空气、声环境和底质环境进行了全面监测,获得了工程实施前的环境本底数据。工程施工及试运行阶段,委托交通运输部长江航务管理局环境监测中心站开展了施工期及试运行期环境现状监测,监测点位布设基本与环评阶段保持一致,以便于将工程施工期、试运行期的环境状况和环评时期对比。共布设19个水环境监测断面、8个水源保护区监测点、6个抛泥区水环境监测断面、4个环境空气监测点、8个声环境监测点、15个航道底泥监测点,对工程施工过程的环境影响进行了系统监测,全面评估了工程建设对工程河段环境的影响(图5.2-3)。

a)水环境监测

b)声环境监测

c)环境空气监测

d)航道底泥监测

图 5.2-3 环境监测工作照片

（三）水生态监测

工程环评阶段，先后委托中国水产科学研究院东海水产研究所和中国水产科学研究院淡水渔业研究中心开展了工程河段水生态本底调查，其中，中国水产科学研究院东海水产研究所共布设45个水生生物监测点、17个渔业资源监测点，中国水产科学研究院淡水渔业研究中心共布设74个水生生物监测点、6个渔业资源监测点，获得了工程实施前的水生态本底数据。工程施工及试运行阶段，同步委托交通运输部长江航务管理局环境监测中心站和中国水产科学研究院淡水渔业研究中心开展了施工期及试运行期水生态现状调查，调查点位布设基本与环评阶段保持一致，以便于将工程施工期、试运行期的水生态情况和环评时期对比。其中，交通运输部长江航务管理局环境监测中心站共布设了45个水生生物监测点、17个渔业资源监测点，中国水产科学研究院淡水渔业研究中心共布设80个水生生物监测点、10个渔业资源监测点，全面评估了工程建设对工程河段水生态的影响（图5.2-4）。

a) 浮游植物调查

b) 浮游动物调查

c) 底栖动物调查

d) 鱼类资源调查

图5.2-4　生态监测工作照片

（四）完善制度，落实措施

航道整治工程环境保护工作重点区域主要在施工现场，为做好施工现场环境保护工作，指挥部率先在内河航道整治工程项目中引入环境监理制度，并首次为水生生物保护设置了停工期，与此同时，积极开展工程环境风险事故防范及环保档案的规范化管理等工作，切实做到零污染、零排放。

（1）环境监理

在工程前期阶段，率先在国内内河航道整治工程项目中引入环境监理制度，对工程初步设计、施工图组织设计的工程内容进行全面复核。在施工开始前,环境监理单位编制了工程环境监理方案并报送建设单位,经专家评审通过后开始实施。在施工过程中,环境监理单位在每个项目部配备1名环境监理人员进行驻场服务,协助项目部制定施工现场环境保护方案和制度,督促施工人员切实落实各项环境保护措施,并定期以月报、季报和年报的形式将施工现场环境保护措施落实情况报送建设单位和竣工环境保护验收调查单位。建设单位定期对环境监理工作情况及施工现场环境保护措施落实情况进行检查,并针对存在的问题及时要求项目部进行整改。在施工结束后,环境监理单位对工程各项环境保护措施落实情况进行全面梳理,并对涉及环境保护相关文件和影像资料进行收集和整理,确保工程建设过程中各项环境保护措施的全面落实和环境保护资料的完整性和可溯源(图5.2-5)。

a)环境监理制度上墙　　b)环境监理驻场办公　　c)环境监理技术交底

d)环境监理现场巡查　　e)环境监理旁站　　f)环境监理环保档案归档

图5.2-5　环境监理工作照片

(2)风险防范

为了进一步健全工程环境风险事故应急机制,有效预防、及时控制和消除环境风险事故的危害,建设单位联合各环保参建单位共同组建了环境事故风险应急组织机构,制定了工程环境事故风险应急预案,并积极与地方政府、海事部门、水厂管理部门、水生生物保护区等相关部门的应急预案做好衔接,每年开展应急演练。与此同时,各环保参建单位也分别成立了应急中心,制定了相应的环境事故风险应急预案,并配备必要的应急设备和器材,每年开展应急演练。全工程已开展环境事故应急演练12次,桌面推演5次,通过演练加强了各环保参建单位的联动能力,提高了应急救援水平,工程施工水域均未发生突发性环境事故(图5.2-6)。

(五)环保档案规范化管理

指挥部建立了二期工程环保档案规范化管理制度,该制度从环境管理制度汇编、施工单位日常环保工作细则和环保台账三个方面,对各个方面涵盖的环保资料及档案名称进行了细化,并对其具体内容和归档方式进行了要求,通过定期检查和整改,督促各项目部按照档案管理目录将所有资料装订成册,归档备查,并提供电子档,确保环保工作影像、档案材料完备和涉及环保内容可溯源(图5.2-7)。

图5.2-6　环境风险应急防范

图5.2-7　环保档案规范化管理

5.3 生态补偿措施

二期工程在前期环保研究工作的基础上,指挥部联合江苏省海洋与渔业局,按照沿线各生态保护区、渔业管理的特点,统筹协调,制定了《二期工程生态修复与补偿实施方案》,并密切联系各保护区,要求各保护区成立落实补偿工作专班,编制详细的补偿措施专项实施方案,加强对各项补偿措施的落实及补偿资金使用情况的监管。同时,结合工程实施,组织培训教育、增殖放流等活动,加强对外宣传,打造精品亮点,实现建设与保护的协调发展。各保护区认真按照环保批复精神及补偿协议内容,制定了详细的实施方案并报省级主管部门审查、审批。实施过程中,各保护区按照实施方案开展了补偿、补救工作,共同确保了二期工程涉及保护区补偿、补救措施的有效落实(图5.3-1~图5.3-3)。

图 5.3-1 增殖放流

图 5.3-2 底栖动物投放

5.3.1 水生生态恢复措施

水生生态环境改造与修复措施实施过程中,由于长江南京以下江段水域资源紧张,综合考虑河流水文、风浪、通航环境等因素,适宜实施水生生态环境修复措施的地方有限;基于以上现实情况,建设单位协调镇江豚类保护区管理处、靖江市农业委员会、如皋市渔政监督大队等单位,在适宜的地方开展了水生生态环境改造与修复工作。与环评相比,实际位置、规模均进行了调整;实施位置为和畅洲、落成洲、福姜沙北岸如皋水产种质资源保护区、靖江水产种质资源保护区东北侧共4处;共建设人工鱼巢10.25万 m²、人工鱼礁3.5万 m²、生态浮岛101亩❶,投入底栖动物585t,栽种挺水植物1050亩。全河段水生生态恢复措施见表5.3-1。

图5.3-3 挺水植物栽种

全河段(含豚类保护区、种质资源保护区)水生生态恢复措施　　　表5.3-1

类　别	单　位	镇江保护区 (和畅洲)	落 成 洲	如皋保护区 (福姜沙)	靖江保护区 (福姜沙)	合　　计
人工鱼巢建设	m²	500		40000	60000	102500
生态浮岛	亩	1		40	60	101
底栖动物投放	t	135	150		300	585
栽培挺水植物	亩	500	50		500	1050
人工鱼礁	m²				35000	35000

5.3.2 增殖放流措施

本工程增殖放流工作由江苏省海洋与渔业主管部门统筹考虑与安排,由沿江各市渔政支队承担实施,根据长期以来增殖放流经验,对放流鱼种、规格、数量等进行了适当调整,成功完成了增殖放流工作。

全部江段共放流4178.1541万尾(万只)渔业生物及300吨环棱螺(表5.3-2)。放流物种为暗纹东方鲀、胭脂鱼、长吻鮠、黄颡鱼、翘嘴红鲌、细鳞斜颌鲴、中华绒螯蟹、四大家鱼、鳜鱼、鲫鱼、刀鲚、鳊鱼等。因价格调整、鱼苗的成活率以及方案的可实施性等原因,放流鱼苗数量及放流地点根据实际情况进行了调整,涵盖了镇江豚类自然保护区、4处国家级水产种质资源保护区,及长江南京、张家港、泰州、江阴段、常州江段,新增了长江扬中暗纹东方鲀刀鲚国家级水产种质资源保护区内增殖放流。

---

❶ 1亩 = 666.67m²。

全江段增殖放流情况对比　　表 5.3-2

序 号	种 类	实际数量（万尾或万只）	
		水产种质资源保护区	工程其他江段（含镇江豚类保护区）
1	暗纹东方鲀	62.6742	5.3708
2	胭脂鱼	6.6	0.0653
3	长吻鮠		22.6182
4	黄颡鱼		26
5	翘嘴红鲌	132	20.1848
6	细鳞斜颌鲴	100	21.3
7	中华绒螯蟹	320.625	169.1645
8	四大家鱼	2062.9901	1123.2768
9	鳜	80	
10	鲫		7.6832
11	刀鲚	4.5212	
12	鳊	1.2	11.88
13	环棱螺	300t	
	小计	2770.6105 万尾 +300t	1407.5436
	合计	4178.1541 万尾 +300t	

工程其他江段（含豚类保护区）的增殖放流情况详见表 5.3-3。合计放流鳊鱼 11.88 万尾、鲢鱼 452.1223 万尾、鳙鱼 323.6794 万尾、草鱼 216.0808 万尾、中华绒螯蟹 169.1645 万尾、青鱼 131.3943 万尾、长吻鮠 22.6182 万尾、黄尾鲴 26 万尾、细鳞鲴 21.3 万尾、暗纹东方鲀 5.3708 万尾、鲫鱼 7.6832 万尾、翘嘴鲌 20.1848 万尾、胭脂鱼 0.0653 万尾，总数量为 1407.5436 万尾（万只）。

工程其他江段（不含水产种质资源保护区）增殖放流情况表　　表 5.3-3

影响河段	放流时间	放流地点	放流品种	规 格	放流数量（万尾或万只）
南京江段	2016 年 11 月 23 日至 12 月 2 日	江宁区新济洲湿地码头	鳊鱼	12 尾/kg	11.88
			鲢鱼	10 尾/kg	55.7
			鳙鱼	11 尾/kg	21.12
			草鱼	11 尾/kg	9.57
	2017 年 1 月 12 日	江宁区新济洲湿地码头	中华绒螯蟹	186 只/kg	37.5
泰州江段	2016 年 11 月 15 日	高港龙窝渔港	草鱼	100g/尾	27.4165
			鳙鱼		32.8845
			鲢鱼		43.1285
			青鱼		12.6057
	2017 年 3 月 2 日	高港龙窝渔港	草鱼	100g/尾	1.559
			鳙鱼		6.28

续上表

影响河段	放流时间	放流地点	放流品种	规 格	放流数量（万尾或万只）
泰州江段	2017年3月2日	高港龙窝渔港	鲢鱼		12.7085
			青鱼		1.5685
	2017年12月8日	高港龙窝渔港	草鱼	100g/尾	20.7325
		凤城河	鳙鱼		21.3015
			鲢鱼		36.836
			青鱼		10.983
常州江段	2017年6月25日	常州江段（长江录安洲防汛基地）	长吻鮠	12尾/kg	3.58
			黄尾鲴	16尾/kg	1.2
	2017年10月26日		长吻鮠	12.4g/尾	18.97
			黄尾鲴	10.9g/尾	24.8
			细鳞鲴	9.1g/尾	21.3
长江江阴江段	2016年10月20日	江阴申港	暗纹东方鲀	61.7g/尾	5.3708
	2016年12月22日	江阴黄田港	鳙鱼	100g/尾	12.5064
		江阴黄田港	鲢鱼	151.85g/尾	15.7497
	2017年12月13日	江阴黄田港	鳙鱼	100g/尾	12.7466
		江阴黄田港	鲢鱼	124.53g/尾	14.4045
张家港江段	2016年12月3日	张家港市太字圩港至七圩港长江水域	鲢鱼	102g/尾	14.8684
		张家港市太字圩港至七圩港长江水域	鳙鱼	101g/尾	10.1625
		张家港市太字圩港至七圩港长江水域	鲫鱼	103g/尾	5.6275
		张家港市太字圩港至七圩港长江水域	翘嘴鲌	7.35cm/尾	13.8913
	2017年3月18日	张家港市太字圩港至七圩港长江水域	鲢鱼	100.94g/尾	11.4532
		张家港市太字圩港至七圩港长江水域	鳙鱼	107.19g/尾	7.5285
		张家港市太字圩港至七圩港长江水域	鲫鱼	92.75g/尾	2.0557
		张家港市太字圩港至七圩港长江水域	翘嘴鲌	8.35cm/尾	6.2935
		张家港市太字圩港至七圩港长江水域	中华绒螯蟹	13.9g/只	12.4845

续上表

影响河段	放流时间	放流地点	放流品种	规　格	放流数量（万尾或万只）
镇江江段	2016年11月11日、12日	镇扬汽渡	青鱼	6~8cm	76.58
			草鱼		116.71
			鲢鱼		195
			鳙鱼		153.24
			中华绒螯蟹	80~100只/斤	36.18
	2017年4月28日	镇江港务集团集装箱码头	青鱼	50~150g/尾	1.7105
			草鱼		16.2299
			鲢鱼		21.0363
			鳙鱼		18.6231
			中华绒螯蟹	80~100只/斤	33
			胭脂鱼	0.65斤/尾	0.0653
			长吻鮠	1.17斤/尾	0.0682
	2017年11月14日	镇江港务集团集装箱码头	青鱼	50~150g/尾	27.9466
			草鱼		23.8629
			鲢鱼		31.2372
			鳙鱼		27.2863
			中华绒螯蟹	80~100只/斤	50
	各江段合计		鳊鱼	12尾/kg	11.88
			鲢鱼	10尾/kg、151.85g/尾、124.53g/尾、102g/尾、100.94g/尾、6~8cm、50~150g/尾	452.1223
			鳙鱼	11尾/kg、100g/尾、101g/尾、107.19g/尾、6~8cm、50~150g/尾	323.6794
			草鱼	11尾/kg、100g/尾、6~8cm、50~150g/尾	216.0808
			中华绒螯蟹	186只/kg、13.9g/只、80~100只/斤	169.1645
			青鱼	6~8cm、50~150g/尾	131.3943
			长吻鮠	12、12.4、1.17斤/尾	22.6182
			黄尾鲴	16、10.9g/尾	26
			细鳞鲴	9.1g/尾	21.3
			暗纹东方鲀	61.7g/尾	5.3708
			鲫鱼	103g/尾	7.6832
			翘嘴鲌	7.35cm/尾、8.35cm/尾	20.1848
			胭脂鱼	0.65斤/尾	0.0653
			合计1407.5436万尾(万只)		

第6章 生态效果监测及分析

6.1 工程前后生态环境监测及分析

6.1.1 水环境

交通运输部长江航务管理局环境监测中心站于2015—2018年对工程施工断面附近水环境质量进行了连续监测。试运行期于2018年5月、2018年6月进行了2个月连续监测。

（一）施工期监测点位、因子、频次

（1）监测点位：在福姜沙水道、口岸直水道、和畅洲水道和仪征水道共布设19个水环境监测断面（表6.1-1和图6.1-1～图6.1-5）。

施工期工程断面水环境监测断面 表6.1-1

监测河段	断面编号	采样点设置	断面位置
仪征水道世业洲水道	W1	每条监测断面左（距离岸50m）、中、右（距离右岸50m）各设1条垂线，在每条垂线表层及底层各设1个采样点，表、底层水样分别测定	世业洲洲头鱼骨坝施工水域（上游侧）
	W2		世业洲左汊潜堤施工水域
	W3		世业洲右汊丁坝施工水域（下游侧）
和畅洲水道	W4		左汊潜坝g施工水域（上游侧）
	W5		左汊潜坝d施工水域（下游侧）
	W6		右汊进口切滩工程施工水域
	W7		右汊上游疏浚施工水域
	W8		右汊下游疏浚施工水域
口岸直水道	W9		落成洲左汊疏浚工程施工水域（亨达取水口上游）
	W10		落成洲左汊丁坝施工水域（下游侧）
	W11		落成洲头部鱼骨坝施工水域（上游侧）
	W12		落成洲右汊潜坝施工水域
	W13		鳗鱼沙施工水域（泰州长江大桥下游1000m）
	W14		鳗鱼沙施工水域（东兴港断面）
	W15		鳗鱼沙施工水域（下游侧）
福姜沙水道	W16		福姜沙头部丁坝施工水域（上游侧）
	W17		福姜沙左汊施工水域（双山水厂取水口上游）
	W18		双涧沙头部施工水域
	W19		双涧沙尾部施工水域（下游侧）

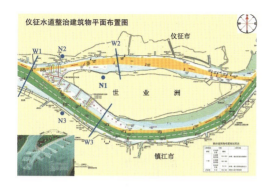

图 6.1-1　施工期仪征水道环境监测位点分布图

图 6.1-2　施工期和畅洲水道环境监测位点分布图

图 6.1-3　施工期口岸直水道(落成洲)环境监测位点分布图

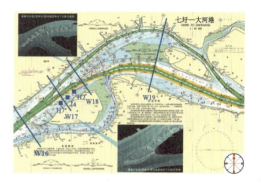

图 6.1-4　施工期福姜沙水道环境监测点位分布图

图 6.1-5　施工期口岸直水道(鳗鱼沙)环境监测点位分布图

(2) 监测因子:高锰酸盐指数(COD_{Mn})、悬浮物(SS)、石油类。

(3) 监测时段和频次:整治建筑物主体工程施工期 2015 年 8 月—2017 年 6 月,3 测次/月,每测次包含涨落潮和表底层各 1 次。

（二）试运行期监测点位、因子、频次

（1）监测点位

在福姜沙水道、口岸直水道、和畅洲水道和仪征水道共布设19个水环境监测断面，与施工期一致（表6.1-1和图6.1-6~图6.1-10）。

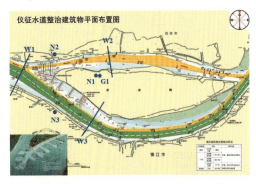

图6.1-6　试运行期仪征水道环境监测位点分布图

图6.1-7　试运行期和畅洲水道环境监测位点分布图

图6.1-8　试运行期口岸直水道（落成洲）环境监测位点分布图

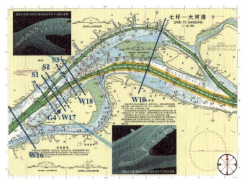

图6.1-9　试运行期福姜沙水道环境监测点位分布图

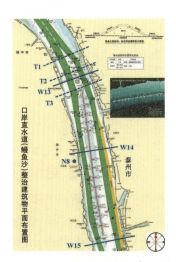

图6.1-10　试运行期口岸直水道（鳗鱼沙）环境监测点位分布图

(2)监测因子

水温、pH、溶解氧(DO)、五日生化需氧量(BOD_5)、高锰酸盐指数(COD_{Mn})、氨氮(NH_3-N)、总磷(TP)、石油类、悬浮物(SS)。

(3)监测时段和频次

工程试运行期2018年5月、2018年6月共监测2次,每次包含涨、落潮各1次。

(三)监测结果

1)仪征水道

(1)高锰酸盐指数

仪征水道施工区上游断面W1、施工区断面W2、施工区下游断面W3的COD_{Mn}数据波动范围为1.0~3.3mg/L,均满足《地表水环境质量标准》(GB 3838—2002)Ⅱ类标准限值要求(表6.1-2)。各断面COD_{Mn}的月平均值在1.3~2.5mg/L之间波动,其中2016年12月各断面COD_{Mn}平均值最大,2017年2月平均值最小(图6.1-11)。

仪征水道COD_{Mn}月度监测数据一览表(mg/L)　　　　表6.1-2

监测时间	W1		W2		W3	
	数值	平均值	数值	平均值	数值	平均值
201508	1.5~2.5	1.8	1.4~2.2	1.7	1.7~2.1	1.9
201509	1.1~1.9	1.4	1.1~1.6	1.4	1.1~1.6	1.4
201510	1.2~1.9	1.5	1.2~1.9	1.4	1.1~1.9	1.5
201511	1.7~2.2	2.0	1.7~2.2	1.9	1.7~2.1	1.9
201512	2.1~2.7	2.3	2.1~2.7	2.4	2.1~2.7	2.4
201601	2.1~2.8	2.4	2.0~2.8	2.4	2.0~2.8	2.4
201602	1.7~2.3	1.9	1.6~2.1	1.8	1.7~1.9	1.7
201603	1.7~2.4	2.1	1.7~2.5	2.1	1.7~2.5	2.1
201604	1.7~2.4	2.1	1.7~2.5	2.1	1.7~2.5	2.1
201605	1.4~2.5	2.0	1.4~2.4	2.0	1.4~2.5	2.0
201606	1.7~2.4	2.1	1.7~2.5	2.1	1.7~2.5	2.1
201608	1.7~2.4	2.1	1.1~2.6	2.1	1.7~2.5	2.1
201609	1.7~2.4	2.1	1.7~2.5	2.1	1.7~2.5	2.1
201610	1.7~2.4	2.1	1.8~2.4	2.1	1.7~2.4	2.1
201611	1.0~3.0	2.1	1.1~3.0	2.1	1.0~3.0	2.0
201612	2.1~3.0	2.5	2.1~3.1	2.5	2.1~3.3	2.4
201701	1.4~1.9	1.7	1.5~2.1	1.8	1.5~2.0	1.8
201702	1.1~1.6	1.3	1.1~1.6	1.3	1.1~1.4	1.3
201703	1.5~2.8	2.2	1.5~2.8	2.2	1.5~2.8	2.2
201704	1.6~2.8	2.1	1.6~2.8	2.1	1.5~2.8	2.2
201705	1.6~2.6	2.2	1.6~2.7	2.1	1.6~2.7	2.2
201706	1.6~2.7	2.2	1.6~2.7	2.1	1.6~2.7	2.1
201805	1.4~1.7	1.5	1.5~1.9	1.7	1.7~1.9	1.8
201806	1.4~1.7	1.5	1.5~1.9	1.7	1.7~1.9	1.7
标准值	≤4mg/L					

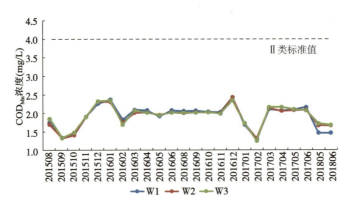

图 6.1-11 仪征水道各断面 COD_{Mn} 月度数据变化图

(2)悬浮物

仪征水道施工区上游断面 W1、施工区断面 W2、施工区下游断面 W3 的 SS 总体波动范围为 4~82mg/L,波动范围大(表 6.1-3、图 6.1-12)。上游断面 SS 的月平均值在 9~53mg/L 之间波动,2016 年 10 月最大、2017 年 2 月最小;施工断面 SS 的月均值在 10~56mg/L 之间波动,2016 年 6 月和 10 月最大、2017 年 2 月最小;下游断面 SS 的月均值在 9~56mg/L 之间波动,2016 年 6 月最大、2017 年 2 月最小;各断面的波动幅度和月均值接近,差异不明显。同时期来看,施工区上游、施工区域、施工区下游三个断面的 SS 数据差别不大,说明 SS 数值偏高主要受上游来水泥沙条件影响,施工对水中 SS 含量影响不大。

仪征水道 SS 月度监测数据一览表(mg/L)　　　　表 6.1-3

监测时间	W1		W2		W3	
	数值	平均值	数值	平均值	数值	平均值
201508	23~47	34	21~55	32	23~49	36
201509	30~52	42	36~48	42	36~55	45
201510	33~64	45	34~65	47	31~56	44
201511	37~53	44	32~54	45	36~52	45
201512	22~62	41	34~64	47	20~60	43
201601	25~59	43	27~59	42	26~59	43
201602	12~20	16	12~22	17	15~24	19
201603	23~42	31	15~43	33	19~44	31
201604	21~34	28	21~34	27	21~34	28
201605	11~38	24	14~37	26	10~33	23
201606	30~76	52	31~74	56	31~76	56
201608	4~36	21	5~36	22	5~36	21
201609	12~25	17	9~22	16	15~24	19
201610	30~74	53	31~82	56	31~82	53

续上表

监测时间	W1		W2		W3	
	数值	平均值	数值	平均值	数值	平均值
201611	20~45	31	20~45	31	20~45	32
201612	16~39	24	14~35	23	14~38	24
201701	15~30	21	18~33	24	12~34	23
201702	4~15	9	4~17	10	4~17	9
201703	10~30	20	13~29	22	10~29	21
201704	12~30	21	13~28	21	12~30	21
201705	12~28	21	12~30	22	12~28	21
201706	12~30	22	12~30	21	12~30	21
201805	15~21	18	15~21	18	14~20	18
201806	12~17	14	16~22	19	16~24	20

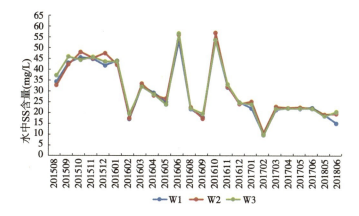

图6.1-12 仪征水道各断面SS月度数据变化图

（3）石油类

仪征水道施工区上游断面W1、施工区断面W2、施工区下游断面W3的石油类数据波动范围为0.01~0.05mg/L，均满足《地表水环境质量标准》（GB 3838—2002）Ⅱ类标准限值要求；各断面石油类的月平均值在0.01~0.03mg/L之间波动，其中2015年10月、11月、12月三个月石油类数值低于检出限（表6.1-4、图6.1-13）。

仪征水道石油类月度监测数据一览表（mg/L）　　表6.1-4

监测时间	W1		W2		W3	
	数值	平均值	数值	平均值	数值	平均值
201508	0.01~0.05	0.03	0.01~0.05	0.02	0.01~0.05	0.03
201509	0.02~0.04	0.03	0.03~0.04	0.03	0.02~0.04	0.03
201510	0.01L	0.01L	0.01L	0.01L	0.01L	0.01L
201511	0.01L	0.01L	0.01L	0.01L	0.01L	0.01L

续上表

监测时间	W1		W2		W3	
	数值	平均值	数值	平均值	数值	平均值
201512	0.01L	0.01L	0.01L	0.01L	0.01L	0.01L
201601	0.01	0.01	0.01	0.01	0.01	0.01
201602	0.01	0.01	0.01	0.01	0.01	0.01
201603	0.01	0.01	0.01	0.01	0.01	0.01
201604	0.01	0.01	0.01	0.01	0.01	0.01
201605	0.02~0.03	0.03	0.02~0.03	0.02	0.02~0.03	0.03
201606	0.01~0.03	0.02	0.01~0.03	0.02	0.01~0.03	0.02
201608	0.01~0.03	0.02	0.01~0.03	0.02	0.01~0.03	0.02
201609	0.01~0.03	0.02	0.01~0.03	0.02	0.01~0.03	0.02
201610	0.01~0.03	0.02	0.01~0.02	0.02	0.01~0.03	0.02
201611	0.01~0.03	0.02	0.01~0.03	0.02	0.01~0.03	0.02
201612	0.02	0.01	0.02	0.01	0.01~0.04	0.02
201701	0.02	0.01	0.01~0.02	0.01	0.01	0.01
201702	0.01~0.04	0.02	0.01~0.04	0.02	0.01~0.03	0.02
201703	0.01~0.03	0.02	0.01~0.03	0.02	0.01~0.03	0.02
201704	0.01~0.03	0.01	0.01~0.02	0.02	0.01~0.03	0.02
201705	0.01~0.03	0.02	0.01~0.02	0.02	0.01~0.03	0.02
201706	0.01~0.03	0.02	0.01~0.02	0.02	0.01~0.03	0.02
201805	0.01~0.02	0.02	0.01~0.02	0.02	0.01~0.03	0.02
201806	0.01~0.02	0.02	0.01~0.02	0.02	0.01~0.03	0.01
标准值	≤0.05mg/L					

注:"0.01L"表示数值低于检出限。

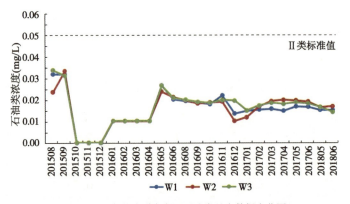

图 6.1-13　仪征水道各断面石油类月度数据变化图

2）和畅洲水道

（1）高锰酸盐指数

和畅洲水道施工区上游断面 W4、施工区下游断面 W5、施工水域断面 W6、W7、W8 的 COD_{Mn} 数据波动范围为 1.0~3.1mg/L，均未超过 Ⅱ 类标准值 4mg/L（表 6.1-5）。各断面 COD_{Mn} 的月平均值在 1.3~2.4mg/L 之间波动，分别在 2016 年 12 月 COD_{Mn} 月平均值最大，2017 年 2 月 COD_{Mn} 月平均值最小（图 6.1-14）。

和畅洲水道 COD_{Mn} 月度监测数据一览表（mg/L）　　表 6.1-5

监测月份	W4		W5		W6		W7		W8	
	数值	平均值	数值	平均值	数值	平均值	数值	平均值	数值	平均值
201508	1.5~1.8	1.7	1.4~2.2	1.9	1.7~2.3	2.0	1.4~1.7	1.6	1.3~2.6	1.7
201509	1.1~1.5	1.3	1.1~1.5	1.3	1.1~1.6	1.3	1.2~1.7	1.4	1.2~1.5	1.3
201510	1.2~1.9	1.5	1.2~1.9	1.6	1.2~1.7	1.4	1.2~1.7	1.4	1.2~1.8	1.5
201511	1.7~2.1	1.9	1.8~2.8	2.0	1.8~2.1	2.0	1.6~2.1	1.9	1.7~2.0	1.8
201512	1.9~2.5	2.2	2.1~2.6	2.3	1.8~2.9	2.3	1.9~2.6	2.3	1.8~2.5	2.2
201601	2.0~2.8	2.4	2.1~2.8	2.5	2.0~2.7	2.4	2.0~2.8	2.4	2.0~2.8	2.4
201602	1.7~1.9	1.8	1.7~1.9	1.8	1.6~1.9	1.8	1.6~1.8	1.7	1.7~1.9	1.7
201603	1.7~2.5	2.1	1.7~2.5	2.1	1.7~2.5	2.1	1.7~2.5	2.1	1.8~2.5	2.2
201604	1.7~2.5	2.1	1.7~2.5	2.2	1.7~2.4	2.1	1.7~2.5	2.1	1.8~2.5	2.1
201605	1.4~2.5	2.0	1.4~2.3	1.9	1.6~2.5	2.0	1.6~2.5	2.0	1.5~2.5	2.0
201606	1.7~2.5	2.1	1.7~2.5	2.2	1.7~2.4	2.1	1.7~2.5	2.1	1.8~2.5	2.1
201608	1.7~2.5	2.1	1.7~2.5	2.2	1.2~2.5	2.1	1.7~2.5	2.1	1.8~2.5	2.1
201609	1.7~2.5	2.1	1.7~2.5	2.2	1.7~2.4	2.1	1.7~2.5	2.1	1.8~2.5	2.1
201610	1.7~2.4	2.0	1.8~2.4	2.1	1.7~2.4	2.1	1.7~2.4	2.1	1.7~2.4	2.0
201611	1.0~3.0	2.2	1.0~3.0	2.1	1.0~2.9	2.0	1.0~3.0	1.9	1.0~3.0	2.0
201612	2.1~3.1	2.5	2.0~3.1	2.4	2.0~3.1	2.5	1.8~3.0	2.4	1.8~2.9	2.3
201701	1.5~2.1	1.8	1.5~2.0	1.7	1.5~2.0	1.8	1.6~2.1	1.8	1.5~2.1	1.8
201702	1.0~1.4	1.3	1.1~1.6	1.3	1.0~1.5	1.2	1.2~1.5	1.4	1.1~1.5	1.3
201703	1.5~2.8	2.2	1.6~2.8	2.2	1.5~2.8	2.2	1.6~2.8	2.2	1.5~2.8	2.3
201704	1.5~2.8	2.2	1.5~2.8	2.1	1.6~2.7	2.2	1.5~2.8	2.2	1.5~2.8	2.2
201705	1.7~2.5	2.1	1.6~2.7	2.1	1.6~2.7	2.1	1.6~2.6	2.1	1.6~2.7	2.1
201706	1.7~2.7	2.1	1.6~2.7	2.1	1.7~2.7	2.1	1.6~2.6	2.1	1.6~2.7	2.0
201805	1.7~1.9	1.8	1.6~2.8	1.7	1.5~1.7	1.6	1.6~1.8	1.7	1.6~1.8	1.7
201806	1.7~1.8	1.8	1.5~1.7	1.7	1.6~1.7	1.6	1.5~1.7	1.6	1.6~1.7	1.7
标准值	≤4mg/L									

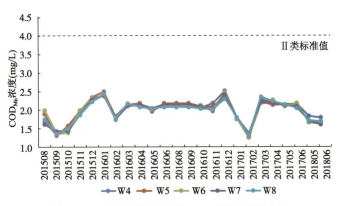

图 6.1-14 和畅洲水道各断面 COD_{Mn} 月度数据变化图

(2)悬浮物

和畅洲水道施工区上游断面 W4、施工区下游断面 W5、施工水域断面 W6、W7、W8 的 SS 总体波动范围为 4~87mg/L,波动范围大(表 6.1-6、图 6.1-15)。上游断面 SS 的月平均值在 8~56mg/L 之间波动,2016 年 6 月最大、2017 年 2 月最小;施工断面 SS 的月均值在 7~59mg/L 之间波动,2019 年 9 月 W8 断面的 SS 最大、2017 年 2 月 W6 断面的 SS 最小;下游断面 SS 的月均值在 8~57mg/L 之间波动,2016 年 10 月最大、2017 年 2 月最小。同时期来看,施工区上游、施工区域、施工区下游三个断面的 SS 数据差别不大,说明 SS 数值偏高主要受上游来水泥沙条件影响,施工对水中 SS 含量影响不大。

和畅洲水道 SS 月度监测数据一览表(mg/L)　　　　表 6.1-6

监测月份	W4		W5		W6		W7		W8	
	数值	平均值	数值	平均值	数值	平均值	数值	平均值	数值	平均值
201508	23~46	32	18~48	28	20~42	30	10~47	29	17~41	28
201509	42~72	54	35~61	47	48~84	57	40~84	56	40~87	59
201510	22~59	43	34~62	45	39~55	47	31~54	44	31~52	40
201511	38~57	45	37~54	45	38~54	47	37~54	45	39~57	46
201512	29~63	45	27~60	41	19~68	38	21~55	43	20~56	43
201601	26~58	42	26~59	41	27~55	44	26~58	43	25~58	43
201602	13~18	16	13~19	16	12~19	15	14~17	15	12~16	14
201603	16~42	32	20~41	32	18~41	32	23~41	33	15~45	30
201604	21~34	27	21~34	28	21~34	28	21~34	27	21~34	29
201605	14~34	24	13~35	26	10~35	25	10~35	25	12~37	25
201606	30~76	56	30~75	53	30~76	53	33~76	55	31~76	53
201608	4~35	20	5~36	22	5~35	21	5~36	23	5~36	21
201609	13~18	16	13~21	16	12~22	16	14~17	15	12~16	14
201610	32~81	55	32~82	57	34~81	57	30~81	54	30~81	54
201611	21~47	33	21~47	34	21~47	34	21~47	33	24~47	35

续上表

监测月份	W4 数值	W4 平均值	W5 数值	W5 平均值	W6 数值	W6 平均值	W7 数值	W7 平均值	W8 数值	W8 平均值
201612	19~32	25	16~36	25	17~38	26	18~35	25	17~36	25
201701	12~31	22	13~34	22	16~33	24	17~30	23	16~39	24
201702	4~14	8	5~16	8	4~13	7	3~15	8	4~15	8
201703	6~29	19	12~29	21	13~29	20	12~32	22	8~28	19
201704	13~28	22	12~30	21	14~30	22	12~29	21	12~30	21
201705	12~30	21	14~28	21	13~30	23	12~30	22	12~29	21
201706	12~30	21	14~28	21	13~30	23	12~30	21	12~30	23
201805	16~21	19	15~22	18	16~21	19	18~22	20	14~21	17
201806	16~23	19	15~23	20	9~18	13	16~23	19	15~21	18

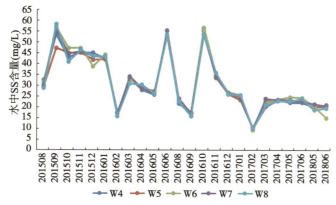

图 6.1-15 和畅洲水道各断面 SS 月度数据变化图

（3）石油类

和畅洲水道施工区上游断面 W4、施工区下游断面 W5、施工水域断面 W6、W7、W8 的石油类数据波动范围为 0.01~0.05mg/L，均未超过Ⅱ类标准值 0.05mg/L；各断面石油类的月平均值在 0.01~0.04mg/L 之间波动，其中 2015 年 10 月、11 月、12 月三个月石油类数值低于检出限（表 6.1-7、图 6.1-16）。

和畅洲水道石油类月度监测数据一览表（mg/L）   表 6.1-7

监测月份	W4 数值	W4 平均值	W5 数值	W5 平均值	W6 数值	W6 平均值	W7 数值	W7 平均值	W8 数值	W8 平均值
201508	0.03~0.05	0.04	0.02~0.04	0.03	0.02~0.05	0.03	0.01~0.04	0.02	0.02~0.04	0.03
201509	0.02~0.04	0.03	0.02~0.04	0.03	0.02~0.04	0.03	0.02~0.04	0.03	0.02~0.04	0.03
201510	0.01L	0.01L	0.01L	0.01L	0.01L	0.01L	0.01L	0.01L	0.01L	0.01L
201511	0.01L	0.01L	0.01L	0.01L	0.01L	0.01L	0.01L	0.01L	0.01L	0.01L
201512	0.01L	0.01L	0.01L	0.01L	0.01L	0.01L	0.01L	0.01L	0.01L	0.01L
201601	0.01	0.01	0.01	0.01	0.01	0.01	0.01	0.01	0.01	0.01

续上表

监测月份	W4 数值	W4 平均值	W5 数值	W5 平均值	W6 数值	W6 平均值	W7 数值	W7 平均值	W8 数值	W8 平均值
201602	0.01	0.01	0.01	0.01	0.01	0.01	0.01	0.01	0.01	0.01
201603	0.01	0.01	0.01	0.01	0.01	0.01	0.01	0.01	0.01	0.01
201604	0.01	0.01	0.01	0.01	0.01	0.01	0.01	0.01	0.01	0.01
201605	0.02~0.03	0.03	0.02~0.03	0.03	0.02~0.03	0.03	0.02~0.03	0.03	0.02~0.03	0.02
201606	0.01~0.03	0.02	0.01~0.03	0.02	0.01~0.03	0.02	0.01~0.03	0.02	0.01~0.03	0.02
201608	0.01~0.03	0.02	0.01~0.03	0.02	0.01~0.03	0.02	0.01~0.03	0.02	0.01~0.03	0.02
201609	0.01~0.03	0.02	0.01~0.03	0.02	0.01~0.03	0.02	0.01~0.03	0.02	0.01~0.03	0.02
201610	0.01~0.03	0.02	0.01~0.03	0.02	0.01~0.03	0.02	0.01~0.03	0.02	0.01~0.03	0.02
201611	0.01~0.03	0.02	0.01~0.03	0.02	0.01~0.03	0.02	0.01~0.03	0.02	0.01~0.03	0.02
201612	0.04	0.02	0.01~0.02	0.01	0.02	0.01	0.03	0.01	0.01~0.02	0.02
201701	0.01~0.03	0.01	0.02	0.01	0.02	0.01	0.02	0.01	0.01~0.03	0.01
201702	0.01~0.04	0.02	0.01~0.03	0.02	0.01~0.04	0.01	0.01~0.02	0.01	0.03	0.01
201703	0.03	0.02	0.01~0.03	0.02	0.01~0.02	0.02	0.01~0.02	0.02	0.03	0.02
201704	0.02	0.01	0.02~0.05	0.02	0.01~0.02	0.02	0.01~0.02	0.02	0.01~0.03	0.02
201705	0.03	0.01	0.01~0.05	0.02	0.01~0.02	0.02	0.01~0.02	0.02	0.01~0.02	0.02
201706	0.03	0.01	0.01~0.05	0.02	0.01~0.02	0.02	0.01~0.02	0.02	0.01~0.02	0.02
201805	0.01~0.02	0.01	0.01~0.02	0.02	0.01~0.02	0.02	0.01~0.02	0.02	0.01~0.02	0.02
201806	0.01~0.02	0.01	0.01~0.02	0.02	0.01~0.02	0.02	0.01~0.02	0.02	0.01~0.02	0.01
标准值	≤0.05mg/L									

注:"0.01L"表示数值低于检出限。

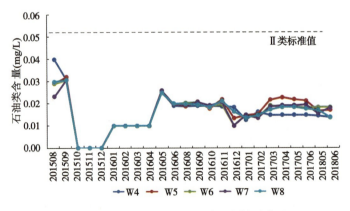

图 6.1-16　和畅洲水道各断面石油类月度数据变化图

3) 落成洲水道

(1) 高锰酸盐指数

落成洲水道施工期上游断面 W11、下游断面 W10 和施工水域断面 W9、W12 四个断面 COD_{Mn} 数据波动范围为1.0~3.6mg/L,均未超过Ⅱ类标准值4mg/L(表6.1-8)。各断面COD_{Mn}的月平均值在1.2~2.6mg/L之间波动,分别在2016年12月COD_{Mn}月平均值最大,2017年2月COD_{Mn}月平均值最小(图6.1-17)。

落成洲水道COD_{Mn}月度监测数据一览表(mg/L)　　　　表6.1-8

监测月份	W9		W10		W11		W12	
	数值	平均值	数值	平均值	数值	平均值	数值	平均值
201508	1.4~1.7	1.5	1.4~1.7	1.5	1.4~1.8	1.6	1.3~1.9	1.6
201509	1.1~1.5	1.3	1.1~1.6	1.4	1.1~1.7	1.4	1.1~1.5	1.3
201510	1.1~1.9	1.4	1.2~1.8	1.4	1.1~1.8	1.5	1.1~1.8	1.4
201511	1.7~2.0	1.8	1.6~1.8	1.7	1.8~2.1	1.9	1.8~2.1	1.9
201512	2.1~2.6	2.3	1.8~2.7	2.3	2.1~2.6	2.3	1.8~2.5	2.2
201601	2.0~2.8	2.4	2.0~2.8	2.4	2.0~2.8	2.5	2.0~2.8	2.4
201602	1.7~1.9	1.8	1.6~1.9	1.7	1.7~1.8	1.7	1.7~1.8	1.7
201603	1.7~2.4	2.1	1.7~2.4	2.0	1.7~2.5	2.0	1.7~2.5	2.1
201604	1.7~2.4	2.2	1.7~2.4	2.0	1.7~2.4	2.1	1.7~2.5	2.1
201605	1.4~2.5	2.0	1.4~2.5	1.9	1.4~2.5	2.1	1.4~2.5	1.9
201606	1.7~2.4	2.2	1.7~2.4	2.0	1.7~2.4	2.1	1.7~2.5	2.1
201608	1.7~24	2.2	1.7~2.4	2.0	1.7~2.4	2.1	1.7~2.5	2.1
201609	1.7~2.4	2.2	1.7~2.4	2.0	1.7~2.4	2.1	1.7~2.5	2.1
201610	1.8~2.4	2.0	1.7~2.4	2.1	1.7~2.4	2.0	1.7~2.4	2.1
201611	1.1~3.0	2.1	1.0~3.0	2.0	1.1~3.0	2.0	1.0~3.0	2.1
201612	1.7~3.0	2.4	1.8~3.6	2.5	2.0~3.5	2.6	1.9~2.9	2.4
201701	1.5~2.2	1.8	1.5~2.1	1.7	1.5~2.1	1.8	1.4~2.2	1.8
201702	1.1~1.4	1.2	1.1~1.5	1.3	1.0~1.4	1.3	1.0~1.5	1.3
201703	1.6~2.8	2.1	1.6~2.8	2.2	1.6~2.8	2.3	1.5~2.8	2.2
201704	1.5~2.8	2.2	1.6~2.8	2.2	1.5~2.8	2.2	1.5~2.8	2.3
201705	1.6~2.7	2.2	1.6~2.7	2.0	1.6~2.7	2.1	1.6~2.7	2.1
201706	1.6~2.7	2.1	1.6~2.7	2.1	1.6~2.7	2.1	1.6~2.7	2.1
201805	1.6~2.0	1.8	1.7~2.1	1.9	1.6~1.7	1.6	1.6~1.7	1.6
201806	1.6~2.0	1.8	1.6~2.0	1.8	1.5~1.6	1.6	1.5~1.6	1.6
标准值	≤4mg/L							

(2)悬浮物

落成洲水道施工期上游断面W11、下游断面W10和施工水域断面W9、W12四个断面SS总体波动范围为4~82mg/L,波动范围大(表6.1-9、图6.1-18)。上游断面SS的月平均值在8~52mg/L之间波动,2016年10月最大、2017年2月最小;施工断面SS的月均值在8~60mg/L之间波动,2015年9月W9断面的SS最大、2017年2月W12断面的SS最小;下游断面SS的月均值在9~60mg/L之间波动,2016年10月最大、2017年2月最小。同时期来看,施工区上游、施工区域、施工区下游三个断面的 SS 数据差别不大,说明 SS 数值偏高主要受上游来水泥沙条件影响,施工对水中 SS 含量影响不大。

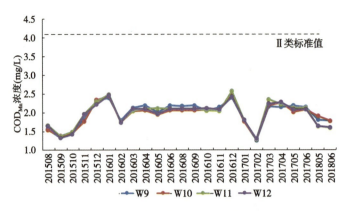

图 6.1-17 落成洲水道各断面 COD_{Mn} 月度数据变化图

落成洲水道 SS 月度监测数据一览表(mg/L) 表 6.1-9

监测月份	W9		W10		W11		W12	
	数值	平均值	数值	平均值	数值	平均值	数值	平均值
201508	20~45	32	23~53	34	20~46	33	25~45	33
201509	5~89	60	40~56	50	13~57	33	20~38	27
201510	22~59	42	33~59	46	23~51	42	32~65	44
201511	38~54	47	36~54	46	37~54	45	35~52	43
201512	19~64	44	29~60	45	25~65	40	24~62	42
201601	25~58	43	25~58	41	26~59	44	27~58	43
201602	13~17	15	12~16	15	12~22	16	13~18	16
201603	21~44	33	20~46	34	18~45	32	19~40	31
201604	22~34	28	21~34	29	21~34	28	21~34	27
201605	15~36	24	10~35	25	15~35	25	10~35	25
201606	30~75	52	30~76	54	32~76	50	31~76	51
201608	4~33	19	4~36	20	6~36	20	4~35	19
201609	13~17	15	12~16	15	12~22	16	13~18	16
201610	31~82	58	36~82	60	36~79	52	36~78	56
201611	21~46	32	22~47	33	21~39	30	21~39	30
201612	12~29	22	13~36	25	14~39	26	14~31	22
201701	10~32	23	10~31	20	10~35	22	9~28	20
201702	4~15	9	4~15	9	2~14	8	3~15	8
201703	11~30	20	10~30	21	6~30	18	12~29	20
201704	13~29	21	13~29	21	12~29	21	15~29	23
201705	13~29	22	13~29	21	12~29	21	15~29	23

续上表

监测月份	W9 数值	W9 平均值	W10 数值	W10 平均值	W11 数值	W11 平均值	W12 数值	W12 平均值
201706	12~31	21	12~30	22	12~28	20	14~28	21
201805	16~18	17	16~21	19	17~22	19	16~21	19
201806	12~21	17	12~19	15	19~24	21	16~21	18

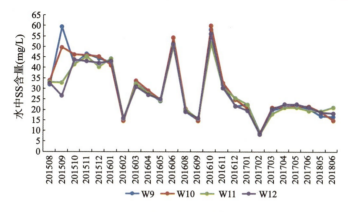

图 6.1-18 落成洲水道各断面 SS 月度数据变化图

（3）石油类

落成洲水道施工期上游断面 W11、下游断面 W10 和施工水域断面 W9、W12 四个断面的石油类数据波动范围为 0.01~0.04mg/L，均未超过Ⅱ类标准值 0.05mg/L；各断面石油类的月平均值在 0.01~0.03mg/L 之间波动，其中 2015 年 10 月、11 月、12 月三个月石油类数值低于检出限，部分未达到检测限的数值未参与计算（表 6.1-10、图 6.1-19）。

落成洲水道石油类月度监测数据一览表（mg/L）　　　表 6.1-10

监测月份	W9 数值	W9 平均值	W10 数值	W10 平均值	W11 数值	W11 平均值	W12 数值	W12 平均值
201508	0.02~0.04	0.03	0.01~0.04	0.03	0.01~0.03	0.02	0.01~0.04	0.03
201509	0.02~0.04	0.03	0.02~0.04	0.03	0.02~0.04	0.03	0.02~0.04	0.03
201510	0.01L	0.01L	0.01L	0.01L	0.01L	0.01L	0.01L	0.01L
201511	0.01L	0.01L	0.01L	0.01L	0.01L	0.01L	0.01L	0.01L
201512	0.01L	0.01L	0.01L	0.01L	0.01L	0.01L	0.01L	0.01L
201601	0.01	0.01	0.01	0.01	0.01	0.01	0.01	0.01
201602	0.01	0.01	0.01	0.01	0.01	0.01	0.01	0.01
201603	0.01	0.01	0.01	0.01	0.01	0.01	0.01	0.01
201604	0.01	0.01	0.01	0.01	0.01	0.01	0.01	0.01
201605	0.02~0.03	0.03	0.02~0.03	0.03	0.02~0.03	0.03	0.02~0.03	0.03
201606	0.01~0.03	0.02	0.01~0.03	0.02	0.01~0.04	0.02	0.01~0.03	0.02

续上表

监测月份	W9 数值	W9 平均值	W10 数值	W10 平均值	W11 数值	W11 平均值	W12 数值	W12 平均值
201608	0.01~0.03	0.02	0.01~0.03	0.02	0.01~0.04	0.02	0.01~0.03	0.02
201609	0.01~0.03	0.02	0.01~0.03	0.02	0.01~0.03	0.02	0.01~0.03	0.02
201610	0.01~0.03	0.02	0.01~0.03	0.02	0.01~0.03	0.02	0.01~0.03	0.02
201611	0.01~0.03	0.02	0.01~0.03	0.02	0.01~0.03	0.02	0.01~0.03	0.02
201612	0.01~0.02	0.01	0.02	0.01	0.03	0.01	0.01	0.01
201701	0.02	0.01	0.02	0.01	0.02	0.01	0.02	0.01
201702	0.02	0.01	0.01	0.01	0.01~0.02	0.01	0.01~0.03	0.01
201703	0.04	0.01	0.01~0.02	0.02	0.01~0.03	0.02	0.01~0.03	0.02
201704	0.04	0.01	0.02~0.02	0.02	0.01~0.02	0.02	0.01~0.02	0.02
201705	0.01~0.04	0.02	0.01~0.02	0.02	0.01~0.02	0.02	0.01~0.02	0.02
201706	0.01~0.04	0.01	0.01~0.02	0.02	0.01~0.02	0.02	0.01~0.02	0.02
201805	0.01~0.02	0.02	0.01~0.02	0.02	0.01~0.02	0.02	0.01~0.02	0.02
201806	0.01~0.02	0.02	0.01~0.02	0.02	0.01~0.02	0.01	0.01~0.02	0.01
标准值	≤0.05mg/L							

注:"0.01L"表示数值低于检出限。

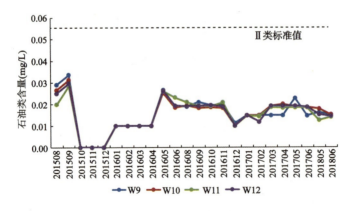

图 6.1-19 落成洲水道各断面石油类月度数据变化图

4) 鳗鱼沙水道

(1) 高锰酸盐指数

鳗鱼沙水道施工区上游断面 W13、施工区下游断面 W15、施工水域断面 W14 断面的 COD_{Mn} 数据波动范围为 1.0~3.4mg/L,均未超过Ⅱ类标准值 4mg/L(表 6.1-11)。各断面 COD_{Mn} 的月平均值在 1.2~2.4mg/L 之间波动,分别在 2016 年 12 月 COD_{Mn} 月平均值最大,2017 年 2 月 COD_{Mn} 月平均值最小(图 6.1-20)。

第6章 生态效果监测及分析

鳗鱼沙水道 COD_{Mn} 月度监测数据一览表（mg/L）　　　　表 6.1-11

监测月份	W13		W14		W15	
	数值	平均值	数值	平均值	数值	平均值
201508	—	—	1.4~1.9	1.6	1.4~2.0	1.7
201509	1.1~1.6	1.4	1.2~1.6	1.4	1.1~1.5	1.4
201510	1.1~1.7	1.4	1.1~1.9	1.4	1.1~1.9	1.5
201511	1.7~2.1	2.0	1.8~2.1	1.9	1.7~2.1	1.9
201512	1.9~2.6	2.3	1.6~2.5	2.3	1.8~2.9	2.3
201601	2.0~2.8	2.4	2.1~2.8	2.4	2.0~2.8	2.4
201602	1.8~2.2	2.0	1.9~2.4	2.1	1.8~2.2	2.0
201603	1.7~2.5	2.1	1.7~2.5	2.0	1.7~2.5	2.1
201604	1.7~2.4	2.0	1.7~2.4	2.0	1.7~2.5	2.1
201605	1.4~2.4	2.0	1.4~2.4	2.0	1.4~2.5	2.0
201606	1.7~2.4	2.0	1.7~2.4	2.0	1.7~2.5	2.1
201608	1.7~2.4	2.0	1.7~2.4	2.0	1.7~2.5	2.1
201609	1.7~2.4	2.0	1.7~2.4	2.0	1.7~2.5	2.1
201610	1.7~2.4	2.1	1.7~2.4	2.1	1.7~2.4	2.1
201611	1.0~3.0	1.9	1.0~3.0	1.9	1.0~2.9	1.9
201612	1.8~3.0	2.4	1.8~3.4	2.4	2.0~3.1	2.3
201701	1.5~2.1	1.8	1.6~2.3	1.9	1.6~2.7	2.0
201702	1.1~1.5	1.3	1.1~1.4	1.2	1.1~1.4	1.3
201703	1.5~2.8	2.1	1.5~2.8	2.2	1.6~2.8	2.2
201704	1.5~2.8	2.1	1.5~2.8	2.2	1.6~2.8	2.3
201705	1.7~2.7	2.1	1.6~2.7	2.1	1.7~2.7	2.3
201706	1.6~2.7	2.1	1.7~2.7	2.2	1.6~2.7	2.2
201805	1.6~1.7	1.6	1.5~1.7	1.6	1.6~1.7	1.6
201806	1.5~1.7	1.6	1.5~1.7	1.6	1.5~1.6	1.6
标准值	≤4mg/L					

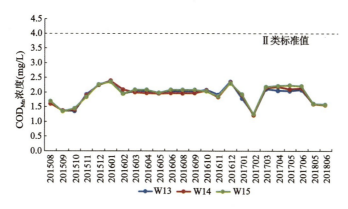

图 6.1-20　鳗鱼沙水道各断面 COD_{Mn} 月度数据变化图

（2）悬浮物

鳗鱼沙水道施工区上游断面W13、施工区下游断面W15、施工水域断面W14断面SS总体波动范围为4~105mg/L，波动范围大，其中2015年9月W15断面最大数值达到105mg/L，与其他断面监测结果差异较大（表6.1-12、图6.1-21）。上游断面SS的月平均值在9~51mg/L之间波动，2016年10月最大、2017年2月最小；施工断面SS的月均值在9~56mg/L之间波动，2016年6月最大、2017年2月最小；下游断面SS的月均值在10~58mg/L之间波动，2015年9月最大、2017年2月最小。同时期来看，施工区上游、施工区域、施工区下游三个断面的SS数据差别不大，说明SS数值偏高主要受上游来水泥沙条件影响，施工对水中SS含量影响不大。

鳗鱼沙水道SS月度监测数据一览表（mg/L）　　　表6.1-12

监测月份	W13		W14		W15	
	数值	平均值	数值	平均值	数值	平均值
201508	—	—	18~48	31	20~40	28
201509	20~47	32	22~50	34	32~105	58
201510	31~52	41	32~51	42	31~73	46
201511	37~54	45	38~56	45	32~53	45
201512	21~66	46	32~62	45	25~64	44
201601	27~58	40	26~58	42	27~58	43
201602	17~22	19	14~19	17	13~16	15
201603	20~42	32	21~44	30	17~43	32
201604	21~34	26	21~34	29	21~34	27
201605	12~39	26	14~32	23	13~35	26
201606	30~73	48	31~76	56	30~75	52
201608	4~36	20	4~36	18	4~36	21
201609	17~22	19	14~19	17	13~16	15
201610	34~74	51	36~80	56	35~80	58
201611	21~39	31	21~38	30	21~39	30
201612	18~29	23	15~33	24	18~46	29
201701	10~28	19	11~32	22	13~38	24
201702	4~14	9	3~16	9	5~15	10
201703	13~30	21	8~27	19	12~30	23
201704	14~30	22	12~27	21	12~30	24
201705	14~30	22	12~28	21	12~30	23
201706	15~30	22	12~29	21	12~31	23
201805	16~21	19	16~21	19	17~22	20
201806	18~23	20	14~23	19	12~20	17

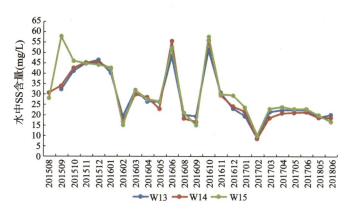

图 6.1-21　鳗鱼沙水道各断面 SS 月度数据变化图

(3) 石油类

鳗鱼沙水道 W13、W14 和 W15 三个断面的石油类数据波动范围为 0.01~0.04mg/L，均未超过Ⅱ类标准值 0.05mg/L；各断面石油类的月平均值在 0.01~0.03mg/L 之间波动，其中 2015 年 10 月、11 月、12 月三个月石油类数值低于检出限，部分未达到检测限的数值未参与计算（表 6.1-13、图 6.1-22）。

鳗鱼沙水道石油类月度监测数据一览表 (mg/L)　　　　表 6.1-13

监测月份	W13		W14		W15	
	数值	平均值	数值	平均值	数值	平均值
201508	—	—	0.02~0.04	0.03	0.03~0.04	0.03
201509	0.02~0.04	0.03	0.01~0.04	0.03	0.02~0.04	0.03
201510	0.01L	0.01L	0.01L	0.01L	0.01L	0.01L
201511	0.01L	0.01L	0.01L	0.01L	0.01L	0.01L
201512	0.01L	0.01L	0.01L	0.01L	0.01L	0.01L
201601	0.01	0.01	0.01	0.01	0.01	0.01
201602	0.01	0.01	0.01	0.01	0.01	0.01
201603	0.01	0.01	0.01	0.01	0.01	0.01
201604	0.01	0.01	0.01	0.01	0.01	0.01
201605	0.01~0.03	0.01	0.02~0.03	0.02	0.02~0.03	0.02
201606	0.01~0.03	0.02	0.01~0.03	0.02	0.01~0.03	0.02
201608	0.01~0.03	0.02	0.01~0.03	0.02	0.01~0.03	0.02
201609	0.01~0.03	0.02	0.01~0.03	0.02	0.01~0.03	0.02
201610	0.01~0.03	0.02	0.01~0.03	0.02	0.01~0.03	0.02
201611	0.01~0.03	0.02	0.01~0.03	0.02	0.01~0.03	0.02
201612	0.02	0.01	0.01~0.03	0.02	0.01~0.02	0.01
201701	0.02	0.01	0.03	0.01	0.01~0.02	0.02
201702	0.02	0.01	0.01~0.02	0.01	0.01~0.04	0.02

续上表

监测月份	W13		W14		W15	
	数值	平均值	数值	平均值	数值	平均值
201703	0.01~0.03	0.02	0.01~0.03	0.02	0.01~0.03	0.02
201704	0.01~0.03	0.02	0.01~0.03	0.02	0.01~0.03	0.02
201705	0.01~0.03	0.02	0.01~0.03	0.02	0.01~0.03	0.02
201706	0.01~0.03	0.02	0.01~0.03	0.02	0.01~0.03	0.02
201805	0.01~0.02	0.01	0.01~0.02	0.02	0.01~0.02	0.02
201806	0.01~0.02	0.01	0.01~0.02	0.01	0.01~0.02	0.01
标准值	≤0.05mg/L					

注："0.01L"表示数值低于检出限，"/"表示未做相应监测。

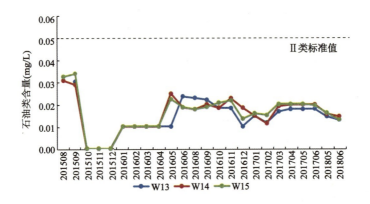

图 6.1-22　鳗鱼沙水道各断面石油类月度数据变化图

5）福姜沙水道

（1）高锰酸盐指数

福姜沙水道施工区上游断面 W16、施工区下游断面 W19、施工水域断面 W17、W18 断面的 COD_{Mn} 数据波动范围为 1.0~5.6mg/L，均未超过Ⅱ类标准值 4mg/L（表 6.1-14）。各断面 COD_{Mn} 的月平均值在 1.3~2.7mg/L 之间波动，其中 2016 年 12 月各断面 COD_{Mn} 平均值最大，2017 年 2 月平均值最小（图 6.1-23）。

福姜沙水道 COD_{Mn} 月度监测数据一览表（mg/L）　　　表 6.1-14

监测月份	W16		W17		W18		W19	
	数值	平均值	数值	平均值	数值	平均值	数值	平均值
201508	1.3~1.9	1.6	—	—	—	—	—	—
201509	1.1~1.6	1.4	1.2~1.6	1.4	1.2~1.5	1.4	1.2~1.6	1.4
201510	1.2~1.7	1.4	1.1~1.8	1.4	1.1~1.6	1.3	1.1~1.7	1.4
201511	1.7~2.1	1.9	1.7~2.1	1.9	1.7~2.1	1.9	1.7~2.1	1.8
201512	2.0~2.6	2.3	1.8~2.7	2.3	2.1~2.7	2.4	2.1~2.6	2.4

续上表

监测月份	W16		W17		W18		W19	
	数值	平均值	数值	平均值	数值	平均值	数值	平均值
201601	2.0~2.8	2.4	2.1~2.8	2.4	2.0~2.8	2.4	2.0~2.8	2.5
201602	2.0~2.2	2.1	1.9~2.3	2.1	2.1~2.2	2.1	1.8~2.2	2.0
201603	1.7~2.5	2.1	1.7~2.5	2.1	1.7~2.5	2.1	1.7~2.5	2.1
201604	1.7~2.5	2.2	1.8~2.5	2.1	1.8~2.5	2.1	1.8~2.5	2.1
201605	1.4~2.5	2.0	1.4~2.5	2.0	1.4~2.5	1.9	1.5~2.5	2.1
201606	1.7~2.5	2.2	1.8~2.5	2.1	1.8~2.5	2.1	1.8~2.5	2.1
201608	1.7~2.5	2.2	1.7~2.5	2.0	1.8~2.5	2.1	1.6~2.5	2.1
201609	1.7~2.5	2.2	1.8~2.5	2.1	1.8~2.5	2.1	1.8~2.5	2.1
201610	1.7~2.5	2.1	1.7~2.5	2.1	1.7~2.4	2.1	1.7~2.4	2.0
201611	1.0~3.0	2.0	1.0~3.0	2.0	1.0~3.0	1.8	1.1~3.0	2.2
201612	2.1~3.2	2.6	1.9~3.5	2.4	2.0~3.2	2.4	2.0~5.6	3.2
201701	1.6~2.5	1.9	1.5~2.2	1.9	1.6~2.3	1.8	1.5~2.2	1.8
201702	1.1~1.7	1.3	1.0~1.6	1.3	1.0~1.7	1.4	1.1~1.6	1.3
201703	1.5~2.8	2.2	1.6~2.8	2.2	1.5~2.8	2.1	1.6~2.8	2.3
201704	1.5~2.8	2.3	1.6~2.8	2.2	1.5~2.7	2.1	1.5~2.8	2.3
201705	1.6~2.6	2.1	1.6~2.7	2.3	1.6~2.7	2.1	1.6~2.7	2.1
201706	1.6~2.7	2.1	1.6~2.7	2.2	1.6~2.7	2.2	1.6~2.7	2.2
201805	1.6~1.8	1.7	1.6~1.8	1.6	1.6~1.7	1.7	1.7~2.0	1.8
201806	1.5~1.8	1.7	1.5~1.8	1.6	1.5~1.7	1.6	1.6~2.0	1.8
标准值	≤6mg/L							

注:"—"表示未做相应监测。

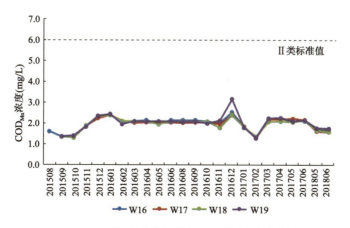

图 6.1-23 福姜沙水道各断面 COD_{Mn} 月度数据变化图

(2)悬浮物

福姜沙水道施工区上游断面 W16、施工区下游断面 W19、施工水域断面 W17、W18 断面的 SS 总体波动范围为 3~115mg/L,波动范围较大(表 6.1-15、图 6.1-24)。上游断面 SS 的月平均值在 10~56mg/L 之间波动,2016 年 10 月最大、2017 年 2 月最小;施工断面 SS 的月均值在 9~89mg/L 之间波动,2016 年 10 月 W18 断面的 SS 最大、2017 年 2 月 W17 断面的 SS 最小;下游断面 SS 的月均值在 10~87mg/L 之间波动,2016 年 10 月最大、2017 年 2 月最小。同时期来看,施工区上游、施工区域、施工区下游三个断面的 SS 数据差别不大,说明 SS 数值偏高主要受上游来水泥沙条件影响,施工对水中 SS 含量影响不大。

福姜沙水道 SS 月度监测数据一览表(mg/L)　　表 6.1-15

监测月份	W16		W17		W18		W19	
	数值	平均值	数值	平均值	数值	平均值	数值	平均值
201508	22~41	31	—	—	—	—	—	—
201509	41~56	49	41~56	49	42~55	49	41~55	48
201510	38~59	46	30~56	43	31~58	44	29~65	43
201511	38~55	46	38~58	44	35~57	46	38~51	43
201512	24~63	46	26~61	43	21~64	43	16~61	43
201601	26~58	40	26~57	43	25~59	43	28~58	46
201602	15~19	17	14~18	16	14~18	16	13~18	16
201603	16~42	31	15~42	30	14~44	31	21~42	31
201604	21~34	28	21~34	28	21~34	26	22~34	28
201605	8~39	26	9~34	25	13~38	24	10~35	25
201606	32~76	53	32~76	53	30~73	52	30~76	55
201608	5~33	22	4~36	23	4~36	18	4~36	20
201609	15~21	17	14~18	16	14~18	16	12~19	16
201610	34~80	56	34~116	64	51~116	89	53~115	87
201611	22~39	30	19~50	33	19~49	33	19~50	36
201612	19~58	35	18~56	33	16~58	33	19~55	35
201701	8~33	23	10~31	19	10~32	19	8~25	18
201702	4~19	10	3~17	9	4~17	10	3~17	10
201703	10~28	19	11~30	21	10~30	21	5~30	18
201704	12~28	21	12~30	22	14~28	21	13~30	21
201705	13~28	21	12~30	22	13~28	21	12~30	22
201706	12~31	21	12~30	21	12~30	20	12~30	21
201805	17~21	19	16~22	19	16~23	20	14~22	18
201806	18~23	21	13~20	17	14~22	18	17~23	20

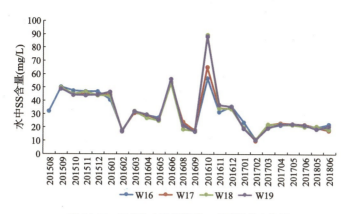

图 6.1-24 福姜沙水道各断面 SS 月度数据变化图

（3）石油类

福姜沙水道 W16、W17、W18 和 W19 四个断面的石油类数据波动范围为 0.01~0.04mg/L，均未超过Ⅱ类标准值 0.05mg/L；各断面石油类的月平均值在 0.01~0.03mg/L 之间波动，其中 2015 年 10 月、11 月、12 月三个月石油类数值低于检出限，部分未达到检测限的数值未参与计算（表 6.1-16、图 6.1-25）。

福姜沙水道石油类月度监测数据一览表（mg/L）　　　　表 6.1-16

监测月份	W16		W17		W18		W19	
	数值	平均值	数值	平均值	数值	平均值	数值	平均值
201508	0.02~0.04	0.03	—	—	—	—	—	—
201509	0.01~0.04	0.03	0.01~0.04	0.03	0.03~0.04	0.03	0.02~0.04	0.03
201510	0.01L	0.01L	0.01L	0.01L	0.01L	0.01L	0.01L	0.01L
201511	0.01L	0.01L	0.01L	0.01L	0.01L	0.01L	0.01L	0.01L
201512	0.01L	0.01L	0.01L	0.01L	0.01L	0.01L	0.01L	0.01L
201601	0.01	0.01	0.01	0.01	0.01	0.01	0.01	0.01
201602	0.01	0.01	0.01	0.01	0.01	0.01	0.01	0.01
201603	0.01	0.01	0.01	0.01	0.01	0.01	0.01	0.01
201604	0.01	0.01	0.01	0.01	0.01	0.01	0.01	0.01
201605	0.02~0.03	0.02	0.02~0.03	0.03	0.02~0.03	0.03	0.02~0.03	0.03
201606	0.01~0.03	0.02	0.01~0.03	0.02	0.01~0.03	0.02	0.01~0.03	0.02
201608	0.01~0.03	0.02	0.01~0.03	0.02	0.01~0.03	0.02	0.01~0.03	0.02
201609	0.01~0.03	0.02	0.01~0.03	0.02	0.01~0.03	0.02	0.01~0.03	0.02
201610	0.01~0.03	0.02	0.01~0.03	0.02	0.01~0.03	0.02	0.01~0.03	0.02
201611	0.01~0.03	0.02	0.01~0.03	0.02	0.01~0.03	0.02	0.01~0.03	0.02
201612	0.01~0.03	0.01	0.03	0.01	0.03	0.01	0.03	0.01
201701	0.04	0.01	0.04	0.01	0.01~0.04	0.01	0.03	0.01
201702	0.01	0.01	0.01~0.02	0.01	0.01~0.02	0.01	0.01~0.04	0.02

续上表

监测月份	W16		W17		W18		W19	
	数值	平均值	数值	平均值	数值	平均值	数值	平均值
201703	0.01~0.02	0.02	0.01~0.03	0.02	0.01~0.03	0.02	0.01~0.03	0.02
201704	0.01~0.02	0.02	0.01~0.02	0.02	0.01~0.03	0.02	0.01~0.02	0.02
201705	0.01~0.02	0.02	0.01~0.02	0.02	0.01~0.03	0.02	0.01~0.03	0.02
201706	0.01~0.02	0.02	0.01~0.02	0.02	0.01~0.03	0.02	0.01~0.02	0.02
201805	0.01~0.02	0.02	0.01~0.02	0.02	0.02~0.02	0.02	0.01~0.02	0.01
201806	0.01~0.02	0.02	0.01~0.02	0.02	0.01~0.02	0.01	0.01~0.02	0.01
标准值	≤0.05mg/L							

注："0.01L"表示数值低于检出限，"—"表示未做相应监测。

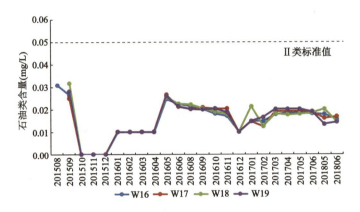

图 6.1-25　福姜沙水道各断面石油类月度数据变化图

6.1.2　环境空气

（一）监测点位、指标及频次

本工程试运行期间，交通运输部长江航道管理局环境监测中心站于2018年5月19—25日在仪征水道、和畅洲水道、口岸直水道、福姜沙水道共布设4个环境空气监测点位。具体布置情况、监测因子及频次见表6.1-17。

试运行期环境空气监测位点布置　　　　表 6.1-17

测点编号	所在河段	测点位置	工程内容	监测因子	监测时段与频次
G1	世业洲水道	先锋村	世业洲洲头左缘护岸工程附近约60m	二氧化硫(SO$_2$)、二氧化氮(NO$_2$)、总悬浮颗粒物(TSP)、颗粒物(PM10)	工程试运行期监测1次，连续监测7天
G2	和畅洲水道	和畅洲洲头	和畅洲洲头及右缘护岸工程附近		
G3	口岸直水道	雷公岛水产养殖场	落成洲右汊右岸下段护岸工程附近300m		
G4	福姜沙水道	双山岛老圩村	双润沙北侧丁坝FL3附近900m		

（二）监测结果

二氧化硫(SO$_2$)的测量值范围是0.021~0.027mg/m^3，平均值范围是0.022~0.024mg/m^3，监测

最大值出现在口岸直水道(雷公岛水产养殖场),为 0.027mg/m³;二氧化氮(NO_2)的测量值范围是 0.011~0.016mg/m³,平均值范围是 0.013~0.014mg/m³,监测最大值出现在世业洲水道(先锋村)和和畅洲水道(和畅洲洲头),为 0.016mg/m³;总悬浮颗粒物(TSP)的测量值范围是 0.085~0.191mg/m³,平均值范围是 0.099~0.170mg/m³,检测最大值出现在口岸直水道(雷公岛水产养殖场),为 0.191mg/m³;可吸入颗粒物(PM_{10})的测量值范围是 0.038~0.073mg/m³,平均值范围是 0.040~0.070mg/m³,检测最大值出现在世业洲水道(先锋村)、和畅洲水道(和畅洲洲头)和口岸直水道(雷公岛水产养殖场),为 0.073mg/m³(表 6.1-18)。

工程河段环境空气监测结果一览表　　　　表 6.1-18

监测指标	标准值	监测结果	监测点			
			G1	G2	G3	G4
SO_2 (mg/m³)	≤0.15	数值	0.021~0.023	0.021~0.023	0.021~0.027	0.021~0.024
		平均值	0.022	0.022	0.024	0.023
NO_2 (mg/m³)	≤0.08	数值	0.011~0.016	0.011~0.016	0.010~0.015	0.012~0.015
		平均值	0.014	0.014	0.013	0.013
TSP (mg/m³)	≤0.30	数值	0.126~0.155	0.154~0.177	0.162~0.191	0.085~0.110
		平均值	0.139	0.166	0.17	0.099
PM_{10} (mg/m³)	≤0.15	数值	0.063~0.073	0.065~0.073	0.065~0.073	0.038~0.045
		平均值	0.068	0.069	0.07	0.04

注:G1 代表世业洲水道(先锋村),G2 代表和畅洲水道(和畅洲洲头),G3 代表口岸直(雷公岛水产养殖场),G4 代表福姜沙水道(双山岛老圩村),下同。

6.1.3　声环境

(一)监测点位、指标及频次

交通运输部长江航务管理局环境监测中心站于整治主体工程施工期间(2015 年 8 月—2017 年 6 月)对工程施工区域周边声环境质量进行了监测,在本工程试运行期间(2018 年 5 月、6 月)在与施工期声环境监测相同点位进行省环境监测,点位布设情况详见表 6.1-19。

声环境监测点位设置情况　　　　表 6.1-19

监测河段	编号	测点位置	附近工程内容	监测项目	监测频次
仪征水道	N1	先锋村	世业洲洲头左缘护岸工程附近约 60m	等效连续A声级	施工期间 1 次/月,每次监测 1 天,昼间、夜间各 1 次。工程试运行期监测 2 次,连续监测 2 天,包括昼间和夜间各监测 1 次
	N2	仪征十二圩	世业洲左汊左岸护岸工程附近约 600m		
	N3	桥头村	世业洲右汊右岸护岸工程附近约 300m		
和畅洲水道	N4	和畅洲洲头	和畅洲洲头及右缘护岸工程附近		
	N5	江心自来水厂	左缘原水源地护岸工程附近		
	N6	和畅洲洲尾	孟家港护岸工程附近		
口岸直水道	N7	雷公岛水产养殖场	落成洲右汊右岸下段护岸工程附近 300m		
	N8	扬中市经济开发区五跃村	鳗鱼沙右槽右岸下段护岸工程附近 800m		

（二）监测结果

（1）施工期

监测结果详见表6.1-20~表6.1-22。从监测结果可知，施工期仪征水道先锋村、仪征十二圩和桥头村昼间噪声范围分别为43.9~57.1dB(A)、43.0~61.7dB(A)、46.3~59.1dB(A)，其中仅仪征十二圩测点在2016年8月有一次超出2类标准限值60dB(A)，超标主要原因是周边有蝉鸣。施工期仪征水道先锋村、仪征十二圩和桥头村夜间噪声范围分别为37.5~53.8dB(A)、39.5~54.1dB(A)、39.1~50.3dB(A)，先锋村、仪征十二圩在2016年8月有一次监测值超出2类标准限值50dB(A)，桥头村在2015年12月有一次监测值超出2类标准限值，超标主要原因是有车辆经过、居民家犬吠。

仪征水道施工期各监测点噪声监测数据表（单位：dB）　　　　表6.1-20

监测月份	昼 间			夜 间		
	N1	N2	N3	N1	N2	N3
201508	54.7	53.9	51	42.9	41.1	40.7
201509	48.5	52.8	52.5	39.2	42.8	49.5
201511	47.8	45.8	48.1	40.1	40.2	41.3
201512	48.9	56.4	53.6	45.0	43.4	50.3
201601	46.4	53.2	48.2	39.3	45.3	44.3
201602	53.7	54.0	52.8	46.9	45.2	48.4
201603	51.4	52.8	49.6	44.8	39.5	40.2
201604	55.9	60.0	57.9	41.9	43.3	40.9
201605	50.3	48.1	46.3	41.6	48.4	46.4
201606	47.5	49.5	49.5	44.2	46.0	48.0
201608	51.6	61.7	58.8	53.8	54.1	45.5
201609	56.7	58.1	59.1	44.2	49.0	47.6
201610	57.1	58.8	57.8	47.6	47.3	40.9
201611	47.7	48.6	49.8	42.2	48.1	42.4
201612	43.9	55.1	58.9	41.3	45.2	44.9
201701	52.8	53.7	55.9	37.5	41.2	42.1
201702	47.3	50.4	55.9	44.4	43.1	39.1
201703	54.0	56.6	53.4	43.8	47.4	49.3
201704	45.5	49.7	49.7	46.4	45.3	49.0
201705	48.4	43.0	47.7	47.2	42.0	42.4
201706	46.4	52.8	49.1	41.2	49.7	40.0
最小值	43.9	43	46.3	37.5	39.5	39.1
最大值	57.1	61.7	59.1	53.8	54.1	50.3
标准值	≤60dB(A)			≤50dB(A)		

第6章 生态效果监测及分析

和畅洲水道施工期各监测点噪声监测数据表(单位:dB)　　表 6.1-21

监测月份	昼间			夜间		
	N4	N5	N6	N4	N5	N6
201508	52.9	57.9	42.9	42.4	42.1	40.1
201509	43.8	50.6	50.7	37.9	44.5	36.7
201511	47.2	47.3	46.5	41.0	38.9	40.0
201512	53.3	54.1	47.6	46.8	48.2	47.5
201601	44.7	45.8	45.2	39.4	38.2	43.4
201602	51.3	56.1	52.3	44.4	45.8	42.8
201603	48.5	49.0	49.1	39.7	38.7	39.6
201604	54.4	52.2	58.5	42.2	41.4	42.5
201605	50.5	51.0	47.2	43.4	47.8	43.3
201606	49.6	51.6	48.7	48.7	46.2	48.2
201608	58.1	52.4	53.6	50.3	50.2	49.8
201609	57.7	56.5	59.0	41.9	46.8	46.0
201610	56.5	56.0	59.2	47.5	44.3	44.4
201611	42.8	45.8	47.8	46.0	47.8	46.3
201612	54.9	55.7	42.1	49.0	49.5	39.6
201701	49.8	54.0	45.0	46.8	44.1	40.9
201702	58.2	54.9	47.6	43.3	44.3	46.3
201703	56.1	51.6	53.9	40.9	45.0	48.0
201704	50.0	52.0	47.8	44.4	49.5	46.4
201705	52.9	49.1	48.2	47.5	47.6	44.9
201706	46.8	46.1	46.9	45.1	36.8	42.2
最小值	42.8	45.8	42.1	37.9	36.8	36.7
最大值	58.2	57.9	59.2	50.3	50.2	49.8
标准值	≤60dB(A)			≤50dB(A)		

口岸直水道施工期各监测点噪声监测数据表(单位:dB)　　表 6.1-22

监测月份	昼间		夜间	
	N7	N8	N7	N8
201508	51.4	53.5	37.4	53.6
201509	47.6	51.9	40.6	47.5
201511	48.1	46.7	40.5	39.8
201512	47.4	44.7	47.8	37.8
201601	46.7	43.6	41.8	39.8
201602	58.2	55.6	43.3	43.0
201603	48.7	50.1	39.6	40.3
201604	51.9	53.2	41.1	43.5
201605	48.7	43.5	44.5	44.9

续上表

监测月份	昼间		夜间	
	N7	N8	N7	N8
201606	45.6	46.8	44.9	45.6
201608	60.0	58.3	53.9	57.3
201609	58.1	55.8	48.2	43.9
201610	55.9	59.7	42.9	45.1
201611	51.3	52.4	41.2	40.7
201612	47.3	44.3	43.1	41.6
201701	57.4	48.0	41.1	44.4
201702	55.3	51.5	42.3	39.4
201703	55.5	55.7	46.5	44.0
201704	50.8	54.6	44.9	49.4
201705	47.5	51.6	46.0	47.7
201706	46.3	46.7	44.3	41.1
最小值	45.6	43.5	37.4	37.8
最大值	60	59.7	53.9	57.3
标准值	≤60dB(A)		≤50dB(A)	

施工期和畅洲水道和畅洲洲头、江心自来水厂和和畅洲洲尾昼间噪声范围分别为42.8~58.2dB(A)、45.8~57.9dB(A)、42.1~59.2dB(A),均满足2类标准要求。施工期和畅洲水道和畅洲洲头、江心自来水厂和和畅洲洲尾夜间噪声范围分别为37.9~50.3dB(A)、36.8~50.2dB(A)、36.7~49.8dB(A),仅2016年8月江心自来水厂和和畅洲洲尾超出2类标准限值50dB(A),超标原因是周边有村民谈话路过。

施工期口岸直水道雷公岛水产养殖场、五跃村昼间噪声范围分别为45.6~60.0dB(A)、43.5~59.7dB(A),均满足2类标准要求。施工期口岸直水道雷公岛水产养殖场、五跃村夜间噪声范围分别为37.4~53.9dB(A)、37.8~57.3dB(A),雷公岛水产养殖场在2016年8月,五跃村在2015年8月和2016年8月噪声超出2类标准限值50dB(A)。夜间噪声超标原因为周围有狗叫及车辆通过。

(2)试运行期

监测结果见表6.1-23~表6.1-25。由监测数据可知,各监测点的昼间噪声值范围为46.5~49.6dB(A),夜间噪声值范围为40.2~44.1dB(A),均可满足《声环境质量标准》(GB 3096—2008)2类标准限值。

仪征水道试运行期各监测点噪声监测数据表(单位:dB)　　　　　表6.1-23

监测月份	昼间			夜间		
	N1	N2	N3	N1	N2	N3
201805	48.7	49.6	48.2	42.1	43.2	44.1
201806	48.1	48.7	47.2	43.2	42.1	43.4
标准值	≤60dB(A)			≤50dB(A)		

第6章 生态效果监测及分析

和畅洲水道试运行期各监测点噪声监测数据表（单位：dB） 表6.1-24

监测月份	昼间			夜间		
	N4	N5	N6	N4	N5	N6
201805	48.7	47.2	48.2	42.9	41.3	43.9
201806	49.1	48.4	47.4	43.2	42.9	42.5
标准值	≤60dB(A)			≤50dB(A)		

口岸直水道试运行期各监测点噪声监测数据表（单位：dB） 表6.1-25

监测月份	昼间		夜间	
	N7	N8	N7	N8
201805	46.5	49.2	40.2	43.9
201806	48.4	48.7	40.9	42.9
标准值	≤60dB(A)		≤50dB(A)	

试运行期地方海事部门通过加强运营船舶管理和监督工作，对于主辅机噪声超过规定标准的船舶，采取有效控制主辅机噪声排放，采取改造、安装消声器及增加机舱降噪设施等措施。同时加大监管力度，机动车船在长江航道航行，必须按照规定使用声响设备，查处船舶违规使用声响设备的行为。

长江两岸沿江居民距离航道中心线均在1km以上，因此试运行期航行船舶噪声影响范围主要是堤外及江面上，不会对沿线居民造成影响。

6.1.4 水生生物

（一）调查时间、地点、内容

中国水产科学研究院淡水渔业中心分别于2016年6月、2016年10月、2017年6月、2017年10月、2018年5月在工程所在河段开展水生生态调查，分别在仪征水道世业洲水域、和畅洲水域、口岸直水道落成洲水域、福姜沙水域及靖江鳜鱼中华绒螯蟹国家级水产种质资源保护区水域、如皋刀鲚国家级水产种质资源保护区水域设置了18个、18个、18个、20个、12个站点，共86个站点。除如皋刀鲚国家级水产种质资源保护区水域的12个站点为新增点位外，其他74个站点均与环评阶段现状调查点保持一致。采样站点位置和地理坐标见表6.1-26。

水生生态、早期资源、拖网鱼类调查点位一览表 表6.1-26

水域	站号	经度	纬度	调查内容
仪征水道世业洲水域	1	119°23′40.96″E	32°13′47.37″N	浮游生物、底栖动物、鱼卵仔鱼
	2	119°23′26.27″E	32°13′57.09″N	浮游生物、底栖动物、鱼卵仔鱼
	3	119°23′10.40″E	32°14′6.82″N	浮游生物、底栖动物、鱼卵仔鱼
	4	119°21′18.19″E	32°13′59.58″N	浮游生物、底栖动物、鱼卵仔鱼
	5	119°21′14.33″E	32°13′46.57″N	浮游生物、底栖动物、鱼卵仔鱼
	6	119°21′9.83″E	32°13′35.17″N	浮游生物、底栖动物、鱼卵仔鱼
	7	119°15′38.84″E	32°13′55.34″N	浮游生物、底栖动物、鱼卵仔鱼

续上表

水　域	站号	经　　度	纬　度	调查内容
仪征水道世业洲水域	8	119°15′37.21″E	32°14′4.77″N	浮游生物、底栖动物、鱼卵仔鱼、鱼类
	9	119°15′35.73″E	32°14′19.15″N	浮游生物、底栖动物、鱼卵仔鱼
	10	119°13′37.70″E	32°13′59.76″N	浮游生物、底栖动物、鱼卵仔鱼
	11	119°13′25.58″E	32°13′29.91″N	浮游生物、底栖动物、鱼卵仔鱼
	12	119°13′15.56″E	32°13′2.30″N	浮游生物、底栖动物、鱼卵仔鱼
	13	119°15′2.68″E	32°12′8.93″N	浮游生物、底栖动物、鱼卵仔鱼
	14	119°15′19.76″E	32°12′28.51″N	浮游生物、底栖动物、鱼卵仔鱼、鱼类
	15	119°15′36.89″E	32°12′53.00″N	浮游生物、底栖动物、鱼卵仔鱼
	16	119°21′18.51″E	32°12′25.35″N	浮游生物、底栖动物、鱼卵仔鱼
	17	119°21′31.38″E	32°12′10.39″N	浮游生物、底栖动物、鱼卵仔鱼
	18	119°21′43.47″E	32°11′57.71″N	浮游生物、底栖动物、鱼卵仔鱼
口岸直水道落成洲水域	1	119°41′8.37″E	32°16′57.71″N	浮游生物、底栖动物、鱼卵仔鱼
	2	119°41′51.44″E	32°16′57.71″N	浮游生物、底栖动物、鱼卵仔鱼、鱼类
	3	119°42′24.81″E	32°15′57.71″N	浮游生物、底栖动物、鱼卵仔鱼
	4	119°42′5.51″E	32°18′57.71″N	浮游生物、底栖动物、鱼卵仔鱼
	5	119°42′11.24″E	32°18′57.71″N	浮游生物、底栖动物、鱼卵仔鱼
	6	119°42′18.13″E	32°18′57.71″N	浮游生物、底栖动物、鱼卵仔鱼
	7	119°40′48.96″E	32°19′57.71″N	浮游生物、底栖动物、鱼卵仔鱼
	8	119°40′56.01″E	32°19′57.71″N	浮游生物、底栖动物、鱼卵仔鱼
	9	119°41′3.33″E	32°19′57.71″N	浮游生物、底栖动物、鱼卵仔鱼
	10	119°43′47.74″E	32°19′57.71″N	浮游生物、底栖动物、鱼卵仔鱼
	11	119°43′53.94″E	32°18′57.71″N	浮游生物、底栖动物、鱼卵仔鱼
	12	119°44′2.95″E	32°18′57.71″N	浮游生物、底栖动物、鱼卵仔鱼、鱼类
	13	119°47′53.81″E	32°19′57.71″N	浮游生物、底栖动物、鱼卵仔鱼
	14	119°47′49.75″E	32°19′57.71″N	浮游生物、底栖动物、鱼卵仔鱼
	15	119°47′49.99″E	32°18′57.71″N	浮游生物、底栖动物、鱼卵仔鱼
	16	119°44′49.69″E	32°18′57.71″N	浮游生物、底栖动物、鱼卵仔鱼
	17	119°44′52.19″E	32°17′57.71″N	浮游生物、底栖动物、鱼卵仔鱼、鱼类
	18	119°44′55.40″E	32°17′57.71″N	浮游生物、底栖动物、鱼卵仔鱼
和畅洲水域	1	119°32′48.17″E	32°11′29.33″N	浮游生物、底栖动物、鱼卵仔鱼
	2	119°33′0.82″E	32°11′46.96″N	浮游生物、底栖动物、鱼卵仔鱼
	3	119°33′12.85″E	32°12′6.41″N	浮游生物、底栖动物、鱼卵仔鱼
	4	119°36′8.94″E	32°11′8.77″N	浮游生物、底栖动物、鱼卵仔鱼
	5	119°36′10.55″E	32°11′21.63″N	浮游生物、底栖动物、鱼卵仔鱼、鱼类
	6	119°36′14.05″E	32°11′39.08″N	浮游生物、底栖动物、鱼卵仔鱼

续上表

水　域	站号	经　　度	纬　　度	调查内容
和畅洲水域	7	119°37′45.34″E	32°12′4.83″N	浮游生物、底栖动物、鱼卵仔鱼
	8	119°37′51.06″E	32°11′46.74″N	浮游生物、底栖动物、鱼卵仔鱼
	9	119°37′57.23″E	32°11′29.74″N	浮游生物、底栖动物、鱼卵仔鱼
	10	119°30′5.79″E	32°16′5.22″N	浮游生物、底栖动物、鱼卵仔鱼
	11	119°29′50.78″E	32°15′32.47″N	浮游生物、底栖动物、鱼卵仔鱼、鱼类
	12	119°29′33.70″E	32°18′58.92″N	浮游生物、底栖动物、鱼卵仔鱼
	13	119°34′30.77″E	32°14′31.88″N	浮游生物、底栖动物、鱼卵仔鱼
	14	119°34′41.12″E	32°14′09.02″N	浮游生物、底栖动物、鱼卵仔鱼
	15	119°34′47.33″E	32°14′54.94″N	浮游生物、底栖动物、鱼卵仔鱼
	16	119°36′27.71″E	32°14′34.52″N	浮游生物、底栖动物、鱼卵仔鱼
	17	119°36′28.75″E	32°14′15.17″N	浮游生物、底栖动物、鱼卵仔鱼
	18	119°36′46.34″E	32°14′00.22″N	浮游生物、底栖动物、鱼卵仔鱼
福姜沙水域和靖江鳜鱼中华绒螯蟹国家级水产种质资源保护区	1	120°28′11.68″E	32°3′31.08″N	浮游生物、底栖动物、鱼卵仔鱼
	2	120°27′56.27″E	32°3′47.43″N	浮游生物、底栖动物、鱼卵仔鱼
	3	120°27′41.88″E	32°4′9.00″N	浮游生物、底栖动物、鱼卵仔鱼
	4	120°29′28.30″E	32°3′42.12″N	浮游生物、底栖动物、鱼卵仔鱼
	5	120°29′24.43″E	32°4′5.47″N	浮游生物、底栖动物、鱼卵仔鱼
	6	120°29′21.80″E	32°4′27.35″N	浮游生物、底栖动物、鱼卵仔鱼
	7	120°32′9.50″E	32°1′49.11″N	浮游生物、底栖动物、鱼卵仔鱼
	8	120°32′9.31″E	32°1′5.00″N	浮游生物、底栖动物、鱼卵仔鱼
	9	120°32′2.45″E	32°0′26.07″N	浮游生物、底栖动物、鱼卵仔鱼
	10	120°29′40.32″E	32°2′27.10″N	浮游生物、底栖动物、鱼卵仔鱼
	11	120°29′38.17″E	32°1′53.72″N	浮游生物、底栖动物、鱼卵仔鱼
	12	120°29′18.77″E	32°1′23.13″N	浮游生物、底栖动物、鱼卵仔鱼
	13	120°28′36.34″E	32°1′32.87″N	浮游生物、底栖动物、鱼卵仔鱼
	14	120°28′35.31″E	32°2′5.28″N	浮游生物、底栖动物、鱼卵仔鱼
	15	120°28′25.58″E	32°1′44.37″N	浮游生物、底栖动物、鱼卵仔鱼
	16	120°25′40.10″E	32°1′15.35″N	浮游生物、底栖动物、鱼卵仔鱼
	17	120°25′11.60″E	32°1′47.06″N	浮游生物、底栖动物、鱼卵仔鱼
	18	120°24′37.18″E	32°2′21.09″N	浮游生物、底栖动物、鱼卵仔鱼、鱼类
	19	120°21′57.79″E	31°58′50.41″N	浮游生物、底栖动物、鱼卵仔鱼
	20	120°20′29.05″E	31°59′44.68″N	浮游生物、底栖动物、鱼卵仔鱼
长江如皋段刀鲚国家级水产种质资源保护区水域	1	120°31′59.75″E	32°3′51.59″N	浮游生物、底栖动物、鱼卵仔鱼
	2	120°31′56.72″E	32°3′35.93″N	浮游生物、底栖动物、鱼卵仔鱼、鱼类
	3	120°31′58.08″E	32°3′18.20″N	浮游生物、底栖动物、鱼卵仔鱼

续上表

水域	站号	经度	纬度	调查内容
长江如皋段刀鲚国家级水产种质资源保护区水域	4	120°32′43.53″E	32°3′32.99″N	浮游生物、底栖动物、鱼卵仔鱼
	5	120°33′7.78″E	32°3′19.75″N	浮游生物、底栖动物、鱼卵仔鱼
	6	120°33′59.26″E	32°3′53.44″N	浮游生物、底栖动物、鱼卵仔鱼
	7	120°34′7.81″E	32°3′41.36″N	浮游生物、底栖动物、鱼卵仔鱼
	8	120°34′19.36″E	32°3′34.73″N	浮游生物、底栖动物、鱼卵仔鱼
	9	120°34′36.54″E	32°2′4.71″N	浮游生物、底栖动物、鱼卵仔鱼、鱼类
	10	120°34′20.95″E	32°2′0.81″N	浮游生物、底栖动物、鱼卵仔鱼
	11	120°35′32.84″E	32°1′25.78″N	浮游生物、底栖动物、鱼卵仔鱼
	12	120°34′33.01″E	32°1′24.77″N	浮游生物、底栖动物、鱼卵仔鱼

调查内容：浮游植物、浮游动物、底栖动物，主要调查内容为物种组成、群落优势种、多样性特征、密度和生物量及时空变化等。

（二）采样与鉴定方法

（1）浮游植物

有机玻璃采水器采取水样500mL，用15%（加入7.5mL）鲁哥氏液固定避光保存，带回试验室静置24～36h后进行定量测定。取0.1mL水样于计数框中，在10×40显微镜下计数，计算出单位体积内浮游植物的数量，用以表征浮游植物密度测定。

（2）浮游动物

定量监测：用有机玻璃采水器采取表层（0.5m以下）水样50L，使用13号浮游动物网过滤，经5%福尔马林溶液固定后带回试验室进行称重、分类、鉴定和计数。

定性监测：使用大型浮游动物网从底至表层垂直拖网获取，经5%福尔马林溶液固定后带回试验室进行称重、分类、鉴定和计数。

（3）底栖动物

使用1/40彼得森采泥器采集泥样，每个样点采集三次。将泥样经60目不锈钢筛网筛洗后，置白瓷盘活体挑出底栖动物，以5%（体积分数）福尔马林溶液固定，并在显微镜和解剖镜下分类、计数。软体动物鉴定到种；水生昆虫（除摇蚊科幼虫）至少鉴定到科；水栖寡毛类和摇蚊科幼虫至少鉴定到属。鉴定水栖寡毛类和摇蚊科幼虫时，制片，并在解剖镜或显微镜下进行，一般用甘油作透明剂。

（三）评价方法

（1）优势种

使用优势度值（Y）来确定浮游生物在群落中的重要性，将$Y \geq 0.02$的种类定为优势种。

$$Y = (n/N)y$$

式中，n为物种的个体数；N为所有种类总个体数；y为出现频率。

（2）多样性指数

信息指数和均匀度指数的计算采用香农—威纳（Shannon-Wiener）和皮卢（Pielou）公式：

$$H' = -\sum P_i \ln P_i$$

$$E = H/H_{\max}$$

其中，$P_i = N_i/N$，$H_{\max} = \ln S$

式中，H' 为实际观察的信息指数；E 为均匀度指数；N_i 为 i 种物种密度（ind./L）；N 为群落中所有物种的总密度（ind./L）；S 为群落中的总物种数。

（3）多样性指数分级评价

根据多样性指数的大小可将其分为 5 级，Ⅰ级，指数<0.6，表明群落多样性差；Ⅱ级，指数介于 0.6~1.5 之间，表明群落多样性一般；Ⅲ级，指数介于 1.6~2.5，表明群落多样性较好；Ⅳ级，指数介于 2.6~3.5，表明群落多样性丰富；Ⅴ级，指数>3.5，表明群落多样性非常丰富。均匀度是实际多样性指数与理论上最大多样性指数的比值，是一个相对值，其数值范围在 0~1 之间，用它来评价生物群落的多样性更为直观、清晰。能够反映出各物种个体数目分配的均匀程度。通常以均匀度指数大于 0.3 作为生物群落多样性较好的标准进行综合评价。一般而言，较为稳定的群落具有较高的多样性和均匀度。

（四）调查结果

1）浮游植物

（1）浮游植物种类

在 2016 年 6 月至 2018 年 5 月对本工程施工的 5 处水域的 5 次调查中，共鉴定出浮游植物蓝藻门（Cyanophyta）、硅藻门（Bacillariophyta）、裸藻门（Euglenophyta）、绿藻门（Chlorophyta）、隐藻门（Cryptophyta）、金藻门（Chrysophyta）、甲藻门（Pyrrophyta）和黄藻门（Xanthophyta）8 门 66 属 148 种（包括变种和变型）。其中绿藻门最多，共 25 属 59 种，占浮游植物种类总数的 39.9%；其次为硅藻门（17 属 43 种），占 29.1%；蓝藻门（10 属 22 种），占 14.9%；裸藻门（4 属 13 种），占 8.8%，其他门类种类数稍少。其中世业洲段鉴定 94 种、和畅洲段鉴定 110 种、落成洲段鉴定 113 种、靖江段鉴定 110 种，如皋段鉴定 88 种。具体浮游植物调查名录见表 6.1-27。

5 次调查浮游植物调查名录　　　　　　　　　　　　表 6.1-27

种　　类	种　　类
蓝藻门（Cyanophyta）①	陀螺藻 Strombomonas sp.
颤藻 Oscillatoria sp.	鱼形裸藻 Euglena pisciformis
点状平裂藻 Merismopedia punciata	圆形陀螺藻 Strombomonas rotunda
假鱼腥藻属 Pseudanabaena sp1.	绿藻门（Chlorophyta）
假鱼腥藻属 Pseudanabaena sp2.	扁盘栅藻 Scenedesmus platydiscus
尖细颤藻 Oscillatoria acuminata	波吉卵囊藻 Oocystis borgei
聚球藻属 Synechococcus	丛球韦斯藻 Westilla botryoides
卷曲鱼腥藻 Anabaena circinalis	单角盘星藻 Pediastrum simplex
凯氏鱼腥藻 Anabaena kisseleviana	单角盘星藻具孔变种 Pediastrum simplex var.duodenarium
螺旋鱼腥藻 Anabaena spiroides	顶锥十字藻 Crucigenia apiculata
螺旋藻 Spirulina sp.	端尖月牙藻 Selenastrum westii
膨胀色球藻 Chroococcus turgidus	多芒藻 Golenkinia radiata
色球藻 Chroococcus sp.	二角盘星藻 Pediastrum duplex

续上表

种　类	种　类
束丝藻 Aphanizomenon sp.	二形栅藻 Scenedesmus dimorphus
水华束丝藻 Aphanizomenon flos-aquae	肥壮蹄形藻 Kirchneriella obesa
微囊藻 Microcystis sp.	丰富栅藻 Scenedesmus abundans
微囊藻 Microcystis spp.	弓形藻 Schroederia setigera
微小平裂藻 Merismopedia minima	河生集星藻 Actinnastrum fluviatile
为首螺旋藻 Spirulina princeps	湖生卵囊藻 Oocystis lacustris
细小平裂藻 Merismopedia tenuissima	华美十字藻 Crucigenia lauterbornii
鱼腥藻 Anabaena sp.	尖角翼膜藻 Pteromonas aculeata
针晶蓝纤维藻 Dactylococcopsis rhaphidioides	尖细栅藻 Scenedesmus acuminatus
针状蓝纤维藻 Dactylococcopsis acicularis	尖新月藻 Closterium acutum
硅藻门(Diatom)	娇柔塔胞藻 Pyramimonas delicatula
扁圆卵形藻 Cocconeis placentula	颗粒栅藻 Scenedesmus granulatus
变异直链藻 Melosira varians	空星藻 Coelastrum sphaericum
布纹藻 Gyrosigma sp.	镰形纤维藻 Ankistrodesmus falcatus
短线脆杆藻 Fragilaria brevistriata	螺旋弓形藻 Schroederia spiralis
短小曲壳藻 Achnanthes exigua	美丽网球藻 Dictyosphaerium pulchellum
钝脆杆藻 Fragilaria capucina	拟菱形弓形藻 Schroederia nitzschioides
谷皮菱形藻 Nitzschia palea	扭曲蹄形藻 Kirchneriella contorta
喙头舟形藻 Tribonematales Pasch sp.	盘藻 Gonium pectorale
尖布纹藻 Gyrosigma acuminatum	平滑四星藻 Tetrastrum glabrum
尖菱形藻 Nitzschia acula	三角四角藻 Tetraedron trigonum
尖头舟形藻 Naviculaceae cuspidata	三角四角藻乳突变种 Tetraedron trigonum var.papilliferum
尖针杆藻 Synedra acus	三角四角藻小型变种 Tetraedron trigonum var.gracile
近棒形异极藻 Gomphonema subclavatum	双对栅藻 Scenedesmus bijuga
近缘桥弯藻 Cymbella affinis	双棘栅藻 Scenedesmus bicaudatus
颗粒直链藻 Melosira granulata	双尾栅藻四棘变种 Scenedesmus bicaudatus var. quadrispina
颗粒直链藻螺旋变种 Melosira granulata var.spiralis	丝藻 Ulothrix sp.
颗粒直链藻纤细变种 Melosira granulata var.angutissima	斯氏盘星藻 Pediastrum sturmii
莱维迪菱形藻 Nitzschia levidensis	四鞭藻 Carteria sp.
类S菱形藻 Nitzschia sigmoidea	四角盘星藻 Pediastrum tetras
菱板藻 Nitzschia sp.	四刺顶棘藻 Chodatella quadriseta
菱形藻 Nitzschia sp.	四角盘星藻 Pediastrum tetras
卵形双菱藻羽纹变种 Surirella ovata var.pinnata	四角十字藻 crucigenia quadrata
梅尼小环藻 Cyclotella meneghiniana	四尾栅藻 Scenedemus quadricauda
美丽星杆藻 Asterionella formsa	四尾栅藻四棘变种 Scenedemus quadricauda var. quadrispina
膨大桥弯藻 Cymbella turgida	四尾栅藻小型变种 Scenedemus quadricauda var. parvus

续上表

种　类	种　类
膨胀桥弯藻 Cymbella tumida	四足十字藻 Crucigenia tetrapedia
普通等片藻 Diatoma vulgare	网状空星藻 Coelastrum reticulatum
桥弯藻 Cymbella sp.	微小四角藻 Tetraedron minimum
曲壳藻 Achnanthes sp.	狭形纤维藻 Ankistrodesmus angustus
斯潘塞布纹藻 Gyrosigma spenceri	小空星藻 Coelastrum microporum
塔形异极藻 Gomphonema turris	小球藻 Chlorella vulgaris
线性菱形藻 Nitzschia linearis	小型月牙藻 Selenastrum minutum
箱形桥弯藻 Cymbella cistula	新月藻 Closterium sp.
胸膈藻 Mastogloia Thwaites sp.	衣藻 Chlamydomonas sp.
异极藻 Gomphonema sp.	游丝藻 Planctonema lauterbornii
扎卡四棘藻 Attheya zachariasi	长绿梭藻 Chlorogonium elongatum
窄异极藻 Gomphonema angustatum	针状纤维藻 Ankistrodesmus acicularis
长刺根管藻 Rhizosolenia longiseta	直角十字藻 Crucigenia rectangularis
针杆藻属 Synedra sp.	转板藻 Mougeotia sp.
针形菱形藻 Nitzschia acicularis	隐藻门（Cryptophyta）
舟形藻 Navicula sp.	尖尾蓝隐藻 Chroomonas acuta
肘状针杆藻 Synedra ulna	卵形隐藻 Cryptomonas ovata
肘状针杆藻二头变种 Synedra ulna var.biceps	啮蚀隐藻 Cryptomonas erosa
裸藻门（Euglenophyta）	金藻门（Chrysophyta）
博里斯陀螺藻 Strombomonas borystheniensis	鱼鳞藻 Mallomonas sp.
糙纹囊裸藻 Trachelomonas scabra	圆筒形锥囊藻 Dinobryon cylindricum
河生陀螺藻 Strombomonas fluviatilis	甲藻门（Pyrrophyta）
尖尾裸藻 Euglena oxyuris	薄甲藻 Glenodinium sp.
矩圆囊裸藻 Trachelomonas oblonga	多甲藻 Peridinium sp.
裸藻 Euglena sp.	飞燕角甲藻 Ceratium hirundinella
绿裸藻 Euglena virids	裸甲藻 Gymnodimium sp.
拟尖尾裸藻 Euglena oxyuropsis	黄藻门（Xanthophyta）
三棱扁裸藻 Phacus triqueter	黄丝藻 Tribonematales sp.
梭形裸藻 Euglena acus	头状黄管藻 Ophiocytium capitatum

注：①括号中为该类生物门类的希腊学名。

（2）浮游植物优势种

以优势度指数 $Y>0.02$ 定位浮游植物优势种，5 处调查水域 2016 年 6 月浮游植物的优势类群共计 4 门 9 属 9 种。2016 年 10 月优势类群共计 4 门 10 属 10 种，2017 年 6 月优势类群共计 4 门 9 属 10 种，2017 年 10 月优势类群共计 3 门 6 属 7 种，2018 年 5 月优势类群共计 4 门 10 属 12 种，详见图 6.1-26。浮游植物优势种的空间分布情况详见表 6.1-28。

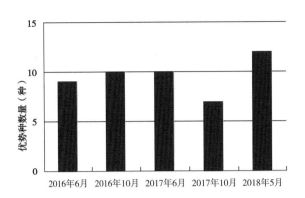

图 6.1-26 不同调查时期浮游植物优势种数量变化

浮游植物优势种空间分布　　　　　　　　　　　　　　　　　表 6.1-28

时间	优势种类(种)	优势洲	优势门类	优势种
2016年6月	9种	世业洲	硅藻门	梅尼小环藻、颗粒直链藻、尖针杆藻
		和畅洲	硅藻门	梅尼小环藻、颗粒直链藻
		落成洲	蓝藻门、绿藻门、隐藻门	颤藻、游丝藻、尖尾蓝隐藻
		靖江	蓝藻门、硅藻门、隐藻门	微囊藻属一种、梅尼小环藻、尖尾蓝隐藻
		如皋	绿藻门、硅藻门、隐藻门	衣藻、梅尼小环藻、尖针杆藻、啮蚀隐藻
2016年10月	10种	世业洲	蓝藻门、硅藻门、绿藻门	假鱼腥藻属一种、微囊藻属一种
		和畅洲	蓝藻门、硅藻门、隐藻门	假鱼腥藻属一种、梅尼小环藻、针杆藻属一种、尖尾蓝隐藻
		落成洲	蓝藻门、硅藻门、绿藻门	假鱼腥藻属一种、尖针杆藻、变异直链藻、丝藻属一种
		靖江	蓝藻门、硅藻门、绿藻门	假鱼腥藻属一种、梅尼小环藻、丝藻属一种
		如皋	蓝藻门、绿藻门	假鱼腥藻属一种、丝藻属一种
2017年6月	10种	世业洲	硅藻门、绿藻门	针杆藻属、梅尼小环藻、颗粒直链藻、舟形藻、水华束丝藻
		和畅洲	硅藻门	梅尼小环藻、颗粒直链藻、针杆藻属、舟形藻
		落成洲	绿藻门、隐藻门、硅藻门	四尾栅藻，绿藻门的尖尾蓝隐藻、啮蚀隐藻，硅藻门的针杆藻属、梅尼小环藻和舟形藻
		靖江	硅藻门、绿藻门、隐藻门	针杆藻属、梅尼小环藻，隐藻门的尖尾蓝隐藻，绿藻门的游丝藻
		如皋	绿藻门、隐藻门、硅藻门	四尾栅藻，硅藻门的梅尼小环藻、针杆藻属，隐藻门的尖尾蓝隐藻
2017年10月	7种	世业洲	硅藻门、隐藻门	针杆藻属、梅尼小环藻、颗粒直链藻，隐藻门的尖尾蓝隐藻
		和畅洲	蓝藻门、硅藻门	微囊藻属的一种、假鱼腥藻属一种、梅尼小环藻、颗粒直链藻、针杆藻属
		落成洲	蓝藻门、硅藻门	假鱼腥藻属一种、梅尼小环藻、针杆藻属、颗粒直链藻
		靖江	硅藻门	针杆藻属一种、梅尼小环藻、颗粒直链藻
		如皋	蓝藻门、硅藻门	假鱼腥藻属一种、梅尼小环藻、针杆藻属、颗粒直链藻

续上表

时间	优势种类(种)		优势门类	优势种
2018年5月	12种	世业洲	硅藻门、蓝藻门、隐藻门	针杆藻属、梅尼小环藻、谷皮菱形藻、尖针杆藻、微小平裂藻、尖尾蓝隐藻和啮蚀隐藻
		和畅洲	硅藻门、隐藻门、绿藻门	梅尼小环藻、谷皮菱形藻、尖针杆藻、尖尾蓝隐藻、丝藻属的一种
		落成洲	蓝藻门、隐藻门、硅藻门	假鱼腥藻属、颤藻属、尖尾蓝隐藻、梅尼小环藻
		靖江	蓝藻门、隐藻门、硅藻门	梅尼小环藻、针杆藻属、谷皮菱形藻、尖尾蓝隐藻、假鱼腥藻属
		如皋	硅藻门、隐藻门、蓝藻门、绿藻门	梅尼小环藻、针杆藻属、尖尾蓝隐藻、啮蚀隐藻、鱼腥藻属、细小平裂藻、丝藻属的一种

(3)浮游植物现存量

通过对2016年6月至2018年5月共5次的调查数据分析,浮游植物现存量在空间上(不同调查水域)表现出明显的不同。靖江段:浮游植物密度为$0.34\times10^5\sim7.77\times10^5$ind./L,平均$2.30\times10^5$ind./L;生物量为$0.01\sim0.56$mg/L,平均0.13mg/L。如皋段:浮游植物密度为$0.10\times10^5\sim14.5\times10^5$ind./L,平均$2.32\times10^5$ind./L;生物量为$0.01\sim0.68$mg/L,平均0.13mg/L。落成洲:浮游植物密度为$0.10\times10^5\sim37.3\times10^5$ind./L,平均$4.22\times10^5$ind./L;生物量为$0.01\sim1.88$mg/L,平均0.18mg/L。世业洲:浮游植物密度为$0.26\times10^5\sim8.52\times10^5$ind./L,平均$2.50\times10^5$ind./L;生物量为$0.01\sim0.32$mg/L,平均0.14mg/L。和畅洲:浮游植物密度为$0.05\times10^5\sim8.33\times10^5$ind./L,平均$2.17\times10^5$ind./L;生物量为$0.004\sim1.07$mg/L,平均0.15mg/L。各调查水域的现存量见表6.1-29、表6.1-30。

浮游植物平均密度空间分布($\times10^5$ind./L)　　表6.1-29

调查时间	靖江保护区	如皋保护区	落成洲	世业洲	和畅洲
2016年6月	1.59	0.57	4.62	0.95	0.87
2016年10月	2.70	3.08	4.43	5.15	4.23
2017年6月	2.31	1.89	1.43	1.60	1.48
2017年10月	1.86	1.67	2.47	1.35	2.04
2018年5月	3.05	4.39	8.16	3.10	2.23
平均	2.30	2.32	4.22	2.50	2.17

浮游植物平均生物量空间分布(mg/L)　　表6.1-30

调查时间	靖江保护区	如皋保护区	落成洲	世业洲	和畅洲
2016年6月	0.07	0.04	0.11	0.07	0.10
2016年10月	0.12	0.14	0.14	0.16	0.17
2017年6月	0.15	0.13	0.11	0.13	0.12
2017年10月	0.15	0.13	0.19	0.12	0.14
2018年5月	0.16	0.21	0.34	0.20	0.20
平均	0.13	0.13	0.18	0.14	0.15

(4)浮游植物多样性

在2016年6月至2018年5月对本工程施工的5处水域的5次调查中,各调查水域的浮游植物多样性指数、均匀度指数和丰富度指数变化特征分别见表6.1-31~表6.1-33,多样性指数(又称香农—威纳指数,可简称"香农指数")变化特征分别见图6.1-27~图6.1-31。

浮游植物多样性指数空间分布   表6.1-31

调查时间	靖江保护区	如皋保护区	落成洲	世业洲	和畅洲
2016年6月	1.35	1.41	1.28	1.4	1.06
2016年10月	1.54	1.64	1.56	1.8	1.85
2017年6月	1.95	1.79	2.06	2.02	1.9
2017年10月	1.87	1.97	2.02	1.99	1.89
2018年5月	1.74	1.99	1.75	2.29	2.17

浮游植物均匀度指数空间分布   表6.1-32

调查时间	靖江保护区	如皋保护区	落成洲	世业洲	和畅洲
2016年6月	0.77	0.85	0.51	0.75	0.8
2016年10月	0.62	0.62	0.56	0.64	0.57
2017年6月	0.51	0.43	0.63	0.56	0.59
2017年10月	0.57	0.59	0.57	0.64	0.6
2018年5月	0.67	0.68	0.63	0.77	0.82

浮游植物丰富度指数空间分布   表6.1-33

调查时间	靖江保护区	如皋保护区	落成洲	世业洲	和畅洲
2016年6月	0.41	0.41	0.62	0.45	0.3
2016年10月	0.56	0.65	0.63	0.77	0.83
2017年6月	1.12	1.12	1.02	1.12	0.91
2017年10月	0.92	0.97	1.06	0.91	0.89
2018年5月	0.64	0.84	0.71	0.98	0.82

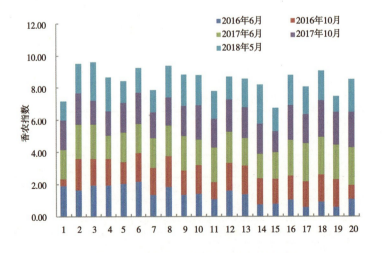

图6.1-27 靖江段5次调查香农指数变化情况

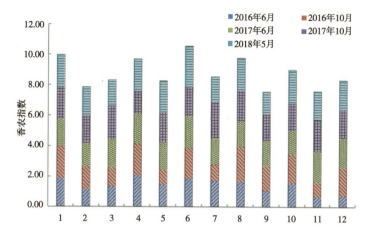

图 6.1-28　如皋段 5 次调查香农指数变化

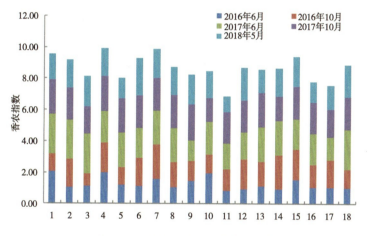

图 6.1-29　落成洲 5 次调查香农指数变化

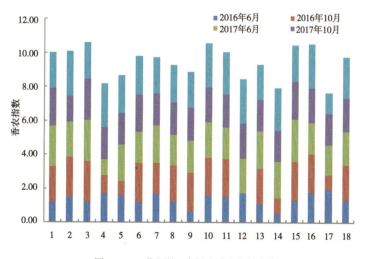

图 6.1-30　世业洲 5 次调查香农指数变化

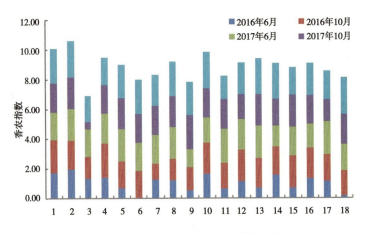

图 6.1-31　和畅洲 5 次调查香农指数变化

2）浮游动物

（1）浮游动物种类

在 2016 年 6 月至 2018 年 5 月对本工程施工的 5 处水域的 5 次调查中，共鉴定出原生动物（Protozoa）、轮虫类（Rotifera）、枝角类（Cladocera）、桡足类（Copepoda）共 4 门 55 属 140 种。其中，原生动物物种数最多，为 21 属 69 种，占浮游动物物种总数的比例为 49.29%；其次为桡足类有 13 属 29 种，占 20.71%；枝角类有 13 属 26 种，占 18.57%；轮虫类有 8 属 16 种，占 11.43%。从上自下，世业洲鉴定 72 种、和畅洲鉴定 69 种、落成洲鉴定 68 种、靖江段鉴定 59 种及如皋段鉴定 46 种。具体浮游动物调查名录见表 6.1-34。

5 次调查浮游动物调查名录　　　　　　　　　　　　　表 6.1-34

原生动物 Protozoa	暗小异尾轮虫 Trichocerca pusilla
安徽似铃壳虫 Tintinnopsis anhuiensis	等刺异尾轮虫 Trichocerca similis
半圆表壳虫 Arcella hemiisphaerica	萼花臂尾轮虫 Brachionus calyciflorus
杯形似铃壳虫 Tintinnopsis cratera	冠饰异尾轮虫 Trichocerca lophoessa
表壳虫 1 Arcella	角突臂尾轮虫 Brachionus angularis
表壳虫 2 Arcella	裂痕龟纹轮虫 Anuraeopsis fissa
表壳虫 3 Arcella	轮虫 Rotifera
钵体似铃壳虫 Tintinnopsis subpistillum	螺形龟甲轮虫 Keratella cochlearis
草履虫 Paramecium sp.	疣毛轮虫 Synchaeta sp.
叉口砂壳虫 Difflugia gramen	曲腿龟甲轮虫 Keratella valaa
淡水麻铃虫 Leprotintinnus fluviatile	小多肢轮虫 Polyarthra minor
淡水筒壳虫 Tintinnidium fluviatile	异尾轮虫 Trichocerca sp.
刀口虫 Spathidium sp.	圆筒异尾轮虫 Trichocerca cylindrica
恩茨筒壳虫 Tintinnidium entzii	长三肢轮虫 Filinia longiseta
烦恼砂壳虫 Difflugia difficilis	针簇多肢轮虫 Polyarthra trigla
管形似铃壳虫 Tintinnopsis tutuformis	枝角类 Cladocera

续上表

简裸口虫 Holophrya simples	船卵溞 Scapholeberis sp.
江苏似铃壳虫 Tintinnopsis kiangsuensis	短尾秀体溞 Diaphanosoma brachyurum
雷殿似铃壳虫 Tintinnopsis leidyi	方形尖额溞 Alona quadrongularia
累枝虫 Epistylis sp.	钩足平直溞 Pleuroxus hamulatus
梨壳虫 Nebla sp.	尖额溞 Alona sp.
梨形四膜虫 Tetrahymena pyrifomis	角突网纹溞 Ceriodaphnia cornuta
馍状圆壳虫 Cyclopyxis deflandrei	近亲裸腹溞 Moina affinis
膜袋虫 Cyclidium sp.	晶莹仙达溞 Sida crystallina
木兰砂壳虫 Difflugia mulanensis	老年低额溞 Simocephalus vetulus
倪氏似铃壳虫 Tintinnopsis niei	卵形盘肠溞 Chydorus ovalis
盘状匣壳虫 Centropyxis discoides	裸腹溞 Moina sp.
普通表壳虫 Arcella vulgaris	美丽网纹溞 Ceriodaphnia pulchella
球形叉口砂壳虫 Difflugia gramen globulosa	拟溞 Daphniopsis sp.
球形砂壳虫 Difflugia globulosa	平突船卵溞 Scapholeberis mucronata
砂壳虫1 Difflugia	三角平直溞 Pleuroxus trigonellus
砂壳虫2 Difflugia	溞属 Daphnia sp.
砂壳虫3 Difflugia	僧帽溞 Daphnia cucullata
砂壳虫4 Difflugia	透明溞 Daphnia hyalina
砂壳虫5 Difflugia	网纹溞 Ceriodaphnia sp.
砂壳虫6 Difflugia	小栉溞 Daphnia cristata
砂壳虫7 Difflugia	鹦鹉溞 Daphnia psittacea
砂壳虫8 Difflugia	蚤状溞 Daphnia pulex
砂壳虫9 Difflugia	长刺溞 Daphnia longispina
砂壳虫10 Difflugia	长额象鼻溞 Bosmina longirostris
似铃壳虫1 Tintinnopsis	长肢秀体溞 Diaphanosoma leuchtenbergianum
似铃壳虫2 Tintinnopsis	指镖水蚤 Acanthodiaptomus sp.
似铃壳虫3 Tintinnopsis	桡足类 Copepoda
似铃壳虫4 Tintinnopsis	Cyclops scutifer
筒壳虫 Tintinnidium sp.	Eucyclops prionophorus
王氏似铃壳虫 Tintinnopsis wangi	垂饰异足水蚤 Heterocope appendiculata
无棘匣壳虫 Centropyxis ecornis	大剑水蚤 Macrocyclops sp.
匣壳虫1 Centropyxis	大尾真剑水蚤 Eucyclops macruroides
匣壳虫2 Centropyxis	灯泡许水蚤 Schmackeria bulbosa
匣壳虫3 Centropyxis	广布中剑水蚤 Mesocyclops leuckarti
匣壳虫4 Centropyxis	近邻剑水蚤 Cyclops vicinus
匣壳虫5 Centropyxis	锯齿真剑水蚤 Eucyclops macruroides denticulatus

续上表

匣壳虫6 Centropyxis	跨立小剑水蚤 Microcyclops varicans
匣壳虫7 Centropyxis	绿色近剑水蚤 Tropocyclops prasinus
侠盗虫 Strobilidium sp.	猛水蚤 Harpacticoida
纤毛虫 Ciliate	某种中剑水蚤 Mesocyclops edax
小澳砂壳虫 Difflugia australis minor	球状许水蚤 Schmackeria forbest
小筒壳虫 Tintinnidium pusillum	桡足幼体 Copepodid
斜管虫 Chilodenella sp.	如愿真剑水蚤 Eucyclops speratus
游仆虫 Euplotes sp.	三色小剑水蚤 Microcyclops tricolor
圆壳虫 Cyclopyxis sp.	剑水蚤1 Cyclopoidea
长颈虫 Dileptus sp.	剑水蚤2 Cyclopoidea
长筒似铃壳虫 Tintinnopsis longus	剑水蚤3 Cyclopoidea
长圆利氏砂壳虫 Difflugia lismorensis elongata	台湾温剑水蚤 Thermocyclops taihokuensis
针棘匣壳虫 Centropyxis aculeata	汤匙华哲水蚤 Sinocalanus dorrii
栉毛虫 Didinium sp.	透明温剑水蚤 Thermocyclops hyalinus
钟虫 Vorticella sp.	无节幼体 Copepod nauplii
锥形似铃壳虫 Tintinnopsis conus	许水蚤 Schmackeria sp.
橡子砂壳虫 Difflugia glans	爪哇小剑水蚤 Microcyclops javanus
鐏形似铃壳虫 Tintinnopsis potiformis	哲水蚤 Calanoida
轮虫类 Rotifera	真剑水蚤 Eucyclops sp.
Trichocerca parvula	棕色大剑水蚤 Macrocyclops fuscus

（2）浮游动物优势种

5处调查水域2016年6月共鉴定浮游动物65种，优势类群共计2类3属；2016年10月共鉴定浮游动物76种，优势类群共计2类5属；2017年6月鉴定浮游动物49种，优势类群共计2类5属；2017年10月鉴定浮游动物44种，优势类群共计2类4属；2018年5月鉴定浮游动物50种，优势类群共计2类4属，详见图6.1-32，浮游动物优势种的空间分布情况详见表6.1-35。

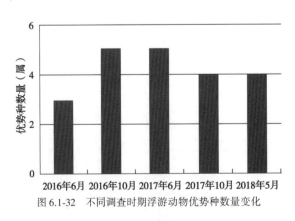

图6.1-32 不同调查时期浮游动物优势种数量变化

浮游动物优势种空间分布

表 6.1-35

时间	优势种类(种)		优势门类	优 势 种
2016年6月	3属	世业洲	原生动物	江苏似铃壳虫、球形砂壳虫、淡水麻铃虫
		和畅洲	原生动物	江苏似铃壳虫、淡水麻铃虫和球形砂壳虫
		落成洲	原生动物	江苏似铃壳虫、球形砂壳虫、淡水麻铃虫和王氏似铃壳虫
		靖江	原生动物	淡水麻铃虫、江苏似铃壳虫、球形砂壳虫
		如皋	原生动物	江苏似铃壳虫、球形砂壳虫、王氏似铃壳虫
2016年10月	5属	世业洲	原生动物	淡水麻铃虫、王氏似铃壳虫、恩茨筒壳虫
		和畅洲	原生动物	淡水麻铃虫、小筒壳虫、恩茨筒壳虫
		落成洲	原生动物、轮虫	淡水麻铃虫、螺形龟甲轮虫
		靖江	原生动物	淡水麻铃虫、小筒壳虫、江苏似铃壳虫
		如皋	原生动物	球形砂壳虫、江苏似铃壳虫、王氏似铃壳虫
2017年6月	5属	世业洲	原生动物、轮虫	江苏似铃壳虫、淡水麻铃虫、螺形龟甲轮虫
		和畅洲	原生动物	淡水麻铃虫、江苏似铃壳虫
		落成洲	原生动物	累枝虫、淡水麻铃虫、江苏似铃壳虫
		靖江	原生动物、轮虫	淡水麻铃虫、江苏似铃壳虫、针簇多肢轮虫
		如皋	原生动物	累枝虫、淡水麻铃虫、江苏似铃壳虫
2017年10月	4属	世业洲	原生动物、轮虫	江苏似铃壳虫、杯形似铃壳虫、王氏似铃壳虫、螺形龟甲轮虫
		和畅洲	原生动物	江苏似铃壳虫、杯形似铃壳虫
		落成洲	原生动物、轮虫	倪氏似铃壳虫、叉口砂壳虫、螺形龟甲轮虫
		靖江	原生动物	鐏形似铃壳虫、江苏似铃壳虫、砂壳虫
		如皋	原生动物、轮虫	圆壳虫、球形砂壳虫、砂壳虫、王氏似铃壳虫、螺形龟甲轮虫
2018年5月	4属	世业洲	原生动物	江苏似铃壳虫、王氏似铃壳虫、淡水麻铃虫
		和畅洲	原生动物	苏似铃壳虫、王氏似铃壳虫、淡水麻铃虫
		落成洲	原生动物	淡水麻铃虫、江苏似铃壳虫、王氏似铃壳虫
		靖江	原生动物、轮虫	淡水麻铃虫、江苏似铃壳虫、针簇多肢轮虫
		如皋	原生动物	淡水麻铃虫、江苏似铃壳虫、恩茨筒壳虫

(3) 浮游动物现存量

通过对2016年6月至2018年5月共5次的调查数据分析,浮游动物现存量在空间上(不同调查水域)表现出明显的不同。靖江段:浮游动物密度为 0.00~1400.45ind./L,平均 264.8ind./L;生物量为 0.001~1.339mg/L,平均 0.043mg/L。如皋段:浮游动物密度为 0.05~2600.50ind./L,平均 365.5ind./L;生物量为 0.0004~0.147mg/L,平均 0.035mg/L。落成洲:浮游动物密度为 0.00~1700.40ind./L,平均 323.1ind./L;生物量为 0.00~0.541mg/L,平均 0.049mg/L。世业洲:浮游动物密度为 0.05~2002.45ind./L,平均 401.9ind./L;生物量为 0.002~0.353mg/L,平均 0.053mg/L。和畅洲:浮游动物密度为 0.10~1400.55ind./L,平均 498.6ind./L;生物量为 0.001~0.311mg/L,平均 0.05mg/L。各调查水域的现存量见表 6.1-36、表 6.1-37。

浮游动物密度空间分布（ind./L）　　　　　　　　　　　表 6.1-36

调查时间	靖江保护区	如皋保护区	落成洲	世业洲	和畅洲
2016年6月	555.86	508.45	822.78	1094.91	861.91
2016年10月	291.18	609.13	362.2	1102.22	778.92
2017年6月	315.61	417.38	89.26	122.96	161.63
2017年10月	60.65	42.08	167.41	67.01	72.71
2018年5月	100.7	250.41	173.49	106	134.15
平均	264.8	365.5	323.1	401.9	498.6

浮游动物生物量空间分布（mg/L）　　　　　　　　　　表 6.1-37

调查时间	靖江保护区	如皋保护区	落成洲	世业洲	和畅洲
2016年6月	0.034	0.026	0.091	0.058	0.049
2016年10月	0.034	0.038	0.02	0.12	0.155
2017年6月	0.107	0.058	0.02	0.031	0.025
2017年10月	0.009	0.016	0.06	0.026	0.01
2018年5月	0.029	0.035	0.054	0.015	0.025
平均	0.043	0.035	0.049	0.053	0.05

（4）浮游动物多样性

在 2016 年 6 月至 2018 年 5 月对本工程施工的 5 处水域的 5 次调查中，各调查水域的浮游动物多样性指数、均匀度指数和丰富度指数变化特征见表 6.1-38～表 6.1-40，多样性指数（香农指数）变化特征见图 6.1-33～图 6.1-37。

浮游动物多样性指数空间分布　　　　　　　　　　　　表 6.1-38

调查时间	靖江保护区	如皋保护区	落成洲	世业洲	和畅洲
2016年6月	0.68	0.82	1.18	1.09	1.02
2016年10月	0.72	0.43	0.94	1.3	1.09
2017年6月	0.5	0.27	0.84	0.96	0.83
2017年10月	0.44	0.79	0.9	0.95	0.65
2018年5月	0.64	0.49	1.03	0.71	0.48

浮游动物均匀度指数空间分布　　　　　　　　　　　　表 6.1-39

调查时间	靖江保护区	如皋保护区	落成洲	世业洲	和畅洲
2016年6月	0.4	0.68	0.43	0.46	0.42
2016年10月	0.36	0.43	0.35	0.4	0.41
2017年6月	0.28	0.27	0.69	0.62	0.53
2017年10月	0.46	0.65	0.55	0.81	0.54
2018年5月	0.44	0.39	0.52	0.55	0.3

浮游动物丰富度指数空间分布　　　　　　　　表 6.1-40

调查时间	靖江保护区	如皋保护区	落 成 洲	世 业 洲	和 畅 洲
2016 年 6 月	0.78	0.51	1.22	0.99	0.95
2016 年 10 月	1.01	1.63	1.21	1.49	1.05
2017 年 6 月	0.99	1.11	0.73	0.83	0.52
2017 年 10 月	0.76	0.36	1.13	0.66	1
2018 年 5 月	0.67	0.74	1.15	0.97	0.93

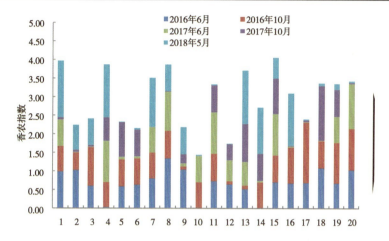

图 6.1-33　靖江段 2016—2018 年度浮游动物香农指数变化

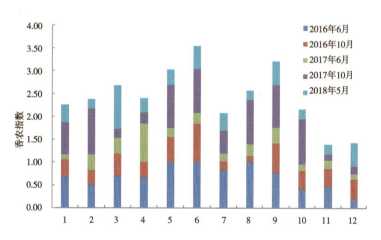

图 6.1-34　如皋段 2016—2018 年度浮游动物香农指数变化

3）底栖生物

（1）底栖动物种类

在 2016 年 6 月至 2018 年 5 月对本工程施工的 5 处水域的 5 次调查中，共采集到环节动物（Annelida）、软体动物（Mollusca）和节肢动物（Arthropoda）3 门 44 属 53 种，其中环节动物 19 属 27 种，占总种类的 50.9%；节肢动物 14 属 14 种，占 26.4%；软体动物 11 属 12 种，占 22.6%。具体底栖动物调查名录见表 6.1-41。

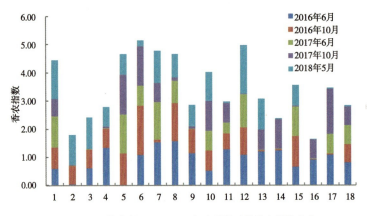

图 6.1-35　落成洲 2016—2018 年度浮游动物香农指数变化

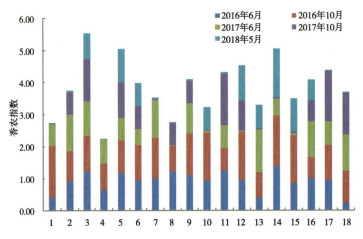

图 6.1-36　世业洲 2016—2018 年度浮游动物香农指数变化

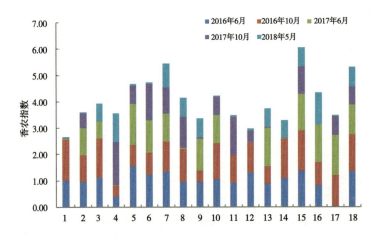

图 6.1-37　和畅洲 2016—2018 年度浮游动物香农指数变化

5 次调查底栖动物调查名录　　　　　表 6.1-41

种　　名	种　　名
环节动物门(Annelida)	软体动物门(Mollusca)
刺蚕 Spintheridae sp.	短沟蜷 Semisulcospira sp
特须虫 Lacydoniidae sp	方格短沟蜷 Semisulcospira cancellata
海锥虫 Spionidae sp.	刻纹蚬 Corbicula largillierti
齿吻沙蚕 Nephtys sp.	河蚬 Corbicula fluminea
疣吻沙蚕 Tylorrhynchus heterochaetus	背角无齿蚌 Anodonta woodiana
小头虫 Capitella sp.	钉螺 Oncomelania hupensis
三角洲双须虫 Eteone delta	圆顶珠蚌 Unio douglasiae
才女虫 Polydora sp.	三角帆蚌 Hyriopsis cumingii
伪才女虫 Pseudopolydora sp.	方形环棱螺 Bellamya quadrata
石蚕 Phryganea japonica	淡水壳菜 Limnoperna lacustris
日本沙蚕 Nereis japonica	光滑狭口螺 Stenothyra glabra
仙女虫 Naididae sp.	中国淡水蛏 Novaculina chinensis Liu et Zhang
正颤蚓 Tubifex tubifex	节肢动物门(Arthropoda)
厚唇嫩丝蚓 Teneridrilus mastix	钩虾 Gammarus sp
水丝蚓 Limnodrilus sp1.	细蜉 Caenis sp.
水丝蚓 Limnodrilus sp2.	蠓 Ceratopogonidae sp
巨毛水丝蚓 Limnodrilus grandisetosus	前突摇蚊 Procladius Skuse sp.
霍甫水丝蚓 Limnodrilus hoffmeisteri Claparède	隐摇蚊 Cryptochironomus sp.
拟钝毛水丝蚓 Limnodrilus parambysetus	长足摇蚊 Tanypus sp.
简明水丝蚓 limnodrilus simplexn sp	小摇蚊 Microchironomus sp
多毛管水蚓 Aulodrilus pluriseta	羽摇蚊 Chironomusplumosus
皮氏管水蚓 Aulodrilus pigueti	长跗摇蚊 Tanytarsus sp.
有栉管水蚓 Aulodrilus pectinatus	多足摇蚊 Polypedilum Kieffe sp.
湖沼管水蚓 Aulodrilus limnobius	裸瓣间摇蚊 Pararendipes nudisquama
苏氏尾鳃蚓 Branchiura sowerbyi	底栖摇蚊 Benthalia sp
单孔蚓 Monopylephorus sp.	哈摇蚊 Harnischia sp
夹杂带丝蚓 Lumbriculus variegatum	雕翅摇蚊 Glyptotendipes sp.

本工程河段各采样水域底栖动物的种类数目变化较大。2016 年 6 月和 10 月鉴定环节动物(9 属 10 种)、软体动物(7 属 7 种)和节肢动物(7 属 7 种),共 3 门 23 属 24 种;2017 年 6 月鉴定环节动物(4 属 7 种)、软体动物(3 属 3 种)和节肢动物(8 属 8 种),共 3 门 15 属 18 种;2017 年 10 月鉴定环节动物(11 属 16 种)、软体动物(3 属 3 种)和节肢动物(5 属 5 种),共 3 门 20 属 26 种;2018 年 5 月鉴定环节动物(10 属 13 种)、软体动物(5 属 6 种)和节肢动物(5 属 5 种),共 3 门 22 属 26 种。5 次调查底栖动物种类数时间分布情况见表 6.1-42。

浮游动物种类数时间分布(种)　　　　　　　表 6.1-42

调查时间	种　　数				
	环节动物	软体动物	节肢动物	其他	小计
2016 年 6 月	10	7	7		24
2016 年 10 月					
2017 年 6 月	7	3	8		18
2017 年 10 月	16	3	5	1	25
2018 年 5 月	13	6	5		24

(2)底栖动物优势种

在 2016 年 6 月至 2018 年 5 月的 5 次调查中,世业洲水域共鉴定 39 种,和畅洲水域共鉴定 26 种,落成洲水域共鉴定 37 种,靖江段共鉴定 21 种,如皋段共鉴定 19 种。底栖动物优势种的空间分布情况详见表 6.1-43。

底栖动物优势种空间分布　　　　　　　表 6.1-43

调查时间	靖江保护区	如皋保护区	落成洲	世业洲	和畅洲
2016 年 6 月	日本沙蚕、水丝蚓一种	日本沙蚕	日本沙蚕、霍甫水丝蚓、淡水钩虾	夹杂带丝蚓、淡水钩虾、羽摇蚊	日本沙蚕
2016 年 10 月	疣吻沙蚕	齿吻沙蚕	齿吻沙蚕	齿吻沙蚕	齿吻沙蚕
2017 年 6 月	小摇蚊属一种	河蚬、齿吻沙蚕属一种	齿吻沙蚕属一种	齿吻沙蚕属一种、厚唇嫩丝蚓、水丝蚓属一种	齿吻沙蚕属一种
2017 年 10 月	齿吻沙蚕属一种、河蚬	水丝蚓属一种	齿吻沙蚕属一种、厚唇嫩丝蚓、钩虾属	齿吻沙蚕属一种、钩虾属	齿吻沙蚕属一种、厚唇嫩丝蚓、钩虾属
2018 年 5 月	齿吻沙蚕属、河蚬	齿吻沙蚕属、水丝蚓属	齿吻沙蚕属一种、钩虾属一种	厚唇嫩丝蚓、钩虾属一种	钩虾属一种

(3)底栖动物现存量

通过对 2016 年 6 月至 2018 年 5 月共 5 次的调查数据分析,底栖动物现存量在空间上(不同调查水域)表现出明显的不同。世业洲:底栖动物密度为 0.00~900.00ind/m², 平均 73.2ind/m², 生物量为 0.00~27.22g/m², 平均 1.28g/m²。和畅洲:底栖动物密度为 0.00~960.00ind/m², 平均 49.6ind/m², 生物量为 0.00~55.32g/m², 平均 0.78g/m²。落成洲:底栖动物密度为 0.00~1100.00ind/m², 平均 62.2ind/m², 生物量为 0.00~7.26g/m², 平均 0.79g/m²。靖江段:底栖动物密度为 0.00~160.00ind/m², 平均 13.27ind/m², 生物量为 0.00~52.77g/m², 平均 1.05g/m²。如皋段:底栖动物密度为 0.00~160.00ind/m², 平均 13.27ind/m², 生物量为 0.00~52.77g/m², 平均 1.05g/m²。各调查水域的现存量见表 6.1-44、表 6.1-45。

底栖动物密度空间分布(ind./m²)　　　　　　　表 6.1-44

调查时间	靖江保护区	如皋保护区	落成洲	世业洲	和畅洲
2016 年 6 月	7	36.67	27.78	36.67	41.11
2016 年 10 月	11	21.67	27.77	22.22	12.22

续上表

调查时间	靖江保护区	如皋保护区	落成洲	世业洲	和畅洲
2017年6月	22	90	15.56	43.33	31.11
2017年10月	15	20.2	191.11	155.56	88.89
2018年5月	11.33	40	48.89	108.15	74.82
平均	13.27	13.27	62.2	73.2	49.6

底栖动物生物量空间分布(g/m^2)　　　表6.1-45

调查时间	靖江保护区	如皋保护区	落成洲	世业洲	和畅洲
2016年6月	0.08	0.15	0.56	1.02	3.14
2016年10月	0.2	1.81	0.54	1.09	0.07
2017年6月	0.94	8.11	0.24	0.33	0.06
2017年10月	3.1	0.32	1.91	0.21	0.41
2018年5月	0.91	4.31	0.68	3.73	0.21
平均	1.05	1.05	0.79	1.28	0.78

(4)底栖动物多样性

颤蚓科底栖动物作为水域环境的指示生物,其多寡反映水体的污染程度,底栖动物Goodnight生物指数(GBI),指颤蚓类生物数量与全部底栖大型无脊椎生物总个体数之比例,指数值在80%~100%为重污染,60%~80%为中等污染,60%以下为轻污染至良好水质。

各调查水域的底栖动物Goodnight生物指数(GBI)见表6.1-46和图6.1-38~图6.1-42。由表中可见,世业洲水域2018年5月GBI生物指数为68.49%,就GBI生物指数而言处于中等污染水质状态,其他4次调查均处于轻污染至良好水质状态;靖江保护区、如皋保护区、落成洲水域、和畅洲水域的5次调查均处于轻污染至良好水质状态。

底栖动物GBI生物指数空间分布(%)　　　表6.1-46

调查时间	靖江保护区	如皋保护区	落成洲	世业洲	和畅洲
2016年6月	11.11	7.69	0	45.46	23.08
2016年10月	28.57	22.73	12.5	21.21	16.81
2017年6月	0	5.19	3.33	12.89	0
2017年10月	0	3.58	34.3	30.71	45.7
2018年5月	0	11.11	28.79	68.49	7.92

6.1.5　鱼类

(一)调查时间、地点、内容

2016—2018年中国水产科学研究院淡水渔业中心在工程所在河段及附近河段开展了早期资源、渔业资源监测与调查。监测时间、监测地点及主要监测内容详见表6.1-47。早期资源、拖网鱼类调查的采样站点布设见6.1.4节。

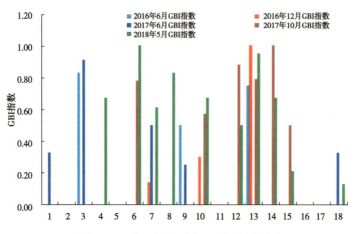

图 6.1-38　世业洲底栖动物 GBI 指数空间变化

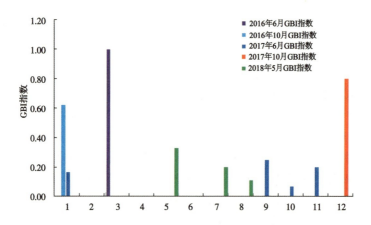

图 6.1-39　如皋段底栖动物 GBI 指数空间变化

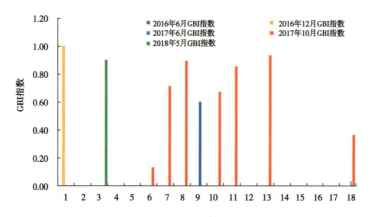

图 6.1-40　落成州底栖动物 GBI 指数空间变化

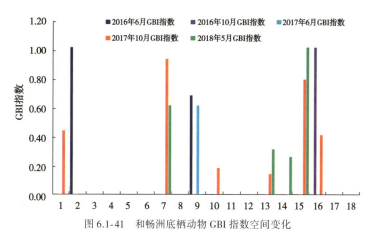

图 6.1-41　和畅洲底栖动物 GBI 指数空间变化

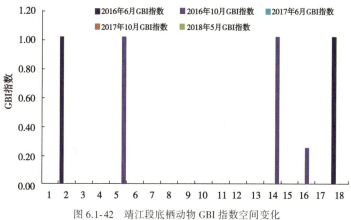

图 6.1-42　靖江段底栖动物 GBI 指数空间变化

早期资源、渔业资源监测与调查时间、点位及内容　　表 6.1-47

监测项目		监测时间	监测地点	主要监测内容
早期资源		2016 年 6 月、2016 年 10 月、2017 年 6 月、2017 年 10 月、2018 年 5 月,共计 5 次	世业洲水域、和畅洲水域、落成洲水域、福姜沙水域及靖江鳡鱼中华绒螯蟹国家级水产种质资源保护区水域、如皋刀鲚国家级水产种质资源保护区水域,共 5 处水域,86 个点位,详见图 6.1-26~图 6.1-30 和表 6.1-41	种类组成、资源量变化等
渔业资源	常规调查	2016 年 6 月、2016 年 10 月、2017 年 6 月、2017 年 10 月、2018 年 5 月,共计 5 次	镇江、靖江、常熟	物种组成、群落组成、时空多样性特征、资源量及其密度变化、生物学指标等
	拖网调查	2016 年 6 月、2016 年 10 月、2017 年 6 月、2017 年 10 月,共计 4 次	世业洲水域、和畅洲水域、落成洲水域、福姜沙水域及靖江鳡鱼中华绒螯蟹国家级水产种质资源保护区水域、如皋刀鲚国家级水产种质资源保护区水域,共 5 处水域,11 个点位,详见图 6.1-26~图 6.1-30 和表 6.1-41	
	鱼探仪	2016 年 6 月、2016 年 10 月、2017 年 6 月,共计 3 次	从如皋市长青沙乡附近开始到镇江市世业洲附近水域结束	

渔业资源调查分为3个部分进行：

(1)拖网调查

2016年6月、2016年10月、2017年6月、2017年10月共4次使用拖网进行样品采集，调查地点共5处：仪征水道世业洲水域、和畅洲水域、口岸直水道落成洲水域、福姜沙水域及靖江鳜鱼中华绒螯蟹国家级水产种质资源保护区水域、如皋刀鲚国家级水产种质资源保护区水域；其中世业洲水域2个站点(8#、14#)、和畅洲水域2个站点(5#、11#)、落成洲水域3个站点(2#、12#、17#)、靖江保护区2个站点(3#、18#)、如皋保护区2个站点(2#、9#)。

(2)常规调查

2016年6月、2016年10月、2017年6月、2017年10月、2018年5月共5次利用大、小插网及地笼等定置网具进行样品采集，调查地点共3处：镇江、靖江、常熟。

(3)鱼探仪调查

2016年6月、2016年10月、2017年6月共3次开展鱼探仪调查鱼类资源密度，调查水域从如皋市长青沙乡附近开始到镇江市世业洲附近水域结束，为期10天左右。

渔业资源调查地理位置详见图6.1-43。

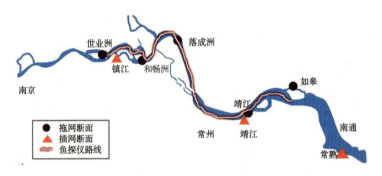

图6.1-43　渔业资源调查江段

(二)调查方法

1)渔业资源渔具调查

(1)使用大小插网、地笼于镇江、靖江、常熟三个江段进行鱼类捕捞，对捕捞的所有渔获物分别进行渔获重量和尾数统计并对每个品种进行生物学测定，测定指标包括体长(0.1mm)、全长(0.1mm)、体重(0.1g)。

(2)使用单拖网于如皋、靖江、和畅洲、落成洲、世业洲等5个江段进行鱼类捕捞，对捕捞的所有渔获物分别进行渔获重量和尾数统计并对每个品种进行生物学测定，测定指标包括体长(0.1mm)、全长(0.1mm)、体重(0.1g)。

2)渔业资源水声学调查

使用鱼探仪对采样江段进行监测，分析鱼类资源密度组成。调查使用民用渔船搭载SIMRAD EY60科学鱼探仪(333kHz和200kHz)，用手持GPS(全球定位系统)导航，对该段水域进行渔业资源声学调查，换能器固定于船右侧前舷，探头位于水下0.5m，保持换能器垂直向下，GPS通过接口与电脑连接，动态获得经、纬度位置信息。渔船沿航线走航过程中，声学数据采集程序 Simrad ER60 在电脑中同步存储声学数据和外接的 GPS 仪器导航的位置数据，调查前对科学鱼探仪的收发增益进行校准。

3) 早期资源监测

依据《河流漂流性鱼卵、仔鱼采样技术规范》(SC/T 9407—2012)，同时参考《内陆水域水生生物资源调查手册》。采用大型浮游动物网(网长280cm、网口内径50cm、网口面积0.2m²)，水平拖网5分钟左右(流速使用旋桨式流速仪测定，记录前后读数)，所获样品经福尔马林固定，带回试验室，进行种类鉴定，以 ind./m² 为单位进行计数、统计和分析。一般采用形态学和分子生物学方法对鱼卵和仔鱼进行分类鉴定，其中形态学主要是通过观察及测量卵径、胚体长、卵色泽、发育期及其他特征。分子生物学方法主要是采用 PCR 法扩增线粒体 DNA 细胞色素 b 基因，并测序进行鉴定。

4) 洄游性鱼类资源监测

(1) 刀鲚汛期监测

在二期工程主要河段及可能影响的河段镇江段和靖江段，设置4艘专业捕捞船作为监测船。监测船规格：20~50kW，8~20t，网长1000m，网高4m，网目尺寸4.8cm。监测频率：捕捞量和渔获价值监测汛期内每天进行，生物学监测随机抽取3次，每次不少于15尾。统计分析汛期捕捞产量和价值。

(2) 中华绒螯蟹汛期监测

在二期工程主要河段及可能影响的河段镇江段和靖江段，设置4艘专业捕捞船作为监测船。监测船规格：20~50kW，8~20t，挂网袋12个，单个网袋宽2.3m，高1m。监测频率：捕捞量和渔获价值监测汛期内每天进行，生物学监测随机抽取3次，每次不少于15只。统计分析汛期捕捞产量和价值。

(3) 日本鳗鲡汛期监测

在二期工程影响的且有日本鳗鲡汛期捕捞的靖江段，设置1艘专业捕捞船作为监测船。监测频率：捕捞量和渔获价值监测汛期内每天进行，生物学监测随机抽取3次，每次不少于15只。统计分析汛期捕捞产量和价值。

渔业资源调查方法如图6.1-44所示。

a) 插网鱼类资源调查

b) 单拖网鱼类资源调查

图 6.1-44

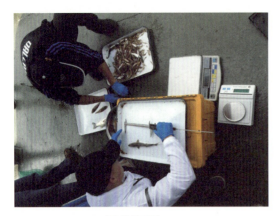
c) 生物学测量

d) 鱼探仪鱼类资源调查

e) 鱼类早期资源监测

f) 鱼类早期资源监测

g) 洄游性鱼类监测

h) 洄游性鱼类监测

图 6.1-44 渔业资源调查方法

（三）评价方法

1）群落结构

根据某物种的出现样点数与总样点数的比值确定该物种的出现频率（Frequency of

occurrence，F_i）

$$F_i = \frac{S_i}{S} \times 100\%$$

式中，F_i 为物种 i 的出现频率；S_i 为物种 i 的出现样点数；S 为全部样点数。

根据某物种的个体数量与该样点的全部数量的比值确定相对多度（Relative abundance，P_i）

$$P_i = \frac{N_i}{N} \times 100\%$$

式中，P_i 为物种 i 的相对多度；N_i 为物种 i 的个体数；N 为全部物种的个体数。类似的，计算每物种的相对生物量（Relative biomass，W_i）：

$$W_i = \frac{M_i}{M}$$

式中，W_i 为物种 i 的相对生物量；M_i 为物种 i 的生物量；M 为全部物种的生物量。

2）优势鱼类

使用 Pinkas 相对重要性指数（IRI）确定鱼类在群落中的重要性，将 IRI≥1000 的鱼类定为优势种，IRI≥100 的鱼类定为主要种。

$$IRI = (N\% + W\%) \times F\%$$

式中，$N\%$ 为某鱼类的数量百分比；$W\%$ 为某鱼类的质量百分比；$F\%$ 为某鱼类的出现频率。

3）群落多样性

使用以下指数用于群落多样性的评价。

(1) 香农—威纳（Shannon-Wiener）多样性指数（H'）：$H' = -\sum (N_i/N)/\ln(N_i/N)$；

(2) 辛普森（Simpson）优势度指数（λ）：$\lambda = \sum [N_i(N_i-1)/N(N-1)]$；

(3) 马加利夫（Margalef）丰富度指数（R）：$R = (S-1)/\ln N$；

(4) 皮卢（Pielou）均匀度指数（J）：$J = H'/\ln(S')$。

式中，S、N_i 和 N 分别为种类数、某鱼类数量和鱼类总数量。

（四）调查结果

1）早期资源

(1) 早期资源组成

在 2016 年 6 月至 2018 年 5 月对本工程施工的 5 处水域的 5 次调查中，共采集早期资源 45 种及残鱼，隶属于 6 目 9 科 37 属。其中鲤科 31 种，占种类总数的 67.39%；鳅科、银鱼科各有 3 种，均占种类总数的 6.52%；鳅科、鲇科、鰕虎鱼科各有 2 种，均占种类总数的 4.35%；鳀科、鮠科、塘鳢科均仅有 1 种，均占种类总数的 2.17%（图 6.1-45），具体早期资源调查名录见表 6.1-48。

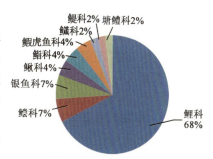

图 6.1-45 早期资源的种类组成

5 次调查鱼类早期资源鉴定名录　　　　表 6.1-48

种 名	学 名	种 名	学 名
刀鲚	Coilia nasus	棒花鱼	Abbottina rivulari
陈氏新银鱼	Neosalanx jordani	蛇鮈	Saurogobio dabryi
太湖新银鱼	Neosalanx taihuensis	鲤	Cyprinus carpio
青鱼	Mylopharyngodin piceus	鲫	Carassius auratus
草鱼	Ctenopharyngodon diellus	大鳍鱊	Acheilognathus macropterus
鳡	Elopichthys bambusa	兴凯鱊	Acheilognathus chankaensis
银飘鱼	Pseudolaubuca sinensis	紫薄鳅	Leptobotia taeniops
寡鳞飘鱼	Pseudolaubuca engraulis	中华花鳅	Cobitis sinensis
䱗	Hemiculter leucisculus	瓦氏黄颡鱼	Pelteobagrus vachelli
贝氏䱗	Hemiculter bleekeri	光泽黄颡鱼	Pelteobagrus nitidus
翘嘴鲌	Culter alburnus	纵带鮠	Leiocassis argentivittatus
鳊	Parabramis pekinensis	间下鱵	Hemiramphus intermedius
银鲴	Xenocypris argentea	中国花鲈	Lateolabrax japonicus
似鳊	Pseudobrama simoni	鳜	Siniperca chuatsi
鲢	Hypophthalmichthys molitrix	小黄黝鱼	Hypseleotris swtnhonis
麦穗鱼	Pseudorasbora parva	子陵吻鰕虎	Rhinogobius giurinus
银鮈	Squalidus argentatus	褐吻鰕虎	Rhinogobius brunneus
赤眼鳟	Squaliobarbus curriculus	达氏鲌	Culter dabryi
大银鱼	Protosalanx hyalocranius	红鳍原鲌	Cultrichthys erythropterus
华鳈	Sarcocheilichthys sinensis	蒙古鲌	Culter mongolicus
似刺鳊鮈	Paracanthobrama guichenoti	细鳞鲴	Xenocypris microlepis
高体鳑鲏	Rhodeus ocellatus	中华细鲫	Aphyocypris chinensis
鳙	Aristichthys nobilis	残鱼	

（2）早期资源优势种

5 处调查水域 2016 年 6 月共采集早期资源 2847 尾，优势种类共计 11 种，隶属于 4 目 5 科；2016 年 10 月因繁殖高峰期已过，优势种类共 2 种；2017 年 6 月共采取鱼类早期资源 14129 尾，优势种类共计 11 种，隶属于 2 目 2 科；2017 年 10 月因繁殖高峰期已过未采集到早期资源样品，仅采集到间下鱵及贝氏䱗 2 种幼鱼苗；2018 年 5 月共采取鱼类早期资源 32497 尾，优势种类共计 5 种。早期资源优势种的空间分布情况详见表 6.1-49。

早期资源优势种空间分布　　　　表 6.1-49

调查时间	靖江保护区	如皋保护区	落成洲	世业洲	和畅洲
2016 年 6 月	贝氏䱗、寡鳞飘鱼、银鲴、䱗、似鳊、子陵吻鰕虎、太湖新银鱼	贝氏䱗、银鲴、䱗、子陵吻鰕虎、刀鲚、鳊	贝氏䱗、银飘鱼、银鲴、子陵吻鰕虎、紫薄鳅	贝氏䱗、银飘鱼、银鲴、子陵吻鰕虎、䱗、太湖新银鱼	贝氏䱗、银飘鱼、银鲴、子陵吻鰕虎、似鳊
2016 年 10 月	—	—	—	—	—

续上表

调查时间	靖江保护区	如皋保护区	落成洲	世业洲	和畅洲
2017年6月	贝氏䱗、䱗、银鮈、寡鳞飘鱼、似鳊	贝氏䱗、䱗、银鮈、寡鳞飘鱼、细鳞鲴	贝氏䱗、䱗、寡鳞飘鱼、银飘鱼、似鳊	贝氏䱗、䱗、寡鳞飘鱼、银飘鱼、银鮈	䱗、贝氏䱗、银鮈、寡鳞飘鱼
2017年10月	—	—	—	—	—
2018年5月	贝氏䱗、刀鲚	刀鲚、䱗	刀鲚	贝氏䱗、刀鲚、子陵吻鰕虎	贝氏䱗、子陵吻鰕虎、刀鲚

(3) 早期资源种类数时空变化

通过对2016年6月至2018年5月共5次的调查数据分析，早期资源种类数在时间上(季节、年际间)表现出明显不同，2016年6月累计种类数共34种，2016年10月累计种类数共10种，2017年6月累计种类数共26种，2017年10月仅采集到2种幼鱼、未采集到鱼类早期资源，2018年5月累计种类数共23种。

早期资源种类数在空间上(不同调查水域)也不相同，详见表6.1-50、图6.1-46。

鱼类早期资源种类数时空变化(种)　　　　　表6.1-50

时间	靖江保护区	如皋保护区	落成洲	世业洲	和畅洲	全河段
2016年6月	18	15	22	23	26	34
2016年10月	4	6	8	5	6	10
2017年6月	21	18	15	14	18	26
2017年10月	0	0	0	0	0	0
2018年5月	8	10	10	16	16	23

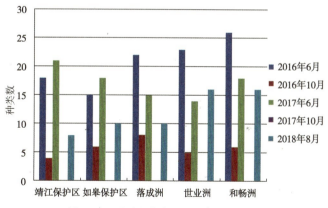

图6.1-46　鱼类早期资源种类数的时空变化

(4) 鱼类早期资源密度时空变化

通过对2016年6月至2018年5月共5次的调查数据分析，鱼类早期资源的资源丰度在空间上(不同调查水域)表现出明显的不同，详见表6.1-51、图6.1-47。

鱼类早期资源密度时空分布（ind./100m³）　　　　　　　表 6.1-51

时　　间	靖江保护区	如皋保护区	落 成 洲	世 业 洲	和 畅 洲
2016 年 6 月	8.6	10.4	9.1	17.5	23.2
2016 年 10 月	2.4	1.9	1.5	3.2	4.1
2017 年 6 月	212.7	270	166	33.7	90.2
2017 年 10 月	0	0	0	0	0
2018 年 5 月	75.6	1093	30.1	197	287.8

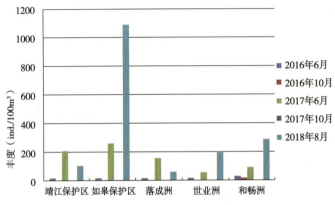

图 6.1-47　鱼类早期资源密度时空分布

2）渔业资源

（1）渔获物种类组成

本次渔获物调查结果包括 5 次（2016 年 6 月、2016 年 10 月、2017 年 6 月、2017 年 10 月、2018 年 5 月）常规调查、3 次（2016 年 6 月、2016 年 10 月、2017 年 6 月）拖网调查的结果。

统计 2016—2018 年所有渔获物显示，共采集渔获物 81 种 11891 尾，隶属于 12 目 25 科 61 属，其中：鱼类 11 目 20 科 55 属 75 种 7851 尾、数量百分比 66.0%、质量百分比 98.8%，非鱼类（十足目）5 科 6 属 6 种 4040 尾、数量百分比 34.0%、质量百分比 1.2%。

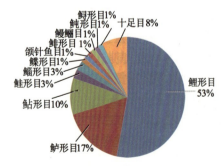

图 6.1-48　渔获物种类组成

物种数显示，鲤形目 43 种，占种类总数的 53.09%；鲈形目 14 种，占鱼类种类总数的 17.28%；鲇形目 8 种，占鱼类种类总数的 9.88%；鲑形目、鲻形目各 2 种，分别占鱼类种类总数的 2.47%；鲽形目、鲱形目、颌针鱼目、鳗鲡目、鲀形目、鲟形目各 1 种，分别占鱼类种类总数的 1.23%；十足目 6 种，占种类总数的 7.41%（图 6.1-48）。

（2）鱼类常规调查、拖网调查的种类数、数量、质量

本次共调查到鱼类 75 种 7851 尾，其中：常规调查共计鱼类 72 种、隶属于 10 目 19 科 52 属，数量为 5673 尾、占比 72.3%，质量为 627.23kg、占比 95.7%；拖网调查共计鱼类 27 种、隶属于 8 目 12 科 22 属，数量为 2178 尾、占比 27.7%、质量为 28.3kg、占比 4.3%，详见图 6.1-49。

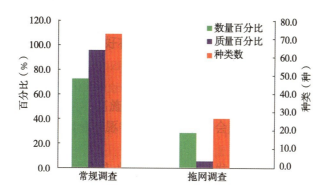

图 6.1-49　常规调查、拖网调查渔获物物种、数量及质量变化

（3）渔获物数量百分比、质量百分比

2016—2018 年全部渔获物名录及数量百分比、质量百分比、出现频率、相对重要性指数（IRI）见表 6.1-52 和图 6.1-50。

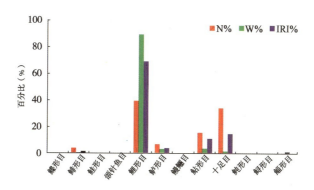

图 6.1-50　2016—2018 年全部渔获物数量百分比、质量百分比、IRI 指数

①渔获物数量百分比方面，鲤形目、十足目、鲇形目居前三位，分别是 39.7%、34.0%、15.4%；其次是鲈形目、鲱形目，分别为 6.8%、3.4%。

②渔获物质量百分比方面，鲤形目占绝对优势，为 89.5%；其次为鲇形目、鲈形目、十足目，分别为 3.7%、3.1%、1.2%。

③相对重要性指数显示，大于 1000 的有鲤形目（14460.5）、鲇形目（2214.7）、十足目（3098.0），为采样水域的优势类群，其次为鲈形目（793.1）、鲱形目（347.7）重要性指数大于 100，其他均小于 10。

（4）鱼类数量百分比、质量百分比、出现频率

①对鱼类数据进行统计，数量百分比（N%）显示光泽黄颡鱼较多（18.2%），其次为贝氏䱗（16.1%）、似鳊（7.4%）、鳊（7.1%）、鲫（6.0%）、鲈（5.4%）等，有 28 种鱼采集数量小于 5 尾。

②质量百分比（W%）显示鲢（46.7%）、鳙（17.5%）较高，其次草鱼、鳊各占 4.8% 及 6.9%，有 62 种鱼类质量贡献不到 1%。

③出现频率（F%）显示，光泽黄颡鱼（80.0%）、刀鲚（60.0%）较高，鲻、长须黄颡鱼等 14 种

鱼类仅出现1次。

④相对重要性指数(IRI)显示,鲢(1887.1)、光泽黄颡鱼(1632.0)2种鱼的IRI值大于1000,鳊、刀鲚等11种鱼的IRI值大于100,棒花鱼、长吻鮠等15种鱼的IRI值大于10,另有大鳍鱊、小黄黝鱼、鳡等447等鱼的IRI值小于10(表6.1-52)。

2016—2018年常规调查及拖网调查全部渔获物种类　　　　表6.1-52

种　类	样本数 (n)	数量百分比 (N%)	质量百分比 (W%)	出现频率 (F%)	相对重要性指数(IRI)
一、鲽形目 Pleuronectiformes 1.舌鳎科 Cynoglossidae					
(1)窄体舌鳎 Cynoglessus graclfls	51	0.65	0.21	40.00	34.51
二、鲱形目 Clupeiformes 2.鳀科 Engraulidae					
(2)刀鲚 Coilia macrognathos	409	5.21	0.52	62.86	360.03
三、鲑形目 Salmoniformes 3.银鱼科 Salangidae s					
(3)大银鱼 Protosalanx hyalocranius	11	0.14	0.00	8.57	1.24
(4)陈氏新银鱼 Neosalanx tangkahkeii	2	0.03	0.00	5.71	0.15
四、颌针鱼目 Beloniformes 4.鱵科 Hemiramphidae					
(5)间下鱵 Hyporhamphus intermedius	2	0.03	0.00	5.71	0.15
五、鲤形目 Cypriniformes 5.鲤科 Cyprinidae					
(6)斑条鱊 Acheilognathus taenianalis	66	0.84	0.30	17.14	19.50
(7)棒花鱼 Abbottina rivularis	130	1.66	0.03	14.29	24.13
(8)贝氏䱗 Hemiculter bleekeri	1262	16.07	0.93	37.14	631.77
(9)鳊 Parabramis pekinensis	557	7.09	6.93	40.00	560.93
(10)䱗 Hemiculter leucisculus	5	0.06	0.01	8.57	0.61
(11)草鱼 Ctenopharyngodon idellus	93	1.18	4.74	34.29	203.09
(12)赤眼鳟 Squaliobarbus curriculus	8	0.10	0.11	14.29	3.07
(13)达氏鲌 Culter dabryi	2	0.03	0.07	5.71	0.53
(14)大鳍鱊 Acheilognathus macropterus	23	0.29	0.08	5.71	2.14
(15)鲂 Megalobrama terminalis	2	0.03	0.03	5.71	0.31
(16)鳡 Megalobrama terminalis	16	0.20	2.07	14.29	32.49
(17)高体鳑鲏 Rhodeus ocellatus	16	0.20	0.00	5.71	1.18

续上表

种　类	样本数 (n)	数量百分比 ($N\%$)	质量百分比 ($W\%$)	出现频率 ($F\%$)	相对重要性指数（IRI）
(18) 寡鳞飘鱼 PseudOlaubuca engraulis	1	0.01	0.00	2.86	0.04
(19) 黑鳍鳈 Sarcocheilichthys nigripinnis	7	0.09	0.02	5.71	0.64
(20) 红鳍原鲌 Cultrichthys erythropterus	4	0.05	0.04	11.43	1.03
(21) 花䱻 Hemibarbus maculatus	9	0.11	0.10	8.57	1.87
(22) 华鳈 Sarcocheilichthys sinensis	3	0.04	0.02	5.71	0.32
(23) 黄尾鲴 Xenocypris davidi	4	0.05	0.03	5.71	0.48
(24) 鲫 Carassius auratus	474	6.04	2.18	42.86	352.38
(25) 尖头鲌 Culter oxycephalus	3	0.04	0.01	5.71	0.25
(26) 鲤 Cyprinus carpio	22	0.28	1.24	25.71	39.17
(27) 鲢 Hypophthalmichthys molitrix	324	4.13	46.68	37.14	1887.13
(28) 麦穗鱼 Pseudorasbora parva	278	3.54	0.20	25.71	96.31
(29) 蒙古鲌 Erythroculter mongolicus	7	0.09	0.05	11.43	1.60
(30) 飘 Erythroculter ilishaeformis	5	0.06	0.03	5.71	0.56
(31) 翘嘴鲌 Erythroculter ilishaeformis	222	2.83	1.15	31.43	125.01
(32) 青鱼 Mylopharyngodon piceus	6	0.08	2.13	17.14	37.87
(33) 蛇鮈 Saurogobio dabryi	202	2.57	0.18	54.29	149.72
(34) 似鳊 Pseudobrama simoni	583	7.43	2.28	45.71	443.85
(35) 铜鱼 Brass gudgeon	3	0.04	0.05	8.57	0.73
(36) 团头鲂 Megalobrama amblycephala	5	0.06	0.02	5.71	0.47
(37) 吻鮈 Rhinogobio typus	7	0.09	0.02	2.86	0.31
(38) 细鳞鲴 Xenocypris microlepis	3	0.04	0.07	5.71	0.59
(39) 兴凯鱊 Acheilognathus chankaensis	33	0.42	0.02	14.29	6.33
(40) 银鲴 Xenocypris argentea Gunther	121	1.54	0.88	34.29	82.85
(41) 银鮈 Squalidus argentatus	81	1.03	0.05	17.14	18.47
(42) 鳙 Aristichthys nobilis	66	0.84	17.47	37.14	680.25
(43) 长蛇鮈 Saurogobio dumerili Bleeker	47	0.60	0.30	34.29	30.80
(44) 中华鳑鲏 Rhodeus sinensis Gunther	2	0.03	0.00	2.86	0.07
6.鳅科 Cobitidae					
(45) 大鳞副泥鳅 Paramisgurnus dabryanus	1	0.01	0.00	2.86	0.05
(46) 花斑副沙鳅 Parabotia fasciata	1	0.01	0.00	2.86	0.04
(47) 泥鳅 Misgurnus anguillicaudatus	10	0.13	0.02	14.29	2.13
(48) 长薄鳅 Leptobotia elongata	1	0.01	0.00	2.86	0.04
六、鲈形目 Perciformes 7.真鲈科 Percichthyidae					

续上表

种　类	样本数 (n)	数量百分比 ($N\%$)	重量百分比 ($W\%$)	出现频率 ($F\%$)	相对重要性指数(IRI)
(49) 大眼鳜 Siniperca kneri	4	0.05	0.02	8.57	0.64
(50) 鳜 Siniperca chuatsi	12	0.15	0.41	11.43	6.40
8. 月鳢科 Ophiocephalidae					
(51) 乌鳢 Channa argus	12	0.15	0.67	11.43	9.39
9. 鮨科 Callionymidae					
(52) 香鮨 Callionymus olidus	72	0.92	0.01	25.71	23.97
10. 虾虎鱼科 Gobiidae					
(53) 波氏吻鰕虎鱼 Rhinogobius cliffordpopei	2	0.03	0.00	2.86	0.07
(54) 斑尾复鰕虎鱼 Acanthogobius ommaturus	1	0.01	0.01	2.86	0.07
(55) 纹缟鰕虎鱼 Tridentiger trigonocephalus	1	0.01	0.00	2.86	0.04
(56) 黏皮鰕虎鱼 Rhinogobius myxodermus	12	0.15	0.01	2.86	0.45
(57) 子陵吻鰕虎 Rhinogobius giurinus	221	2.81	0.07	34.29	99.05
11. 塘鳢科 Eleotridae					
(58) 河川沙塘鳢 Odontobutis potamophila	30	0.38	0.07	11.43	5.17
(59) 小黄黝鱼 Micropercops swinhonis	18	0.23	0.00	8.57	1.99
12. 丝足鲈科 O.sphronemidae					
(60) 圆尾斗鱼 Macropodus chinensis	3	0.04	0.00	5.71	0.23
13. 鮨科 Serranidae					
(61) 鲈 Lateolabrax japonicus	421	5.36	1.85	37.14	267.77
14. 刺鳅科 Mastacembelidae					
(62) 中华刺鳅 Mastacembelus aculeatus	2	0.03	0.00	5.71	0.15
七、鳗鲡目 Anguilliformes 15. 鳗鲡科 Anguillidae					
(63) 日本鳗鲡 Anguilla japonica	1	0.01	0.04	2.86	0.16
八、鲇形目 Siluriformes 16. 鲿科 Bagridae					
(64) 大鳍鳠 Mystus macropterus	3	0.04	0.04	5.71	0.47
(65) 长须黄颡鱼 Pelteobagrus eupogon	3	0.04	0.01	5.71	0.29
(66) 光泽黄颡鱼 Pelteobaggrus nitidus	1428	18.19	2.21	80.00	1631.95
(67) 黄颡鱼 Pelteobagrus fulvidraco	70	0.89	0.13	22.86	23.41
(68) 江黄颡鱼 Pseudobagrus vachelli	269	3.43	0.55	60.00	238.54
(69) 长吻鮠 Leiocassis longirostris	57	0.73	0.62	42.86	57.86
17. 鲇科 Siluridae					
(70) 鲇 Silurus asotus	3	0.04	0.11	5.71	0.87

续上表

种　类	样本数 (n)	数量百分比 ($N\%$)	质量百分比 ($W\%$)	出现频率 ($F\%$)	相对重要性 指数(IRI)
(71)大口鲇 Silurus meriordinalis	1	0.01	0.03	2.86	0.11
九、鲀形目 Tetraodontiformes					
18.鲀科 Tetraodontidae					
(72)暗纹东方鲀 Takifugu obscurus	1	0.01	0.00	2.86	0.04
十、鲟形目 Acipenseriformes					
19.鲟科 Acipenseridae					
(73)鲟 Acipenser gueldenstaedti	5	0.06	0.12	11.43	2.12
十一、鲻形目 Mugiliformes					
20.鲻科 Mugilidae					
(74)鲻 Mugil cephalus	6	0.08	1.56	8.57	13.99
(75)鲅 Liza haematocheila	3	0.04	0.12	2.86	0.46
非鱼类渔获物					
十二、十足目 Decapoda					
21.螯虾科 Astacidae					
(76)克氏原螯虾 Procambarus clarkii	3	0.07	0.26	2.86	0.96
22.匙指虾科 Atyoidea					
(77)中华锯齿米虾 Neocaridina denticulata	1	0.02	0.02	2.86	0.14
23.长臂虾科 Palaemonidae					
(78)日本沼虾 Macrobrachium nipponense	3191	78.99	53.16	57.14	7550.96
(79)秀丽白虾 Exopalaemon modestus	477	14.28	7.31	31.43	678.62
24.弓蟹科 Varunidae					
(80)中华绒螯蟹 Eriocheir sinensis	242	5.99	35.97	31.43	1318.72
25.相手蟹科 Sesarmidae					
(81)无齿相手蟹 Chiromantes dehaani	26	0.64	3.28	8.57	33.62

6.2 生态结构生态效应监测及分析

6.2.1 空间体生态排结构生态效应分析

（一）调查区域及点位分布

调查区域为双涧沙北侧 SL4 丁坝下游护底区域。在无护底带布设 3 个点位（N1～N3），在生态护底带布设 3 个点位（N4～N6），在传统护底带布设 3 个点位（N7～N9）。样点设置见表 6.2-1、图 6.2-1。

调查时间为施工前两次和施工后三次。调查的指标为沉积物粒径、有机质含量、底栖动物群落、附着生物群落。

空间体生态排水生态调查点位　　　　　　　　　　　　　表6.2-1

关键区域	工程部位	测点	坐标 X	坐标 Y
双涧沙北侧丁坝SL4附近	无护底试验段	N1	3547573.9	40542271.5
		N2	3547635.8	40542229.2
		N3	3547697.8	40542186.9
	生态排试验段	N4	3547464.6	40542200.1
		N5	3547505.9	40542171.9
		N6	3547547.2	40542143.7
	传统排试验段	N7	3547588.5	40542115.5
		N8	3547629.8	40542087.3
		N9	3547671.1	40542059.2

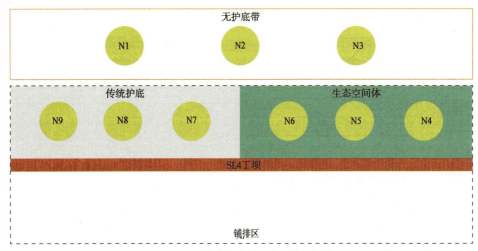

图6.2-1　空间体生态排研究区域示意图

（二）监测方法（表6.2-2）

空间生态体监测方法　　　　　　　　　　　　　　　表6.2-2

监测项目	监测频次
沉积物	无护底带和传统护底带用彼得森采泥器采集，空间体生态排由于结构特殊，由潜水员携带特制采集装置采集，每个样点区域采集5个平行样。用50ml离心管取一小管带回试验室用于检测沉积物粒径分布、有机质含量。剩余部分用于底栖动物样本。 空间体沉积物采集步骤如下： 步骤一：潜水员携带采集装置下潜，随机选择一块空间体排； 步骤二：潜水员打开封口盖，将采集口从块体间隙中放入并将采集口对准空间体一侧开口； 步骤三：将采集口从空间体一侧位移至另一侧，移动过程中空间体中的沉积物被收集入采集口和布袋中； 步骤四：当采集口位移至另一侧后立即将封口盖盖紧。完成一次采集
附着生物	由潜水员下潜随机选取一块空间体，割断绳索，用船舶吊机将空间体吊起，采样人员在空间体表采集附着的生物

续上表

监测项目	监测频次
底栖动物	由潜水员带彼得森采泥器下潜采集沉积物,用50mL离心管取一小管用于沉积物检测,剩余部分用于底栖动物样本。每个样点区域采集5个平行样并放入不锈钢盆中进行混合。将混合沉积物样沉积物用60目手抄网冲水洗涤,直至剩下腐殖质。将腐殖质装袋带回室内,用白瓷盘内将腐殖质分多次稀释后将腐殖质中底栖生物分拣出来,放入标本瓶中加入甲醛保存带回试验室。在试验室,将分拣出的底栖生物放于解剖镜下观察鉴定,并计数。最终计数通过换算得出实际底栖生物密度。通过用万分之一天平称量底栖生物湿重测定底栖生物生物量。对在解剖镜下未能确定的物种,需经过压片,在200倍显微镜下观察定性

(三)分析方法

(1)无度量多维标定排序分析

排序方法是研究生物群落结构的常用手段。一般的排序方法都要求从原始数据矩阵发去进行排序。但是还有一类排序方法却是以样方间相异距离矩阵为起点,这一距离矩阵可以是基于某个相异系数而计算出来的(Bray-Curtis 相异系数、Jaccard 相异系数等),这样排序的目的是将 N 个样方排列在一定的空间,使得样方间的空间差异与原始距离矩阵保持一致,这类排序方法称作多维标定排序(Multidimensional Scaling)。本研究底栖动物群落组成差异性分析采用 NMDS 法,其排序仅仅决定于相异系数的大小顺序,被称为无度量多维标定排序法(Nonmetric Multidimensional Scaling;NMDS)。

(2)单因素方差分析

单因素方差分析(One-way Analysis of Variance,One-way ANOVA)是指对单因素试验结果进行分析,检验因素对试验结果有无显著性影响的方法,其系两个样本平均数比较的引申,用于检验多个平均数之间的差异,是一种确定因素对试验结果有无显著性影响的统计方法。本研究将单因素方差分析用于沉积物粒径和有机质显著性分析,具体采用了 Ducan 和 LSD 计算方法。

(四)底栖动物调查结果

(1)群落组成

2017年3月对空间体生态排研究区的调查共检出底栖动物12种,其中节肢动物(Arthropoda)4种,占33.3%;环节动物(Annelida)6种,占50.0%;软体动物(Mollusca)2种,各占16.7%。N5、N7、N8、N9 均未采集到底栖动物。传统护底区未采集到底栖动物,无护底带底栖动物物种最多,空间体生态排区域底栖动物较少。常见的优势物种有长附摇蚊(Tanytarsus sp.)、齿吻沙蚕科(Nephtyidae spp.)(表6.2-3、表6.2-4)。

不同时期护底各点位底栖动物群落组成(%)　　　　表6.2-3

时间	种	species	N1	N2	N3	N4	N5	N6	N7	N8	N9
2017年3月	长附摇蚊	Tanytarsus sp.	12.5	—	32.0	—		13.3			
	多足摇蚊	Polypedilum sp.	4.2	—	12.0	—					
	小摇蚊	Microchironomus sp.	—	33.3							
	钩虾	Gammaridea spp.	—	8.0				6.7			
	管水蚓	Aulodrilus sp.	—	4.0							

续上表

时间	种	species	N1	N2	N3	N4	N5	N6	N7	N8	N9
2017年3月	河蚓	Rhyacodrilus sp.	—	—	—	33.3	—	—	—	—	—
	水丝蚓	Limnodrilus sp.	12.5	—	—	—	—	—	—	—	—
	齿吻沙蚕	Nephtys sp.	4.2	—	8.0	—	—	—	—	—	—
	齿吻沙蚕科	Nephtyidae spp.	54.2	66.7	36.0	66.7	—	66.7	—	—	—
	沙蚕	Nereis sp.	—	—	—	—	—	6.7	—	—	—
	河蚬	Corbicula fluminea	8.3	—	—	—	—	6.7	—	—	—
	舌蛭	Glossiphonia sp.	4.2	—	—	—	—	—	—	—	—
2017年12月	齿吻沙蚕	Nephtys sp.	65.0	90.9	75.0	—	60.0	—	—	—	—
	钩虾	Gammaridea spp.	25.0	—	25.0	—	—	—	—	—	—
	水丝蚓	Limnodrilus sp.	—	—	—	50.0	—	20.0	—	—	—
	沼蛤属	Limnoperna lacustris	—	—	—	—	—	40.0	—	—	—
	河蚬	Corbicula fluminea	10.0	—	—	50.0	—	40.0	—	—	—
	舌蛭	Glossiphonia sp.	—	9.1	—	—	40.0	—	—	—	—
2018年5月	齿吻沙蚕	Nephtys sp	50.0	77.8	45.5	70.0	100	33.3	—	—	—
	多足摇蚊	Polypedilum sp.	—	11.1	—	—	—	—	—	—	—
	管水蚓	Aulodrilus sp.	—	—	18.2	—	—	—	—	—	—
	水丝蚓	Limnodrilus sp.	33.3	11.1	36.4	20.0	—	66.7	—	—	—
	河蚓	Rhyacodrilus sp.	—	—	—	10.0	—	—	—	—	—
	河蚬	Corbicula fluminea	16.7	—	—	—	—	—	—	—	—

注:"—"为未采集到。大于5%为优势种。

三种护底群落组成比较 表6.2-4

时间	种	species	无护底带	生态空间体	传统护底带
2017年3月	长附摇蚊	Tanytarsus sp.	21.2%	11.1%	—
	多足摇蚊	Polypedilum sp.	7.7%	—	—
	小摇蚊	Microchironomus sp.	1.9%	—	—
	钩虾	Gammaridea spp.	3.8%	5.6%	—
	管水蚓	Aulodrilus sp.	1.9%	—	—
	河蚓	Rhyacodrilus sp.	—	5.6%	—
	水丝蚓	Limnodrilus sp.	5.8%	—	—
	齿吻沙蚕	Nephtys sp.	5.8%	—	—
	齿吻沙蚕科	Nephtyidae spp.	46.2%	66.7%	—
	沙蚕	Nereis sp.	—	5.6%	—
	蚬	Corbicula fluminea	3.8%	5.6%	—
	舌蛭	Glossiphonia sp.	1.9%	—	—

续上表

时间	种	species	无护底带	生态空间体	传统护底带
2017年12月	齿吻沙蚕	Nephtys sp.	59.3%	5.1%	—
	钩虾	Gammaridea spp.	15.2%	—	—
	水丝蚓	Limnodrilus sp.	—	3.4%	—
	沼蛤属	Limnoperna lacustris	—	5.1%	—
	蚬	Corbicula fluminea	3.4%	3.4%	—
	舌蛭	Glossiphonia sp.	1.7%	3.4%	—
2018年5月	齿吻沙蚕	Nephtys sp	57.7%	68.8%	—
	多足摇蚊	Polypedilum sp	3.8%	—	—
	管水蚓	Aulodrilus sp	7.7%	—	—
	水丝蚓	Limnodrilus sp	26.9%	25.0%	—
	河蚓	Rhyacodrilus sp	—	6.3%	—
	湖沼股蛤	Limnoperna lacustris	—	—	—
	河蚬	Corbicula fluminea	3.8%	—	—

注："—"为未采集到。大于5%为优势种。

2017年12月空间体生态排研究区的调查共检出底栖动物6种，其中节肢动物1种，占16.7%；环节动物3种，占50.0%；软体动物2种，各占33.7%。N7、N8、N9均未采集到底栖动物。即传统护底带未采集到底栖动物，无护底带底栖动物物种最多，空间体生态排区域底栖动物较少。常见的优势物种有河蚬(Corbicula fluminea)、齿吻沙蚕科(表6.2-3、表6.2-4)。

2018年5月空间体生态排研究区的调查共检出底栖动物6种，其中节肢动物1种，占16.7%；环节动物4种，占66.7%；软体动物1种，各占16.7%。传统护底带未采集的底栖动物，无护底带底栖动物物种达到了5种，空间体生态排区域底栖动物3种。常见的优势物种有水丝蚓(Limnodrilus sp.)、齿吻沙蚕科(表6.2-3、表6.2-4)。

以底栖动物相对丰度作为群落组成数据，将无护底带组(N1、N2、N3)、生态空间体组(N4、N5、N6)、传统护底带组(N7、N8、N9)的底栖动物群落进行比较，传统护底带未采集到底栖动物不参与统计分析。采用NMDS排序分析发现2017年12月的调查两组显著性为$p=0.05$，其余二次调查两组的底栖动物群落没有组间显著性差异($p>0.05$)，详见图6.2-2~图6.2-4。

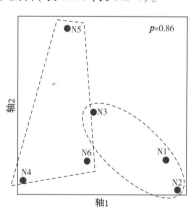

图6.2-2 底栖动物群落NMDS排序分析（2017年3月）

(2)多样性

2017年3月调查结果显示无护底带、传统护底带和空间体生态排物种丰富度差异显著。无护底带最多为10，空间体生态排其次为6，传统护底带为0。无护底带、传统护底带和空间体生态排香农—威纳指数差异显著。无护底带最多为 1.69，空间体生态排其次为 1.16，传统护底带为 0。

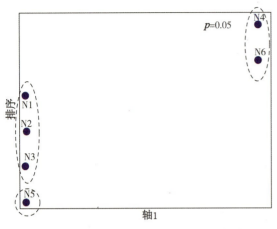
图 6.2-3 底栖动物群落 NMDS 排序分析(2017 年 12 月)

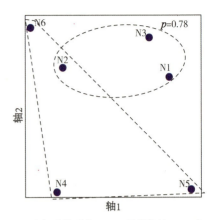
图 6.2-4 底栖动物群落 NMDS 排序分析(2018 年 5 月)

2017 年 12 月调查结果显示无护底带、传统护底带和空间体生态排物种丰富度差异不显著。空间体生态排最多为 5，无护底带其次为 4，传统护底带为 0。无护底带、传统护底带和空间体生态排香农—威纳指数差异显著。空间体生态排最多为 1.56，无护底带其次为 0.89，传统护底带为 0。

2018 年 5 月调查结果显示无护底带、传统护底带和空间体生态排物种丰富度差异显著。空间体生态排最少为 3，无护底带和传统护底为 5。无护底带、传统护底带和空间体生态排香农—威纳指数差异显著。无护底带最多为 1.12，空间体生态排其次为 0.78，传统护底带为 0。

不同形式护底底栖动物变化情况详见图 6.2-5。

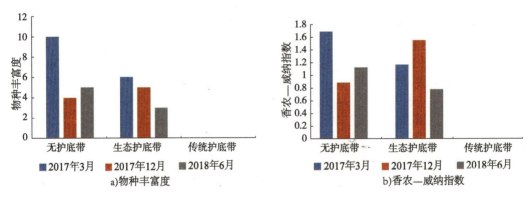
图 6.2-5 不同形式护底底栖动物变化情况

（3）丰度和生物量

2017 年 3 月调查结果显示各点位底栖动物丰度差异显著，整体为 5~133 ind./m²。以 N4 最小，N1 最大。三个铺排区域底栖动物差异显著，无护底带为 92 ind./m²、空间体生态排为 6 ind./m²、传统护底带为 0 ind./m²。不同形式护底底栖动物丰度比较详见表 6.2-5、图 6.2-6。

三种护底方式底栖动物丰度比较(ind./m²) 表6.2-5

时间	种名	拉丁名	无护底带	空间体生态排	传统护底带
2017年3月	长附摇蚊	Tanytarsus sp.	20	0.7	—
	多足摇蚊	Polypedilum sp.	7	—	—
	小摇蚊	Microchironomus sp.	2	—	—
	钩虾	Gammaridea spp.	4	0.3	—
	管水蚓	Aulodrilus sp.	2	—	—
	河蚓	Rhyacodrilus sp.	—	0.3	—
	水丝蚓	Limnodrilus sp.	5	—	—
	齿吻沙蚕	Nephtys sp.	5	—	—
	齿吻沙蚕的某一个种	Nephtyidae spp.	43	4.0	—
	沙蚕	Nereis sp.	—	0.3	—
	蚬	Corbicula fluminea	4	0.3	—
	舌蛭	Glossiphonia sp.	2	—	—
	合计		92	6	—
	生物量		0.3552	0.0161	—
2017年12月	齿吻沙蚕	Nephtys sp.	63	1	—
	钩虾	Gammaridea spp.	17	—	—
	水丝蚓	Limnodrilus sp.	—	0.6	—
	沼蛤属	Limnoperna lacustris	—	0.6	—
	河蚬	Corbicula fluminea	4	1	—
	舌蛭	Glossiphonia sp.	2	1	—
	合计		86	4	—
	生物量		2.3493	0.3093	—
2018年5月	齿吻沙蚕	Nephtys sp	80	59	—
	多足摇蚊	Polypedilum sp	5	—	—
	管水蚓	Aulodrilus sp	11	—	—
	水丝蚓	Limnodrilus sp	37	21	—
	河蚓	Rhyacodrilus sp	—	5	—
	湖沼股蛤	Limnoperna lacustris	—	—	—
	河蚬	Corbicula fluminea	5	—	—
	方格短沟蜷	Semisulcospira cancellata	—	—	—
	合计		139	85	—
	生物量		2.8149	0.6288	—

注:"—"为未采集到。

各调查点位底栖动物生物量差异显著,整体为0.007~0.7947g/m²,以N4最小,N1最大。三个铺排区域底栖动物生物量差异显著,无护底带为0.3552g/m²、空间体生态排为0.0161g/m²、传统护底带为0g/m²。

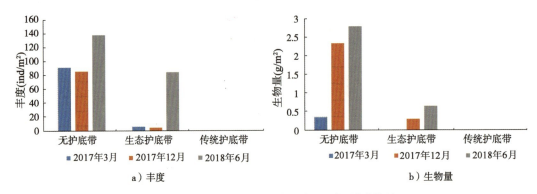

a）丰度　　　　　　　　　　　　b）生物量

图 6.2-6　不同形式护底底栖动物丰度和生物量变化情况

2017 年 12 月调查结果显示各点位底栖动物丰度差异显著，整体为 27～108ind./m²。以 N4 最小，N1 最大。三个铺排区域底栖动物差异显著，无护底带为 86ind./m²、空间体生态排为 4ind./m²、传统护底带为 0ind./m²。各调查点位底栖动物生物量差异显著，整体为 0.4704～9.1968g/m²，以 N4 最小，N1 最大。三个铺排区域底栖动物生物量差异显著，无护底带为 0.2.3493g/m²、空间体生态排为 0.3093g/m²、传统护底带为 0g/m²。

2018 年 5 月调查结果显示各点位底栖动物丰度差异显著，为 48～176ind./m²。以 N5、N6 最小，N3 最大。三个铺排区域底栖动物差异显著，无护底带为 139ind./m²、空间体生态排为 85ind./m²、传统护底带为 0ind./m²。各调查点位底栖动物生物量差异显著，整体为 0.3824～5.6400g/m²，以 N6 最小，N1 最大。三个铺排区域底栖动物差异显著，无护底带为 2.8149g/m²、空间体生态排为 0.6288g/m²、传统护底带为 0g/m²。

（五）沉积物调查结果

（1）沉积物粒径

2017 年 3 月调查结果显示空间体生态排沉积物粒径均值范围为 40.77～133.57μm。结果显示，各位点间粒径差异较大，生态空间体沉积物粒径显著小于无护底带。传统护底带未采集到沉积物。

2017 年 12 月调查结果显示空间体生态排沉积物粒径均值范围为 14.78～69.32μm，各点位沉积物粒径没有显著性差异，传统护底带未采集到沉积物。

2018 年 5 月调查结果显示空间体生态排沉积物粒径均值范围为 38.25～202.83μm。结果显示，各位点间粒径差异较大，生态空间体沉积物粒径显著小于无护底带。传统护底带未采集到沉积物。上述调查结果详见表 6.2-6、图 6.2-7。

不同形式护底沉积物粒径范围　　　　表 6.2-6

时间	位点	平均值±SD（μm）	最小值（μm）	最大值（μm）
2017 年 3 月	N1	91.22±2.77d	89.52	96.12
	N2	131.15±1.89b	128.69	133.57
	N3	87.06±1.07e	85.75	88.20
	N4	47.61±0.92g	46.79	49.00

续上表

时间	位点	平均值±SD(μm)	最小值(μm)	最大值(μm)
2017年3月	N5	41.4±0.49h	40.77	41.98
	N6	43.85±0.35h	43.36	44.34
	N7	—	—	—
	N8	—	—	—
	N9	—	—	—
2017年12月	N1	24.78±6.84a	14.78	30.58
	N2	27.72±5.59a	18.58	32.56
	N3	22.62±3.02a	18.32	25.72
	N4	29.19±8.26a	18.84	41.01
	N5	25.21±7.65a	19.03	33.77
	N6	36.64±19.56a	18.61	69.32
	N7	—	—	—
	N8	—	—	—
	N9	—	—	—
2018年5月	N1	183.82±1.37b	178.58	186.02
	N2	197.22±1.99a	192.39	202.83
	N3	193.28±1.12a	190.58	197.11
	N4	42.4±1.18f	38.52	45.95
	N5	41.32±0.89f	38.25	43.73
	N6	48.29±1.25e	45.3	51.75
	N7	—	—	—
	N8	—	—	—
	N9	—	—	—

注:"—"为未采集到。数字后小写字母代表显著性,字母相同代表两组间差异不显著,字母不同代表两组间差异显著。

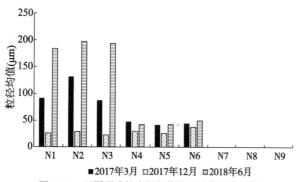

图 6.2-7 不同形式护底沉积物粒径均值变化情况

为了更好地反映沉积物粒度变化,将沉积物划分为5个粒级进行分析:黏土(<4μm)、粉砂粒级包含细粉砂(4~16μm)和粗粉砂(16~63μm)、极细砂(63~125μm)和细砂(125~

250μm)。

2017年3月铺排区域各点位粒径组成差异较大。无护底带各点位均以极细砂和细砂为主。生态空间体各点位粒径组成较为均匀,以黏土、细粉砂、粗粉砂、极细砂为主。传统护底带未采集到沉积物[图6.2-8a)]。

2017年12月铺排区域各点位粒径组成差异不显著。无护底和生态空间体各点位粒径组成较为均匀,以黏土、细粉砂、粗粉砂、极细砂为主。传统护底带未采集到沉积物[图6.2-8b)]。

2018年5月铺排区域各点位粒径组成差异较大。无护底带各点位均以极细砂和细砂为主。生态空间体各点位粒径组成较为均匀,以黏土、细粉砂、粗粉砂、极细砂为主。传统护底带未采集到沉积物[图6.2-8c)]。

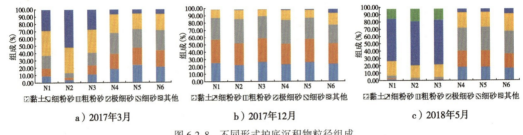

图6.2-8 不同形式护底沉积物粒径组成

(2)沉积物有机质

2017年3月铺排区域沉积物有机质含量均值范围为0.63%~1.92%。各位点有机质含量差异显著,生态空间体有机质含量显著高于其他铺排区域,传统护底带未采集到沉积物。

2017年12月铺排区域沉积物有机质含量均值范围为2.53%~4.71%。各位点有机质含量差异显著,生态空间体显著高于无护底带点位。传统护底带未采集到沉积物。

2018年5月铺排区域沉积物有机质含量均值范围为0.21%~2.47%,各点位沉积物有机质含量差异显著,生态空间体有机质含量显著高于无护底带。传统护底带未采集到沉积物。

上述各期监测调查结果详见表6.2-7、图6.2-9。

生态空间体沉积物有机质含量　　　　表6.2-7

时间	位点	平均值±SD(%)	最小值(%)	最大值(%)
2017年3月	N1	1.10±0.05b	0.88	1.16
	N2	0.66±0.01a	0.63	0.69
	N3	1.45±0.05d	1.30	1.65
	N4	1.77±0.02e	1.71	1.80
	N5	1.82±0.03e	1.78	1.86
	N6	1.8±0.08e	1.71	1.92
	N7	—	—	—
	N8	—	—	—
	N9	—	—	—

续上表

时间	位点	平均值±SD(%)	最小值(%)	最大值(%)
2017年12月	N1	4.55±0.14g	4.42	4.71
	N2	2.72±0.11d	2.53	2.79
	N3	2.97±0.17e	2.78	3.23
	N4	2.67±0.07d	2.57	2.77
	N5	3.68±0.08f	3.54	3.74
	N6	3.00±0.09e	2.85	3.09
	N7	—	—	—
	N8	—	—	—
	N9	—	—	—
2018年5月	N1	0.32±0.01f	0.30	0.35
	N2	0.21±0f	0.21	0.21
	N3	0.22±0f	0.22	0.23
	N4	2.25±0.08b	1.97	2.46
	N5	2.25±0.05b	2.08	2.36
	N6	2.23±0.08bc	2.04	2.47
	N7	—	—	—
	N8	—	—	—
	N9	—	—	—

注:"—"为未采集到。数字后小写字母代表显著性,字母相同代表两组间差异不显著,字母不同代表两组间差异显著。

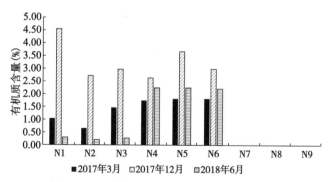

图 6.2-9　空间体生态排沉积物有机质均值变化情况

(六)水生生物效应分析

(1)底栖动物效应分析

通过对施工前的对照监测空间体生态排区域采集到极少量的底栖动物,主要为齿吻沙蚕。通过传统护底和生态空间体建成后三次的监测,传统护底带均未采集到底栖动物,未采集并不代表没有底栖动物,可能是传统护底带淤积程度不够,或者淤积的底泥在排体缝隙中,难以采集。但即便如此,相比于空间体生态排,其底泥的淤积量过少,没有形成较好的生境。统计结果显示无护底带和生态空间体底栖动物群落组成 NMDS 分析,最具差异的是 2017 年 12 月的监测结果。其余两次监测组间均没有显著性差异。时间上无护底带和生态空间体底栖动物群落组成相对较为稳定,存在一定的波动情况。空间上不同护底各点位的组成存在较强的异质性。总体上铺排区域底栖动物物种均为长江常见物种,生态空间体采集点位底栖动物群落组成并没形成稳定而独特的群落结构,但与传统护底带相比,生态空间体能采集到底栖动物,而传统护底带三次监测均为未采集到,说明生态空间体具有较好的生境重建作用,效果较为显著。

不同护底形式底栖动物多样性也存在较大的变化。无护底带底栖动物多样性要高于生态空间体,其物种丰富度和香农—威纳指数相比于生态空间体均表现出较高的水平。而相比传统护底,生态空间体多样性要远高于传统护底。可以说明生态空间体在维持底栖动物多样性方面具有更好的作用。

不同护底区域底栖动物丰度和生物量较低,其原因也是本底值偏低,而并非工程影响。生态空间体底栖动物丰度和生物显著地低于无护底带,但显著高于传统护底带。说明生态空间体比传统护底效果更好。

总体来说生态空间体相比于传统护底而言具有较好的生态效应,其立体的结构能促进更多的沉积物淤积,为底栖动物提供赖以生存的生境。

(2)沉积物影响分析

纵观三次调查无护底带沉积物粒径结果,其粒径组成存在差异。2017年3月和2018年5月具有一定的相似性,以极细砂和细砂为主。粒径均值也较为接近,均在$100\mu m$以上。2017年12月无护底带组成与空间体生态排相似,均以黏土、细粉砂、粗粉砂、极细砂为主。说明无护底带在不同时间其粒径组成会有相应的变化。空间体生态排在三次调查中沉积物的组成均未发生较大变化。可能是因为生态空间体对其腔体内沉积物的保护作用。长江水文条件复杂,冲淤变化明显,无护底带在不同水期受到不同水文条件的影响其沉积物会被经常扰动和冲刷,从而造成其沉积物粒径随季节发生变化。但生态空间体上有顶板,下有底板,能抵抗一定的水流冲击,且上百个空间体集中排放,在空间体阵列中的沉积物很难被水流影响,因此生态空间体中的沉积物组成应该是相对稳定的,且在不断地淤积成长中。

从有机物的结果来看也呈现相似的规律,无护底带在2017年3月和2018年5月均呈现有机质含量偏低的情况,为0.2%~1%,只有在2017年12月有机质含量达到了3%~4%。而生态空间体一直保持在1.7%~3.0%之间,相对波动较小,比较稳定。

所以总体来说空间体生态排能形成较为稳定的生境条件,为沉积物组成和底栖动物群落的稳定构建了良好的条件,相比于传统护底,具有很好的促淤作用。

6.2.2 生态软体排结构跟踪观察和分析

(一)生态保护区

(1)狼山沙护滩结构生态保护区跟踪观察与分析

一期工程交工一年后,经定期进行的滩面测量资料显示,狼山沙生态保护区与生态修复区没有出现被冲刷情况,达到了工程保沙护滩的整治要求。较好的促淤效果保证了排体土工布与连接绳的耐久性,满足工程的使用年限要求。实施效果详见图6.2-10。

a) 施工半年后的生态保护区　　　　　　　　b) 一年后的生态保护区

图 6.2-10　一期工程生态保护区实施效果

(2) 落成洲水道护滩结构生态保护区跟踪观察与分析

落成洲水道护滩结构生态保护区的施工在 2016 年 3 月展开，结合岸侧主要以原生草木为主，特别是工程范围区域内存在较粗壮的树木的特点，对于影响结构稳定的较大型木本植物进行移植，其余木本植物进行保护，草本类植物沿滩面割除并保护其根系不受损伤。实施效果详见图 6.2-11、图 6.2-12。

图 6.2-11　落成洲生态保护区护底结构施工

从现场跟踪情况可知，落成洲生态保护区实施后，当年植物就恢复了生长，施工一年后，植物生长茂盛，经过两年汛期，高滩边缘实施的保护措施完好，滩面上的十字块基本被植物覆盖，形成了自然生态与工程措施融为一体的生态保护区。

(3) 福姜沙水道护滩结构生态保护区跟踪观察与分析

福姜沙水道护滩结构生态保护区的施工于 2016 年 11 月展开，岸滩侧的土著植物主要为芦苇和野茭白。实施效果详见图 6.2-13 ~ 图 6.2-15。

从现场跟踪情况可知,福姜沙生态护滩结构在生态保护区实施后,当年植物就恢复了生长。施工一年后,植物生长茂盛,经过两年汛期,高滩区域保护措施完好,结构促淤效果显著,更加有利于植物恢复生长,滩面上的十字块基本被植物覆盖,形成了自然生态与工程措施融为一体的生态保护区。

a) 2016年5月部分植物已经恢复生长

b) 2017年5月生态保护区现场实景

c) 2017年5月生态保护区现场实景

d) 2017年5月生态保护区现场实景

图 6.2-12　落成洲生态保护区实施效果

图 6.2-13　生态保护区护底结构施工完成实景

第6章 生态效果监测及分析

图 6.2-14 2017 年 5 月生态保护区现场实景,植物恢复生长、结构促淤效果图

a) 2017年8月生态保护区现场实景,部分植物恢复生长

b) 2018年5月生态保护区现场实景(保护区植物生长茂密;当地住民割采野茭白)

图 6.2-15 福姜沙生态保护区实施效果

（二）生态修复区

福姜沙 FL2 区域的生态修复采用的是与一期工程相同的在生态软体排上种植根系围护带桩的水生植物包。水生植物包有 3 种：黄菖蒲占 50%，香菇草和三白草各占 25%。这 3 种植物都经过一期工程试验段和二期工程试验段的试验，证明是可以在该区域成活的。

从 2017 年 4 月起在 FL2 生态软体排区域实施了生态修复。至 2017 年 6 月份 FL2 生态软体排区域植物生长茂盛，长势喜人。详见图 6.2-16。

a) 下游区域（黄菖蒲和三白草植物包组合）　　　　b) 上游区域（黄菖蒲和香菇草植物包组合）

图 6.2-16　2017 年 6 月 FL2 异型网箱堤

2017 年 FL2 区域所有种植的植物与去年试验区种植的植物同时期比较其成活率和生长情况均好于去年。

而在 2017 年 7—8 月间，江苏地区遭遇了百年未遇的高温侵袭，连续 20 天 40℃ 高温造成菖蒲和香菇草全部死亡。分析其原因，是因为刚刚施工完毕，联锁块上未淤积淤泥，高温暴晒造成联锁块表面温度升高将垂落在联锁块上的菖蒲、香菇草叶子烫伤。由于水生植物移栽的第一年植物根部尚未形成茎块，因此烫伤后植物即死亡，第二年不会再生长。整个 FL2 区域只余部分三白草成活，因为三白草不是垂叶植物。

吸取此次教训，2018 年 4 月采用三白草对 FL2 区域进行了补种。三白草不是垂叶植物应该可以避免同样的悲剧的发生。至 2018 年 6 月份，FL2 区域三白草生长良好，叶面泛黄是因退潮后淤泥附着（图 6.2-17）。

图 6.2-17　2018 年 6 月 FL2 区域异型网箱堤下游区域的三白草生长良好

2018 年气候对植物的影响也是较大的。2018 年受气候变化的影响，台风路径北抬，7—8月份出现了从未有过的连续 4 个台风（安比、云雀、摩羯、温比亚）在上海登陆，其中心直接经过 FL2 施工区域,给植物造成不小伤害。台风经过后靠近中央石笼下游区域的三白草叶子大量被吹落,周围浅水区的水生植物也全部被吹倒,但三白草还是挺过了各种自然灾害存活下来。2018 年 10 月后虽已入秋到了植物枯死阶段,但不少三白草仍顽强地挺立着(图 6.2-18),且翌年生长状况良好(图 6.2-19)。

图 6.2-18　2018 年 10 月已入秋,不少三白草仍顽强地挺立着(异型网箱上游)　　图 6.2-19　2019 年 5 月 6 日,三白草新长出了植株(植株粗大且每株都有 3~4 颗)

水生植物移栽最难熬的是第一年,以后其根茎部分会生长出茎块,到时植物的生命力会大大增强,即使植物地面部分死亡,其根茎也能支持它下一年春天继续发芽生长。

本次长江 12.5m 深水航道二期工程福姜沙区域 FL2 生态软体排区域的生态修复说明,经历了多次试验,逐步积累了经验,生态软体排区域的生态修复技术日趋成熟,生态效果也日益体现。随着软体排生态修复技术的成熟,逐渐取代软体排抛石,对减少采石、抛石对环境的破坏,降低工程成本,缩短施工周期,消除工程对环境的不利影响有着深远的意义。

6.2.3　主动式钩连体生态效应分析

(一)调查区域及点位分布

为排除不同水动力环境或水深等自然因素对结果的影响,选用高程接近、位置靠近的点位进行采样分析。分别在主动式钩连体护滩结构试验段、余排+抛石护滩结构段和无护滩结构段设置3个采样区域(图 6.2-20),每个区域设置 3 个采样点。

采样工作共为期一年,每三个月进行一次,即于 3 月、6 月、9 月和 12 月进行。实际操作中,分别于 3 月 15 日、6 月 11 日、9 月 8 日和 12 月 15 日落潮后低水位时上洲滩进行采样。

(二)现场监测采样指标及方法

附着生物:采用人工投放附着生物采样板和天然基质直接采样的方式。在每个采样点位投放一套附着生物采样装置,每套采样装置上固定 6 块采样板,采样板规格 20cm×20cm。根据三个采样区域的不同特性,采用不同的方式将采样装置投于采样点位。其中,主

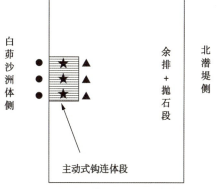

图 6.2-20　采样区位置示意图

注:●-洲体段采样区;★-钩连体段采样区;▲-余排+抛石段采样区。

动式钩连体护滩结构试验段将采样板直接固定在钩连体上,余排+抛石护滩结构段将采样装置的下部固定在联锁块连接绳上,无护滩结构段利用铁锚在底部固定。涨潮时浮球不浮出水面,尽量降低人为干扰概率。每次采样时每个点位回收一块采样板,将采样板上的附着生物刮下,同时采集同等面积的主动式钩连体和压排石上的附着生物,使用碘液固定后在试验室中镜检,分析附着生物种群结构与丰度。

底栖生物:在各个有沉积物的采样点选取三个 30cm×30cm 的样方,将样方内沉积物挖出,用 60 目尼龙筛网筛洗,将残渣中底栖动物在白瓷盘中手工一一挑出,样品用 10%福尔马林保存。试验室内,将底栖动物鉴定到种,并用万分之一天平称取各物种湿重,计算底栖动物种群密度和生物量。

浮游动物:在落潮后三个采样区域有积水的地方采集水样,用浅水Ⅰ型和Ⅱ型浮游生物网过滤,经5%福尔马林溶液固定后待会试验室进行称重、分类、鉴定和计数。丰度计算利用Ⅱ型浮游生物网数据,单位:个/m^3,总生物量湿重利用Ⅰ型浮游生物网数据。

浮游植物:在落潮后三个采样区域有积水的地方采集水样,每升水样加 8mL 碘液固定保存,在试验室浓缩后鉴定种类和计数,计算浮游植物丰度。

高等水生植物:在高等水生植物生长季针对三个监测区域调查高等水生植物存在与否。如有,进行样方调查,分析高等水生植物的种类与组成。

水质:根据《地表水环境质量标准》(GB 3838—2002)和《地表水和污水监测技术规范》(HJ/T 91—2002),在落潮后三个采样区域有积水的地方采集水样,主要测定水体中的水温、pH值、含沙量、浊度(SS)、电导率(Sp-cond)、溶解性固体总量(TDS)、溶解氧(DO)、高锰酸盐指数(COD_{Mn})、生化需氧量(BOD_5)、叶绿素(Chl-a)、总磷(TP)、氨氮(NH_4-N)和总氮(TN)等指标。

(三)主动式钩连体水生生物效应分析

(1)底栖生物

三个采样区域共发现底栖生物 6 纲 16 种,可见底栖动物种类丰富度不高,均为长江中下游浅水湖泊习见种类。河蚬由于个体较大,在生物量方面占有绝对优势,占总量的 52.0%;谭氏泥蟹和寡鳃齿吻沙蚕次之,分别占 14.1% 和 11.6%。从密度上看,寡鳃齿吻沙蚕和多齿围沙蚕的密度最高,分别占总量的 29.9% 和 25.0%;河蚬的数量只排第三,占 13.6%。综合底栖动物的密度、生物量以及各物种的出现频率,表明崇明岛采样点现阶段的底栖动物优势种主要为河蚬和寡鳃齿吻沙蚕。

各采样区域底栖生物密度对比分析(图 6.2-21)表明,3 月和 6 月份在余排+抛石区域都没有发现底栖生物,随后 9 月和 12 月份随着淤积的底泥越来越多,底栖生物的数量也逐渐增加。12 月份时生物量达到峰值 10.96g/m^2,甚至超过了洲体。洲体中底栖生物的密度在 12 月份达到一年中的峰值 411ind./m^2,而由于在 9 月份以河蚬为主,所以此时生物量为一年峰值 53.12g/m^2。钩连体中的底栖生物始终保持一个较高的水平。特别是在 6 月和 12 月份,不管是生物量还

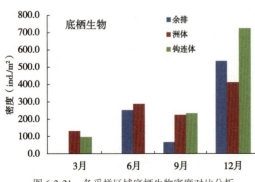

图 6.2-21 各采样区域底栖生物密度对比分析

是密度,都远高于余排+抛石段和洲体。

底栖生物的监测结果出现这样的差异,主要是由三个监测段自身特性所决定。余排+抛石结构用混凝土结构覆盖住整个沉积物表面,完全切断了跟原有界面的物质循环和能量流动,在大量减少原有底栖生物的同时,硬质的混凝土表面也限制了新的底栖生物向上迁移。钩连体结构是框架结构,对原有沉积物表面破坏有限,而且一方面比原来的表面具有更低的流速和复杂的水动力条件,另一方面促淤现象明显,因此为底栖生物的生长创造了良好的生活环境。洲体由于无工程措施,保留了原始状态。

在三个区域开展的四次监测结果计算表明:2014 全年,余排+抛石段、洲体和钩连体段的底栖生物香农—威纳指数分别是 2.13、2.86 和 2.64,洲体的生物多样性最高,钩连体段次之。

(2)浮游动物

在三个区域进行的四次调查结果(图 6.2-22)显示,共发现桡足类和枝角类两大类共计 7 种浮游动物。分析发现,桡足类中的汤匙华哲水蚤在生物量中占绝对的优势地位,占总数的 82.1%;生物量排名第二的是指状许水蚤,占总数的 16.4%;其余各种类所占份额都较小。汤匙华哲水蚤在密度分析中也排第一,占总数的 66.1%;指状许水蚤占 18.7%;密度排第三的无节幼体占了 9.0%。可见,三个区域的优势种是汤匙华哲水蚤。

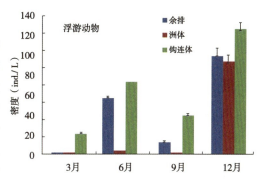

图 6.2-22 各采样区域浮游动物密度对比分析

三个采样区域四次调查发现洲体上水体中浮游动物很少,前三次调查都维持在较低水平,平均密度在 2ind./L 左右。余排+抛石段水体中浮游动物在 3 月份调查时较少,基本与洲体处于同一水平,随后在 6 月和 9 月份时显著增加,密度分别达到 56ind./L 和 12ind./L,在 12 月份时达到峰值 99ind./L。四次调查中钩连体内水体中浮游动物生物量和密度都远高于另外两个区域,可见钩连体形成了浮游动物较为适应的复杂的水文环境,一方面为浮游动物提供了食物来源,另一方面为其提供了躲避鱼虾的捕食的场所。

在三个区域开展的四次监测结果计算表明:2014 全年,余排+抛石段、洲体和钩连体段的浮游动物香农—威纳指数分别是 1.20、1.40 和 1.70,钩连体段的生物多样性最高,余排+抛石段最低。

(3)浮游植物

三个区域进行的四次调查发现浮游植物共 7 门 31 种。各种藻类的生物量及密度对比分析结果(图 6.2-23)显示,硅藻门占总生物量的一半多,其中又以小环藻和舟形藻占优;裸藻门在总生物量中排第二,占 14.1%;蓝藻门和隐藻门约各占了总生物量的 10%。从密度角度分析,由于蓝藻中微囊藻的个体非常小,因此在密度中排绝对优势,约占 72.0%;排名第二的是硅藻门,约占 13.0%;绿藻门占 6.1%,排第三。综合考虑,该采样区域的浮游植物优势种是微囊藻、小环藻和舟形藻。

三个采样区域四次调查中发现的浮游植物数量对比。从生物量角度分析,3 月份时余排+抛石段水体中浮游植物的生物量最低,为 2.27mg/L,洲体和钩连体近似,约 2.90mg/L;6 月份调查时发现,钩连体内水体中浮游植物生物量最大,为 3.95mg/L,洲体次之(2.69mg/L),余排+抛石段最少(1.35mg/L);而在9月份,余排+抛石段和钩连体在同一水平,约为2.45mg/L,洲体最低,为1.21mg/L;12月份由于温度降低,生物量都很低,平均生物量约为0.02mg/L。四次调查的浮游植物密度分析结果则显示,3—9月份余排+抛石段水体内浮游植物密度最低,其次是洲体,钩连体最高;12月份时,余排+抛石段密度有所提高。综合可见,钩连体段水体中浮游植物数量最多,可见其为浮游植物的生长繁殖提供了良好的环境条件。

根据三个区域开展的四次监测结果进行计算表明:2014全年,余排+抛石段、洲体和钩连体段的底栖生物香农—威纳指数分别是1.93、2.00和2.03,钩连体段的生物多样性稍高于洲体,余排+抛石段最低。

(4) 附着生物

三个区域进行的四次调查共发现附着生物4门45种。各种附着生物的生物量及密度对比分析结果(图6.2-24)显示,硅藻门种类的生物量占总生物量的65.5%;其次是蓝藻门,占了33.7%;裸藻门和绿藻门两者之和占了1%不到。其中,硅藻门中的菱形藻和舟形藻、蓝藻门中的威利颤藻和颤藻占了总生物量的90%以上。从密度上看,硅藻门仍占绝对优势,占总密度的61.0%;蓝藻门和绿藻门分别占了22.8%和15.7%。其中,硅藻门的舟形藻和菱形藻、绿藻门中的针形纤维藻占绝对份额。由此可见,硅藻门的舟形藻和菱形藻是附着生物中的优势种。

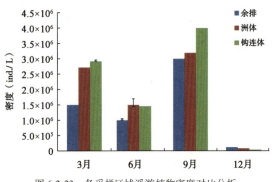

图6.2-23 各采样区域浮游植物密度对比分析

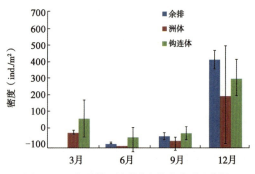

图6.2-24 各采样区域附着生物密度对比分析

三个采样区域四次调查中发现3月份时,余排+抛石段尚未施工完毕,因此无附着生物数据。6月和9月份余排+抛石段和洲体上附着生物的生物量和密度都保持较低的水平。与此同时,前三次采样时发现无论是生物量还是密度,钩连体上的附着生物都显著高于其余两个区域。12月份时,三个采样区域的附着生物数量都有明显增加,此时钩连体中附着生物的生物量尚有一定优势,而密度则是余排+抛石段占优。

在三个区域开展的四次监测结果计算表明:2014全年,余排+抛石段、洲体和钩连体段的底栖生物香农—威纳指数分别是2.95、3.20和3.31,钩连体段的生物多样性最高,余排+抛石段最低。

6.2.4 梯形空心构件生态效应分析

(一) 调查点位布设及频次

调查区域为仪征水道右汊Y1#、Y2#、Y3#丁坝。生态丁坝布设于仪征水道世业洲右汊Y2#,从丁坝根部向外约200余米的位置。其余两个丁坝和Y2#后半段位置均为传统抛石丁坝。在 Y1#、Y3#后方各布设两个点位,分别为 A1、A2 和 A5、A6。在 Y2#生态丁坝内外分别布设 A3 坝内和 A3 坝外两个点位,在 Y2#传统丁坝后方布设 A4 一个点位,共 7 个点位。样点设置见表 6.2-8、图 6.2-25。

生态丁坝水生态调查点位　　　　　　　　　　　表 6.2-8

关键区域	工程部位	测 点	坐 标	
			X	Y
仪征水道右汊	Y1#抛石丁坝后	A1	428795.5	3566734.8
		A2	428653.3	3566533.3
	Y2#生态丁坝后	A3 坝内	428795.5	3566734.8
		A3 坝后	428653.3	3566533.3
		A4	429387.4	3566051.9
	Y3#抛石丁坝后	A5	430259.9	3565753.6
		A6	430112.9	3565542.7

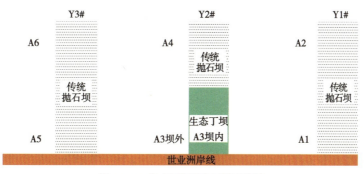

图 6.2-25　生态丁坝研究区域示意图

调查时间为施工前两次和施工后三次。调查的指标为底栖动物群落、坝体鱼类活动情况、沉积物粒径、有机质含量。

(二) 监测方法

根据监测指标,参照《水和废水监测分析方法》(第四版)第五篇水和废水的生物监测方法、《内陆水域渔业资源调查手册》《长江鱼类监测手册》《水环境监测规范》(SL 219—2013)中 7 水生态调查与监测,确定生态丁坝的监测方法,详见表 6.2-9,其中,水声学探测示意见图 6.2-26。

生态丁坝监测方法　　　　　　　　　　　表 6.2-9

监测项目	监测频次
沉积物	由潜水员带彼得森采泥器下潜采集,每个样点区域采集 5 个平行样。用 50ml 离心管取一小管带回试验室用于检测沉积物粒径分布、有机质含量。剩余部分用于底栖动物样本
底栖动物	由潜水员带彼得森采泥器下潜采集沉积物,用 50ml 离心管取一小管用于沉积物检测,剩余部分用于底栖动物样本。每个样点区域采集 5 个平行样并放入不锈钢盆中进行混合。将混合沉积样沉积物 60 目手抄网冲水洗涤,直至剩下腐殖质。将腐殖质装袋带回室内,用白瓷盘内将腐殖质分多次稀释后将腐殖质中底栖生物分拣出来,放入标本瓶中加入甲醛保存带回试验室。在试验室,将分拣出的底栖生物放于解剖镜下观察鉴定,并计数。最终计数通过换算得出实际底栖生物密度。通过用万分之一天平称量底栖生物湿重测定底栖生物生物量。对在解剖镜下未能确定的物种,需经过压片,在 200 倍显微镜下观察定性

续上表

监测项目	监测频次
鱼类	雇佣专业渔民进行渔获物调查。在水道右汊研究区域附近江段,采用流刺网进行捕鱼,流刺网规格40×2m,8分目。同时在生态丁坝附近放置地笼,采集丁坝附近鱼类。所有渔获物个体进行种类鉴别,测量体长和体重。渔获物调查可以确定丁坝附近的鱼类组成,为水声学监测确定目标强度,减少误差
水声学探测	采用水声学仪器科学探测仪。每点每次定点监测时长为1个小时。根据水道右汊研究区域的现场观测,结合地图,分别在生态丁坝处和传统丁坝及丁坝间设置4个采样点进行监测,对比鱼类分布变化。每个点监测6次。标记采样点坐标,录入GPS。每天根据GPS进入测量区域,测量船到达测量区域,船头、船尾各抛一个锚,对船进行固定,防止船体因风晃动对测量数据造成影响

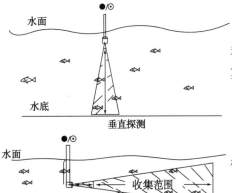

图6.2-26 水声学探测示意图

(三)分析方法

底栖动物群落组成差异性分析采用NMDS法,沉积物粒径和有机质显著性分析采用Ducan和LSD计算方法(详见6.2.1)。

(四)底栖动物调查结果

(1)群落组成

根据调查结果在生态丁坝布设前并未采集到底栖动物。

在生态丁坝布设后2017年3月调查结果显示生态丁坝研究区共检出底栖动物12种,其中节肢动物6种,占50.0%;环节动物4种,各占33.3%;软体动物2种,占16.7%。A2、A4、A6三个点位均未采集到底栖动物。通过计算各点位底栖动物相对丰度,丁坝区域采集到的常见的优势种(相对丰度>5%)主要有长附摇蚊(Tanytarsus sp.)、河蚓(Rhyacodrilus sp.)、嫩丝蚓(Teneridrilus sp.)、齿吻沙蚕(Nephtys sp)。

2017年12月生态丁坝研究区共检出底栖动物7种,其中节肢动物2种,占28.5%;环节动物3种,各占43.0%;软体动物2种,占28.5%。仅A2点位未采集到底栖动物。整个丁坝区域相对丰度大于5%的常见优势种主要有钩虾(Gammaridea spp.)、湖沼股蛤(Limnoperna lacustris)。

2018年5月生态丁坝研究区共检出底栖动物7种,其中节肢动物2种,占28.5%;环节动物3种,各占43.0%;软体动物2种,占28.5%。本次采集所有点位均采集到底栖动物。丁坝区域常见优势种主要有齿吻沙蚕,多足摇蚊(Polypedilum sp.)。

不同时期丁坝各点位底栖动物群落相对丰度状况详见表6.2-10。

不同时期丁坝各点位底栖动物群落相对丰度(%)　　　　表6.2-10

时间	种	Species	A1	A2	A3坝内	A3坝外	A4	A5	A6
2017年3月	长附摇蚊	Tanytarsus sp.	9.7	—	—	0.9	—	34.5	—
	多足摇蚊	Polypedilum sp.	1.6	—	—	—	—	11.8	—
	隐摇蚊	Cryptochironomus sp.	—	—	—	2.8	—	—	—

续上表

时间	种	Species	A1	A2	A3坝内	A3坝外	A4	A5	A6
2017年3月	前突摇蚊	Procladius sp.	—	—	—	—	—	2.7	—
	长足摇蚊	Tanypuis sp.	—	—	—	0.9	—	—	—
	钩虾	Gammaridea spp.	1.9	—	—	2.8	—	0.9	—
	河蚓	Rhyacodrilus sp.	—	—	—	79.4	—	—	—
	水丝蚓	Limnodrilus sp.	1.9	—	—	—	—	—	—
	嫩丝蚓	Teneridrilus sp.	77.5	—	—	—	—	47.3	—
	齿吻沙蚕	Nephtys sp.	4.4	—	100.0	11.2	—	2.7	—
	沼蛤属	Limnoperna lacustris	2.8	—	—	1.9	—	—	—
	短沟蜷螺	Semisulcospira cancellata	0.3	—	—	—	—	—	—
2017年12月	多足摇蚊	Polypedilum sp.	—	50.0	—	—	—	—	—
	钩虾	Gammaridea spp.	92.3	—	—	33.3	100.0	33.3	40.0
	管水蚓	Aulodrilus sp.	—	—	—	66.7	—	—	—
	齿吻沙蚕	Nephtys sp.	7.7	—	—	—	—	—	—
	湖沼股蛤	Limnoperna lacustris	—	50.0	—	—	—	—	60.0
	短沟蜷螺	Semisulcospira cancellata	—	—	—	—	—	33.3	—
	舌蛭	Glossiphonia sp.	—	—	—	—	—	33.3	—
2018年5月	齿吻沙蚕	Nephtys sp	50.0	50.0	20.0	50.0	50.0	50.0	—
	多足摇蚊	Polypedilum sp.	50.0	—	20.0	50.0	—	—	—
	长足摇蚊	Tanypuis sp.	—	—	20.0	—	—	—	—
	管水蚓	Aulodrilus sp.	—	—	40.0	—	—	—	—
	河蚓	Rhyacodrilus sp.	—	—	—	—	50.0	—	100.0
	湖沼股蛤	Limnoperna lacustris	—	—	—	—	—	50.0	—
	方格短沟蜷	Semisulcospira cancellata	—	50.0	—	—	—	—	—

注:"—"为未采集到。大于5%为优势种。

以丁坝为单位来看,2017年3月采集的底栖动物中河蚓和嫩丝蚓为优势种,2017年12月以钩虾较为常见,而2018年5月则以齿吻沙蚕较为常见(表6.2-11)。

传统丁坝与生态丁坝底栖动物群落组成比较(%)　　表6.2-11

时间	种	Species	Y1#传统丁坝	Y2#生态丁坝	Y2#传统丁坝	Y3#传统丁坝
2017年3月	长附摇蚊	Tanytarsus sp.	9.7	0.9	—	34.5
	多足摇蚊	Polypedilum sp.	1.6	—	—	11.8
	隐摇蚊	Cryptochironomus sp.	—	2.8	—	—
	前突摇蚊	Procladius sp.	—	—	—	2.7
	长足摇蚊	Tanypuis sp.	—	0.9	—	—
	钩虾	Gammaridea spp.	1.9	2.8	—	0.9
	河蚓	Rhyacodrilus sp.	—	78.7	—	—

续上表

时间	种	Species	Y1#传统丁坝	Y2#生态丁坝	Y2#传统丁坝	Y3#传统丁坝
2017年3月	水丝蚓	Limnodrilus sp.	1.9	—	—	—
	嫩丝蚓	Teneridrilus sp.	77.5	—	—	47.3
	沼蛤属	Limnoperna lacustris	2.8	1.9	—	—
	齿吻沙蚕	Nephtys sp.	4.4	12.0	—	2.7
	短沟蜷螺	Semisulcospira cancellata	0.3	—	—	—
2017年12月	多足摇蚊	Polypedilum sp.	—	20.0	—	—
	钩虾	Gammaridea spp.	92.3	20.0	100.0	37.5
	管水蚓	Aulodrilus sp.	—	30.0	—	—
	齿吻沙蚕	Nephtys sp.	7.7	—	—	—
	沼蛤属	Limnoperna lacustris	—	20.0	—	37.5
	短沟蜷螺	Semisulcospira cancellata	—	—	—	12.5%
	舌蛭	Glossiphonia sp.	—	—	—	12.5%
2018年5月	齿吻沙蚕	Nephtys sp	50.0	28.6	50.0	33.3
	多足摇蚊	Polypedilum sp	25.0	28.6	—	—
	长足摇蚊	Tanypuis sp	—	14.3	—	—
	管水蚓	Aulodrilus sp	—	28.6	—	—
	河蚓	Rhyacodrilus sp	—	—	50.0	33.3
	湖沼股蛤	Limnoperna lacustris	—	—	—	33.3
	方格短沟蜷	Semisulcospira cancellata	25.0	—	—	—

注:"—"为未采集到。大于5%为优势种。

以底栖动物相对丰度作为群落组成数据,将生态丁坝组(A3坝内和A3坝外)与传统丁坝组(A1、A2、A4、A5、A6)的底栖动物群落进行比较,采用NMDS排序分析发现三次调查生态丁坝组和传统丁坝组的底栖动物群落没有组间显著性差异($p>0.05$)(图6.2-27~图6.2-29)。

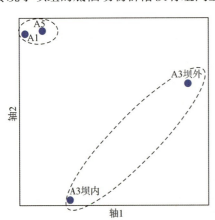

图6.2-27 底栖动物群落NMDS排序分析
(2017年3月)

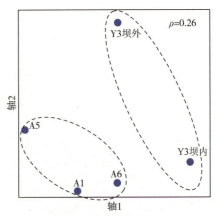

图6.2-28 底栖动物群落NMDS排序分析
(2017年12月)

(2) 多样性

生态丁坝底栖动物多样性以物种丰富度(Richness)和香农—威纳指数(Shannon-Wiener)来表示。物种丰富度单一地的代表物种的多度,而香农—威纳指数对多样性的体现更加综合,其加入了每个物种数量的计算。

2017年3月调查结果显示三个丁坝的物种丰富度差异显著。Y1#传统丁坝为8、Y2#生态丁坝为7、Y2#传统丁坝为0、Y3#传统丁坝为6。三个丁坝的香农—威纳指数差异显著。Y1#传统丁坝为0.89、Y2#生态丁坝为0.79、Y2#传统丁坝为0、Y3#传统丁坝为1.21。传统丁坝底栖动物多样性较生态高。

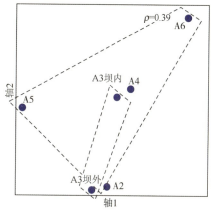

图6.2-29 底栖动物群落 NMDS 排序分析（2018年5月）

2017年12月调查结果显示三个丁坝的物种丰富度差异显著。Y1#传统丁坝为2、Y2#生态丁坝为4、Y2#传统丁坝为1、Y3#传统丁坝为4。三个丁坝的香农—威纳指数差异也显著。Y1#传统丁坝为0.27、Y2#生态丁坝为1.33、Y2#传统丁坝为0、Y3#传统丁坝为1.25。生态丁坝底栖动物多样性高于传统丁坝。

2018年5月调查结果显示三个丁坝的物种丰富度差异不显著。Y1#传统丁坝为3、Y2#生态丁坝为4、Y2#传统丁坝为2、Y3#传统丁坝为4。三个丁坝的香农—威纳指数差异显著。Y1#丁坝为1.04、Y2#生态丁坝为1.35、Y2#传统丁坝为0.69、Y3#为1.10。生态丁坝底栖动物多样性高于传统丁坝。

不同时间和位置丁坝底栖动物多样性变化情况详见图6.2-30。

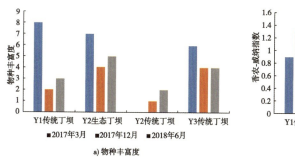
a) 物种丰富度

b) 香农-威纳指数

图6.2-30 丁坝底栖动物多样性变化情况

(3) 丰度和生物量

2017年3月调查结果显示丁坝各点位底栖动物丰度差异显著,为 5~1707ind./m^2。以 A3 坝内最少,A1 最多。三个丁坝平均丰度差异显著,Y1#传统丁坝为 853ind./m^2、Y2#生态丁坝为 288ind./m^2、Y2#传统丁坝为 0ind./m^2、Y3#传统丁坝为 293ind./m^2。各调查点位底栖动物生物量差异显著,整体为 0.0587~3.4624g/m^2,以 A3 坝内最低,A1 最高。三个丁坝平均生物量差异显著,Y1#传统丁坝为 1.7312g/m^2、Y2#生态丁坝为 0.9815g/m^2、Y2#传统丁坝为 0g/m^2、Y3#传统丁坝为 0.1376g/m^2。

2017年12月调查结果显示各点位底栖动物丰度差异显著,为32~208ind./m²。以A3坝内最少,A1最大。三个丁坝底栖动物差异显著,Y1#传统丁坝为94ind./m²、Y2#生态丁坝为40ind./m²、Y2#传统丁坝为48ind./m²、Y3#为64ind./m²。各调查点位底栖动物生物量差异显著,整体为0.0528~6.376g/m²,以A4最少,A1最大,A5和A6生物量也较大,分别为5.0832g/m²和3.3696g/m²。三个丁坝平均生物量差异显著,Y1#传统丁坝为3.188g/m²、Y2#生态丁坝为0.2064g/m²、Y2#传统丁坝为0.0528g/m²、Y3#传统丁坝为4.2264g/m²。

2018年5月调查结果显示各点位底栖动物丰度差异显著,整体为16~80ind./m²。以A6最少,A3坝内最大。三个丁坝底栖动物差异显著,Y1#传统丁坝为32ind./m²、Y2#生态丁坝为56ind./m²、Y2#传统丁坝为32ind./m²、Y3#为24ind./m²。各调查点位底栖动物生物量差异显著,整体为0.0064~7.5552g/m²,以A6最少,A2最大,A3坝内生物量也达到了6.1296g/m²。三个丁坝平均生物量差异显著,Y1#传统丁坝为3.9248g/m²、Y2#生态丁坝为3.7632g/m²、Y2#传统丁坝为0.1552g/m²、Y3#传统丁坝为1.2816g/m²。

不同时间和位置丁坝底栖动物丰度变化情况详见表6.2-12、图6.2-31。

2017年3月传统丁坝与生态丁坝丰度比较(ind./m²)　　表6.2-12

时　间	种	Species	Y1#传统丁坝	Y2#生态丁坝	Y2#传统丁坝	Y3#传统丁坝
2017年3月	长附摇蚊	Tanytarsus sp.	83	3	—	101
	多足摇蚊	Polypedilum sp.	13	—	—	35
	小摇蚊	Microchironomus sp.	—	—	—	—
	隐摇蚊	Cryptochironomus sp.	—	8	—	—
	前突摇蚊	Procladius sp.	—	—	—	8
	钩虾	Gammaridea spp.	16	8	—	3
	河蚓	Rhyacodrilus sp.	—	227	—	—
	水丝蚓	Limnodrilus sp.	16	—	—	—
	嫩丝蚓	Teneridrilus sp.	661	—	—	139
	齿吻沙蚕	Nephtys sp.	37	35	—	8
	沼蛤属	Limnoperna lacustris	24	5	—	—
	短沟蜷螺	Semisulcospira cancellata	3	—	—	—
	丰度合计		853	288		293
	生物量		1.7312	0.8315		0.1376
2017年12月	多足摇蚊	Polypedilum sp.	—	8	—	—
	钩虾	Gammaridea spp.	96	8	48	24
	管水蚓	Aulodrilus sp.	—	16	—	—
	齿吻沙蚕	Nephtys sp.	8	—	—	—
	沼蛤属	Limnoperna lacustris	—	8	—	24
	短沟蜷螺	Semisulcospira cancellata	—	—	—	8
	舌蛭	Glossiphonia sp.	—	—	—	8
	合计		104	40	48	64
	生物量		3.188	0.2064	0.0528	4.2264

续上表

时间	种	Species	Y1#传统丁坝	Y2#生态丁坝	Y2#传统丁坝	Y3#传统丁坝
2018年5月	齿吻沙蚕	Nephtys sp	16	16	16	8
	多足摇蚊	Polypedilum sp	8	16		
	长足摇蚊	Tanypuis sp		8		
	管水蚓	Aulodrilus sp		16		
	水丝蚓	Limnodrilus sp				
	河蚓	Rhyacodrilus sp			16	8
	湖沼股蛤	Limnoperna lacustris				8
	河蚬	Corbicula fluminea				
	方格短沟蜷	Semisulcospira cancellata	8			
	合计		32	56	32	24
	生物量		3.9248	3.7632	0.1552	1.2816

注:"—"为未采集到。

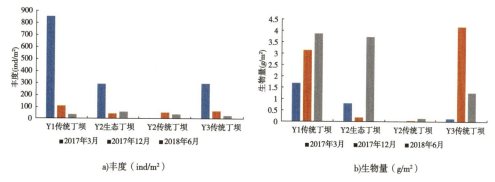

a) 丰度（ind/m²）　　　b) 生物量（g/m²）

图 6.2-31　丁坝底栖动物丰度和生物量变化情况

（五）生态丁坝鱼类调查及集鱼效果

生态丁坝鱼类调查和水声学调查委托河海大学完成。

（1）渔获物

在生态丁坝工程区使用流刺网、地笼共进行12船次的捕捞。

2017年3月共计捕获鱼类80尾，总重10.3kg，包含4目、5个科、9属，11种。分别是鲢（Hypophthalmichthys molitrix）、鳙（Aristichthys nobilis）、鲫（Carassius auratus）、鳊（Parabramis pekinensis）、翘嘴鲌（Erythroculter ilishaeformis）、银鮈（Squalidus argentatus）、紫薄鳅（Leptobotia taeniaps）、泥鳅（Misgurnus anguillicaudatus）、刀鲚（Coilia nasus）、瓦氏黄颡鱼（Pelteobagrus vachelli）、鳜（Siniperca chuatsi），渔获物中鲤科鱼类种类数最多，占54.55%。在渔获物数量百分比上，鲿科的瓦氏黄颡鱼最大，为30.00%，鲤科的鲢次之，为22.5%。在渔获物重量百分比上，鲤科的鲢最大，为72.5%，鲿科的瓦氏黄颡鱼次之，为14.2%。底栖鱼类有黄颡鱼、泥鳅、紫薄鳅及银鮈等，以黄颡鱼最多。

2017年12月共计捕获鱼类122尾，总重10.5kg，包含3目、8个亚科、12种。分别是鲢、草鱼(Ctenopharyngodon idellus)、鲫、鳊、翘嘴鲌、银鮈、䱗(Hemiculter leucisculus)、鳙、赤眼鳟(Squaliobarbus curriculus)、泥鳅、黄颡鱼、鳜,渔获物中鲤科鱼类种类数最多,占75.00%。在渔获物数量百分比上,鲤科中鲢数量最多,占总数的24.8%,黄颡鱼次之,占20.7%。在渔获物重量百分比上,鲤科的鲢最大,为72.4%,鲫鱼次之,占5.7%。

2018年5月共计捕获鱼类尾,总重9.9kg,包含3目、8个亚科、14种。分别是鲢、草鱼、鲫、鳊、翘嘴鲌、银鮈、鳙、黄颡鱼、鳜、紫薄鳅、麦穗鱼(Pseudorasbora parva)、兴凯鱊(Acheilognathus chankaensis)、鲤(Cyprinus carpio)、瓦氏黄颡鱼,渔获物中鲤科鱼类种类数最多,占71.43%。在渔获物数量百分比上,鲤科的兴凯鱊数量最多,占总数的37.0%,鲫鱼次之,占10.9%,瓦氏黄颡鱼,占9.4%。在渔获物重量百分比上,鲤科的鲢最大,占76.0%,鲫鱼次之,占9.0%。

（2）水声学监测结果

将检测区分为4组,Y1#传统丁坝,Y2#生态丁坝,Y3#传统丁坝,D4非工程江段。每组监测6天,每次每点监测时长1小时。

2017年3月结果显示,生态丁坝Y2,共监测360分钟,检测到鱼93尾,每分钟监测到0.261±0.114尾。传统丁坝Y1,共监测360分钟,检测到鱼11尾,每分钟监测到0.031±0.009尾。传统丁坝Y3,共监测360分钟,检测到鱼4尾,每分钟监测到0.011±0.008尾。非工程江段D4,共监测360分钟,检测到鱼4尾,每分钟监测到0.011±0.011尾(图6.2-32)。

对不同样点的单位时间检测到的数量进行单因素方差分析,然后进行LSD多重比较。从以上数据发现,生态丁坝的单位时间鱼类数量显著高于其他样点($p<0.05$),单位时间检测到的数量传统丁坝和普通江底之间没有显著性差异($p>0.05$)。

调查共检测到鱼信号113个,信号强度分布如图6.2-33所示。探测信号平均目标强度的值为-60.10dB,目标强度的最大值是-34.18dB,目标强度的最小值是-69.65dB,目标强度的中值是-62.65dB。

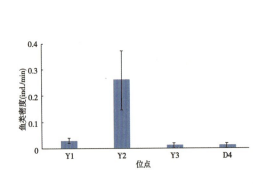

图6.2-32 2017年3月单位时间检测到的各位点鱼类数量

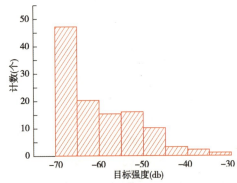

图6.2-33 水声学信号强度分布

根据目标强度—体长换算公式 $TS=22.87\log SL-84.5$,进行目标强度和体长换算。结果显示(图6.2-34),鱼类体长的最小值是4.46cm,最大值是158.58cm,中值是8.85cm。平均值为18.72cm。鱼类的体长主要集中在0~20cm之间,占总鱼数目的73.45%。其中0~10cm的鱼数目占总数目的53.10%,10~20cm的鱼占总数目的20.35%。说明生态丁坝主要吸引小型底栖鱼类。

2017年12月结果显示,生态丁坝Y2,检测到鱼42尾次,每分钟监测到0.117±0.059尾。传统丁坝Y3,检测到鱼25尾,每分钟监测到0.069±0.044尾。传统丁坝Y1,检测到鱼20尾,每分钟监测到0.056±0.027尾。非工程江段D4,检测到鱼16尾,每分钟监测到0.045±0.031尾(图6.2-35)。

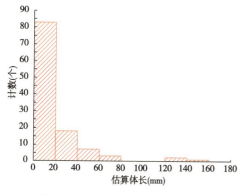

图6.2-34 水声学监测鱼类的体长分布

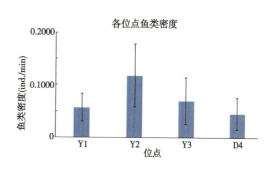

图6.2-35 2017年12月单位时间检测到的鱼类的数量

对不同样点的单位时间检测到的数量进行单因素方差分析,然后进行LSD多重比较。从以上数据发现,各位点的鱼类数量不多且波动较大,各位点之间没有显著差异($p>0.05$)。生态丁坝的单位时间鱼类数量平均值高于其他样点,鱼类数量相对较多。造成鱼类数量较少的原因可能是夏季鱼类活动较活跃,长江河道的外侧分布较少。

调查共检测到鱼信号103个(图6.2-36),平均目标强度的值为-61.08dB,目标强度的最大值是-35.29dB,目标强度的最小值是-69.4dB,目标强度的中值是-63.01dB,根据目标强度体长换算公式,鱼的体长范围在4.57~141.81cm。

根据目标强度—体长换算公式$TS=22.87\log SL-84.5$,进行目标强度和体长换算。结果显示(图6.2-37),鱼类体长的最小值是4.57cm,最大值是141.81cm,中值是8.70cm,平均值为16.06cm。鱼类的体长主要集中在0~20cm之间,占总鱼数目的89.32%。其中0~10cm的鱼数目占总数目的56.31%,10~20cm的鱼占总数目的30.01%。

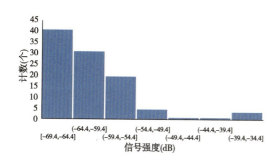

图6.2-36 2017年12月水声学信号强度分布情况

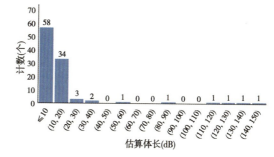

图6.2-37 2017年12月水声学监测鱼类的体长分布情况

2018年5月结果显示(图6.2-38),生态丁坝Y2,共监测360分钟,检测到鱼98尾,每分钟监测到0.2722±0.15189尾。传统丁坝Y3,共监测360分钟,检测到鱼6尾,每分钟监测到0.0167±0.01355尾。传统丁坝Y1,共监测360分钟,检测到鱼2尾,每分钟监测到0.0055±

0.0055尾。非工程江段D4,共监测360分钟,检测到鱼2尾,每分钟监测到0.0055±0.0055尾。Y2生态丁坝虽然数量较多,但因为生态丁坝部分被泥沙淹没,鱼主要栖息在丁坝边缘出现的深潭中。丁坝中的鱼类数量不多。

对不同样点的单位时间检测到的数量进行单因素方差分析(图6.2-39),然后进行LSD多重比较。从以上数据发现,除生态丁坝外各点的鱼类数量较少,所以生态丁坝与其他位点之间存在显著差异($p<0.05$)。生态丁坝的单位时间鱼类数量平均值高于其他样点,鱼类数量相对较多。主要是因为丁坝附近形成了深潭,冬季鱼类躲在深潭中越冬。其他位点可能不太适合鱼类越冬,所以鱼类较少。

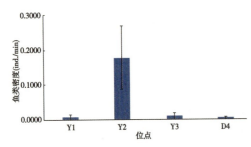

图6.2-38 单位时间检测到的各位点鱼类的数量

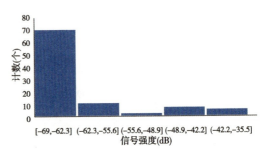

图6.2-39 水声学信号强度分布情况

调查共检测到鱼信号108个(图6.2-40),平均目标强度的值为-60.60dB,目标强度的最大值是-38.55dB,目标强度的最小值是-69dB,目标强度的中值是-65.08dB,根据目标强度体长换算公式,鱼的体长范围在4.76~102.14cm。

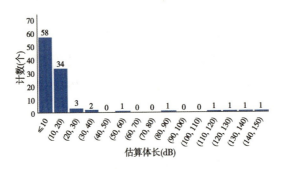

图6.2-40 2018年5月水声学监测鱼类的体长分布情况

根据目标强度—体长换算公式 $TS=22.87\log SL-84.5$,进行目标强度和体长换算。结果显示鱼类体长的最小值是4.76cm,最大值是102.14cm,中值是7.07cm,平均值为19.20cm。鱼类的体长主要集中在0~20cm之间,占总鱼数目的79.63%。

(六)生态丁坝沉积物调查结果

(1)沉积物粒径

2017年3月调查结果显示生态丁坝表层沉积物粒径均值范围为25.80~241.88μm,各位点粒径有显著差异,生态丁坝A3坝外粒径均值显著高于其他点位,而A3坝内基本为较大的水泥块和天然碎石,直径约2~5cm之间,可能是水下整治建筑物的建筑残渣。监测结果详见

表 6.2-13、图 6.2-41。

传统丁坝与生态丁坝沉积物粒径均值范围　　　　　　　　　　表 6.2-13

时间	位点	平均值±SD(μm)	最小值(μm)	最大值(μm)
2017 年 3 月	A1	26.27±0.41j	25.80	26.84
	A2	64.87±1.3f	63.23	66.87
	A3 坝内	均为较大石块，粒径大于(125~250μm)		
	A3 坝外	237.73±4.87a	232.03	241.88
	A4	95.77±0.99c	94.40	96.78
	A5	43.52±0.79h	42.71	44.65
	A6	—	—	—
2017 年 12 月	A1	102.3±52.05b	14.17	144.02
	A2	—	—	—
	A3 坝内	207.36±9.44d	197.22	221.60
	A3 坝外	238.86±24.08de	209.88	269.54
	A4	155.73±8.55c	146.32	166.80
	A5	96.25±79.59b	18.96	215.43
	A6	274.71±51.09e	209.72	345.32
2018 年 5 月	A1	38.11±2.96f	28.53	44.6
	A2	41.21±1.28f	36.25	43.46
	A3 坝内	41.4±1.84f	37.18	47.03
	A3 坝外	38.47±2.56f	30.31	45.08
	A4	51.1±1.5e	48.8	56.97
	A5	37.01±2.4f	31.35	44.08
	A6	26.46±1.59g	22.73	30.99

注："—"为未采集到。

2017 年 12 月调查结果显示生态丁坝表层沉积物粒径均值范围为 14.17~345.32μm，各位点粒径之间有显著差异，生态丁坝 A3 坝内和坝外粒径均值显著高于其他点位。

2018 年 5 月调查结果显示生态丁坝表层沉积物粒径均值范围为 22.73~56.97μm，除 A3 坝外和 A6 外，其余各位点粒径无显著性差异，A3 坝外显著高于其他点位，但相比前两次调查，并没有远高于其他点位。

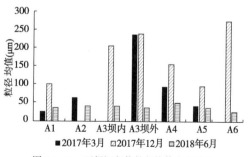

图 6.2-41　丁坝沉积物粒径均值变化情况

整体来看生态丁坝沉积物粒径远高于传统丁坝。

2017 年 3 月丁坝区域各点位粒径组成差异较大，Y1#传统丁坝的 A1 和 A2 点位组成相似，以黏土、细粉砂、粗粉砂为主，Y2#生态丁坝 A3 坝外以细沙为主，Y2#传统丁坝 A4 以极细砂和细砂为主,Y3#传统丁坝 A5 与 A1 和 A2 相似以黏土、细粉砂、粗粉砂为主(图 6.2-42a)。

2017 年 12 月丁坝区域各点位粒径组成差异较大,Y1#传统丁坝的 A1 组成相似黏土、细粉砂、粗粉砂、极细砂为主,Y2#生态丁坝 A3 坝内和坝外以及 Y2#传统丁坝 A4 和 Y3#传统丁坝 A6 组成相似,以细砂为主,Y3#传统丁坝 A5 黏土、细粉砂、粗粉砂、极细砂和细砂分布较为均匀[图 6.2-42b)]。

2018 年 5 月丁坝区域各点位粒径组成差异不显著,各丁坝点位均已以黏土、细粉砂、粗粉砂和极细砂为主[图 6.2-42c)]。

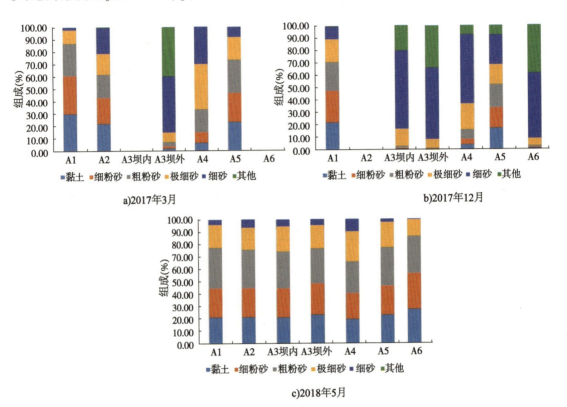

图 6.2-42 丁坝沉积物粒径组成(%)

(2)沉积物有机质

2017 年 3 月调查结果显示生态丁坝沉积物有机质含量均值范围为 1.60%~2.19%,各位点有机质含量差异显著,生态丁坝 A3 坝外显著高于传统丁坝点位,与 A2 无显著性差异(表 6.2-14、图 6.2-43)。

生态丁坝沉积物有机质含量　　　　表 6.2-14

时　间	位　点	平均值±SD(%)	最小值(%)	最大值(%)
2017 年 3 月	A1	1.51±0.06d	1.46	1.60
	A2	2.05±0.09f	1.93	2.14
	A3 坝内	均为较大石块,粒径大于(125~250μm)未检测出有机质		
	A3 坝外	1.99±0.12f	1.88	2.19

续上表

时 间	位 点	平均值±SD(%)	最小值(%)	最大值(%)
2017年3月	A4	1.16±0.16c	0.99	1.41
	A5	1.76±0.03d	1.72	1.80
	A6	—		
2017年12月	A1	1.47±0.07b	1.37	1.58
	A2	—	—	—
	A3 坝内	0.26±0.03a	0.23	0.30
	A3 坝外	0.29±0.04a	0.24	0.33
	A4	1.86±0.09b	1.71	1.92
	A5	1.52±0.15b	1.33	1.68
	A6	1.57±0.08c	1.50	1.71
2018年5月	A1	2.33±0.09ab	2.15	2.64
	A2	2.57±0.1a	2.38	2.84
	A3 坝内	2.28±0.18b	1.91	2.89
	A3 坝外	2.55±0.15a	1.96	2.75
	A4	2.27±0.04b	2.18	2.36
	A5	2.2±0.08bcd	1.97	2.42
	A6	2.55±0.09a	2.41	2.91

注："—"为未采集到。

2017年12月调查结果显示生态丁坝沉积物有机质含量均值范围为0.23%~1.92%。各位点有机质含量差异显著，生态丁坝A3坝内和坝外无显著性差异，但显著低于传统丁坝点位，A2未采集到沉积物。

2018年5月调查结果显示生态丁坝沉积物有机质含量均值范围为1.91%~2.91%，各点位有机质含量整体上差异不显著。

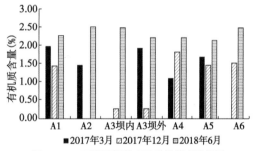

图6.2-43 丁坝沉积物有机质均值变化情况

（七）生态丁坝水生生物效应分析

丁坝群有减缓水流的作用，所以一般在丁坝上下游一定区域内会形成河流泥沙淤积。泥沙的淤积对底栖动物和鱼类群落的构建提供了必要条件。本工程所设计的生态丁坝相较于传统的抛石丁坝在生境重建方面具有更多的优势。①在工程方面可以达到与传统丁坝相同的整治效果；②生态丁坝促淤效果显著；③生态丁坝具有中空结构，在中空结构中又能形成微生境。

(1) 底栖动物效应分析

通过对施工前的对照监测生态丁坝区域未采集到底栖动物。通过传统丁坝和生态丁坝建成后3次的监测，统计结果显示仪征水道世业洲右缘生态丁坝和传统丁坝底栖动物群落组成组间没有显著性差异。时间上传统丁坝和生态丁坝底栖动物群落组成稳定性不高，原因是受到长江周期性洪水的影响。在空间上传统丁坝点位间底栖动物群落结构更加相似,而生态丁坝群落结构相似度不高。说明生态丁坝内外形成的底栖动物群落具有更为多样的群落结构,也说明生态丁坝比传统丁坝具有更加多样的底栖动物群落结构。

丁坝区域底栖动物多样性时空变化较为明显。从时间上来看2017年3月底栖动物多样性整体偏高,2017年12月和2018年5月都相对较低。生态丁坝底栖动物多样性无论是物种丰富度和香农—威纳指数相比于传统丁坝均表现出较高的水平。可以说明生态丁坝在维持底栖动物多样性方面具有更好的作用。

丁坝区域底栖动物丰度和生物量时空变化较为明显。2017年3月采集的底栖动物丰度和生物量较高。生态丁坝仅在2018年5月调查时丰度和生物量达到了最高,超过了传统丁坝。所以生态丁坝在提高底栖动物生物量方面起到很好的效果。

总体来说,丁坝建设前该区域由于水流冲刷严重难以形成底栖动物赖以生存的环境,丁坝建设后水流趋缓,在丁坝附近的河床形成了一定的沉积物淤积,构建的新生境。相比于传统丁坝,生态丁坝不仅影响了周围底质环境而且其内部又形成了另外的微生境。所以具有较好的水生生物效应。

(2)生态丁坝集鱼效果分析

根据对丁坝区域渔获物的调查,鱼类在丁坝区域有一定的分布,说明丁坝可能形成相对适宜的鱼类栖息场所。调查发现长江的常见种丁坝附近有较多的分布,如四大家鱼、黄颡鱼、鲫、银鲴、紫薄鳅、鳜等。说明丁坝群能对鱼类的生态影响较小,不会对其分布造成直接影响,且丁坝能够形成缓流水区域适宜饵料生物的生长,有利于鱼类的摄食和集群,对鱼类产生很好的生态保护效果。

水声学仪器的调查结果显示生态丁坝附近区域鱼类聚集效果显著性高于传统丁坝。水声学的探测调查能更为精确地判断鱼类活动的位置数量和大小,在相同时间(360分钟)的监测中,生态丁坝附近水域探测到鱼类100次,传统丁坝仅10次。说明生态丁坝具有更好的鱼类集群效果。

(3)沉积物影响分析

生态丁坝的促淤效果是明显的,从2017年3月和2017年12月的沉积物粒径结果看,生态丁坝坝内的沉积物粒径要远高于传统丁坝,粒径均值达到200~240μm,属于细砂级别,粒径组成也是以细砂为主,而传统丁坝粒径均值为20~100μm,属于粗粉砂和极细砂的级别。而在2018年5月监测中,传统丁坝和生态丁坝粒径均值和组成基本一致。以此结果推断沉积物淤积过程:丁坝建成初期由于生态丁坝坝体内部紊流作用,造成粒径较小的悬移质无法沉积,粒径较大的悬移质沉积下来,随着大粒径悬移质的逐步沉积,生态丁坝内部逐步淤积,丁坝间沉积物淤高,经过丁坝群的水流进一步减缓,细颗粒物逐渐沉积达到动态平衡的状态。如此便造成在监测初期生态丁坝采集的沉积物粒径偏大,后期采集的沉积物粒径变小的现象。

从沉积的有机质含量也可以看出与粒径相同的规律,2017年3月生态丁坝内未采集到沉积物,到2017年12月生态丁坝内沉积物有机物含量也较低为0.26%,而到2018年5月坝内沉积物有机质含量达到了2.28%,与传统丁坝含量相当。这可能也是在2018年5月底栖动物的丰度和生物量达到最高的一个原因。

总体来说生态丁坝不仅达到了很好的整治效果同时对重构水生生境起到了很好的作用，对底栖动物群落恢复以及鱼类集群都有很好的效应。

6.3 生态修复效果监测及分析

6.3.1 人工鱼巢修复效果

（一）人工鱼巢增殖效果监测方法

（1）记录

根据现场按照比例在鱼巢单元中抽样统计单位面积鱼卵数量，选取部分鱼卵进行形态和发育期等特征鉴定，并记录相关数量。

（2）抽样计算

按10%的扎（兜）数量在260个人工鱼巢中选取26个鱼巢单元，每个单元设置8个点，共计208个监测点。随机选取600个鱼卵进行人工孵化，600个鱼卵进行种类鉴定。

通过对人工鱼巢附着鱼卵数量、种类、孵化率的统计，评价人工鱼巢的生态效果。

鱼卵孵化率（P）计算公式：

$$P = \frac{N}{M}$$

式中，N为孵化成功的鱼卵数量；M为所有用于孵化的鱼卵的总数量。

用鱼巢监测点空置率来代表在监测中无鱼卵附着的监测点，用鱼卵增加率来代表两次监测中鱼卵的增加数量。

（3）增殖种类

黏性鱼卵种类鉴定通过鱼卵特征鉴定、分子生物学鉴定及黏性卵孵化后仔鱼鉴定3种方法进行初步判定。其中，依据鱼卵特征鉴定增殖种类主要参照《淡水人工鱼巢增殖技术规程》（DB43 T 1077—2015）（表6.3-1）。

表6.3-1 鱼类繁殖季节及鱼卵特性

鱼　名	产卵季节	吸水膨胀卵膜直径（mm）	卵径（mm）	鱼卵色彩
鲤	3—5月	1.4~1.8	1.2	橙黄色
鲫	3—5月	1.4~1.5	1.1~1.2	淡黄色
鲂	4—7月		1.2~1.4	淡黄微带绿色
黄颡鱼	5—7月	1.9~2.2	1.4~1.5	黄色
麦穗鱼	4—6月			微油黄色
鳌	5—6月		0.5~1.2	微油黄色
花鳅	4—5月	1.8~2.0	0.8~1.6	黄色
细鳞鲴	4—6月	3.8~5.0	1.4~1.5	浅灰褐色
黄尾鲴	4—6月	1.3~1.4	1.3~1.4	灰白色，透明
鳊	4—7月	3.1~4.5	0.9~1.1	
蒙古鲌	5—7月	4.5~5.2	1.5~1.6	灰白色
翘嘴鲌	6—7月	4.5~5.3	1.4~1.5	橙黄色

续上表

鱼　名	产卵季节	吸水膨胀卵膜直径(mm)	卵径(mm)	鱼卵色彩
青梢鲌	4—7月	1.3~1.4	0.9~1.0	
银飘鱼	5—6月		0.9~1.0	草绿色
光唇鱼	5—6月	2.32~2.54	1.84~2.14	金黄色
泥鳅	4—7月	1.3		黄色半透明

注:表格中数据引自《淡水人工鱼巢增殖技术规程》(DB 43/T 1077—2015)。

(二) 人工鱼巢鱼类聚集效果监测方法

(1) 监测方法

通过水声学探测的方法,了解鱼类的分布位置和数量,评估鱼类聚集效果。具体实施技术路线如下:采用EY60科学回声探测仪对测量区域进行水平探测。根据地图和现场调查,选定监测点,并将监测点坐标录入GPS。每天根据GPS坐标进入测量区域,测量船到达测量区域,船头、船尾各抛一个锚,使船固定,防止船体因风晃动对测量数据造成影响。每天定点监测时长为6小时,从早上10点至下午3点(表6.3-2、图6.3-1)。

EY60科学探测仪的相关参数　　　　表6.3-2

参　数	数　值	参　数	数　值
声速(m/s)	1450	发射强度(W)	300
脉冲宽度(μs)	64	事变增益(dB)	$40\lg R$
发射频率(kHz)	200	波束宽度(°)	7
阈值(dB)	-70		

对于人工鱼巢聚集效果采用固定点监测与走航式监测两种方法。监测采用水平监测(图6.3-2)。

图6.3-1 科学鱼探仪

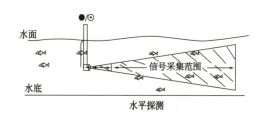

图6.3-2 水声学探测方法

监测采用定点和走航相结合的方式,选取人工鱼巢YC、鱼巢附近对照FJ及鱼巢较远对照DZ,共3个固定位点,走航式监测分为环绕人工鱼巢(HR)和鱼巢附近对照走航(ZH)两种。定点监测根据GPS进入测量区域,测量船到达测量区域后,船头船尾各抛一个锚,对船进行固定,防止船体因风晃动对测量数据造成影响。走航式监测选择在人工鱼巢水域采用Z字形走航,评估人工鱼巢水域的渔业资源情况。每组监测4天,每次每组监测1小时。

（2）数据分析

鱼类分布状况通过鱼类数量及出现频率来评价。将EY60科学回声探测仪采集的数据采用Sonar5软件处理，通过数据转换、去除噪声并进行目标分离等步骤后，获得鱼类信号的平均目标强度值，对结果进行检查去除错误数据，然后将数据导出。采用目标强度—体长转换公式：$TS=22.87\lg SL-84.5$，对获取到的目标强度值进行转换。其中，SL为标准体长（cm），TS为目标强度（dB），对鱼的标准体长进行换算。

采用回波图计数方法，将声呐图像的格式转化为回波图的格式，结合声呐图像鱼的形状和回波图鱼的运动轨迹对鱼进行确认并手动计数，然后将数据导出。

EY60探测体积的计算公式：

$$v=\frac{1}{3}h\pi(h\tan\theta/2)^2$$

式中，h为EY60探测水体的长度；θ为EY60的张角。

单位探测体积鱼类出现频率（F）的计算公式：

$$F=\frac{1000N}{T\times V}$$

式中，N为鱼的数目（ind.）；T为探测的时长（min）；V为探测的体积（m^3）；F为指单位探测体积鱼类出现的频率[ind./（min·$1000m^3$）]。

（三）监测断面设置及时间频次

监测位点位于靖江人工鱼巢布设水域，根据人工鱼巢的面积及结构方式，确定监测位点。其中，鱼卵按照1:10的比例随机从260个人工鱼巢中选取26个鱼巢单元开展调查，每个鱼巢单元设置8个点，共计206个监测点；随机选取600个鱼卵进行人工孵化，600个鱼卵进行种类鉴定。固定点监测分为人工鱼巢YC、鱼巢附近对照FJ、鱼巢较远对照DZ。走航式监测分为环绕人工鱼巢（HR）和鱼巢附近对照走航（ZH）两种方式。每组监测4天，每次每点监测时长1小时（图6.3-3）。监测时间为2018年4—7月，鱼卵调查共6次，其中4月份1次、5月份2次、6月份2次、7月份1次；鱼类分布状况调查共2次，4月和7月各1次。

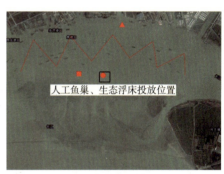

图6.3-3 靖江保护区人工鱼巢鱼类分布状况调查监测点位图

注：圆形代表YC鱼巢区域、正方形代表FJ附近对照、三角形代表DZ较远对照、黑框代表HR环绕、Z字形线代表ZH走航。

（四）人工鱼巢增殖效果

（1）人工鱼巢附着鱼卵数量

2018年4—7月对靖江保护区人工鱼巢开展了6次增殖效果监测，共监测鱼卵112297粒，估算人工鱼巢可增殖鱼卵3368910粒，按人工鱼巢水域面积60000m^2计算，单位面积增殖鱼卵密度56.48粒/m^2。

每次监测均出现部分监测点未附着鱼卵现象，监测点空置率随时间呈现先下降后上升的趋势，范围值为11.54%~48.56%。其中，7月下旬空置率最高，5月下旬空置率最低。每次监测中附着鱼卵密度呈现先上升后下降的趋势，范围值为26.57~160.30粒/块。其中，4月份鱼卵附着密度最低,5月下旬鱼卵附着密度最高,鱼卵的增加率呈现逐渐下降的趋势。

监测数据显示:5月上旬人工鱼巢鱼卵数量增长速度最大,在5月下旬持续增加,至6月上旬鱼卵数量开始下降,其后鱼类数量逐渐减少(表6.3-3)。

靖江保护区人工鱼巢附着鱼卵现状　　　　　　　表6.3-3

项　　目	4月	5月上	5月下	6月上	6月下	7月	总数
鱼卵监测数(粒)	5526	18723	33342	27094	20581	7031	112297
监测点空置率(%)	45.67	26.92	11.54	13.46	22.12	48.56	—
鱼卵密度/粒(块)	26.57	90.01	160.30	130.26	98.95	33.80	—
鱼卵数量(粒)	165780	561690	1000260	812820	617430	210930	3368910
鱼卵增加率	—	2.39	0.78	-0.19	-0.24	-0.66	—

本次人工鱼巢监测发现,人工鱼巢鱼卵数量增加率在5月上旬最大,至5月下旬鱼卵数量达到最大值。在人工鱼巢鱼卵监测的同时对人工鱼巢布设水域的水温进行了连续监测,监测结果显示,4—7月人工鱼巢布设水域水温范围为17.63~26.48℃,4月下旬、5月上旬、5月下旬、6月上旬、6月下旬及7月的平均水温分别为17.63℃、20.7℃、20.97℃、23.13℃、23.63℃、26.48℃。产黏性卵鱼类的代表,根据相关研究记载,鲤、鲫等产黏性卵鱼类的产卵时间与水温具有较强的相关性,水温在18~21℃时可大批量产卵。本次监测发现,5月上旬的平均水温为20.7℃,此时人工鱼巢鱼卵数量增加率最大,当水温上升至20.97℃时,鱼卵数量仍在缓慢增加(图6.3-4)。

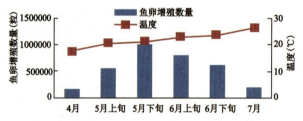

图6.3-4　靖江保护区人工鱼巢增殖鱼卵和温度变化情况

(2)人工鱼巢鱼卵孵化率及增殖效果

根据监测批次分批选取了1030粒鱼卵进行人工孵化,共计出苗601尾。在4—7月监测期间,按照单次鱼类产卵量每批随机采集部分鱼卵进行孵化,共采集6批,采集数量分别为120、200、250、250、160和50粒,对应鱼苗孵化量为58、115、152、143、100和33尾,对应每批鱼卵孵化率为48.33%、57.50%、60.80%、57.20%、62.50%和66.00%,平均孵化率为58.35%(表6.3-4)。

靖江保护区人工鱼巢附着鱼卵孵化现状　　　　　　　表6.3-4

项　　目	4月	5月上	5月下	6月上	6月下	7月	总计
鱼卵(粒)	120	200	250	250	160	50	1030
孵化出苗(尾)	58	115	152	143	100	33	601
孵化率(%)	48.33	57.50	60.80	57.20	62.50	66.00	—

依据每批鱼卵孵化率和实际鱼卵增殖数量,对鱼苗的增殖数量进行了估算,根据估算,靖江保护区人工鱼巢可增殖鱼苗约2001297尾。依据监测时间对鱼苗的增殖数量进行了比较,结果

显示,鱼苗的增殖数量随时间出现先增加后减少的趋势,5月下旬鱼苗增殖数量最多,为608158尾,占鱼苗总增殖数量的30.39%,4月鱼苗增殖数量最少,仅80127尾,占鱼苗总增殖数量的4.00%(图6.3-5)。

（3）人工鱼巢增殖种类及占比

通过鱼卵形态、分子生物学和鱼苗孵化综合鉴定,靖江保护区水域人工鱼巢增殖鱼类共6种,隶属于1目1科6属。其中,鲫的产卵时间相对较长,在6次监测中均有出现,鲤的产卵时间分布在4—6月下旬,7月鱼卵鉴定中未监测到鲤(表6.3-5)。

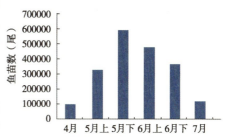

图6.3-5 靖江保护区人工鱼巢鱼苗实际增殖数量

靖江保护区人工鱼巢附着鱼卵种类　　　　表6.3-5

种类	学名	4月	5月上	5月下	6月上	6月下	7月
鲤形目	Cypriniformes						
鲤科	Cyprinidae						
飘属	Pseudolaubuca						
银飘鱼	Pseudolaubuca sinensis		+	+	+	+	
鲌属	Culter						
翘嘴鲌	Culter alburnus				+	+	+
鲷属	Xenocyp						
黄尾鲴	Xenocypris davidi	+	+	+	+	+	
鳌属	Hemiculter						
鳌	Hemiculter leucisculus		+	+	+	+	
鲫属	Carassius						
鲫	Carassius auratus	+	+	+	+	+	+
鲤属	Cyprinus						
鲤	Cyprinus carpio	+	+	+	+	+	

靖江保护区人工鱼巢种类鉴定中,共鉴定鱼卵及孵化鱼苗数量601尾。4—7月监测中,分别鉴定58、115、152、143、100、33尾,鉴定鲫255尾,鲤188尾,鳌52尾,银飘鱼47尾,黄尾鲴34尾,翘嘴鲌25尾。假定鱼卵孵出率仅与外界孵化条件有关,与种类无关,依据每次的鉴定比例,可以推算在全部时间内,鱼卵中不同种类的占比情况如下:鲫种类占比为42.32%,鲤种类占比为30.33%,鳌种类占比为9.02%,银飘鱼种类占比为8.17%,黄尾鲴种类占比为5.65%,翘嘴鲌种类占比为4.51%。

人工鱼巢附着鱼卵鉴定种类鉴定显示,在每批鉴定中鲤、鲫数量均占明显优势。4—7月监测中,鲫在各批次中占比范围为34.21%~87.88%,在7月中占比最高,主要原因水温上升至一定程度,部分产黏性卵鱼类产卵行为停止。鲤在各批次中占比范围为0~48.28%,在7月后的鱼卵种类鉴定中未发现鲤(表6.3-6)。

靖江保护区人工鱼巢附着鱼卵种类占比　　　　表 6.3-6

种　　类	4月	5月上	5月下	6月上	6月下	7月
银飘鱼	0.00	8.70	8.55	10.49	9.00	0.00
翘嘴鲌	0.00	0.00	0.00	4.90	14.00	12.12
黄尾鲴	6.90	6.96	9.87	2.80	3.00	0.00
鳘	0.00	11.30	10.53	9.79	9.00	0.00
鲫	44.83	39.13	34.21	45.45	38.00	87.88
鲤	48.28	33.91	36.84	26.57	27.00	0.00

(4) 人工鱼巢增殖种类批次数量变化

繁殖季节是鱼类对环境条件长期适应的结果,它和内源性的繁殖周期有关。鱼类通过内源性繁殖周期和外源环境提示(如温度、光周期和水流等)的同步反应,可以准确地在特定季节完成产卵。

靖江保护区人工鱼巢监测发现,鲫的繁殖期在4—7月,估算可增殖产卵数量1425751粒,水温在20.6~23.8℃时产卵量较大,产卵高峰时间为5月下旬至6月上旬(图6.3-6)。

靖江保护区人工鱼巢监测发现,鲤的繁殖期在4—6月,估算可增殖产卵数量1021735粒,水温在20.6~21.8℃时产卵量较大,产卵高峰时间为5月下旬(图6.3-7)。

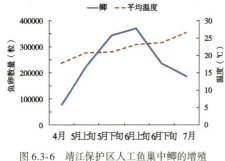

图 6.3-6　靖江保护区人工鱼巢中鲫的增殖数量时间分布

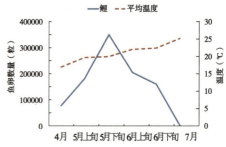

图 6.3-7　靖江保护区人工鱼巢中鲤的增殖数量时间分布

靖江保护区人工鱼巢监测发现,鳘的繁殖期在5—6月,估算可增殖产卵数量303931粒,水温在20.6~21.8℃时产卵量较大,产卵高峰时间为5月下旬(图6.3-8)。

靖江保护区人工鱼巢监测发现,银飘鱼的繁殖期在5—6月,估算可增殖产卵数量275220粒,水温在20.6~23.8℃时产卵量较大,产卵高峰时间为5月下旬至6月上旬(图6.3-9)。

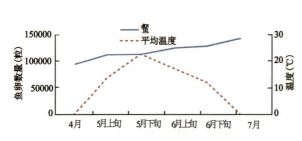

图 6.3-8　靖江保护区人工鱼巢中鳘的增殖数量时间分布

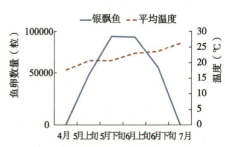

图 6.3-9　靖江保护区人工鱼巢中银飘鱼增殖数量时间分布

靖江保护区人工鱼巢监测发现,黄尾鲴的繁殖期在4—6月,估算可增殖产卵数量146642粒,水温在22.2~23.8℃时产卵量较大,产卵高峰时间为6月上旬(图6.3-10)。

靖江保护区人工鱼巢监测发现,翘嘴鲌的繁殖期在6—7月,估算可增殖产卵数量151796粒,水温在22.8~24.3℃时产卵量较大,产卵高峰时间为6月下旬(图6.3-11)。

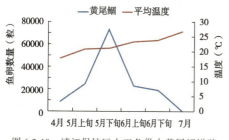

图 6.3-10　靖江保护区人工鱼巢中黄尾鲴增殖数量时间分布

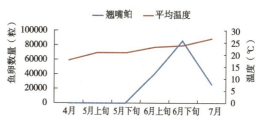

图 6.3-11　靖江保护区人工鱼巢中翘嘴鲌增殖数量时间分布

(五)人工鱼巢鱼类聚集效果

(1)鱼类信号强度分析

2018年4月,共监测鱼类信号201个(图6.3-12),平均目标强度值为-60.49dB,目标强度最大值为-37.28dB,目标强度最小值为-69.31dB,根据目标强度体长换算公式,鱼类体长范围为4.62~116.07cm。

根据目标强度—体长换算公式 $TS=22.87\log SL-84.5$ 进行目标强度和体长换算。结果显示,2018年4月份,监测鱼类体长最小值为4.62cm,最大值为116.07cm,中值为7.07cm,平均值为13.32cm。鱼类体长主要集中在0~20cm之间,占鱼类总数的90.00%(图6.3-13)。

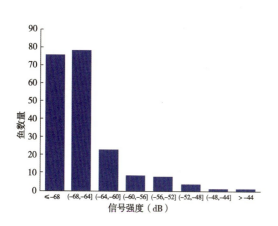

图 6.3-12　2018年4月水声学信号强度分布情况

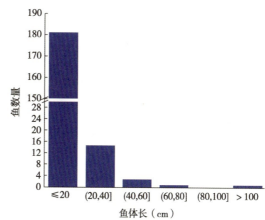

图 6.3-13　2018年4月水声学监测鱼类的体长分布情况

2018年8月,共监测鱼类信号725个(图6.3-14),平均目标强度值为-49.40dB,目标强度最大值为-34.67dB,目标强度最小值为-73.46dB,根据目标强度体长换算公式,鱼类体长范围为3.04~150.95cm。

根据目标强度—体长换算公式 $TS=22.87\log SL-84.5$ 进行目标强度和体长换算。结果显示,2018年8月份,监测鱼类体长最小值为3.04cm,最大值为150.95cm,中值为37.83cm,平均值为 51.71cm。鱼类的体长在各区间都有分布,其中 0~20cm 之间数量最多,占鱼类总数的 33.70%(图 6.3-15)。

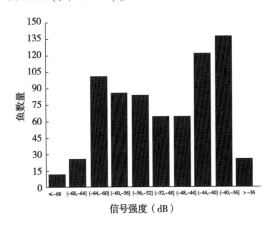
图 6.3-14 2018 年 8 月水声学信号强度分布情况

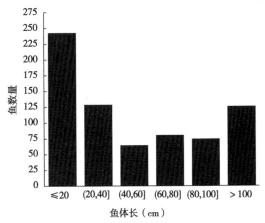
图 6.3-15 2018 年 8 月水声学监测鱼类的体长分布情况

2018 年 4 月与 8 月的目标强度结果存在着较大差异,8 月探测到的鱼类推算体长较 4 月份长,说明春季与夏季在人工鱼巢附近分布的鱼类存在差异。

(2)鱼类聚集效果分析

2018 年 4 月人工鱼巢 YC 共监测 240 分钟,监测鱼类 151 尾,每分钟监测鱼类 0.629±0.186 尾;鱼巢附近对照 FJ 共监测 240 分钟,监测鱼类 27 尾,每分钟监测鱼类 0.113±0.075 尾;鱼巢较远对照 DZ 共监测 240 分钟,监测鱼类 6 尾,每分钟监测鱼类 0.025±0.014 尾(表 6.3-7)。

2018 年 4 月固定点水声学监测概况 表 6.3-7

日期	地点	时间(min)			鱼数量(f)	f(min)
		起始	结束	时长	EY60	EY60
4 月 13 日	鱼巢较远对照 DZ	11:00	12:00	60	0	0.000
4 月 13 日	鱼巢附近对照 FJ	12:15	13:15	60	0	0.000
4 月 13 日	人工鱼巢 YC	13:30	14:30	60	17	0.283
4 月 15 日	鱼巢较远对照 DZ	11:00	12:00	60	4	0.067
4 月 15 日	鱼巢附近对照 FJ	12:15	13:15	60	19	0.317
4 月 15 日	人工鱼巢 YC	13:30	14:30	60	28	0.467
4 月 16 日	鱼巢较远对照 DZ	11:00	12:00	60	1	0.017
4 月 16 日	鱼巢附近对照 FJ	12:15	13:15	60	0	0.000
4 月 16 日	人工鱼巢 YC	13:30	14:30	60	69	1.150
4 月 17 日	鱼巢较远对照 DZ	11:00	12:00	60	1	0.017
4 月 17 日	鱼巢附近对照 FJ	12:15	13:15	60	8	0.133
4 月 17 日	人工鱼巢 YC	13:30	14:30	60	37	0.617

2018 年 4 月环绕人工鱼巢 HR 共监测 240 分钟,监测鱼类 13 尾,每分钟监测鱼类 0.054±0.033 尾;鱼巢附近对照走航 ZH 共监测 240 分钟,监测鱼类 4 尾,每分钟监测鱼类 0.017±0.012 尾(表 6.3-8)。

第6章 生态效果监测及分析

2018年4月份走航式水声学监测概况 表 6.3-8

日 期	地 点	时间(min)			鱼数量(f)	f(min)
		起始	结束	时长	EY60	EY60
4月13日	环绕人工鱼巢 HR	14:45	15:45	60	0	0.000
4月13日	鱼巢附近对照走航 ZH	16:00	17:00	60	0	0.000
4月15日	环绕人工鱼巢 HR	14:45	15:45	60	8	0.133
4月15日	鱼巢附近对照走航 ZH	16:00	17:00	60	1	0.017
4月16日	环绕人工鱼巢 HR	14:45	15:45	60	5	0.083
4月16日	鱼巢附近对照走航 ZH	16:00	17:00	60	3	0.050
4月17日	环绕人工鱼巢 HR	14:45	15:45	60	0	0.000
4月17日	鱼巢附近对照走航 ZH	16:00	17:00	60	0	0.000

通过统计分析发现,2018年4月固定点监测中人工鱼巢 YC 聚集的鱼类数量显著高于其他监测的集鱼量($p<0.05$)(图 6.3-16)。走航式监测环绕人工鱼巢 HR 聚集的鱼类数量较对照 ZH 监测到的鱼类多,但少于鱼巢附近对照。

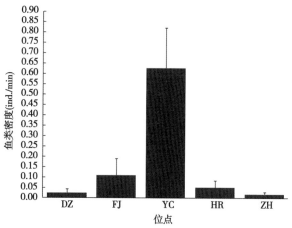

图 6.3-16 4月份走航水声学监测概况

2018年8月人工鱼巢 YC 共监测240分钟,监测鱼类335尾,每分钟监测鱼类 1.396 ± 0.170 尾;鱼巢附近对照 FJ 共监测240分钟,监测鱼类33尾,每分钟监测鱼类 0.138 ± 0.044 尾;鱼巢较远对照 DZ 共监测240分钟,监测鱼类25尾,每分钟监测鱼类 0.104 ± 0.044 尾(表 6.3-9)。

2018年8月固定点水声学监测概况 表 6.3-9

日 期	地 点	时间(min)			鱼数量	f(min)
		起始	结束	时长	EY60	EY60
8月1日	鱼巢较远对照 DZ	11:00	12:00	60	12	0.200
8月1日	鱼巢附近对照 FJ	12:15	13:15	60	11	0.183
8月1日	人工鱼巢 YC	13:30	14:30	60	87	1.450
8月2日	鱼巢较远对照 DZ	11:00	12:00	60	4	0.067
8月2日	鱼巢附近对照 FJ	12:15	13:15	60	14	0.233

续上表

日期	地点	时间(min) 起始	时间(min) 结束	时间(min) 时长	鱼数量 EY60	$f(\min)$ EY60
8月2日	人工鱼巢 YC	13:30	14:30	60	54	0.900
8月4日	鱼巢较远对照 DZ	11:00	12:00	60	9	0.150
8月4日	鱼巢附近对照 FJ	12:15	13:15	60	6	0.100
8月4日	人工鱼巢 YC	13:30	14:30	60	96	1.600
8月6日	鱼巢较远对照 DZ	11:00	12:00	60	0	0.000
8月6日	鱼巢附近对照 FJ	12:15	13:15	60	2	0.033
8月6日	人工鱼巢 YC	13:30	14:30	60	98	1.633

2018年8月环绕人工鱼巢 HR 共监测240分钟，监测鱼类264尾，每分钟监测鱼类1.100±0.115尾；鱼巢附近对照走航 ZH 共监测240分钟，监测鱼类68尾，每分钟监测鱼类0.282±0.0390尾(表6.3-10)。

2018年8月走航式水声学监测概况　　表6.3-10

日期	地点	时间(min) 起始	时间(min) 结束	时间(min) 时长	鱼数量 EY60	$f(\min)$ EY60
8月1日	环绕人工鱼巢 HR	14:45	15:45	60	58	0.967
8月1日	鱼巢附近对照走航 ZH	16:00	17:00	60	18	0.300
8月2日	环绕人工鱼巢 HR	14:45	15:45	60	83	1.383
8月2日	鱼巢附近对照走航 ZH	16:00	17:00	60	15	0.250
8月4日	环绕人工鱼巢 HR	14:45	15:45	60	52	0.867
8月4日	鱼巢附近对照走航 ZH	16:00	17:00	60	12	0.200
8月6日	环绕人工鱼巢 HR	14:45	15:45	60	71	1.183
8月6日	鱼巢附近对照走航 ZH	16:00	17:00	60	23	0.383

统计分析发现，2018年8月固定点监测中人工鱼巢 YC 聚集的鱼类数量显著高于其他两组固定对照位点的集鱼量(图6.3-17)。走航式环绕人工鱼巢 HR 监测到的鱼类数量显著高于鱼巢附近对照走航 ZH 的集鱼量。

以上结果表明，无论是4月还是8月，人工鱼巢 YC 的鱼类数量均高于其他位点，其中4月监测到人工鱼巢鱼类数量显著多于其他监测方法，8月固定点监测和走航式监测人工鱼巢鱼类数量显著多于其他监测方法。人工鱼巢的单位时间鱼类数量平均值高于其他样点，鱼类数量相对较多，这表明人工鱼巢为鱼类提供了栖息的适宜环境，相对其他位置对于鱼类具有更好的吸引力，人工鱼巢集鱼效果明显。

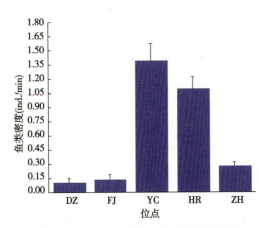

图6.3-17　2018年8月走航式水声学监测概况

（六）结论

（1）人工鱼巢对产黏性卵鱼类具有一定的增殖效果，增殖种类主要为鲤、鲫、鳘、翘嘴鲌、银飘鱼和黄尾鲴，增殖鱼卵总数量约337万粒，单位面积增殖鱼卵密度56.48粒/m^2。产卵高峰期集中在5月下旬，产卵高峰期水温范围为20.6~21.8℃，鱼卵增加率最高期为5月上旬，增加率为2.39，此时水温范围为19.6~21.4℃。鱼卵孵化率范围值为48.33%~66.00%，依据每月估算的鱼卵增殖数量和孵化率计算，人工鱼巢可增殖鱼苗数量约200万尾，其中5月下旬鱼苗增殖效果相对明显。

（2）人工鱼巢具有较好的鱼类聚集效果，人工鱼巢布设水域鱼类数量和鱼群密度均高于其他水域，表明人工鱼巢为鱼类提供了适宜的栖息环境，相对于其他位置对于鱼类具有更好的吸引力。人工鱼巢栖息鱼类4月平均体长小于8月，8月鱼类数量多于4月，这可能在于鱼类处于不同生活史阶段所需的栖息环境不同。人工鱼巢的布设为鱼类繁殖提供了适宜的栖息场所，有利于鱼类的种群的恢复。

6.3.2 生态浮岛修复效果

（一）监测方法

水环境因子按照《地表水环境质量标准》（GB 3838—2002）、《地表水和污水监测技术规范》（HJ/T 91—2002）执行，水生生物及鱼类分布状况按照《水库渔业资源调查规范》（SL 167—2014）及《河流水生生物调查指南》（科学出版社，2014年）执行（表6.3-11）。

监测指标及监测方法　　　　　　表6.3-11

监测内容	监测指标	监测方法
水环境	水温	温度计或颠倒温度计测定法（GB 13195—91）
	溶解氧	电化学探头法（HJ 506—2009）
	pH值	玻璃电极法（GB 6920—86）
	总氮	碱性过硫酸钾消解紫外分光光度法（HJ 636—2012）
	氨氮	纳氏试剂比色法（HJ 535—2009）
	总磷	钼酸铵分光光度法（GB 11893—89）
	高锰酸盐指数	高锰酸盐指数的测定（GB 11892—89）
水生生物	浮游植物	每个采样点用5L采水器取表层水样。取水样2L，装入聚乙烯采样瓶，加入鲁哥试液沉淀至少48h，用虹吸法取上层清液，浓缩至30mL装于标本瓶中，加入少量福尔马林固定液保存，贴好标签待试室镜检鉴定。沉淀过程中会有少量沉积物附于瓶壁，可用手轻弹瓶壁将沉积物振动使其重悬浮后重沉淀
	浮游动物	每个采样点用5L采水器取表层水样50L以代表该断面浮游动物整体情况。采集的水样用25号浮游生物网（浮游甲壳动物使用13号浮游生物网）过滤浓缩。浓缩后样品装入100mL标本瓶中。用水从25号浮游生物网外侧清洗，将残余在网内侧的浮游动物洗下。将清洗后的水样也装入50mL标本瓶中并加入福尔马林固定液保存，待镜检鉴定
浮岛植物	植物生长状况	按照每月一次的监测频率，对浮岛植物进行监测，主要监测的指标为浮岛植物的生物量、株高、茎粗、叶片数等，进而评价浮岛植物的生长情况。植物的生物量计算公式为：$m=MA$；其中，m代表植物生物量总量，M为单位面积生物量，A为植物分布面积

续上表

监测内容	监测指标	监测方法
鱼类	鱼类分布状况	鱼类分布状况通过鱼类数量及出现频率来评价。将 EY60 科学回声探测仪采集的数据采用 Sonar5 软件处理,通过数据转换、去除噪声并进行目标分离等步骤后,获得鱼类信号的平均目标强度值,对结果进行检查去除错误数据,然后将数据导出。采用目标强度—体长转换公式:$TS = 22.87\lg SL - 84.5$,对获取到的目标强度值进行转换。其中,SL 为标准体长(cm),TS 为目标强度(dB),对鱼的标准体长进行换算

(二)监测断面设置及时间频次

监测点位于生态浮岛布设水域,根据生态浮岛的面积及结构方式,确定监测点位(图 6.3-18、图 6.3-19)。其中,水环境、浮游植物及浮游动物设置 3 个断面,"FDS""FD"和"FDX"分别代表生态浮岛区域上游断面、生态浮岛区域断面和生态浮岛下游断面,每个断面 5 个监测点,共计 15 个监测点(图 6.3-18)。固定点监测分为生态浮岛 FD、浮岛附近对照 FJ、浮岛较远对照 DZ,走航式监测分为环绕生态浮岛(HR)和浮岛附近对照走航(ZH)两种方式。每组监测 4 天,每次每点监测时长 1 小时。根据监测到的鱼类数量评估鱼类密度。

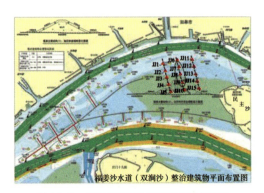

图 6.3-18 靖江保护区生态浮岛监测点位图
注:椭圆形代表生态浮岛布设区域,三角形代表水环境、浮游植物及浮游动物监测点,"FDS"为 JJ1-JJ5,"FD"为 JJ6-JJ10,"FDX"为 JJ11-JJ15;鱼类分布使用监测船进行监测。

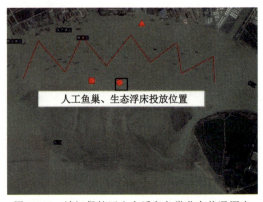

图 6.3-19 靖江保护区生态浮岛鱼类分布状况调查监测点位图
注:圆形代表 FD 浮岛区域、正方形代表 FJ 附近对照、三角形代表 DZ 较远对照、黑框代表 HR 环绕、Z 字形线代表 ZH 走航。

监测时间为 2018 年 4—7 月,其中,浮岛植物、水环境和水生生物调查共 4 次,每月 1 次;鱼类分布状况调查共 2 次,4 月和 7 月各 1 次。

(三)水质净化效果

(1)水温

对生态浮岛附近水域水温进行分段连续性检查,每日检查 3 次,取均值进行作图分析。2018 年 4—7 月的平均监测水温为 17.1~26.7℃,水温呈现缓慢持续增长的趋势,在 6 次阶段性监测中的平均水温为 17.6、20.7、21.0、23.1、23.6 和 26.5℃(图 6.3-20)。与 2016 年同期监测水温相比,水温上升时间有一定推迟。

(2)pH 值

对生态浮岛附近水域酸碱度进行分段连续性检查,每日检查 3 次,取均值进行作图分析。

4月至7月的平均监测酸碱度为7.24~7.62,酸碱度呈现相对稳定的趋势,在6次阶段性监测中的平均酸碱度为7.57、7.40、7.44、7.39、7.29和7.30(图6.3-21)。与2016年同期监测酸碱度相比,无明显变化。

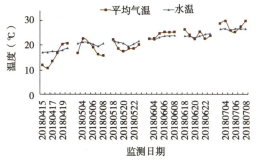

图6.3-20 靖江保护区生态浮岛水域水温变化走势图

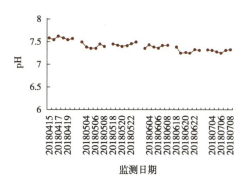

图6.3-21 靖江保护区生态浮岛水域pH值变化走势图

(3)溶解氧

对生态浮岛附近水域溶解氧进行分段连续性检查,每日检查3次,取均值进行作图分析。4—7月的平均监测溶解氧为6.02~7.69mg/L,溶解氧呈现随温度上升逐渐减低的趋势,在6次阶段性监测中的平均溶解氧为7.57、6.57、6.45、6.31、6.23和6.15mg/L(图6.3-22)。与2016年同期监测溶解氧相比,无明显变化。

(4)总磷

对生态浮岛附近水域的总磷采取分批监测,每月监测1次,每次监测15个点。4月监测结果表明,总磷的范围为0.040~0.100mg/L,平均值为0.077mg/L;5月监测结果表明,总磷的范围为0.053~0.096mg/L,平均值为0.072mg/L;6月监测结果表明,总磷的范围为0.061~0.094mg/L,平均值为0.085mg/L;7月监测结果表明,总磷的范围为0.073~0.098mg/L,平均值为0.087mg/L(图6.3-23)。与2016年同期监测结果相比,数值无明显变化。

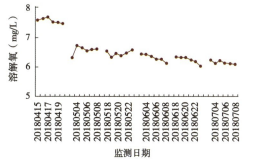

图6.3-22 靖江保护区生态浮岛水域溶解氧变化走势图

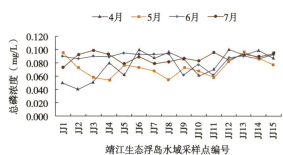

图6.3-23 靖江保护区生态浮岛水域总磷变化走势图

对靖江保护区生态浮岛水域调查断面进行比较分析,浮岛断面(FD)的总磷与浮岛上、下游断面(FDS、FDX)差异不明显。浮岛断面的总磷均值是0.080mg/L,浮岛上游断面均值是0.076mg/L,浮岛下游断面均值是0.086mg/L(图6.3-24)。

(5)总氮

对生态浮岛附近水域的总氮采取分批监测,每月监测1次,每次监测15个点。4月监测结果表明,总氮的范围为1.75~1.99mg/L,平均值为1.88mg/L;5月监测结果表明,总氮的范围为

1.68~1.95mg/L,平均值为 1.86mg/L;6 月监测结果表明,总氮的范围为 1.64~2.02mg/L,平均值为 1.83mg/L;7 月监测结果表明,总氮的范围为 1.09~1.89mg/L,平均值为 1.35mg/L(图 6.3-25)。由于 2016 年靖江保护区生态修复方案结果缺少总氮数据,2014 年刘敏对长江下游干流水体中氮的空间分布数据表面总氮的范围为 0.85~2.46mg/L,本次结果与之比较总氮数值有一定的降低。

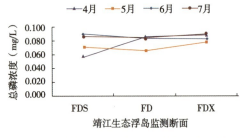

图 6.3-24 靖江保护区生态浮岛水域不同断面的总磷比较

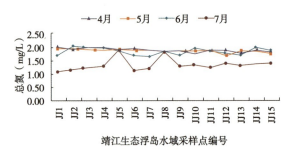

图 6.3-25 靖江保护区生态浮岛水域总氮变化走势图

对靖江保护区生态浮岛水域调查断面进行比较分析,浮岛断面(FD)的总氮与浮岛上、下游断面(FDS、FDX)无明显差异。浮岛断面的总氮均值是 1.707mg/L,浮岛上游断面均值是 1.776mg/L,浮岛下游断面均值是 1.702mg/L(图 6.3-26)。

(6)氨氮

对生态浮岛附近水域的氨氮采取分批监测,每月监测 1 次,每次监测 15 个点。4 月监测结果表明,氨氮的范围为 0.025~0.046mg/L,平均值为 0.033mg/L;5 月监测结果表明,氨氮的范围为 0.036~0.125mg/L,平均值为 0.063mg/L;6 月监测结果表明,氨氮的范围为 0.048~0.109mg/L,平均值为 0.075mg/L;7 月监测结果表明,氨氮的范围为 0.033~0.200mg/L,平均值为 0.123mg/L(图 6.3-27)。与 2016 年靖江保护区生态修复方案结果比较,氨氮指标有一定的下降。

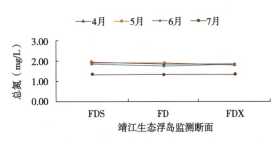

图 6.3-26 靖江保护区生态浮岛水域不同断面的总氮比较

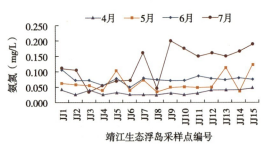

图 6.3-27 靖江保护区生态浮岛水域氨氮变化走势图

对靖江保护区生态浮岛水域调查断面进行比较分析,浮岛断面(FD)的氨氮与浮岛上、下游断面(FDS、FDX)无明显差异。浮岛断面的氨氮均值是 0.069mg/L,浮岛上游断面均值是 0.062mg/L,浮岛下游断面均值是 0.089mg/L(图 6.3-28)。

(7)高锰酸盐指数

对生态浮岛附近水域的高锰酸盐指数采取分批监测,每月监测 1 次,每次监测 15 个点。4 月监测结果表明,高锰酸盐指数的范围为 1.3~3.3mg/L,平均值为 2.4mg/L;5 月监测结果表明,高锰酸盐指数的范围为1.4~1.8mg/L,平均值为1.7mg/L;6月监测结果表明,高锰酸盐指数的范围为1.6~2.5mg/L,平均值为1.8mg/L;7月监测结果表明,高锰酸盐指数的范围为1.1~1.9mg/L,平均值为1.4mg/L(图6.3-29)。与2016年靖江保护区生态修复方案结果比较,高锰酸盐指数有一定的下降。

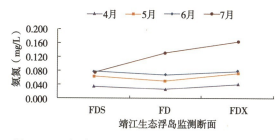

图6.3-28 靖江保护区生态浮岛水域不同断面的氨氮比较

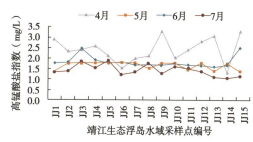

图6.3-29 靖江保护区生态浮岛水域高锰酸盐指数变化走势图

对靖江保护区生态浮岛水域调查断面进行比较分析,浮岛断面(FD)的高锰酸盐指数与浮岛上、下游断面(FDS、FDX)无明显差异。浮岛断面的高锰酸盐指数均值是1.76mg/L,浮岛上游断面均值是1.92mg/L,浮岛下游断面均值是1.79mg/L(图6.3-30)。

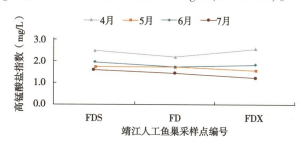

图6.3-30 靖江保护区生态浮岛水域不同断面的高锰酸盐指数比较

通过2018年4—7月水环境指标调查数据显示,生态浮岛断面测点与浮岛上游及下游水域测点的水环境指标无明显差异,生态浮岛的布设未对水环境产生显著的净化效果。这可能在于生态浮岛设置在长江干流水域,水体面积大,水体径流量也较大,在生态浮岛面积有限的情况下,难以对周边水体造成显著的净化效果。

(四)水生生物监测结果及评价

(1)浮游植物

生态浮岛上游断面"FDS"、浮岛断面"FD"、浮岛下游断面"FDX"共鉴定出浮游植物7门35属37种。其中硅藻最多,为12属14种,约占总种数的37.8%;其次为绿藻11属11种,约占总种数的29.7%;蓝藻7属7种,约占总种数的18.9%;裸藻为2属2种,约占总种数的5.4%;隐藻、甲藻和黄藻各1属1种,约各占总种数的2.7%(图6.3-31)。

靖江保护区水域内以硅藻细胞丰度最高,2018年4—7月硅藻细胞丰度分别占总细胞丰度的比例为60.53%、

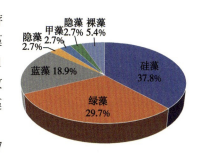

图6.3-31 靖江保护区浮游植物种类组成

60.96%、61.46%和61.52%，主要种类包括：颗粒直链藻（Melosira granulate）、羽纹脆杆藻（Fragilaria pinnata）、链形小环藻（Cyclotella catenata）、尖针杆藻（Synedra acus）、具星小环藻（Cyclotella stelligera）、极细微曲壳藻（Achnanthes minutissima）和披针形异极藻（Gomphonema lanceolatum）等；其次为绿藻，绿藻细胞丰度分别占总细胞丰度的比例为20.66%、20.13%、20.04%和20.19%，主要种类旋转单针藻（Monoraphidium contortum）、双尾栅藻（Scenedesmus bicaudatus）和衣藻（Chlamydomonadaceae spp.）；蓝藻细胞丰度分别占总细胞丰度的比例为14.14%、14.44%、13.99%和14.33%，主要种类为狭小颤藻（Oscillatoria angusta）和微小色球藻（Chroococcms minutus）；黄藻细胞丰度分别占总细胞丰度的比例为2.72%、2.48%、2.48%和1.91%，裸藻细胞丰度分别占总细胞丰度的比例为1.3%、1.32%、1.27%和1.27%，隐藻细胞丰度分别占总细胞丰度的比例为0.33%、0.34%、0.43%和0.45%，甲藻细胞丰度分别占总细胞丰度的比例为0.33%、0.33%、0.32%和0.32%。从其生态类型来看，主要以淡水生硅藻和绿藻为主。

对"FDS""FD"和"FDX"三个监测断面2018年4—7月的浮游植物数据结果进行分析，结果表明，三个监测断面Margalef指数都是逐渐升高的，表明三个断面随着时间的推移，浮游植物群落物种的丰富程度逐渐提高，这可能与4—7月江段水温逐渐升高有关，更有利于浮游植物的生长繁殖有关。5—7月"FD"断面Margalef指数略高于"FDS"和"FDX"监测断面，表明生态浮岛的建设，对水域浮游植物物种丰富程度的提高有一定的促进作用（图6.3-32）。

2018年4—7月，"FDS""FD"和"FDX"三个监测断面香农—威纳指数都是逐渐升高的，表明三个断面随着时间的推移，浮游植物群落结构的复杂程度逐渐提高，这与Margalef指数的分析结果类似，物种丰富度和群落结构的浮躁程度受水温升高的影响都比较大。5—7月，生态浮岛所在的"FD"监测断面香农—威纳指数要高于"FDS"和"FDX"监测断面，表明生态浮岛的建设，有利于浮游植物群落结构复杂程度的提高（图6.3-33）。

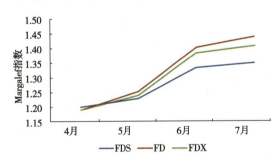 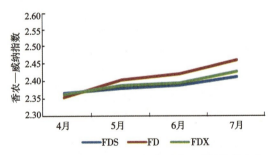

图6.3-32 各监测断面浮游植物Margalef指数变化情况　　图6.3-33 各监测断面浮游植物香农—威纳指数变化情况

Pielou均匀度（J）指数反映了群落中物种间个体均匀分布的程度，2018年4—7月，"FDS""FD"和"FDX"三个监测断面Pielou均匀度（J）指数变化不明显，表明随着时间的推移，浮游植物群落物种分布的均匀程度变化不大（图6.3-34）。从监测结果来看，优势种主要都是以硅藻中颗粒直链藻（Melosira granulate）、羽纹脆杆藻（Fragilaria pinnata）、链形小环藻（Cyclotella catenata）、尖针杆藻（Synedra acus）、绿藻中旋转单针藻（Monoraphidium contortum）、双尾栅藻（Scenedesmus bicaudatus）和衣藻（Chlamydomonadaceae spp.）为主。

(2) 浮游动物

生态浮岛上游断面"FDS"、浮岛断面"FD"、浮岛下游断面"FDX"共鉴定出浮游动物20种（不包括幼体），分为枝角类、桡足类和轮虫3大类。其中桡足类12种，占总种数的60.00%；其次为轮虫类，共5种，占总种数的25.00%；枝角类3种，占总种数的15%（图6.3-35）。

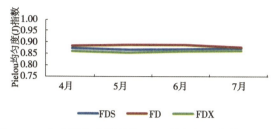 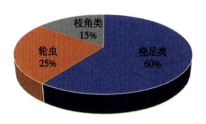

图6.3-34　各监测断面浮游植物Pielou均匀度(J)指数变化情况　　图6.3-35　靖江保护区浮游动物的种类组成

靖江保护区水域内调查水域浮游动物总生物量平均值为32.4mg/m³，变动幅度为29.5~37.3mg/m³。浮游动物个体丰度平均值为265个/m³，变动幅度为249~379个/m³。优势种有3种，桡足类2种，分别为球状许水蚤（Schmackeria forbesi）和中华哲水蚤（Sinocalanus sinensis），其优势度分别为0.14和0.33；枝角类1种，为长额象鼻溞（Bosminopsis longirostris），其优势度为0.2。

对生态浮岛"FDS""FD"和"FDX"三个监测断面2018年4—7月的浮游动物数据结果进行分析，结果表明，三个监测断面Margalef指数都是随着时间的推移逐渐升高的，表明三个断面随着时间的推移，浮游动物群落物种的丰富程度逐渐提高，这可能与4—7月江段水温逐渐升高，更有利于浮游动物的生长繁殖有关。5—7月"FD"断面Margalef指数略高于"FDS"和"FDX"监测断面，表明生态浮岛的建设，对水域浮游动物物种丰富程度的提高有促进作用（图6.3-36）。

2018年4—7月，靖江保护区"FDS""FD"和"FDX"三个监测断面香农—威纳指数都是逐渐升高的，表明三个断面随着时间的推移，浮游动物群落结构的复杂程度逐渐提高，这与Margalef指数的分析结果类似，物种丰富度和群落结构的复杂程度受水温升高的影响都比较大。5—7月，生态浮岛所在的"FD"监测断面浮游动物香农—威纳指数要高于"FDS"和"FDX"监测断面，表明生态浮岛的建设，有利于浮游动物群落结构复杂程度的提高（图6.3-37）。

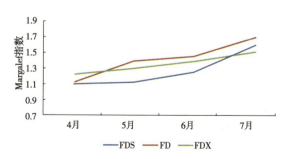 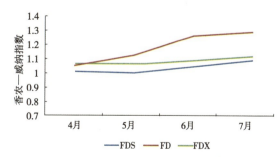

图6.3-36　各监测断面浮游动物Margalef指数变化情况　　图6.3-37　各监测断面浮游动物香农—威纳指数变化情况

Pielou均匀度(J)指数反映了群落中物种间个体均匀分布的程度，2018年4—7月，"FDS""FD"和"FDX"三个监测断面Pielou均匀度(J)指数变化不明显，表明随着时间的推移，浮游动

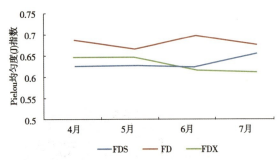

图 6.3-38 各监测断面浮游动物 Pielou 均匀度(J)指数变化情况

物群落物种分布的均匀度变化不大,但"FD"监测断面 Pielou 均匀度(J)指数要高于"FDS"和"FDX"监测断面,表明生态浮岛的建设使浮岛区域浮游动物物种分布均匀度得到提高(图 6.3-38)。

(3)浮岛植物

美人蕉(学名:Canna indica L.),多年生草本植物,高可达 1.5 m,全株绿色无毛,被蜡质白粉,具块状根茎,地上枝丛生,单叶互生,具鞘状的叶柄,叶片卵状长圆形。总状花序,花单生或对生,花果期 3—12 月。美人蕉喜温暖湿润气候,不耐霜冻,生育适温 25~30℃,保持 5℃以上即可安全越冬。美人蕉具有很强的环境适应能力、耐污性,常被用作水体生态修复工程之中,加之具有较好的景观效果,常被用于人工湿地的建设,湖泊、河流滨岸带的建设等。

通过现场调查和比较,靖江保护区生态浮岛植物选择美人蕉,生态浮岛建设完成后,于 2018 年 4—7 月逐月对生态浮岛植物美人蕉进行常规监测,主要监测的指标为植物的生物量、株高、叶片数和茎粗。

靖江保护区生态浮岛建立完成后,浮岛植物美人蕉的生物量呈现快速增长,4—7 月生物量从 1.15 t 增长至 17.2 t,增长幅度为 1396%。通过试验测定,美人蕉植物地下部分占整个植株生物量的 35%,美人蕉植物地上部分和地下部分综合含氮量约为 2650mg/kg,磷的综合含量约为 230mg/kg。从而可以得出,从 4 月到 7 月,生态浮岛植物从水体中吸收氮的量约为 42.5 kg,吸收磷的量约为 3.71 kg;该江段水体中氮平均值约为 1.8mg/L,磷含量约为 0.08mg/L,即美人蕉吸收固定的氮相当于 23600m³ 江水的含氮量,吸收固定的磷相当于 46300m³ 江水的含磷量。

浮岛植物美人蕉的株高持续增长,平均株高由 4 月份的 16.8cm 增长至 7 月份的 110.9cm,4—7 月的增长速度逐渐升高,6—7 月单月植株平均株高增长 42.8%;植株茎粗从 4—7 月逐渐增加,平均茎粗由 4 月份的 0.77cm 增长至 7 月份的 2.93cm,4—5 月增长最多,单月平均茎粗增长 192.2%;植株平均叶片数从 4—7 月亦表现出逐渐增加的趋势,平均叶片数由 4 月份平均单株 4 片增长至 7 月份的平均单株 22 片(图 6.3-39~图 6.3-42)。

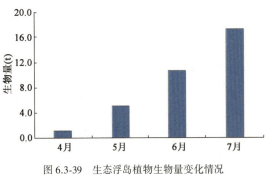

图 6.3-39 生态浮岛植物生物量变化情况　　图 6.3-40 生态浮岛植物平均株高变化情况

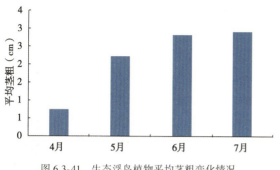

图 6.3-41　生态浮岛植物平均茎粗变化情况　　　　图 6.3-42　生态浮岛植物平均叶片数变化情况

从监测结果来看,生态浮岛植物美人蕉生长状况良好,各项形态学指标(株高、叶片数、茎粗)表现出逐渐增长的趋势,生物量也表现出逐渐增加的态势,靖江保护区选择美人蕉作为浮岛植物来建立生态浮岛表现出较好的效果。

(五)鱼类集群效果

(1)目标强度分析

2018年4月共监测鱼类信号186个,平均目标强度的值为-60.51dB,目标强度的最大值为-44.48dB,目标强度的最小值为-69.26dB,根据目标强度体长换算公式,鱼类体长范围为4.64~56.22cm(图6.3-43)。

根据目标强度—体长换算公式 $TS=22.87\log SL-84.5$ 进行目标强度和体长换算。结果显示,2018年4月监测鱼类体长的最小值为4.64cm,最大值为56.22cm,中值为11.88cm,平均值为12.61cm。鱼类体长主要集中在0~20cm之间,占鱼类总数量的91.40%(图6.3-44)。

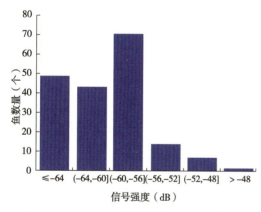 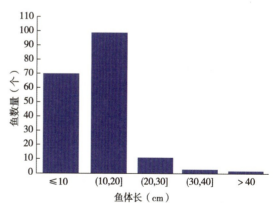

图 6.3-43　2018年4月水声学信号强度分布情况　　　图 6.3-44　2018年4月水声学监测鱼类的体长分布情况

2018年8月共监测鱼类信号703个,平均目标强度值为-49.51dB,目标强度最大值为-34.67dB,目标强度最小值为-73.46dB,根据目标强度体长换算公式,鱼类体长范围为3.04~150.95cm(图6.3-45)。

根据目标强度—体长换算公式 $TS=22.87\log SL-84.5$ 进行目标强度和体长换算。结果显示,2018年8月监测到鱼类体长最小值为3.04cm,最大值为150.95cm,中值为36.57cm,平均值为51.26cm。鱼类体长在各区间均有分布,其中0~20cm之间数量最多,占鱼类总数量的33.99%(图6.3-46)。

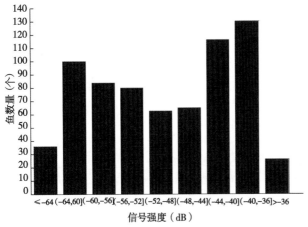

图6.3-45 2018年8月水声学信号强度分布情况

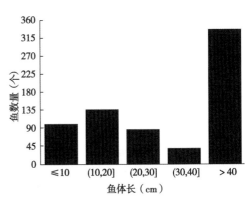

图6.3-46 2018年8月水声学监测鱼类的体长分布情况

4月与8月的目标强度结果存在着较大差异,8月探测到的鱼类推算体长较4月长,说明春季与夏季在生态浮岛附近分布的鱼类存在差异。

(2)集鱼效果分析

2018年4月生态浮岛FD共监测240分钟,监测鱼类136尾,每分钟监测鱼类0.567±0.052尾;浮岛附近对照FJ共监测240分钟,监测鱼类27尾,每分钟监测鱼类0.1125±0.075尾;浮岛较远对照DZ共监测240分钟,监测鱼类6尾,每分钟监测鱼类0.025±0.014尾(表6.3-12)。

2018年4月固定点水声学监测概况　　　　表6.3-12

日期	地点	时间(min)			鱼数量(f)	f(min)
		起始	结束	时长	EY60	EY60
4月13日	浮岛较远对照DZ	11:00	12:00	60	0	0.000
4月13日	浮岛附近对照FJ	12:15	13:15	60	0	0.000
4月13日	生态浮岛FD	13:30	14:30	60	29	0.483
4月15日	浮岛较远对照DZ	11:00	12:00	60	4	0.067
4月15日	浮岛附近对照FJ	12:15	13:15	60	19	0.317
4月15日	生态浮岛FD	13:30	14:30	60	31	0.517
4月16日	浮岛较远对照DZ	11:00	12:00	60	1	0.017
4月16日	浮岛附近对照FJ	12:15	13:15	60	0	0.000
4月16日	生态浮岛FD	13:30	14:30	60	43	0.717
4月17日	浮岛较远对照DZ	11:00	12:00	60	1	0.017
4月17日	浮岛附近对照FJ	12:15	13:15	60	8	0.133
4月17日	生态浮岛FD	13:30	14:30	60	33	0.550

2018年4月环绕生态浮岛 HR 共监测 240 分钟,监测鱼类 13 尾,每分钟监测鱼类 0.054±0.033 尾;浮岛附近对照走航 ZH 共监测 240 分钟,监测鱼类 4 尾,每分钟监测鱼类 0.017±0.012 尾(表 6.3-13)。

2018 年 4 月走航式水声学监测概况　　　　表 6.3-13

日 期	地 点	时间(min)			鱼数量(f)	f(min)
		起始	结束	时长	EY60	EY60
4月13日	环绕生态浮岛 HR	14:45	15:45	60	0	0.000
4月13日	浮岛附近对照走航 ZH	16:00	17:00	60	0	0.000
4月15日	环绕生态浮岛 HR	14:45	15:45	60	8	0.133
4月15日	浮岛附近对照走航 ZH	16:00	17:00	60	1	0.017
4月16日	环绕生态浮岛 HR	14:45	15:45	60	5	0.083
4月16日	浮岛附近对照走航 ZH	16:00	17:00	60	3	0.050
4月17日	环绕生态浮岛 HR	14:45	15:45	60	0	0.000
4月17日	浮岛附近对照走航 ZH	16:00	17:00	60	0	0.000

通过统计分析发现,2018 年 4 月固定点监测中生态浮岛 FD 聚集的鱼类数量显著高于其他监测的集鱼量($p<0.05$)(图 6.3-47)。走航式监测环绕生态浮岛 HR 聚集的鱼数量较对照 ZH 监测到的鱼类多,但少于浮岛附近对照。

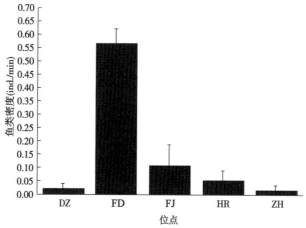

图 6.3-47　2018 年 4 月走航式水声学监测概况

2018 年 8 月生态浮岛 FD 共监测 240 分钟,监测鱼类 303 尾,每分钟监测鱼类 1.263±0.154 尾;浮岛附近对照 FJ 共监测 240 分钟,监测鱼类 33 尾,每分钟监测鱼类 0.138±0.044 尾;浮岛较远对照 DZ 共监测 240 分钟,监测鱼类 25 尾,每分钟监测鱼类 0.104±0.044 尾(表 6.3-14)。

2018 年 8 月固定点水声学监测概况　　　　表 6.3-14

日 期	地 点	时间(min)			鱼数量(f)	f(min)
		起始	结束	时长	EY60	EY60
8月1日	浮岛较远对照 DZ	11:00	12:00	60	12	0.200
8月1日	浮岛附近对照 FJ	12:15	13:15	60	11	0.183

续上表

日期	地点	时间(min)			鱼数量(f)	f(min)
		起始	结束	时长	EY60	EY60
8月1日	生态浮岛FD	13:30	14:30	60	95	1.583
8月2日	浮岛较远对照DZ	11:00	12:00	60	4	0.067
8月2日	浮岛附近对照FJ	12:15	13:15	60	14	0.233
8月2日	生态浮岛FD	13:30	14:30	60	61	1.017
8月4日	浮岛较远对照DZ	11:00	12:00	60	9	0.150
8月4日	浮岛附近对照FJ	12:15	13:15	60	6	0.100
8月4日	生态浮岛FD	13:30	14:30	60	69	0.983
8月6日	浮岛较远对照DZ	11:00	12:00	60	0	0.000
8月6日	浮岛附近对照FJ	12:15	13:15	60	2	0.033
8月6日	生态浮岛FD	13:30	14:30	60	88	1.467

2018年8月环绕生态浮岛HR共监测240分钟,监测鱼类264尾,每分钟监测到1.100±0.115尾;浮岛附近对照走航ZH共监测240分钟,监测鱼类68尾,每分钟监测鱼类0.282±0.0390尾(表6.3-15)。

2018年8月走航式水声学监测概况 表6.3-15

日期	地点	时间(min)			鱼数量(f)	f(min)
		起始	结束	时长	EY60	EY60
8月1日	环绕生态浮岛HR	14:45	15:45	60	58	0.967
8月1日	浮岛附近对照走航ZH	16:00	17:00	60	18	0.300
8月2日	环绕生态浮岛HR	14:45	15:45	60	83	1.383
8月2日	浮岛附近对照走航ZH	16:00	17:00	60	15	0.250
8月4日	环绕生态浮岛HR	14:45	15:45	60	52	0.867
8月4日	浮岛附近对照走航ZH	16:00	17:00	60	12	0.200
8月6日	环绕生态浮岛HR	14:45	15:45	60	71	1.183
8月6日	浮岛附近对照走航ZH	16:00	17:00	60	23	0.383

统计分析发现,2018年8月固定点监测中生态浮岛FD聚集的鱼类数量显著高于其他两组固定对照位点的集鱼量(图6.3-48)。走航式环绕生态浮岛HR监测到的鱼类数量显著高于浮岛附近对照走航ZH的集鱼量。

以上结果表明,无论是4月还是8月,生态浮岛FD的鱼类数量均高于其他位点,其中4月监测到生态浮岛鱼类数量显著多于其他监测方法,8月固定点监测和走航式监测生态浮岛鱼类数量显著多于其他监测方法。生态浮岛的单位时间鱼类数量平均值高于其他样点,鱼类数量相对较多,这表明生态浮岛为鱼类提供了适宜的栖息环境,相对其他位置对于鱼类具有更好的吸引力,生态浮岛集鱼效果明显。

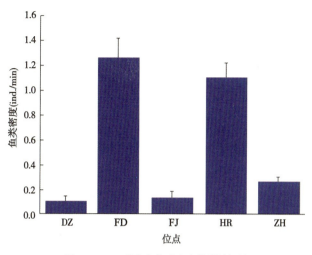

图 6.3-48　8 月份走航式水声学监测概况

6.4　增殖放流效果监测及分析

6.4.1　渔业群落结构及多样性特征

2016—2018 年按月度共采集 105 种渔获物,其中鱼类 98 种,同期相比,2017 年整体渔获物种类数相比 2016 年度减少了 2 种,鱼类减少了 4 种,虾蟹类增加了 2 种,整体变化不大。各江段显示,2017 年常熟江段渔获物增加 1 种,靖江段减少 5 种,南通段增加 2 种,镇江段增加 2 种。各年、各断面群落结构均以鲤形目物种占优势,鲤形目物种数占总物种数的 54.44% ~55.43%,尾数占总尾数的 63.73% ~68.6%,重量占总生物量的 92.04% ~93.81%。与 2016 年度相比,各江段鲤形目渔获重量相差不大,除镇江外,其他各江段物种数、尾数比例有所增加,镇江段重量比有所增加。

由于各江段增殖放流物种的数量和重量均集中于鲢、鳙等鲤形目物种,这使得鲤形目物种由于水域生态环境恶化、栖息地和产卵场萎缩以及过度捕捞等因素而面临的生存压力得到了一定程度的缓解,人工放流维持了一定量的补充群体,同时放流规格的提高、放流过程的逐步规范均增加了放流鱼类的存活率,加之春季禁渔、违规网具集中整治等管理措施的到位,长江下游,包括本次调查江段鲢、鳙等鲤形目物种的生态优势度总体维持在较高水平。

2016 年、2017 年各江段优势种有一定类似,第一优势种均为鲢,2017 年鲢、鳙、鳊等优势度一定上升。多样性显示,基于渔获物尾数的群落多样性特征值和基于渔获物重量的群落多样性特征值差距不大,各江段均匀度指数、丰富度指数、多样性指数处于较高位置,2016 年稍高于 2017 年,而优势度指数则显示 2017 年较高,显示了 2017 年渔获物优势种较为明显的特征。2016 年 1—12 月多样性指数在 2.868~3.235 之间,平均 3.1031,2 月多样性指数稍低,6 月稍高,与 2 月捕捞活动较少有关,2017 年 1—12 月多样性指数在 2.696~3.013,平均 2.8439,各月均稍低于 2016 年,变化趋势亦为 2 月稍低,6 月稍高,变化趋势类似。

2017 年镇江段鱼体全长、体长和体重均值分别为 190.99mm、154.76mm 和 232.15g,2016

年为145.60mm、120.68mm和122.62g,相比2016年,2017年鱼体规格稍大;2017年靖江段鱼体全长、体长和体重均值分别为108.51mm、89.62mm和26.71g,2016年98.93mm、82.35mm和21.34g,相比2016年,2017年各指标有轻微增加;2017年常熟段鱼体全长、体长和体重均值分别为217.81mm、183.76mm和284.69g,2016年为226.78mm、187.35mm和376.25g,相比2016年,2017年各指标有轻微降低;2017年南通段鱼体全长、体长和体重均值分别为147.73mm、128.65mm和168.06g,2016年为184.12mm、153.12mm和200.63g,相比2016年,2017年各指标有一定增加。

6.4.2 资源量及资源密度变化

2016—2018年共10个渔政进行增殖放流,共放流16种渔获物(14种鱼类及中华绒螯蟹、螺),合计投入鱼苗约4180.86万尾(0^+龄鱼种约2374.78万尾,1^+龄鱼种约1315.42万尾),投入经费2508.66万元(0^+龄鱼种约637.03万元,1^+龄鱼种约1516.62万元)。本次放流种类仍以鲢、鳙为主,其中鲢1344.80万尾,鳙1189.33万尾,鲢、鳙比例1.13∶1,投入鲢放流经费480.19万元,鳙放流经费633.73万元,鲢、鳙经费比例1∶1.32。

根据渔获物年龄结构及捕捞产量估算,在不考虑捕捞影响的情况下增殖放流鱼种可形成留江资源量约1.758万t,其中鲢留江资源量约8264.3t,鳙留江资源量约6860.9t。

2016年调查江段单船总捕捞量5227.0kg,2017年单船总捕捞量8932.4kg,2018年1—8月单船捕捞量2530.8kg,2017年单船捕捞量明显高于2016年。根据渔获物中放流鱼种类的生物量占比得出增殖放流开始后至今(2016年11月—2018年8月),15种增殖放流品种(螺除外)共计捕捞11041.0t。

2017年镇江江段基于抽样渔获物统计的日均捕捞尾数为235尾,日均捕捞36.8kg,2016年调查结果为162尾及19.8kg,2017年相比2016年,两项指标分别上升了45.1%及85.9%;2017年常熟江段调查结果为222尾及42.6kg,2016年调查结果为86尾及27.8kg,2017年相比2016年,均上升了一倍以上;2017年靖江段调查结果为262尾及4.2kg,2016年调查结果为362尾及8.3kg,2017年相比2016年年减少了27.6%及49.4%;2017年南通江段调查结果为387尾及27.4kg,2016年调查结果为152尾及25.6kg,2017年相比2016年尾数增加了1倍以上,而捕捞量却有一定降低。

基于日捕捞量数据统计的2016年度镇江、常熟、靖江、南通江段年总捕捞量分别为4801.2kg、6764.8kg、2006.2kg、6223.9kg,2017年度镇江、常熟、靖江、南通江段年总捕捞量分别为12587.8kg、10362.8kg、1029.5kg及6663.8kg,2017年相比2016年同期,镇江、常熟、南通捕捞量均有所增加,而靖江段捕捞量降低。

6.4.3 鲢、鳙贡献率评估

为全方位、多方面更准确地评估二期工程增殖放流效果以及遗传多样性状况,本研究采用分子标记系统(微卫星标记和线粒体基因组DNA分子标记)、标记放流和统计学方法,开展渔业增殖放流物种资源增殖的贡献率研究。

2016—2018年于11个亲本繁育场共采集了789份鲢及622份鳙亲代样本,于调查江段采集420份鲢及281份鳙子代样本,使用CERVUS 3.0进行亲权关系分析,结果显示,鲢增殖放流对鲢资源增殖贡献率约为7.14%,鳙增殖放流对鳙资源贡献率为4.26%。由于本次综合增殖放流评估采集样本的时间有限,综合资源贡献率应该略高于使用 CERVUS 3.0 进行亲权关系分析的结果,今后需要建立生态评估模型,在总资源量和捕捞量准确推算的模式下进行更加准确的资源贡献评估。

鱼类个体遗传上存在差异是维持渔业稳定高产和优质发展的关键。保护长江四大家鱼高水平的遗传多样性和稳定的资源量是我国长期坚持的重要政策。邗江广陵长江家鱼原种场作为国家级良种场,捕获来源于长江的鱼苗与成鱼,通过多年的培育和养护筛选出性状优良的亲鱼,每年供给各大良种场(泰兴良种场、曲霞国平渔业合作社、如皋中兴渔场等)为繁殖备用亲本,有效避免各大良种场使用非长江来源的亲鱼,避免自交带来的种质资源衰退风险,这不仅使得市场上水产品品质不断提升,而且保证了各大良种场所供给的增殖放流苗种高水平的遗传多样性和抗逆性。本研究中所选座位的平均多态信息含量均达到 0.7 以上,满足进行遗传连锁分析、遗传多样性分析等较理想标记的重要标准。相比朱晓东等利用 30 个微卫星标记对长江中下游鲢群体的遗传多样性的分析(2007 年监利和石首江段鲢平均多态信息含量分别为 0.4286 和 0.4227,五个群体的平均多态信息含量范围为 0.4068~0.4286)以及阮瑞霞等对津鲢与长江鲢遗传多样性的分析[2014 年津鲢和长江鲢的平均多态信息含量(PIC)分别为 0.5602 和 0.54]要高,这证明本次调查更为全面地了解了长江鲢和良种场遗传多样性水平。

2016—2018 年良种场亲本鲢群体的遗传多样性总体上略高于长江鲢的遗传多样性,这得益于邗江广陵长江家鱼原种场对后备亲本科学筛选(剔除种质较差的亲本),各大良种场均极大地满足了保证亲本优良的有效群体大小($N \geq 500$,各级政府对各大良种场亲鱼更新扶持项目的持续支持),同时长江独特的水域环境、渔民捕捞强度、环境保护力度都有可能影响长江鲢遗传多样性水平。遗传分化指数(F_{st})是衡量群体间遗传变异程度的可靠参数,群体间亲缘关系越近,则遗传分化指数越小。当时 $F_{st}<0.05$,说明种群间无分化;当时 $0.05<F_{st}<0.15$,说明种群间呈低度分化;当时 $F_{st}>0.15$ 时,说明种群间呈高度分化。本研究中,不管是各江鲢群体和各良种场亲本鲢群体之间或江鳙群体和各良种场亲本鳙群体之间都显示出较低遗传分化指数($F_{st}<0.05$),与丁悦对长江、赣江、鄱阳湖鲢遗传多样性和群体遗传结构分析的结果($F_{st}=-0.007$~0.027)或张敏莹等对长江下游鳙放流群体和天然捕捞群体遗传多样性的微卫星分析的结果($F_{st}=0.023$~0.051)较一致,江鲢、江鳙各群体间均并未出现遗传分化。

通过连续三年对增殖放流鲢、鳙遗传多样性水平的研究,充分证明长江下游鲢、鳙增殖放流活动并未使天然鲢的遗传多样性水平降低,通过采购安全的苗种及政府对各大良种场苗种生产的严格监督、技术引导、资金支撑,使得逐年加大的放流活动力度对长江鲢遗传结构的负面作用降至最低。因此,在今后的增殖放流工作中,应加大对各主要良种场科研和生产的扶持力度,建立与之相契合的评估机制,将极大地优化增殖放流效果的质量。

6.4.4 增殖放流效益评估

(一)经济效益

(1)间接经济效益

依据增殖放流后潜在资源量,结合当前放流鱼类捕捞的市场价格,估算增殖放流产生的间接经济价值。按市价暗纹东方鲀 100 元/kg、鳊 10 元/kg、草鱼 10 元/kg、刀鲚 300 元/kg、鳜 50 元/kg、黄尾鲴 20 元/kg、鲫 10 元/kg、鲢 4 元/kg、鳙 6 元/kg、翘嘴鲌 20 元/kg、青鱼 10 元/kg、细鳞鲴20元/kg、胭脂鱼60元/kg、长吻鮠100元/kg、中华绒螯蟹100元/kg估算经济效益。结果显示,放流鳙产生经济效益4116.52万元、鲢3305.73万元、草鱼1121.66万元等,深水航道二期工程增殖放流产生的间接经济效益约为11147.41万元,结合前述的增殖放流投入金额2358.72万元计算投入产出比例为1∶4.75。

(2)直接经济效益

本次放流于2016年11月—2018年4月均有放流,根据放流开始起的捕捞产量(2016年11月—2018年8月的捕捞产量),结合鱼类的市场价格,估算增殖放流后增殖放流品种产生的直接经济效益。深水航道增殖放流实施后,2016年11月—2018年8月放流品种共计捕捞产量10140.99t,总经济效益9447.3万元。结合前述的增殖放流投入金额2358.72万元计算投入产出比例为1∶4.01。

(二)生态效益

1)氮磷测算

根据2017年实际的回归方程如下:

鲢体内氮含量(y_N)和体重x的关系:$y_N = 0.0328x$ ($R^2 = 0.99908, n = 100$);

鲢体内磷含量(y_P)和体重x的关系:$y_P = 0.0075x$ ($R^2 = 0.9898, n = 100$);

鳙体内氮含量(y_N)和体重x的关系:$y_N = 0.0262x$ ($R^2 = 0.9930, n = 100$);

鳙体内磷含量(y_P)和体重x的关系:$y_P = 0.0073x + 0.448$ ($R^2 = 0.9765, n = 100$)。

鲢、鳙不同规格总氮和总磷含量见表6.4-1。

鲢、鳙不同规格总氮和总磷含量　　　　　表6.4-1

品　　种	平均体长(cm)	平均体重(g)	总氮(g)	总磷(g)
鲢	5.92	4.55	0.155	0.05
	16.04	54.95	1.89	0.57
	25.04	196.62	7.10	1.59
	34.97	810.28	27.66	6.60
	51.22	2024.56	66.11	15.81
鳙	8.68	11.35	0.25	0.64
	17.26	49.44	1.38	0.86
	23.53	285.39	7.55	2.81
	26.68	536.11	14.93	4.52
	44.32	2083.47	55.70	16.73
	53.64	3325.99	89.55	25.88

2)间接生态效益

(1)氮磷输出

根据上述公式,结合增殖放流鲢、鳙留江资源量计算二期工程放流品种氮磷输出情况,得出留江鱼体中氮磷含量,根据放流重量得出放流氮磷输入量,两者相差即为理论上增殖放流品种从江中吸收的氮磷含量。计算增殖鲢放流留江资源量抽取氮271.07t、磷61.98t;鳙抽取氮179.75t、磷50.53t;草鱼抽取氮33.14t、磷8.76t等。深水航道二期工程留江资源量共计抽取氮

525.78t,磷133.70t。

根据增殖放流鱼类规格和重量,以及上述公式,2016—2018年深水航道二期工程增殖放流,共向长江中输入氮42.09t,磷12.90t;通过增殖放流鱼类在水体中摄食天然饵料,至捕获时从长江中净输出氮483.69t,磷120.80t。以污水处理厂去除1kg氮的成本46元、去除1kg磷的成本230元来计算,提取氮折合经济效益为2225.00万元,提取磷折合经济效益2778.35万元,折合经济效益共计为5003.32万元。

(2)藻类消耗

鲢、鳙是典型的滤食性鱼类,作为内陆水域主要养殖品种,其对放养水体中浮游生物的控制作用备受关注。鲢、鳙能够大量滤食水中浮游植物,放流鲢、鳙能够有效抑制蓝藻的生长和繁殖。刘学君等在武汉东湖通过围隔生态系统放养鲢、鳙控制藻类,结果表明放养鲢、鳙对微囊藻水华的形成有显著的预防作用,当鲢、鳙放养密度在$50g/m^3$以上时,东湖水华完全消失,段金荣等在无锡蠡湖通过围隔试验发现鲢、鳙在生长过程中会摄食大量的蓝藻。刘建康等亦认为鲢、鳙的直接摄食作用是东湖蓝藻水华15年销声匿迹的主要原因。

有学者认为,幼嫩的蓝藻细胞容易被鱼类消化,因此鲢、鳙对蓝藻的幼嫩态有更大的利用能力,及时放流鲢、鳙后,蓝藻的增殖受到较大的限制。在蓝藻生长中后期,多数细胞的细胞壁已经老化,鲢、鳙摄食后排除的鱼粪中存在大量未消化的活藻,这些活藻能够很快参与水体物质的再循环,此时,投放鲢、鳙很难在短期内控制蓝藻。长江干流放流鲢、鳙的活动一般安排在春禁期间,一般情况下,在夏季水华爆发前,鲢、鳙已经利用了大量蓝藻,减少了水体中蓝藻的含量,然而由于蓝藻大量增长的时间与水温、水体营养状况、径流量等密切相关,比如2017年春季的干旱情况,鲢、鳙肠含物中4—6月时蓝藻含量增加,间接反映了水体中蓝藻增多,然而2017年长江江苏段由于水位问题,鲢、鳙放流集中于7月份,一定程度上减弱了鲢、鳙控制水体蓝藻的效果。

通过食性分析,结合陈少莲等的研究,鲢增长1kg消耗天然饵料18.02kg,鳙增长1kg消耗天然饵料13.38kg,平均消耗天然饵料15.70kg,其中浮游植物的重量约占50.39%。深水航道二期工程增殖放流鲢留江资源量增加8091.95t,鳙增加6737.88t,鲢、鳙共从长江中摄食藻类约118905.20t,依据鲢、鳙食物中蓝藻门和绿藻门所占的比例,其中鲢蓝藻门占藻类总重量的19.58%,绿藻门占藻类总重量的29.5%;鳙蓝藻门占藻类总重量的21.33%,绿藻门占藻类总重量的31.17%,深水航道二期工程留江资源共除去水体中的蓝藻约24076.43t,绿藻35926.54t。

(3)碳汇量的初步估算

有研究表明每0.5kg鲢可从水中吸收60.75g碳,每0.5kg鳙可从水中吸收57.85g碳,根据深水航道二期工程增殖放流鲢留江资源量增加8091.95t,鳙增加6737.88t计算,2016—2018年深水航道二期工程增殖放流可以从水中吸收1762.75g碳;根据估算,深水航道二期工程增殖放流净碳汇量为6469.27t二氧化碳当量。按照《中国绿色碳基金造林项目碳汇计量与监测指南》,深水航道二期工程增殖放流的鲢、鳙每年对减少大气CO_2的贡献相当于造林462.42hm^2,直接节省造林价值约411.27万元。

3)直接生态效益

(1)氮磷输出

根据上述公式,结合增殖放流鲢、鳙捕捞量计算二期工程放流品种氮磷输出情况,得出留江鱼体中氮磷含量,根据放流重量得出放流氮磷输入量,两者相差即为2016—2018年捕捞氮磷输出量。计算15种增殖放流品种捕捞共抽取氮319.88t,抽取磷105.20t,鲢、鳙、草鱼的输出量较大。

根据增殖放流鱼类规格和重量,以及上述公式,2016—2018年深水航道二期工程增殖放流,共向长江中输入氮42.09t,磷12.90t;增殖放流后,截止至2018年6月,15种放流鱼类捕捞后,共计从长江中净输出氮277.78t,磷92.30t。以污水处理厂去除1kg氮的成本46元,去除1kg磷的成本230元来计算,提取氮折合经济效益为1277.81万元,提取磷折合经济效益2122.84万元,折合经济效益共计为3400.65万元。

(2)藻类消耗

通过食性分析,结合陈少莲等的研究,鲢增长1kg消耗天然饵料18.02kg,鳙增长1kg消耗天然饵料13.38kg,平均消耗天然饵料15.70kg,其中浮游植物的重量约占50.39%。2016年11月—2018年8月捕捞的鲢、鳙共摄食藻类约73134.09t,依据鲢、鳙食物中蓝藻门和绿藻门所占的比例,其中鲢蓝藻门占藻类总重量的19.58%,绿藻门占藻类总重量的29.5%;鳙蓝藻门占藻类总重量的21.33%,绿藻门占藻类总重量的31.17%,深水航道二期工程留江资源共除去水体中的蓝藻约14637.66t,绿藻21914.37t。

(3)碳汇量的初步估算

有研究表明每0.5kg鲢可从水中吸收60.75g碳,每0.5kg鳙可从水中吸收57.85g碳,增殖放流2016年11月—2018年8月鲢、鳙总捕捞产量,估算鲢、鳙捕捞可以从水中吸收1047.27t碳;根据估算,深水航道二期工程增殖放流净碳汇量为3843.48t二氧化碳当量。按照《中国绿色碳基金造林项目碳汇计量与监测指南》,深水航道二期工程增殖放流的鲢、鳙每年对减少大气CO_2的贡献相当于造林274.73hm^2,直接节省造林价值约244.34万元。

(三)社会效益

主要通过各种形式的调查,用事实案例分析阐述增殖放流挥动带来的社会受益行业、受益群体数量以及受益程度,对解决社会就业的贡献度,全社会资源和环境保护意识提高程度,渔区社会稳定度和精神文明度的提高程度,政府部门水生生物养护管理能力和决策水平提高等。

(1)提升公众生态保护意识

各主流媒体及网站非常关注"长江南京以下12.5m深水航道二期工程生态补偿措施",如:以知名度为99.1%的"百度"为搜索引擎、"长江南京以下12.m深水航道二期工程生态补偿措施"为关键词,搜索显示相关结果约18000条;以"长江南京以下12.5m深水航道二期工程增殖放流"为关键词,搜索显示相关结果约16900条。其中人民网、凤凰网、新浪网、搜狐网、新华网、中国交通新闻网、中国水产养殖网、网易新闻、东方头条、第一财经等多家媒体均对"长江南京以下12.5m深水航道二期工程"生态补偿措施进行过相关报道,不断扩大其社会影响力,提高公众的生态环境保护意识,增强保护资源环境的主动性,为我国生态文明建设做出了很大贡献。

(2)提升相关部门管理能力和决策水平

水生生物资源是自然资源的重要组成部分,其丰富程度对于维持环境的协调发展、保持物种多样性尤为重要。为了保护长江和恢复期生物资源,增加资源补充量,优化水域的生物群落结构,在"长江南京以下12.5m深水航道二期工程"实施过程中,多地市政府及渔政部门开展了增殖放流措施,及时向水体补充相应的物种,以期达到恢复水域生态环境,维护渔业经济发展的目的。经过多次调查评估,了解"长江南京以下12.5m深水航道二期工程"实施过程中及验收后水生生物群落多样性,为沿线的渔政管理部门提供数据参考,为当地相关部门政策的制定及实施提供理论依据,促进了"长江大保护"政策的贯彻实施,加快国家生态文明建设的步伐。

(3)提高渔民收入和就业机会

回捕增殖放流资源可以增加渔民收入,促进渔业稳定发展。据报道,2015年大连市渔业增殖放流增加渔民收入4.2亿元;山东省海蜇增殖放流,渔民捕捞收入增长近两成;大连市2009年增殖放流规模增加,将为渔民带近亿收益。据估算,"长江南京以下12.5米深水航道二期工程增殖放流措施"实施后,产生的间接经济效益约为11147.41万元,结合前述的增殖放流投入金额2358.72万元计算投入产出比例为1∶4.75;2016年11月—2018年8月放流品种共计捕捞直接经济效益9447.3万元,结合前述的增殖放流投入金额2358.72万元计算投入产出比例为1∶4.01,极大地提高了渔民的收入。同时,大规模的人工增殖放流还能带动水产苗种业、水产品加工贸易等相关行业的发展,增加社会就业机会,大力促进渔业的可持续发展。

第7章 航道工程生态影响和保护对策评估理论、技术和方法

7.1 推广应用成果及科技示范进展

(一)研究现状分析

为了主动开展生态型航道工程的规划和设计,非常需要科学、系统、全面、清晰的理论和技术方法的支持,包括分类分析评估航道工程的生态环境影响机理和对策关键作用,进而得以全方位、有针对性地梳理出适合的预防和减缓不利影响的对策措施,阐明对策的关键作用。

目前,对航道工程生态环境影响和保护对策评估的理论和技术方法研究较少,且比较笼统及零散,主要停留在环境影响评价技术的原则性指导和较为具体的定量评估方法,影响的分析多停留在对单一生态因子的分析,对叠加累积影响的研究和分析基本处于空白状态。

行业标准《环境影响评价技术导则 生态环境》(HJ 19—2011)提出,要对各项工程内容和生态环境现状进行调查分析,要通过分析影响作用的方式、范围、强度和持续时间来判别生态系统受影响的范围、强度和持续时间,预测生态系统组成和服务功能的变化趋势,重点关注其中的不利影响、不可逆影响和累积生态影响。该导则为航道工程生态环境影响的机理分析提出了原则性的指导。

环评工程师职业培训教材《交通运输类环境影响评价》(上)(第二篇 港口、码头、航道及仓储项目)、《海洋工程类环境影响评价》提出了一些具体的影响定量评估方法,包括:根据施工范围估算底栖生物损失量,以及预测水中悬浮物浓度增量及范围的方法,根据模拟预测结果定量估算浮游动植物、鱼卵仔鱼、渔业资源损失量的方法。

现有的一些文献也对航道施工过程中对浮游植物、浮游动物、底栖生物及渔业资源等单一生态因子的影响机理,进行了梳理分析。

本书推广应用成果系交通运输部科技成果推广目录项目"水运工程水生生态影响综合模型体系",其采用了一种基于机理分析的概化模型技术,来揭示典型水运工程的水生生态不利影响,其在辨识出所造成的湿地萎缩、滩涂湿地占用、水文要素变化、水岸侵蚀这类非污染生态影响基础上,进一步分析梳理了对应造成的水质变差、水体自净能力降低、营养物质输移受到阻隔、水生生物生长/繁殖/觅食受到影响、底栖生物生境丧失或受到影响等方面的不利影响,并分析指出其叠加累积所带来的生物多样性减少、群落稳定性降低、生物量损失这些具有共性的生态损失影响后果,机理分析流程详见图7.1-1,模型分析应用流程例图详见图7.1-2。

该综合模型体系的前期成果由10个用于影响分析的模型系统以及相应的模型理论和模拟技术方法组成,其主要涵盖了动力环境、生境生物、渔业资源、生态服务不同类型影响的分析模型和理论(图7.1-2),这些理论和模型主要基于现状分析法、模型分析法、类比分析法、机理

分析法、专家评估法、统计分析法。

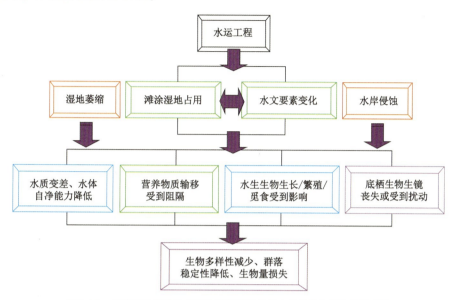

图 7.1-1　交通运输部科技成果推广目录项目提出的机理分析流程示意图

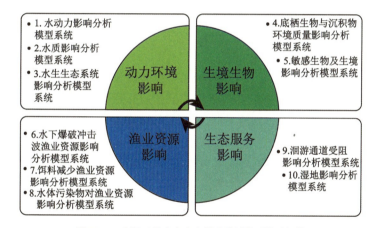

图 7.1-2　水运工程水生生态影响分析模型体系架构

1) 现状分析法

该分析方法既反映工程环境影响因子的背景情况和工程拟建区域原有的主要环境问题，也代表了影响受体在受影响之前的状况，以及对环境影响过程具有影响作用的环境条件的现状。由此可见，环境现状分析评价是水运工程环境影响评价的基础。现状资料通常采用收集方式获得，必要时进行实测。

收集和分析拟建工程环境影响范围内已经开展的相关环境条件和环境质量指标的调查、监测、统计分析资料，注意选择具有时效性的相关资料以及不同季节的实测调查资料，如：鱼类产卵、洄游特性、陆域和海域生态状况等，选择累年统计资料用于反映通过统计回归分析获得的环境条件，如气候、水文资料等。对所需资料不足的环境现状进行适当的补充调查监测以及数据处理。

利用收集和补充的现状资料,可开展如下的环境影响科研工作:
(1)确定待保护环境资源的具体指标,以及保护方案等;
(2)分析典型环境问题成因和未来发展趋势,以及与待研究环境影响的相关性;
(3)获得环境现状时空分布的定量化基础资料,用于:
①评价环境现状的质量;
②与环境影响模拟结果进行叠加,评价环境影响的性质和范围;
③与有关模型模拟结果加以对比,从而验证模型精度;
④获得影响预测模型及其数值模拟的相关参数,如:模型边界条件、模型参数等。

在前期成果应用中,河口水域的水动力、水质及悬浮物和水生生态系统模型的边界条件与模型验证就广泛采用了环境现状分析方法,取得了较好的模拟精度;底栖生物与沉积物环境影响模型、水下爆破冲击波对渔业资源影响模型的模型参数归纳分析,以及水运工程对渔业资源的综合影响分析,也采用了对水运工程水域进行连续多年的环境现状调查监测与分析的方法予以说明。

2) 模型分析法

随着人们认识自然能力的增加和科学技术的进步,构造模型的科学理论和求解模型的技术手段越来越完善,模型已经被非常广泛地用作解决多种问题的工具。定量化的模型分析法主要分为两类,即:物理模型法(如风洞模型、水流模型等)和数值模型法。

尽管模型尚不能囊括真实系统的所有特性,但它确实能反映出真实系统中的一些重要特性,并且使实际问题的解决得以简化。该分析法在模型的构造、求解或开发中特别注重使模型包括所需求解或描述问题的基本特性。

模型分析法的最大优势在于:可以在工程尚未建设的情况下,根据工程设计资料和建设区域环境特点,实现对工程环境影响因子对相应环境圈层影响范围和程度的模拟预测。此外,模型分析法(特别是数值模型法)还具有模拟成本低、能够方便地修改有关参数进行反复模拟等特点。

在前期成果模型构造中,特别注重对模型机理的分析论证、对模型参数的研究试验、对模型应用工作流程的总结提炼、模拟预测成果对生态环境保护、修复与补偿对策措施的指导,取得了较好的科研及应用效果。其中,总结提炼的水动力条件变化模型分析应用流程详见图7.1-3,水生生态系统影响模型详见第7.2.3节。

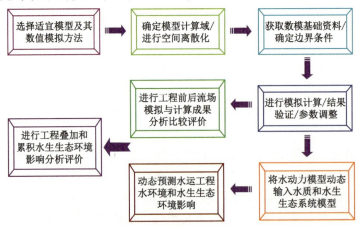

图7.1-3 水动力条件变化模型分析应用流程示意图

3) 类比分析法

由于模拟参数、求解方法等多种因素具有某些不确定性和难以避免的误差,因此,数学理论模型和试验室模拟模型与真实环境和工程系统毕竟具有一定的差别。一项水运工程对某一地区而言常常是第一次兴建,在工程开始之前无法实测出其环境影响,但是,同样或相似类型的水运工程很可能在其他地区已经兴建,如果环境条件比较相近,则与待预测问题相类似的环境影响可以通过实测获知。由此得出的影响评价结果往往具有较强的真实性和说明性,并且可以用于检验模型预测的准确程度以及必要的模型修正与完善。

在前期成果类比分析中,底栖生物与沉积物环境影响模型和水下爆破冲击波对渔业资源影响模型的模型参数归纳分析以及水运工程对渔业资源的综合影响分析,就采用了对类比水运工程水域进行连续多年的环境现状调查监测与分析的方法,研究提出了具有普遍适用性的影响模型及其模型参数。

4) 机理分析法

该方法主要用于环境影响的识别、评价因子的筛选、预测模型以及模型参数的选择、预测模型的构造和求解等,是环境影响评价科学性的重要体现。

在缺乏能定性定量预测工程环境影响的模型或模型参数等情况下,为了分析说明工程建设可能带来的环境影响(尤其是中长期影响、二次影响、次生环境问题、生态环境影响等),可以采用机理分析法对上述环境影响进行一些定性预测,但对于比较重要的环境影响,应建立适当的模型并辅之以必要的实测和工程分析,加以定量化的影响程度和范围的模拟预测,进而给出定性结论。

在前期成果水运工程的分类环境影响识别、预测模型的构造和求解等均基于了机理分析法,因而所开发的水动力模型、水质及悬浮物模型、水生生态系统模型、底栖生物与沉积物环境影响模型、水下爆破冲击波对渔业资源影响模型、食物供应减少对渔业资源影响模型、水体污染物对渔业资源影响模型、湿地影响分析模型、敏感生物及敏感生境影响分析模型等较好地反映了水运工程和水生生态环境的客观规律,相应的研究成果具有比较突出的科学性、普适性和实用性。

5) 专家评估及统计分析法

在进行环境影响机理分析和模型模拟预测过程中,对影响程度、影响参数等定性或定量的指标往往缺乏现成的试验和理论研究的支持。在这种情况下,聘请资深专家根据知识和经验进行评估,对一些试验数据进行统计分析,不失为一种较好的解决问题方法。

在前期成果中,对于鱼卵仔鱼天然成活率、鱼类饵料、洄游通道受阻影响分析、敏感生物和生境影响模型参数等的估算就采用了专家评估法,而水中悬浮物沉降速率受温度、盐度和悬浮物浓度影响的参数计算模型则是通过统计回归分析得到的。

上述综合模型体系前期成果中有关模型理论和分析方法的适用性分析汇总说明详见图7.1-4,所建立的生态影响和保护对策评估理论和技术方法汇总说明详见图7.1-5。

(二) 科技示范工程相关研究进展

为了克服现有航道工程生态影响机理分析方法的不足,本文在水运工程水生生态影响综合模型体系上述生态影响和保护对策评估理论和技术方法成果的基础上,研究提出了一套科学、系统、全面、有效、精细地概化分类航道工程的生态环境影响机理和对策关键作用的理论及概化模型分析方法,并在依托工程中加以应用,提供示范案例。

图 7.1-4　模型体系前期成果中有关模型理论和分析方法的适用性分析汇总说明

图 7.1-5　前期成果中生态影响和保护对策评估理论和技术方法汇总说明

该方法采用一组精细概化模型,来分类分析护岸工程、护底工程、丁坝及潜堤工程、疏浚及切滩工程在施工和运行中对水生生态环境影响的作用机理,分析船舶航运及港口作业对相关环境受体的作用机制及干扰途径,辨识航道工程建设和运行的叠加、累积生态环境影响的作用因子,并以护底工程和丁坝及潜堤工程为例推衍影响预防及减缓对策的关键作用,建立了基于生态习性和产卵特性的航道工程生态环境影响机理分析方法及流程,从而为综合、完整、精细、深入地分析航道工程生态环境影响机理,进而推衍出适合的预防和减缓不利影响的对策措施,有针对性地开展生态型航道工程的设计和规划,提供评估理论和精细概化模型技术支持。

在依托工程研究专题"二期工程生态环境影响及对策研究"中,项目组基于现状分析法、模型分析法、类比分析法、机理分析法、专家评估法、统计分析法,研究建立了与环评成果相衔接的"航道工程生态环境影响及对策分析评价技术方法",具体包括:

(1)工程建设核查及影响变化分析方法

该方法基于机理分析法进一步强化了对影响源项的针对性和可应用性细化分析。

(2)分项及叠加累积影响的途径与机理分析方法

该方法基于机理分析法、现状分析法、类比分析法、专家评估法、统计分析法,对航道工程典型工程类型及运营的分类分项生态环境影响加以精细化分析。

(3)减缓对策分析与效果调查评估法

该方法将工程建设核查及影响变化分析方法和分项及叠加累积影响的途径与机理分析方

法进一步延伸,拓展到分类分项工程影响源项和生态环境影响的预防及减缓对策的分析,以及对策效果的评估。

(4)多层级生态环境影响综合指标构建评价法

该方法基于机理分析法,将上述分析评价技术方法中的关键影响过程、类型、因素及单项指标加以逻辑性、系统性、层次性、包含性分析,并基于现状分析法、类比分析法、专家评估法、统计分析法、模型分析法,研究提出不同类型指标的调查评价方法。

(5)生态航道符合性指标体系构建评价法

该方法基于机理分析法平衡分析了航道工程的正面生态效应和典型不利生态影响,研究提出了符合性指标体系,并基于现状分析法、类比分析法、专家评估法、统计分析法、模型分析法,研究构建了分项指标的分级技术状态的定性或定量评定准则体系,以及计分规则与符合性评价准则体系。

(6)遥感跟踪监测评价法

该方法基于现状分析法和机理分析法中重点跟踪易于遥感判别的航道工程施工活动、正面及不利生态影响、对策效果。

(7)生态影响模型分析评价法

该方法基于模型分析法对推广应用成果中的定量化分析模型在感潮河段航道工程中的适用性及模型参数加以分析,重点针对具有共性的关键影响指标:水中悬浮物浓度 SS 和底栖生物生物损失量,对相应的叠加累积模型予以充实和完善。

以上二期工程生态环境影响及对策研究的成果旨在为生态航道建设提供科学、系统、实用、成套的理论和技术方法支撑,其科技示范工程应用情况在本章和第8章中介绍。

7.2 航道工程生态环境影响机理与对策的关键作用

7.2.1 护岸工程影响机理与对策的关键作用

(一)护岸工程技术现状

(1)硬质护岸工程

目前河道治理还广泛采用硬质化护岸的方式,即采用浆砌石或者混凝土护岸,这种方式比较传统,也比较可靠,能稳定河势,保护堤岸,尤其是河道较为狭窄的河流,采用浆砌石或者混凝土修建成巨型水槽,此类护岸工程导致河流自我净化能力降低,抑制了微生物及植物净化水体的能力,阻隔了水陆间的水文循环和水陆间生态系统的联系,导致河流沿河向与横向生物群落生境的不连续性,生态系统出现断裂带,降低了河道生态系统岸坡植被、微生物的净化功能。

(2)生态护岸工程

随着人们对环保要求的日益提高,人们逐渐认识到河流两侧岸坡存在有许多异质性很强的生态因子,具有净化水质、改善水环境的功能,保护河道岸坡的缓冲功能,保持物种丰富、生产力高的近天然河道岸坡是使河道水体自我净化与水陆循环顺畅的根本途径。

目前开展的工程现场试验,研究使用材料以及结构形式的适用性,研究护岸结构能否稳定河势,研究植被的阻水作用及落淤能力,研究水下生物的栖息环境问题,多集中在植被的选择与搭配,护岸材料的选择及开孔特性,较少地关注护岸生态效果与生态修复机理,忽视了河道岸坡生物群落的食物链原理,研究层面比较单一。而生态系统是由多因素综合的集合体,在既能稳定河势的护岸结构和又能满足生态修复需求层面的研究尚比较少,目前的研究多缺乏连贯性和综合性。因此,今后应该从保持生物多样性特征出发,从物质流动、能量流动、信息流动、食物链和水环境关系等角度,加强对生态护岸与环境效应的研究。

（3）其他类型护岸工程

其他类型的护岸包括散抛块石、预制混凝土块、散抛钢筋石笼、铰链混凝土板沉排等措施,此类结构一般能随河床变形而发生变化,具有一定的适应变形能力,多是站在稳定河势的角度开展河道岸线的保护,较少关注河道生态系统的恢复。人们较多地考虑了护岸结构的整体性与柔性,整体性较好的护岸结构不易被损毁,柔性的护岸结构能适应河床变形,忽视了河道作为水生生态系统和陆地生态系统之间的生态廊道功能,未考虑到水陆间的物质、能量循环以及信息交流需要通过河道岸坡来完成和适当补充,忽略了河道岸坡的缓冲带作用以及水陆生物群落相互联系的观点。

（二）河道生态系统的连续性及生态维系

河道生态系统具有三维特性,顺河流走向的生态渐变区域特性和常水位上、下的水位—高度变化特性。

从河道横向上来看,有河槽、滩地、河岸带。由此,河流生态系统可以划分为水生和河岸带生态系统,河岸带生态系统是河流生态系统的重要组成部分,而连续性是河流生态系统的主要特点之一。

河流连续性包括纵向连续性和横向连续性。纵向连续性是沿河向方向河道岸坡生态系统连续性,有着渐变特征的区域特性;横向连续性是垂直河流流向的水生生态系统和陆地生态系统之间连续性,位于水生生态系统与陆地生态系统之间存在着河岸带生态系统这一子系统。

切断河流生态连续性的原因有二:

一是因为河道的演变以及河道年际水沙变化,造成不同程度的崩岸,形成直立化的河道岸坡,不适宜植被及河道岸坡生物的生存,自然形成了河流生态系统断裂带,包括横向断裂带和纵向断裂带;

二是人为硬质化的护岸工程的实施,比如浆砌石、混凝土等材料,阻隔了水生生态系统和陆地生态系统的联系,使得本身脆弱的河岸带生态系统濒临丧失,造成人为阻隔生态系统之间的联系,形成了河道人工断裂带,不可避免地会对生物多样性、生态平衡和环境保护产生一定的不利影响。由于这种不利影响是持续的,因而使得河流原本完整的生态系统结构和作为生态廊道的生态服务功能不复存在。其后果首先是使河流岸坡失去生机,形成单一化、硬质化的岸坡;其次因阻隔了水陆间水体的相互补给,造成水体循环的中断,导致生物多样性存在的基质受到破坏,造成生物多样性降低,微生物数量锐减,进而使河道抵抗外界变化、干扰和保持系统平衡的能力逐步降低。

对于长江中下游而言,由于上游大型筑坝工程的修建,导致水沙过程发生显著变化,再加上泄洪对河床的冲刷,会进一步降低河流的横向连续性,破坏栖息地的异质性,减缓栖息地的自然演替速率。为了控制大坝下游河势,实施护岸工程势在必行。近年来,国内多从维持河势稳定性方面出发,研究护岸结构的可行性,而从生态学方面的考虑却不多见。由于生态系统是多因素综合体,因此,如能从生态学这个层面出发,增加研究护岸结构的生态合理性,则护岸工程对大坝下游河道生物多样性的不利影响将能够得到有效预防和减缓。

本项目位于长江南京以下赶潮河段,河势较为平缓,河岸和洲滩多处于浅水、缓流区域,有利于包括底栖生物、咸淡水交替生境生物在内的多种水生生物的栖息生长,因此,生态护岸工程的建设具有显著促进生态恢复的功效。

护岸工程对水流动力条件的影响

护岸工程建成后,水流由自然状态改变到人工约束状态,由于状态发生了变化,相对于自然状态的河流而言,其河床和河岸都会受到一定类型及程度的影响,由于河道具体情况的差异,以及所采用护岸形式的不同,影响的具体类型和程度也不一样。

1）近岸流速场的变化

（1）平顺护坡

平顺护坡,若只是边坡糙率发生变化,以使得水流平稳下泄,则对水流并没有约束作用,不改变主流方向,因而一般对水流结构影响较小;若将刚性材料布置在被冲刷的河岸式堤(坝)坡上,以直接阻止水流对河岸的侵蚀,则在工程始、末端水流会有所变化,但一般不会产生较大的影响。

（2）丁坝(石矶)护岸工程

丁坝式石矶,系指在河岸边修建突出式建筑物,凡是此类改变水流条件的工程情况,均属于这一影响范畴,只是对水流条件影响的类型和程度会因为建筑物形态、结构及尺寸等要素的不同而不同。

上述两种形式的护岸工程对水流影响的相似之处是,位于工程头部位置的平均流速会显著减小。

以工程各垂线的测点流速在 0.8 相对水深时近底处的流速增大为例,测点最大流速往往会出现在相对水深 0.6~0.88 m 处,这就改变了以表面流速为最大的垂线流速天然分布状态。在工程上下游各段面的流速分布也有相似特征,只是减速有所扩大,加速有所外移,下垂线流速逐渐恢复正常,工程前形成的下钻水流逐渐消失。

2）流态的变化

由于平顺护岸在流态上并未发生变化,这里重点分析丁坝、石矶等护岸工程的流态变化。由于该类护岸形式的工程所在建筑物对水流会产生挑流作用,因而导致水流形成复杂流态,因而需要通过对多年工程实践的归纳总结,来反映流态变化的特点,具体如下：

（1）泡漩水出现在工程上游附近,由于工程的阻水效应而在上游形成回流区,在回流区与主流区之间形成较大流速区,随着上侧面水流对河床的不断冲刷,而使水流顺着工程轴线流向工程根部。

（2）工程前方下钻水流。由于工程的阻水效应而在工程区域出现水位壅高,致使在工程前方会有一股水流发生下潜,因而增大了工程前方水流的底流速,进而也加大了工程前方河床受到水流冲刷的影响。

（3）下游回旋流。由于工程阻水的阻水效应而使得水流在绕过工程首部之后发生分离,并在下游形成大范围的竖轴水流,在该竖轴水流的作用下,工程下游会发生局部冲坑,导致在竖轴回流区产生淤积。

(三)护岸工程对河床及河道断面的影响

1)护岸工程对河床演变的影响

河道水流的变化不仅会直接影响到河床的演变,而且会由于流场流速及流态的变化,而导致上下游泥沙运动的边界条件发生较大的变化,从而使河道的水流输沙能力也会有所改变,造成河床加深,泓沟发生位移,进而成为河床演变的主要影响因素。

2)护岸工程对河道横断面的影响

(1)自然条件下横断面产生变化。由于没有刚性工程的控制,在弯曲河道上会由于弯道环流的影响,而使得河道边岸不断崩塌,深泓线内移。

(2)平顺护坡横断面的变化。由于工程的护岸作用会使得河岸线基本稳定,其只是对局部水流有所约束,以及对工程的始末端及岸脚有所冲刷。

(3)护岸工程的横断面变化。自工程轴线外伸,因工程尾部的冲深变陡作用,而使变陡外移,尾部断面所处位置水流结构极为复杂。随着崩坑的发展,下部冲深,岸线崩退,深泓少动,最终底部变陡,尾部一度平缓,产生高差不大的平台。

3)护岸工程对河道影响的综合分析

上述工程的变化有一个共同点,就是修建工程后其脚槽较为稳定,有效地控制了水流的侧向冲刷,从而减少了崩岸,加强了水流的纵向作用。

修建的护岸工程成为了河床的重要组成部分,其加强了河岸的稳定性,限制了河床横向变化的强度和范围。在刚性工程的作用下,河势得到了控制,限制了河床横向变形,相应减弱了凹岸崩塌,基本稳定了河湾外形。

在修建工程之前,弯道河床所受到的冲刷会随着年度径流量的变化而变化,河床弯道水流冲顶点的位置也会随着河床的变化而不断变化。工程建成之后,河道的弯道水流基本特性及弯道过渡段的相互关系虽然并没有发生大的改变,但在中低水位时工程段之前会产生少量的淤积,在高水位过流时也会在上游回水压的作用下产生淤积,因而会使得弯道的输沙能力有所增强,凹岸深槽的加深一般也会比工程修建前来得大一些。

综上所述,在天然河道修建护岸工程,总体上会改变河道的边界条件和水流流场,从而导致河床发生局部变化,其具体可分为冲深、调整、相对稳定3个变化阶段。尽管实施护岸工程会引起上述一些变化,但护岸工程毕竟只用于解决局部河段点、面、线的河岸稳定问题,并不能改变整个河段的水流基本特征和河道演变的规律。

(四)护岸工程施工对生态环境作用机制、干扰途径分析

护岸工程控制了水流的侧向冲刷,从而稳定了局部河势,减少了崩岸,保护了河岸生态系统免受因堤岸冲毁及加固维护而导致的紊乱与损失,因而具有一定的正面生态效应。此外,护岸工程引起的一些流态变化,如泡漩水、下钻水流、回旋流等,也为多种鱼类的栖息和繁殖提供了多样性的适宜水流条件选择,同样也具有一定的正面生态效应。

尽管如此,护岸工程仍然存在一些不利的生态环境影响,例如,在施工期,施工作业会引起水体中的噪声和悬浮物浓度有所升高,从而造成对游泳动物和浮游生物的危害;施工作业还会破坏底栖动物的栖息地,导致部分底栖动物暂时或永久地丧失其生存场,底栖动物的种类和数量因而会有所下降,此外,施工作业还会改变像底栖生物产卵基质这样的繁殖生境,同样也会

导致底栖动物的种类和数量下降;同时,施工作业造成的岸滩硬化会影响水生维管束植物的生长,进而间接影响到喜好在此产沉性卵或黏性卵鱼类的繁殖发育,导致区域鱼类资源量的下降。相应的具体分析如下:

1) 对河道生境的影响

由于护岸工程水下建筑物的形成,将导致水生生境发生变化或局部区域生境消失。容易导致河岸衬砌硬化,由于土体与水体的相互依存关系受到割裂,隔断了河道水域中的生物、微生物与陆域的接触,因而引起了河段生物体的自然生存环境恶化,间接导致河流原本具备的天然自净能力下降。

2) 噪声的影响

现场监测显示,护岸铺设在离施工较近的水域(10m范围)的水下噪声谱级可达105~115dB,此类施工作业噪声对于鱼类和江豚等濒危保护动物会产生一定的惊扰。

3) 对浮游生物的影响

护岸施工作业会扰动施工区域水体,悬浮物在重力、波浪、风力等因素作用下扩散、运动,使得施工区域水中悬浮物浓度短时间内急剧升高,进而影响工程水域浮游生物的生存环境,造成部分浮游生物因水体理化性质恶化而出现生物量的减少。根据有关试验研究,水中过量的悬浮物会堵塞桡足类等浮游动物的食物过滤系统和消化器官,尤以悬浮物浓度达到300mg/L以上、悬浮物为黏性淤泥时为甚,例如那些只能分辨颗粒大小的滤食性浮游动物,有可能会摄入过多量的泥沙,造成其因内部系统的紊乱而死亡。

水中悬浮物浓度的升高还会降低水体的透光率,光强的减少阻碍了部分藻类等浮游植物的光合作用,从而降低了作为初级生产者的浮游植物生产力,使得其生物总量出现下降,间接导致以浮游植物为食的浮游动物在单位水体中所拥有的生物量供应相应减少;同理,还会造成单位水体所拥有的鱼类及以其为食的上一级水生生物供应量的下降,从而造成区域水生生物总量的减少。但这种影响是局部和暂时的,随着施工结束,影响消失。

4) 对底栖生物的影响

护岸工程抛石、排布的施工作业将直接伤害施工区域的底栖生物,除了少量活动能力强的底栖生物能够逃往他处之外,大部分底栖生物将被掩埋、覆盖,其中除少数能够侥幸存活外,大多数均会死亡,进而导致底栖生物受到个体损伤和生物量明显下降等不利影响。

水下建筑物占有原滩面空间,河道的底质类型和形态相应被改变,底栖动物的生境条件和空间分布也随之被改变,尤其是会在很大程度上改变施工水域及毗邻水域以泥沙底质为栖息地的底栖动物生存条件,因此会使管栖的和穴居的以泥沙底质为主要栖息地的底栖动物生境发生变化,一些如蚬类、贝类、多毛类等种群的数量会有所减少,种类组成也会发生一些变化;另一些附着性贝类如淡水壳菜等贝类及螺蛳等水生物数量在短期也内会有所降低。

生态型护岸一方面可明显改善陆生和水生生态系统之间的相互联系及补给,增加生物多样性及微生物数量,提升河道抵抗外界变化、干扰和保持系统平衡的能力;另一方面可增加河床的糙度,形成的水下障碍体可增加尾部的局部湍流,从而产生人工鱼礁的效应,可以为洄游性鱼类提供临时避让场所,也为一些底栖鱼类如黄颡鱼等提供适宜栖息活动的环境。

由于本工程项目位于河势较为平缓的赶潮河段,经护岸工程守护的河岸和洲滩多处于浅水、缓流区域,有利于包括底栖生物、咸淡水交替生境生物在内的多种水生生物的栖息生长,也为多种洄游性鱼类的繁殖、觅食和生长提供了适合栖息的场所,因此,生态护岸示范工程的建设具有显著的促进生态恢复和利于鱼类繁殖生长的功效。

5)对鱼类的影响

护岸工程施工期会占用部分河道,相对较宽的河床,在占用长度很短时,对鱼类通行造成的影响较小,但仍不可避免地会对施工区域鱼类资源、鱼类产卵及觅食造成影响;工程河段的主要经济及保护鱼类多为喜欢栖息于水质清新、溶解氧丰富水体的种类,水中构筑物、护岸施工中投抛块石等施工将会扰动河床,使河床底泥悬浮,引起水体悬浮物浓度增大,导致局部河段水体混浊、溶解氧降低,这对喜欢清新水质、对溶氧要求较高的鱼类会产生一定的影响;此外,施工将改变局部河段的底部基质,导致底栖性鱼类的索饵场范围减少,有可能导致底栖性鱼类之间食物竞争的加剧,从而影响摄食底栖动物的鱼类的正常生长、繁殖;《渔业水质标准》(GB 11607—1989)规定,悬浮物人为增加量不得超过 10mg/L,施工过程产生的高浓度悬浮物会影响鱼卵、仔稚鱼的生长发育,并造成部分死亡;鱼类产卵期进行水下施工将对鱼类繁殖产生影响。

此外,尽管水下建筑物占有一定水体空间,对鱼类的活动构成了一定影响,不过此类构筑物同时也为鱼类的栖息营造出复杂的生境空间结构,具有类似人工鱼礁的生态作用。

由于本项目护岸工程守护的河岸和洲滩多处于浅水、缓流区域,为多种洄游性鱼类的繁殖、觅食和生长提供了适合栖息的场所,因此具有一定的促进生态恢复和利于鱼类繁殖生长的功效。

6)对珍稀水生野生保护动物的影响

江豚是依赖回声定位能力生存的物种,工程各类船舶及投抛块石产生的噪声可能对江段中生存的珍稀豚类的声呐系统造成干扰,影响其辨别方位的能力,容易撞上螺旋桨受到伤害。

护岸工程抛石作业现场状况参见图 7.2-1。

图 7.2-1　护岸工程抛石作业现场

7)对湿生植物的影响

护岸基础部分施工时会造成岸滩硬化,影响水生维管束植物的生长,间接影响喜好在此产沉性卵或黏性卵鱼类的繁殖发育,导致区域鱼类资源量下降。

(1)河道护岸工程的水生态补偿机制与方法分析

目前,对生态护岸的研究多集中在植被的选择与搭配、护岸材料的选择、结构形式的优化等方面,对护岸效果与河道生态修复机理的研究还不多。为此,进一步加强河道岸坡食物链关系与微生物群落研究,加强对其生态与环境效应研究,显得尤为重要。护岸工程满足了防洪安全,但是,河岸处于水陆交界地带,具有非常活跃的物质、能量和信息流动,比其他相邻生态系统具有更为明显的生物多样性特征,其保护因而显得更为重要。

河道护岸工程产生防洪效益,航道护岸工程产生经济效益,护岸工程的实施,是目前为了满足人们的需求而做出的河道建设行为,会对生态环境带来一定的不利影响,如:对河道岸坡的生物群落产生影响,有可能使原有的生态平衡难以维持。因此,为了保护生态环境,有必要剥离部分效益进行生态修复,弥补因河道建设活动产生的不良影响,包括建设生态护岸,培育运行稳定的生态系统,制定适度的水生态补偿制度和机制等,对河道建设行为产生的生态影响进行反馈、补偿,从而更好地体现生态文明建设的可持续发展理念。

具体补偿护岸工程产生不利影响的方法包括:营造三维的河道生态系统,尽可能还原原有的生态平衡,修复因建设活动造成的生态系统断裂带,等等。本工程不同类型生态护岸试验段介绍详见第3.1节。

(2)生态护岸对水生生态影响分析

生态护岸可以算得上是恢复后的自然河岸或具有自然河岸"可渗透性"的人工护岸。它所拥有的渗透性,系指自然河床与河岸基底所具有的原有属性,这种丰沛的河流地貌,是河岸与河流水体之间的水分交换和调解功能得以充分展现的保障,同时还具有一定的抗洪强度。

生态护岸根据坡度可以分为生态驳岸和生态护坡;根据断面形状可以分为复式断面生态护岸,梯形、矩形断面生态护岸和双层断面生态护岸;根据人为干扰因素的强弱,可以细分为结构性和非结构性生态护岸;根据材质可以细分为植物、木材、石材、石笼、人造砌块生态护岸。

生态护岸把滨水区植被与堤内植被连成一体,构成一个完整的河流生态系统,是水陆之间的过渡区域。生态护岸的坡面植被可以带来流速的变化,为鱼类及两栖动物提供觅食、栖息场所,对保持生物多样性起到一定的作用,植被覆盖充分的护岸是河岸带生物多样性的保障。另外,生态护岸主要是采用天然材料,从而可避免建筑材料中所含的大量化学添加剂对水环境带来危害。

在河道中形成浅滩和深潭,把河岸线做成不规则的,即有宽有窄,使护岸有陡有缓,让河岸边的绿地、树林之间形成水面、绿地网络,增强岸边动植物栖息地的连续性。这样就可营造出丰富的生态环境条件,形成稳定、丰富的生态系统。

一个健康的交错带能使物质通过其界面区的速度和形式保持在适当的范围,相应带来的景观异质性和生态多样性处于较高水平,为动物以及水生微生物提供了栖息、繁衍和避难的场所;一个脆弱的水陆交错带不但不能使水陆生态系统保持稳定,而且会导致生态不断向恶性方向发展。

生态护岸不仅可以与周围环境形成相协调的河道景观,而且可以通过保护和建立丰富的生态系统使河水清澈见底、鱼虾洄游、水草茂盛的自然生态景观。

近些年来,国外大量采用生态护岸技术,改变过去那种"整齐划一的河道断面和笔直的河道走向"的静态美,通常是让河道在自然力的作用下形成浅滩、深潭,与宽宽窄窄、弯弯曲曲的水路自然衔接。陡峭、平缓的多种构造使多种材料的堤岸浑然一体,营造出丰富多样的空间,顺应现代人类回归自然的潮流,成为人们休闲、娱乐的场所,也较有助于城市形象的改变与提升,强化地区和城市的识别性。此外,因地制宜地设置一些亲水设施,也可以让人与水的关系通过护岸这一载体的灵活变化而得到进一步的升华,促进人与自然的和谐发展。

生态护岸可以增强水体的自净功能,改善河流水质。当污染物排入河流后,首先被细菌和真菌作为营养物而摄取,并将有机物分解为无机物,而细菌、真菌又被原生物吞食。其所产生的无机物如氮、磷等作为营养盐类又被水中的浮游动物、鱼、虾等所食,这种水体的自净作用,以食物链方式降低污染物浓度,生态护岸上种植在水中的柳树、芦苇等水生植物,能从水中吸取无机盐营养物,其庞大的根系还是大量微生物吸附的介质,有利于水质净化,可减少岸坡上的营养物质流入河流。生态护岸营造出的浅滩、放置的石块、修建的丁坝、鱼道形成水的紊流,有利于氧气从空气中进入水中,增加水体的含氧量,有利于好氧生物、鱼类等水生生物的生长,促进水体净化,改善水质,使河水变得更清澈。

(3)二期工程生态护岸建设分析

福姜沙河段护岸工程全长 7400m,分别为福北水道左岸护岸长 4850m、又来沙护岸长 1240m 和福姜沙沙尾长 1310m。护岸结构以标高 0m 为界,0m 以上采用护坎抛石防护,0m 以下采用抛石防护,抛石厚度 1.5m,护宽长 20.0m,少部分区域抛石厚度 0.9m,护宽长 30.0m。土工布的铺设采用人工方式,水上抛石采用车抛工艺,水下抛石采用船抛工艺;石料用网兜装上运石船,采用吊机船抛填。

口岸直鳗鱼沙河段(Ⅰ标段)含左汊、右汊护岸 13155m,其中左汊左岸护岸工程为已建护岸工程加固段,总长度为 6786m,采用抛石防崩层护脚形式,抛石厚度 1.5m,护宽长 20.0m,右汊右岸工程总长度为 6369m,水上采取干砌块石防护,干砌块石厚度 0.3m,平均护宽长 15.0m,下设 0.15m 砂石垫层。水下抛石共分 2 区,其中Ⅰ区抛石厚度 0.9m,护宽长 15.0~65.0m;Ⅱ区抛石厚度 1.5m,护宽长 20.0m。

口岸直落成洲河段(Ⅱ标段)落成洲左汊、右汊护岸 4850m,其中落成洲左汊左岸护岸总长 2200km,落成洲右汊右岸护岸工程总长 2650m,主要内容为水上护坡及水下抛石,其中水上护坡有土方开挖、土方回填、雷诺石垫、浆砌块石、水上护坎抛石、土工布铺设等。

和畅洲河段施工河段包括左汊左岸、左缘、孟家港段、洲头及右缘护岸工程长度分别为 1954m、2128m、3627m、3062m,护岸总长 10771m。该段工程采用平顺护岸形式,标高+1.5m 以上采用护坎抛石防护,+1.5m 以下采用抛石或钢丝网兜抛石防护。主要建设内容包括土工布铺设、护坎抛石和水下抛石、钢丝网兜抛石。土工布铺设采用低潮位时人工铺设。

仪征水道世业洲河段洲头左右缘和左汊左岸以及右汊右岸 4 段护岸总长度 11259m。护岸工程水下抛石及护坎抛石以厚度控制,水下抛石厚度为 1.25m,护坎抛石厚度为 0.6m。采用定位抛石船定点定量抛填。

综上所述,二期航道护岸工程水上部分土工布通常为透水材料,水下钢丝网兜抛石也有助于减少了护岸对物质和能量交换的阻隔,总体符合生态护岸的材料、结构及铺设工艺要求。护岸总长度为 47435m,平均宽度按 20m 计,永久占用水域面积约 94.9 万 m^2,该水域面积的底栖生物栖息地功能在施工期及恢复期将丧失,待泥沙缓慢充填至石兜,护岸的水生生物栖息功能能够部分地缓慢恢复。

7.2.2 护底工程影响作用机制、干扰途径分析

(一)影响和干扰途径分析

护底铺设等守护工程在施工期会使水体中噪声和悬浮物浓度升高,危害游泳动物和浮游

生物;施工后一般不会对河道水文情势造成大的改变,但会破坏底栖动物的主要生存场,导致底栖动物种类、数量下降,改变其产卵基质等栖息繁殖生境,同时施工还会造成边滩硬化,影响水生维管束植物的生长,间接影响喜好在此产沉性卵或黏性卵鱼类的繁殖发育,导致区域鱼类资源量下降。

1) 噪声

现场监测显示,软体排铺设在离施工较近水域(10m范围)的水下噪声谱级可达105~115dB。施工作业噪声对于鱼类和江豚等濒危保护动物会产生一定的惊扰。

2) 对河道生境的影响

护底工程由于水下建筑物的形成,将导致水生生境发生变化或在局部区域消失。由此一方面容易导致河岸衬砌硬化,土体与水体的关系相割裂,隔断河道水域中的生物、微生物与陆域的接触,引起其自然生存环境恶化,河流原有的天然自净能力下降;另一方面,在工程建成后的局部区域,河床的地形地貌会发生改变,由于沉排增加了河床糙度,形成的水下障碍体后部会出现局部湍流的尾流,从而形成类似人工鱼礁的效应,可以为洄游性鱼类提供临时避让场所,也为一些底栖鱼类如黄颡鱼等提供适宜栖息活动的环境。

本工程生态型护底的结构和材料选择了砂肋软体排,其外部为透水不透砂的分节高强度土工布肋体,现场铺设时将泥浆水注入中空的分节肋体内,其中较大颗粒的泥砂被土工布拦截在肋体之内,含有细砂的泥浆水则被排出肋体,形成的砂肋软体排旋即被布放到工程水域底部。由此可见,这种砂肋软体排由于仍然具有一定的透水功能,而并未完全割裂土体与水体之间原有的连接关系,因而河道水域中生物、微生物与陆域的接触也未完全隔断,进而能在一定程度上减缓河流天然自净能力的降低。

3) 对浮游生物的影响

沉排施工作业会因泥浆外泄(图7.2-2)以及水体扰动而导致施工区域悬浮物浓度升高,悬浮物在重力、波浪、风力等因素作用下扩散、运移,使得施工区域及附近水体中悬浮物浓度短时间内急剧升高,进而影响工程水域浮游生物的生存环境,造成部分浮游生物因水体理化性质短时间内恶化而出现生物量减少。根据有关试验结论,水中过量的悬浮物会堵塞桡足类等浮游动物的食物过滤系统和消化器官,尤以悬浮物浓度达到300mg/L以上、悬浮物为黏性淤泥时为甚,如只能分辨颗粒大小的滤食性浮游动物可能会因摄入过大量的泥沙,造成其内部系统紊乱而死亡。

水中悬浮物浓度升高降低了水体的透光率,光强的减少阻碍了部分藻类等浮游植物的光合作用,降低了以浮游植物为初级生产者的生产力,使得其生物总量出现下降,进而导致以浮游植物为食的浮游动物在单位水体内所拥有的生物量相应减少;同理,还会造成鱼类及以其为食的上一级水生生物在单位水体内所拥有的生物量相应下降,从而造成区域水生生物总量减少。但这种影响是局部和暂时的,随着施工的结束,影响随之消失。

图7.2-2 沉排施工作业的砂肋软体排铺设泥浆外泄

4)对底栖生物的影响

(1)影响机理

护底工程抛石、排布的施工作业将直接伤害施工区域的底栖生物,除少量活动能力强的底栖生物能够逃往他处之外,大部分底栖生物将被掩埋、覆盖,其中除少数能够存活外,绝大多数会死亡,进而导致底栖生物的个体损伤,生物量下降。

铺排水下建筑物占据了原有的滩面空间,从而改变了河道的底质类型和形态,底栖动物的生境条件和空间分布也会被随之改变,尤其会在很大程度上改变施工及毗邻水域中以泥沙底质为栖息地的底栖动物生存条件,因而会使管栖的和穴居的以泥沙底质为主要栖息地的底栖动物生境发生变化,像蚬类、贝类、多毛类这样一些种群的数量将会减少,另一些附着性贝类(如淡水壳菜)及螺蛳的数量短期内也会有所降低,底栖动物的种类组成会发生一些变化。

(2)以和畅洲江段为例的影响分析

和畅洲江段大型底栖动物的物种多样性较为丰富,但从科、属阶元来看,大多数科、属仅有一种物种组成,这说明物种在该江段的分布具有很大随机性。由于各类底栖动物的生态分布和生活史各不相同,水下护底铺排工程的影响也具有差异性。

由于环节动物和软体动物终生生活在水中,而且移动能力弱,水下铺排工程对其的影响最为严重,工程区域的种群数量会急剧减少,甚至消失。

对于节肢动物而言,由于其幼虫生活在水中,成虫后飞翔生活,具有一定的移动逃生能力,因此其对特定水域环境的依赖性较低,尽管铺排工程会导致其种群数量有所减少,但部分个体由于具有一定的躲避能力而可免受影响。

除所受影响程度有所不同之外,不同类别底栖动物的恢复能力也有着明显差别。从生活史的特点来看,软体动物繁殖方式单一,繁殖能力弱,自我恢复能力较弱,受损后难以通过自我恢复达到其原有水平。环节动物由于繁殖方式多样,繁殖能力强,其自我恢复能力也较强。节肢动物对特定环境的依赖性低,繁殖方式多样,而且可以通过释放特殊的化学物质来吸引同种水生昆虫聚集产卵,因此,节肢动物的自我恢复能力在底栖动物中最强。

5)对鱼类的影响

护底工程施工期会占用部分河道,尽管相对于较宽的河床,占用的长度很短,对鱼类的通行所造成的影响较小,但仍不可避免地会对施工区域鱼类资源、鱼类产卵及觅食造成影响;工程河段的主要经济及保护鱼类多为喜欢栖息于水质清新、溶解氧丰富水体的种类,水上铺排、投抛块石等将会扰动河床,使河床底泥再悬浮,引起水体悬浮物浓度增大,导致局部河段水体混浊、溶解氧降低,这对喜欢清新水质、对溶氧要求较高的鱼类有一定影响;沉排、抛石工程将改变局部河段的底部基质,导致底栖性鱼类的索饵场范围减少,将可能导致底栖性鱼类之间食物竞争的加剧,从而影响摄食底栖动物的鱼类的正常生长、繁殖;《渔业水质标准》(GB 11607—1989)规定,悬浮物人为增加的量不得超过 10mg/L,施工过程产生的高浓度悬浮物会影响鱼卵、仔稚鱼的生长发育,并造成部分死亡;鱼类产卵期进行水下施工将对鱼类繁殖产生影响,因此,施工期避开鱼类产卵期能够明显减少对鱼类繁殖的不利影响。此外,水下建筑物占有一定水体空间,对鱼类的活动构成一定影响,但是也为鱼类营造出复杂的生境空间结构,具有类似人工鱼礁的作用。护底工程施工作业现场见图7.2-3。

a) 软体排砂肋灌注

b) 机械臂水域抛石

c) 水域定点抛石

d) 水域吊笼抛石

图 7.2-3　护底工程施工作业现场

6) 对珍稀水生野生保护动物的影响

江豚是依赖回声定位能力生存的物种,工程各类船舶及铺排、投抛块石产生的噪声均可能对江段中生存的珍稀豚类的声呐系统造成干扰,影响其辨别方位的能力,致使其容易撞上螺旋桨受到伤害。

7) 对湿生植物的影响

抛石、排布的施工作业将直接伤害施工区域的湿生植物,进而导致湿生植物的个体损伤,生物量下降。铺排水下建筑物占有原滩面空间以及施工造成边滩硬化,会导致湿生植物失去工程水域的生境。间接影响喜好在此产沉性卵或黏性卵鱼类的繁殖发育,导致区域鱼类资源量下降。

8) 采用纤维人工材料破损后的微塑料影响

护底工程采用大量的纤维人工材料,其日后破损后可能成为微塑料。微塑料对水生生态的影响主要体现在阻碍光线传播、微塑料内部的有毒添加剂不断向水中释放、使水生生物误食而进入其体内的微塑料由于难以被排放出体内而影响动物进一步摄食、毒害水生生物等。

(二) 护底工程生态保护对策措施的国内外概况

1) 合理调整施工方案

根据航道整治工程总体施工计划,合理调整工程施工期和施工方案,主要做好以下两点:

①由建设单位牵头,设定专人负责处理工程施工单位与环境保护目标(水生生态系统)保护之间发生的环境问题,监督在施工期间各种环境保护措施的实施情况;②铺排、投抛块石等涉水施工作业尽量避开鱼类繁殖和洄游的主汛期,减轻工程施工对鱼类繁殖的影响。

2)采用新型生态护滩

我国长江航道护底工程的生态保护措施主要包括:采用生态排、可降解防护网、仿生水草垫等。

(1)生态排

结合工程护底软体排结构,设计出既具有防冲护滩功能、又能为植物提供生长环境的生态软体排。生态护滩结构(生态排)能够主动输入及保持排体内含有的营养物质,为营造适合多种亲水植物繁育的生境创造条件,促进成规模植被的生长,利用植被固滩,实现工程和生态环境的和谐统一。通过铺设生态排,保护了原有生态绿地,扩大了植物生长面积,起到了生态修复的作用,详见第3章。

航道工程创新设计的十字块格栅排生态排结构采用大网格土工格栅作排底,其上面压护十字块进而形成生态护滩排,适用于有原生植物生长的环境,在满足保沙护滩整治要求的同时,达到生态保护的效果。其具体工序为:先将原有的植物贴滩面割除,留下根系,再铺设大网格土工格栅作排底;土工格栅上压护十字块;具体施工过程及效果见相关章节所述。

(2)异型填石网箱堤坝

为了减少宽度30m的护滩堤对生态面积的压覆影响,航道工程采用了网箱填石结构,通过改变填石区形状达到了覆盖原生绿地面积最小化,即能够给原生植物留有生长空间的异型填石网箱。采用异型填石网箱间隔摆放的布置方案,既可满足多级减流的护滩要求,又能最大限度地为原生植物留出了生长空间。生态保护效果显著,达到了设计预期的固沙护滩与生态保护取得双重效果目标。

(3)新型砂肋排

为了在水位变动区进行生态修复试验,利用了新型砂肋排,用于水淹条件适合进行生态修复的工程护滩区域。砂肋采用表面带有丝毛结构的高耐久性土工布,乘低潮进行现场冲灌,形成砂肋;再将预先在陆地上培育好的篓状植物苗固定在砂肋之间的淤积带上;在砂肋排上选择黄菖蒲、三百草、香菇草三种植物进行生态修复的试验,已初见成效。

(4)异型联锁块软体排

该结构是将土工布排体+压护结构+水生植物组成生态修复的共生系统。先铺设既有保沙护滩的功能,又可以使植物根系穿透而无破损的生态排体;按照有利于形成促淤沟槽的布置要求摆放异型联锁块;后期栽种的植物根系在促淤沟槽的淤泥中生长,并通过生态土工布扎入滩面的自然泥土中,形成完整的生态体系。

(5)大型充砂管袋护滩堤

冲灌前需要先在管袋上设置绳圈,在冲灌后用于固定管袋顶面的生态结构;生态修复项目一是把培植好的草皮固定到管袋顶部,二是在并排的几个管袋相连凹槽中设置篓状植物苗;植物逐渐适应当地条件,慢慢返绿。

(6)可降解防护网

选择草绳铺设成网进行滩面的辅助保护,草绳采用钢筋打桩进行固定,其原材料可降解且成本较低,作为临时防冲结构在防止护滩工程回填土冲刷的同时,不会对亲水植物的生长发育产生影响。根据工程区域水文情势,选择适应性较强且经济高效的植被植入草绳护网。

(7) 仿生水草垫

水草垫的基本结构形式是将较长网片逆水流方向缝制在网垫上,模拟水草形态,在洲滩缓流区内达到促淤的效果,避免了天然植被材料选种难、投资大、养护要求高等问题。水草垫质量较小,施工方便,在对结构强度要求不高的条件下,替代四面六边透水框架,可取得较好的经济效益。

3) 开展增殖放流等生态恢(修)复工作

护底工程施工会对周边区域的鱼类资源和施工区域的产卵场造成一定损失,工程河段水域环境会发生改变,包括洲滩植被受到破坏和底栖生物种类及生物量的损失,因此在施工前应规划和设计对工程区域生态进行恢(修)复的方案,施工期应采用科学合理的施工工艺减少对水生生态的影响,施工完成后应尽快对水域生态环境开展恢(修)复工作。

(1) 工程建设单位应对受损失的鱼类资源采取增殖放流等必要的补救措施。

(2) 对洲滩植被的修复。施工期临时占用和破坏的岸边及洲滩的植被要进行有计划的剥离、储存、临时堆放,为随后的植被恢复创造条件,防止水土流失。人工植被恢复可采用当地树种和草种,如种植洲滩上原有的野生水生植物。同时,改善沿岸水域生态环境,在洲滩、岸边进行底栖生物移植,使之在浅水或洪水淹没区域能形成新的鱼类索饵场与产卵场。

(3) 施工区域底栖动物关键类群的生态修复。针对水下铺排对工程区域底栖生境破坏的特点和途径,结合航道周边的生态系统主要功能和特征,采用生态系统自我修复和人工辅助相结合的手段,探索铺排区域的底栖生物群落营建技术方法。但由于放流种类和存活率受到放流个体来源、增殖水域底栖动物组成和环境条件等居多条件限制,因此在方式上应主要采用增殖为主,对不同铺排区域的水环境现状选择适宜的底栖动物群落生态恢复方案。

4) 人工鱼巢

鱼类是长江江豚的主要饵料,因此,鱼类资源的数量变化对于江豚的生存至关重要。由于铺排和堤坝工程改变了工程区域的底质环境,水文环境也会在更大范围的区域内发生一些变化,原有的产黏性卵鱼类的产卵繁殖可能会受到工程建设的较大影响。因此,因地制宜地建设人工鱼巢是生态修复的重要技术手段之一。

5) 水草群落营造

在适宜水域通过构建由沉水植物繁衍的水草群落,可以为底栖动物和鱼类营造适宜的生境条件,提高生态恢复水平。

6) 加强珍稀物种保护,组织生态监测

工程施工现场配备"江豚记录仪",设置于施工工点的上下游边界处对江豚实施有效监控,并配套设置相应的报警装置。一旦发现江豚出现在施工水域或有靠近施工水域的趋势,视具体情况,采取暂停施工让其安全通过,或利用船舶噪声采取善意驱赶方式,将其驱离施工区,避免意外伤害事件的发生,并立即向相关主管部门报告。建设单位应组织开展对水生生物多样性的监测,掌握工程建设前后水生生物生态环境变化的时空规律,预测不良趋势并及时发布警报,对工程河段的鱼类组成及资源量变化、鱼类产卵场变化、浮游植物、浮游动物、底栖动物和水生维管植物等进行全面监测,应在工程工期内进行连续监测,以全面评估航道整治工程对珍稀水生生物的影响。

（三）环评阶段对护底工程施工所提生态环保措施及落实要求

1）噪声影响的控制

(1) 尽量减少高频敲击,其落实应在文明施工管理中予以要求。

(2) 设备选型要选择符合声环境标准的低噪声设备,其落实应在施工招标合同中予以要求。

现场监测显示,软体排铺设在离施工较近水域（10m 范围）的水下噪声谱级可达 105～115dB,其对于一定范围内的鱼类和江豚会产生惊扰。

2）减缓对河道生境影响的对策

开展生态型护底建设,选择能减少对水、土之间物质、能量交换阻隔的水工构筑物材料、结构和施工工艺,营造适于水草及水生维管束植物生长,适于底栖生物栖息、洄游鱼类临时避让的环境。

根据施工总结,以上对策的落实情况如下：

各河段护底铺排均采用专用铺排船进行水上铺设,其中和畅洲河段堤身排为机织土工布砂肋软体排,余排为针刺复合土工布砂肋软体排,从材料、结构和施工工艺上,均具有良好的减少对水、土之间物质、能量交换阻隔的功效；福姜沙、口岸直河段堤身排为砂肋软体排,余排为混凝土联锁块软体排,从材料、结构和施工工艺上,具有较好的减少对水、土之间物质、能量交换阻隔的作用；仪征水道世业洲河段世业洲头部潜堤堤身护底排体采用砂肋软体排,余排用混凝土联锁块软体排；头部潜堤南北侧丁坝堤身护底及余排护底均采用混凝土联锁块软体排,所有排边均采用加重压载处理；世业洲右缘丁坝堤身护底排体采用砂肋软体排,余排采用混凝土联锁块软体排,排边采用加重压载处理；护底带采用混凝土联锁块软体排护底,从材料、结构和施工工艺上具有一定的减少对水、土之间物质、能量交换阻隔的作用。

3）减缓对浮游生物影响的对策

(1) 护底施工作业安排在枯水期 11 月至次年 3 月完成,已在施工工期安排上予以落实。

(2) 将施工悬浮物扩散的影响降至最小,已通过在距离取水口较近的施工段布置防浊帘,降低抛石作业的水中悬浮物浓度,予以落实。

4）减缓对底栖生物影响的对策

(1) 福姜沙河段：保护区每年投入螺蚬等底栖动物 100t,投放三年,已制定了底栖动物投放计划并已落实。

(2) 口岸直落成洲河段（Ⅱ标段）：每年投入螺蚬蚌等底栖动物 50t,投放三年,已制定了底栖动物投放计划并已落实。

(3) 和畅洲河段：每年投入螺蚬蚌等底栖动物 45t,投放三年,已制定了底栖动物投放计划并已落实。

5）减缓对鱼类影响的对策

(1) 超音波驱鱼

对施工区及其邻近水域尤其鱼类产卵场、种质资源保护区和鱼类分布较密集的深潭、回水区进行驱鱼作业,将鱼类驱离施工区,降低对鱼类繁殖和渔业资源的影响。

以上对策的落实情况为：研究制定了江豚声学驱赶和诱导的保护技术方案,开展了相关试验。

(2) 采取人工鱼巢水生生态恢复措施

福姜沙河段：在福姜沙入口南岸、双涧沙南岸和北岸、长青沙西北角建设 50000m² 的人工鱼巢，分三年执行，第一年建设 5000m²，根据实际效果调整鱼巢位置及布设方案，第二年建设 20000m²，第三年建设 25000m²。

口岸直落成洲河段（Ⅱ标段）：在落成洲工程上游和下游补充建设 30000m² 的人工鱼巢，以弥补产黏性卵鱼类的产卵场所的损失，分三年执行，第一年建设 5000m²，根据实际效果调整鱼巢位置及布设方案，第二年建设 10000m²，第三年建设 15000m²。

和畅洲河段：在和畅洲护岸及切滩上游工程和下游补充建设 60000m² 的人工鱼巢，以弥补产黏性卵鱼类的产卵场所的损失分三年执行，第一年建设 5000m²，根据实际效果调整鱼巢位置及布设方案，第二年建设 25000m²，第三年建设 30000m²。

以上对策的落实情况为：在工程下游补充建设人工鱼巢，其建设现场状况详见相关章节。

(3) 采取增殖放流水生生态恢复措施

根据施工影响区域渔业群落组成特点及工程对保护区渔业资源的影响，开展水生生物人工增殖放流：

放流地点初步定在世业洲、和畅洲、落成洲、鳗鱼沙、福姜沙附近；

放流品种为历年长江江苏河段放流的主要经济品种，以当地常见的鱼、蟹类等主，包括暗纹东方鲀、胭脂鱼、长吻鮠、黄颡鱼、翘嘴红鲌、细鳞斜颌鲴、中华绒螯蟹和四大家鱼等；

增殖放流费用按 500 万元/年计，施工期（3 年）用于增殖放流费用为 1500 万元，渔民经济补偿费用、渔政管理费用按 500 万元计，渔业资源补偿费用总计 2000 万元。

以上对策的落实情况为：业主单位和渔业管理部门后续还将共同开展增殖放流活动。

6) 减缓对珍稀水生野生保护动物影响的对策

建议在工程开工的同时，在镇江市市区征润洲夹江的中间水域筹建镇江豚类自然保护区救护基地，作为救护的受伤搁浅动物的救护康复基地。

该对策的落实情况为：已经得到落实。

7) 减缓对湿生植物影响的对策

(1) 施工工程的近岸两侧水体流速相对缓慢，此处多为适合水生维管植物生长的栖息地，可通过人工维护或移植，将可能受整治工程影响的水生维管植物移植到此处。

(2) 福姜沙河段：在福姜沙入口北岸及双涧沙南岸和北岸建设生态浮岛 100 亩，在双涧沙南侧栽种挺水植物 500 亩。

(3) 口岸直落成洲河段（Ⅱ标段）：在落成洲三江营入口建设生态浮岛 20 亩、落成洲右缘栽种挺水植物 50 亩。

(4) 和畅洲河段：在和畅洲南岸疏浚水域下游建设生态浮岛 50 亩，在和畅洲入口右缘切滩区域上游建设生态浮岛 50 亩，和畅洲左汊第二个潜坝以东建设生态浮岛 50 亩，施工期的最后半年及运行期的第一年，在护岸区域栽种挺水植物 500 亩。

以上对策的落实情况为：已基本落实。

(四)护底工程生态保护的完善措施

护底工程材料不仅需要具有安全性、适应性、经济性,还应该重视它的生态修复特性,要适合微生物附着以及具有生物保护功能。

护底工程生态化建设不仅对工程的安全性具有较高的要求,而且对工程的生态化改造也提出了较高的要求。护底结构既要尽量减少对水流的干扰,以降低护底结构外缘的冲刷,又要确保护底结构外缘的冲刷应远离稳定区,以保证水工建筑物的安全。

目前在长江航道生态护底建设中,中下游常用的护底材料有土工织物沙枕、混凝土块软体排、抛石等,这些材料的功能性一般不存在问题,但生物性较差,土工织物破损后存留于水体中,有可能增加水中微塑料污染。为此提出如下的改进方案:

(1)开展野外监测,分析护底工程软体排构造或布局的冲淤能力、淤积泥沙中底栖生物的含量、周边生境及相关环境因子的恢复情况,得出适合微生物附着的软体排构造及布局方案。

(2)通过前述工程变化核查与分析,总结了二期工程各整治河段护底工程施工量变化情况,从中可知,除福姜沙河段外,工程实际施工方案与环评阶段相比,未发生重大变化,从工程变更角度,生态保护对策及方案不需做较大调整。而福姜沙河段由于施工内容增加,且施工区域位于生态红线区域,因此建议根据福姜沙河段工程量的增加情况,适当优化生态补偿与修复方案。

(3)采取适宜的对策措施减少土工织物的破损及使用寿命,对于破损织物应尽可能加以回收和无害化处置。

福姜沙河段双涧沙潜堤南侧增加消能坝总长度2200m,左缘丁坝长度减少675m,则福姜沙河段合计丁坝总长度增加1525m,施工区域涉及长江靖江段中华绒螯蟹鳜鱼国家级水产种质资源保护区试验区。为减轻护底工程施工对该区域的生态损失和环境影响程度,应该合理安排施工时段,10—11月为中华绒螯蟹成蟹洄游高峰期,护底工程施工应避开这段时间,尽量安排在12月至翌年1月;根据新增加的丁坝护底工程占地面积,重新核算保护区及周边鱼类生态环境的改造与修复预算,以及渔业生物增殖放流预算。

福姜沙河段增加了又来沙护岸工程1240m,施工区域涉及如皋刀鲚国家级水产种质资源保护区试验区。为减轻护底工程施工对该区域的生态损失和环境影响程度,应该合理安排施工时段,2—4月为刀鲚上溯高峰期,鉴于刀鲚的增殖放流技术尚未完全成熟,各类施工应避开刀鲚的上溯高峰期,护底工程施工尽量安排在12月至翌年1月;根据新增加的丁坝护底工程占地面积,重新核算保护区及周边鱼类生态环境的改造与修复预算,以及渔业生物增殖放流预算。

7.2.3 丁坝、潜堤工程对水生生态影响作用机制

(一)生态影响识别

(1)对底栖生物的影响

丁坝、潜堤工程水工构筑物的建设,永久占用水域,将导致水生生境发生变化或局部区域生境消失,对施工水域的底栖生物造成不可逆的影响。

(2) 对浮游生物、鱼类的影响

丁坝、潜堤工程施工期悬浮泥沙及施工废水会对附近水质造成影响,导致水体浑浊度增大,透明度降低,影响浮游植物的光合作用,同时对浮游动物的浮游动物的生产率和摄食率产生不利影响。这种影响属于短期影响,随着水上施工的结束,此类影响会逐渐减弱直至消失。

(3) 对鱼类、水生生物的影响

丁坝、潜堤施工过程中施工船进行运输、抛石等工序时,船舶发动机、螺旋桨、船体振动等噪声源均会对周边鱼类及水生生物造成一定程度的惊扰。

而施工期悬浮泥沙骤增及施工废水造成的水体浑浊度增大及水质质量下降,也会对鱼类、水生生物的觅食、繁育等活动造成不利影响。

(4) 对珍稀水生野生保护动物的影响

福姜沙河段施工区域的双涧沙头部潜堤及丁坝工程,包括双涧沙头部沙脊线附近一道潜堤、双涧沙头部潜堤北侧丁坝、双涧沙头部潜堤南侧丁坝、双涧沙南堤南侧丁坝,位于长江靖江段中华绒螯蟹鳜鱼国家级水产种质资源保护区内,福姜沙左缘丁坝工程距离保护区1.1km。中华绒螯蟹常穴居江、河、湖荡泥岸或隐藏在石砾、水草丛中,鳜鱼常栖息于静水或缓水域底层;构筑物在此区域内施工(尤其是岸滩周边)以及施工引起的工程区域周边悬浮物浓度骤增将会对中华绒螯蟹、鳜鱼的生态环境造成不利影响,随着施工期结束,周围动力泥沙条件达到新的动态平衡,其影响将逐渐减缓。

和畅洲航道整治工程中将在和畅洲左汊上段即左汊口门已建潜坝下游1300、2600m处新建两道变坡潜坝,位于长江豚类自然保护区内;构筑物在此区域内施工将会对长江江豚的生态环境造成不利影响,其中包括:①直接影响:施工期抛石筑堤可能引起的误伤误碰,施工引起的工程区域周边悬浮物浓度骤增对生存环境的影响,以及各类施工船舶的机械噪声、投抛块石产生的噪声可能对江段中生存的珍稀豚类产生一定的不利影响,妨碍其交流、觅食、导航,其中抛石过程中的噪声声源级可以达到190~200dB,在距离抛石地点200m处,其产生的各个频率噪声声压级几乎均高于这一频率下长江江豚的听力阈值,可能对其听觉系统造成不可逆的伤害,影响其辨别方位的能力;②间接影响:其他水生生物生存环境及水质的改变将会影响长江江豚的索饵场和栖息地,造成江豚种群的衰退。而运营期船舶通航数量上升、船舶油污水及生活污水等均会对长江江豚的生存环境造成威胁。

另一方面,随着整治建筑物建成后,左汊潜坝上下游河道内流速将普遍减小,增加了豚类在低缓流水域索饵的场所,河道发展达到稳态平衡后,一般淤积可到达2~3m,使边滩面积增加,扩大了豚类栖息的生境,坝前泥沙的淤积也降低了豚类与坝根擦伤的概率。

(5) 对河道水文动力泥沙条件的影响

丁坝、潜堤的布置原则是顺应河床演变规律,遵循河流动力学原则,控制中、低河势,稳定航槽的作用。构筑物的存在将会导致河道水流约束条件发生变化,影响河道形势,水流结构,包括流量、流速等水文特型以及泥沙运动规律,从而对河床产生影响,直到其形成新的水流泥沙条件,并与新的约束条件达到相互适应的动态平衡。

不同构筑物的作用机理及影响不同,主要表现为:

①潜堤,主要起护滩、挑流及调整流量分配的作用,可以改善原有洲滩的头部冲刷情况及

分叉河段的航道条件,保持或调整分叉河段的流量配比,使主航道的流量得到改善,水文动力条件增强,淤积趋势得到缓解,滩头附近的水文情势趋于缓和。

②非淹没的丁坝,主要起束窄河槽,提高流速冲刷浅滩的作用,水流流向丁坝时受丁坝壅阻,比降逐渐减小,流速降低,接近丁坝时出现反比降,迫使水流流向河心,绕过坝头下泻。当水流接近本坝断面时,流速加大,比降也加大。水流绕过丁坝后在惯性力的作用下,发生流线分离和水流进一步收缩现象。在丁坝上下游形成几个回流流区,在这些区域内流速滞缓,泥沙容易落淤。

③淹没丁坝,可造成环流,起横向导沙,调整分汊河道分流比,控制分流淤高河滩,保护河岸的作用。水位淹没丁坝后,丁坝束水作用大大降低,坝下回流区逐步消失,丁坝相当于堰流,水流漫过坝顶,形成跌水,在坝后产生横轴螺旋流。这时丁坝主要起导沙作用,而导沙的部位又与丁坝与水流的方向密切相关,上挑丁坝坝头水流较紊乱,坝头冲刷坑较大,坝田淤积效果最好;下挑丁坝坝头水流较平顺,坝头冲刷坑小而浅,坝田岸边部位淤积较慢;正挑丁坝的坝头冲刷坑和坝田淤积体介于上述两者之间,一般适用于潮汐河段或流向顺逆不定的河段上。

对于流速增大区域,可能会造成原有水域生物生存环境的改变,破坏水生生物的栖息场、洄游通道及产卵场;在缓流区泥沙落淤后将改变原有的岸滩形态,对淤积区域的水生生物,尤其是底栖生物造成破坏。

(二)生态影响后果分析

施工期噪声对鱼类、长江江豚等濒危保护动物造成一定惊扰;施工造成的悬浮泥沙骤增对浮游动物、鱼类的生产率和摄食率产生不利影响;整治构筑物占用局部水域对该区域内底栖生物生境遭到破坏,导致底栖生物消失。

构筑物形成后,其附近形成不同的流态区域,对于整治河段主流区流速显著增强,坝头处流态复杂、水流紊乱,河床处于冲刷状态,底质不稳定,影响底栖动物生存,进而影响水生动植物的生存环境。

而对于分叉河段的非通航区以及丁坝前后的回流区流速减小,趋于缓和。生境条件相对良好,流速、水深适宜,有稳定的底质供底栖动物栖息和水生植物扎根,鱼类等其他动物也会选择在此生活。另外在整治河段营造出急流、缓流相间的多样化河段形态,有利于增加生物多样性,改善河段生态。

(三)生态保护对策

施工前采用超声波驱赶等方式驱赶鱼类及江豚等保护动物,避免施工对生物造成直接伤害;施工期间尽量选用低噪声施工设备,并减少高频敲击;合理安排施工时间,尽量避开鱼类的产卵期、洄游期以及长江江豚的繁殖期和抚幼期,有可能的话尽量安排在枯水期施工。

生态保护工程应与丁坝整治主体工程同时设计、同时施工、同时投产使用。在施工前提前规划生态环境恢复及改善方案,开展生态补偿;投放底栖生物;建设人工鱼巢,开展水生生物人工增殖放流。选择合适水域设立人工产卵场、索饵场、越冬场,补偿因工程侵占而损失的鱼类"三场";当重要鱼类的洄游通道受影响时,可考虑在丁坝与航槽之间的过渡区域预留空间,供鱼类洄游通过。并定期在整治河段及附近开展水生生物及水环境因子监测,对效果进行评估。

合理选择生态保护型丁坝,根据实际情况优化设计参数,包括坝高、坝长、数量、挑角、材料种类、结构形式、坝间距等;坝体结构考虑采用近自然、透水率优的材料和结构形式。

待新的水流泥沙条件与约束条件形成动态平衡后,不利生态影响会逐步得到恢复。

(四)生态丁坝、生态空间体排工程生态保护效果观测分析

1)监测调查项目

详见第6章介绍的相关生态监测调查,其具体项目如下:

(1)生态丁坝,监测沉积物粒径、有机质含量、底栖动物群落、空间体附着生物群落、坝体鱼类活动情况。

(2)生态空间体排,监测沉积物粒径、有机质含量、底栖动物群落、坝体附着生物群落。

2)生态监测调查结果

(1)沉积物粒径分布

从三次调查的沉积物中粒径分布(图7.2-4)可以看出,生态丁坝的粒径逐步由较粗变为与其他结构类似较细,生态沉排处的沉积物粒径较细。

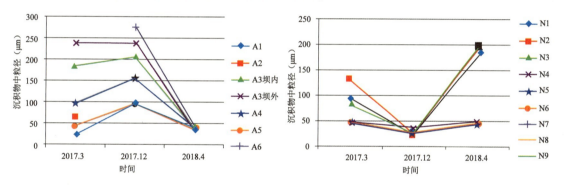

图7.2-4　各站位沉积物粒径分布调查结果时间分布图

(2)沉积物有机质含量

从三次调查的沉积物有机质含量(图7.2-5)可以看出,生态丁坝的含量逐步由较少变为与其他结构持平,生态沉排处的含量一直处于较高水平。

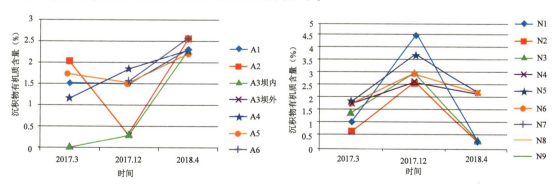

图7.2-5　各站位沉积物有机质含量调查结果时间分布图

(3) 底栖生物丰度

从三次调查的底栖生物丰度(图 7.2-6)可以看出,生态丁坝的丰度水平处于中等水平,生态沉排处的丰度水平处于中等较高水平。

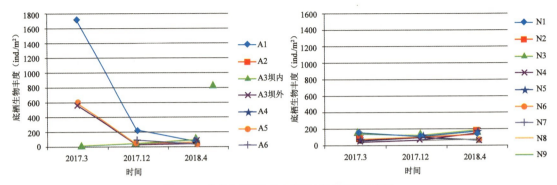

图 7.2-6 各站位底栖生物丰度调查结果时间分布图

(4) 底栖生物多样性指数

生物多样性有多种表示物种多度的方式,其中,单个群落物种丰富度和香农—威纳指数最为常用,此外,还可以采用群落间多样性的变化程度以及区域间群落的多样性来表示。从三次调查的香农—威纳指数(图 7.2-7)可以看出,相较于其他结构,生态丁坝的多样性指数处于中等较高水平,生态沉排处的多样性指数也处于中等较高水平。

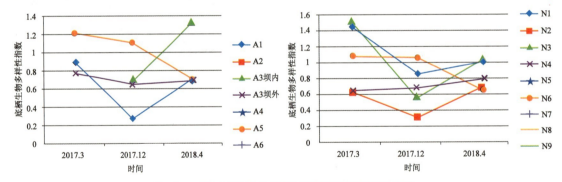

图 7.2-7 各站位底栖生物多样性指数调查结果时间分布图

(5) 生态丁坝促淤效果分析

生态丁坝的促淤效果是明显的,水声学显示的生态丁坝水底形态来看,从 2017 年 3 月到 2018 年 5 月生态丁坝从刚开始能看见丁坝整体形态到基本被泥沙淤积覆盖只用了短短近 1 年的时间。根据潜水员最后一次探摸的情况描述丁坝顶部基本已经与上游下游淤积泥沙的高程持平。

从 2017 年 3 月和 2017 年 12 月的沉积物粒径结果看,生态丁坝坝内的沉积物粒径要远高于传统丁坝,粒径均值达到 200~240μm,属于细砂级别,粒径组成也是以细砂为主,而传统丁坝粒径均值为 20~100μm,属于粗粉砂和极细砂的级别。在 2018 年 5 月监测中,传统丁坝和生态丁坝粒径均值和组成基本一致。以此结果推断沉积物淤积过程:丁坝建成初期由于生态丁坝坝体内部紊流作用,造成粒径较小的悬移质无法沉积,粒径较大的悬移质沉积下来,随着大粒径悬移质的逐步沉积,生态丁坝内部逐步淤积,丁坝间沉积物淤高,经过丁坝群的水流进一步减缓,细颗粒物逐渐沉积达到动态平衡的状态。如此便造成在监测初期生态丁坝采集的沉积物粒径偏大,后期采集的沉积物粒径变小的现象。

从沉积的有机质含量也可以看出与粒径相同的规律,2017年3月生态丁坝内未采集到沉积物,到2017年12月生态丁坝内沉积物有机物含量也较低,为0.26%,而到2018年5月坝内沉积物有机质含量达到2.28%,与传统丁坝含量相当。这也是在2018年5月底栖动物的丰度和生物量达到最高的一个原因。总体来说生态丁坝对沉积物促淤以及构建底栖动物微生境起到了很好的效果。

总体来说,丁坝建设前该区域由于水流冲刷严重难以形成底栖动物赖以生存的环境,丁坝建设后水流趋缓,在丁坝附近的河床形成了一定的沉积物淤积,构建的新生境。相比于传统丁坝,生态丁坝不仅影响了周围底质环境而且其内部又形成了另外的微生境。所以具有较好的生态效应。

(6)生态丁坝渔获物

在生态丁坝工程区使用流刺网、地笼共进行3期(每期12船次)的捕捞。其中,第1期共计捕获鱼类80尾,总重10.3kg,包含4目、5个科、9属、11种(分别是鲢、鳙、鲫、鳊、翘嘴鲌、银鮈、紫薄鳅、泥鳅、刀鲚、瓦氏黄颡鱼、鳜);第2期共计捕获鱼类122尾,总重10.5kg,包含3目、8个亚科、12种(分别是鲢、草鱼、鲫、鳊、翘嘴鲌、银鮈、鳘、鳙、赤眼鳟、泥鳅、黄颡鱼、鳜);第3期共计捕获鱼类尾,总重9.9kg,包含3目、8个亚科、14种(分别是鲢、草鱼、鲫、鳊、翘嘴鲌、银鮈、鳙、黄颡鱼、鳜、紫薄鳅、麦穗鱼、兴凯鱊、鲤、瓦氏黄颡鱼)。

根据渔获物的3期监测结果,渔获物的种类数量虽有缓慢增加的趋势,但是保护鱼种刀鲚却仅在第1期监测中出现,3期均出现的鱼种为鲢、鳙、鲫、鳊、翘嘴鲌、银鮈、鳜,2期出现的鱼种有紫薄鳅、泥鳅、黄颡鱼、瓦氏黄颡鱼、紫薄鳅、草鱼,1期出现的鱼种有刀鲚、鳘、赤眼鳟、麦穗鱼、兴凯鱊。

(7)生态丁坝集鱼效果

采用水生学仪器监测丁坝的集鱼数量,将监测区分为4组,生态丁坝Y2#,传统丁坝Y1;传统丁坝Y3,空白非工程江段D4,分3期监测,每组监测6天,每次每点监测时长1h。从三次调查的集鱼数量监测结果(图7.2-8)可以看出,相较于其他结构,生态丁坝的集鱼效果非常显著。

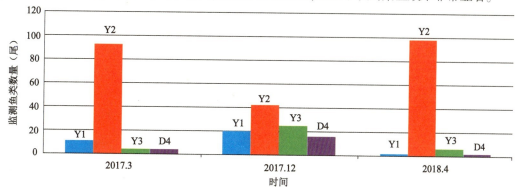

图7.2-8 不同类型丁坝及非工程段鱼类监测尾数时间分布图

根据实际实施的施工方案:仅征水道右汊三个丁坝中只有 Y2#丁坝布设了半段梯形生态丁坝(约 200m),剩下半段为传统抛石坝,Y#1 和 Y3#丁坝也均为传统抛石丁坝;福姜沙左缘的生态空间体排取消布设,只剩双涧沙北侧生态空间体排布设。假设生态空间体排的长度为 500m,则合计生态试验段长度为 700m,仅占工程全部丁坝及护底工程长度 46622m 的 1.07%,生态保护提升效果相当有限。

若丁坝及护底铺排的平均宽度按 2.5m 计,则二期工程永久占用的底栖生物生境面积约为 11.7 万 m^2,随着施工期的结束,如果均采用生态软体排,则对物质和能量的阻隔作用将明显降低,底栖生物的种类数量、栖息密度和生物量将能够逐步恢复,聚鱼效果相当显著。然而二期工程多采用传统的丁坝和护底结构,其对阻隔作用的降低效果不甚明显,底栖生物栖息的恢复需要更加漫长的时间,聚鱼效果也不太明显。

综上所述,后续航道工程应加大对相关研发试验经验的总结、生态设计的改进与完善和工程造价核算的配套支持,提升生态丁坝在航道建设中的实施比例。

7.2.4 疏浚、切滩工程生态影响机理剖析

(一)作用机制及干扰途径分析

1)对水草及水生维管束植物的影响

水生维管束植物是水生生态系统的重要组成部分,它在水体生物生产力中占据极其重要的地位,其种群数量的变动会对水体生态及水域环境产生重大影响。影响水生维管束植物生长与分布的主要限制因素是水深、透明度和沉积物。护岸、筑坝、疏浚等施工活动将改变施工区域的水体和沉积物的空间异质性,进而影响水生维管束植物的空间分布特征和群落结构特征,从而干扰水生植被的自然演替进程和天然更新过程,使水体中水生维管束植物呈逐渐衰退趋势,导致相关区域内水生植物生物量下降。

本工程疏浚工程针对航道进行,航道所在水域位于深水区域,因此,航道疏浚工程不会影响水草及水生维管束植物。但是,和畅洲河段的切滩工程位于征润洲尾部,岸边浅滩区域施工会造成少量水草及水生维管束植物损失,切滩工程损失的水草及水生维管束植物在施工后一段时间内会得到恢复。

2)对浮游生物的影响

疏浚、切滩施工扰动局部水体,使水体中悬浮物浓度升高,悬浮颗粒会黏附在浮游动物体表,干扰其正常的生理功能,尤其是滤食性浮游动物会吞食适当粒径的悬浮颗粒,造成内部消化系统紊乱;水体透明度下降,溶解氧降低,不利于浮游植物的光合作用,进而影响浮游植物的细胞分裂和生长,使单位水体内浮游植物的数量降低,导致该水域内初级生产力水平下降。

3)对底栖生物的影响

疏浚、切滩施工会破坏底栖动物的主要生存场,导致底栖动物种类、数量下降,改变其产卵基质等栖息繁殖生境。

4)对鱼类的影响

(1)对鱼类的直接影响

在繁殖季节,各种类型的污染物排放以及施工机械和船舶噪声惊扰均可能对处于繁殖期

的种类形成干扰,严重的会产生应激反应,对性腺发育、胚胎发育以及苗种发育等正常的繁育环节造成胁迫,从而影响鳜及其他鱼类的卵苗发生量及苗种成活率,另外水中悬浮物增加会黏附在鱼卵的表面,妨碍鱼卵的呼吸,从而影响鱼类的胚胎发育。

(2)对鱼类生境的影响

本工程福北水道疏浚区域位于长江靖江段中华绒螯蟹鳜鱼国家级水产种质资源保护区内,施工期间会对保护目标造成一定程度的影响。疏浚作业在对保护区内保护对象及其他渔业生物造成直接伤害的同时,将导致施工点及附近水体SS浓度升高,重金属元素浓度及氨氮等其他污染物浓度也有局部升高的可能性,这些影响的扩散范围为下游2000m以内,其中的有害物质可能对该水域内的保护对象及其他水生动物造成毒性胁迫。

(3)对鱼类三场的影响

施工期间,保护区内中华绒螯蟹洄游通道、索饵场及鳜鱼索饵场均会受到不同程度的破坏。

施工期浮游植物、浮游动物及底栖生物的损失会导致长江靖江段中华绒螯蟹鳜鱼国家级水产种质资源保护区试验区内渔产潜力损失,破坏鱼类的索饵场。

和畅洲切滩工程位于征润洲尾部,是鲤鱼、鲫鱼等在水草上产黏性卵的产卵场,如在产卵期施工,则会对施区及周边一定范围的鱼卵造成损害。

为消除深水航道的碍航区或不达标区,疏浚区域一般较深,而鱼类的越冬场主要集中在干流的河床深处或坑穴中,因此疏浚还会对鱼类越冬场所的生境产生影响。当然,施工噪声会对施工区鱼类产生惊吓效果,鱼类会产生本能的回避反应,逃避到距离施工区域较远的深水水域越冬。

和畅洲河段有少量零散的产沉性卵鱼类产卵场,如焦北滩尾、左汊左岸新民洲和畅洲右缘等处。和畅洲水道整治工程与产卵场区域有部分重叠,切滩工程方案可能对黏沉性卵鱼类产卵场产生影响。

整个工程河段是很多重要经济鱼类的生存场所,也是洄游鱼类的必经通道。根据水生生物习性分析,如中华绒螯蟹、中华鲟等亲本洄游时主要行走深槽沙坝,在底层深水区活动,且其趋避活动能力较强,受惊扰后会主动逃离施工区域,因此能消除护岸、丁坝等施工活动对其洄游的不利影响。但是双涧沙北侧的疏浚工程将直接侵占保护对象中华绒螯蟹及其他渔业生物的部分洄游通道。

5)对珍稀水生野生保护动物的影响

长江江豚在长江上的生境呈现分布相对集中、日益斑块化的趋势。据工程前开展的江豚数量调查,在江苏镇江长江豚类省级自然保护区内常年生活着约20头左右的江豚,占长江干流江豚(种群数量约为505头)的比例较小。本工程的实施会在施工期间及船舶通航区域造成江豚局部生境破坏,但不会造成整个长江豚类生境的整体破坏。影响方式包括施工及通航期间船舶噪声对江豚声呐系统的影响,船舶通航中螺旋桨对江豚的伤害风险、大型船舶尾流对江豚可能的伤害以及施工期间切滩区域悬浮物浓度增大对保护区水质的影响,切滩施工减少江豚索饵区域等。

江苏镇江长江豚类省级自然保护区位于和畅洲左汊,是干流下游江豚分布密度最大的区域。保护区处于不通航的状态,保护区内人类活动较少,水下噪声也较小。施工期将对保护区内的江豚的生境造成直接破坏,施工中疏浚、切滩工程施工各类船舶产生的噪声可能对保护区内江段中生存的珍稀豚类的声呐系统造成干扰,影响其辨别方位的能力,容易撞上螺旋桨受到伤害。疏浚切滩施工的悬浮物增量影响范围在施工点上下游2km以内,将对保护区内水质造成一定影响。长江江豚觅食地点主要分布于近岸200m内缓水滩地,水草茂盛,长江江豚吃的中上层鱼居多。切滩工程属于江豚的索饵场所,施工期间造成江豚索饵区域的减少,但由于所占比例小,因此本工程对豚类的索饵造成的影响较小。

和畅洲左汊通航对自然保护区功能和结构的产生永久的影响,包括通航对保护区江豚活动空间的挤占、通航引起保护区水下噪声的增加、大型船舶尾流对江豚可能的伤害、保护区周边人类生活与经济活动增加对保护区的干扰等。

(二) 环评阶段对疏浚、切滩工程施工所提生态保护措施及实施要求

(1) 抑制疏浚悬浮物产生对河道生境影响

疏浚泥沙应严格按照施工方案确定的地点抛弃,禁止乱抛乱弃。工程疏浚泥沙分别用于南通市通州区泓北沙、泰兴港天星洲综合整治工程、镇江市高桥镇规划港区的陆域形成。陆域形成范围内的疏浚尾水必须经收集、沉淀处理后排放,且排放口应设在附近沟渠,不得直接排入长江。

疏浚泥及运输环节加强保护措施:泥驳必须在疏浚施工水域溢流完成后才能启航运输,防止运输环节发生溢流污染;在泥驳从挖泥点到指定的抛泥区运输过程中,泥舱不能过于装满,避免溢舱泥浆对航行过程中的水污染,避免大风期的作业,保障船只安全和减少泥浆洒落对水环境的影响,泥驳需安装GPS系统,确保运泥路线正确以及便于对运泥船进行监督。

疏浚泥过程中,应保证泥舱处于密封状态。施工单位应加强泥驳日常维护与保养,确保其良好性能,尤其是泥舱密封条的严密性能和控制泥门开启与关闭的传动部分,及时更换泥门封条和液压杆上的密封圈,以免液压系统失控或密封条失灵而导致泥门关闭不严的现象发生。

疏浚泥沙应严格按照依托工程指定的区域,按要求将疏浚弃土进行吹填。同时有筑坝和疏浚两种整治措施时,应先筑坝再疏浚,减少疏浚悬浮物影响范围。

上述生态保护措施的实施要求是:在施工合同签订、施工监理和环保验收中提出相关要求,予以落实。

(2) 减缓对底栖生物的影响

福姜沙河段保护区每年投入螺蚬等底栖动物100t,投放三年;口岸直落成洲河段(Ⅱ标段)每年投入螺蚬蚌等底栖动物50t,投放三年;和畅洲河段每年投入螺蚬蚌等底栖动物45t,投放三年。

上述生态保护措施的实施状况是:已制订了底栖动物投放计划,有待后续落实。

(3) 减缓对鱼类的影响

采用超音波驱鱼、对施工区及其邻近水域尤其鱼类产卵场、种质资源保护区和鱼类分布较密集的深潭、回水区进行驱鱼作业,将鱼类驱离施工区,降低对鱼类繁殖和渔业资源的影响。

该对策的落实情况为:研究制定了江豚声学驱赶和诱导的保护技术方案,开展了相关试验。

采取水生生态恢复措施:①福姜沙河段:在福姜沙入口南岸、双涧沙南岸和北岸、长青沙西

北角建设50000m²的人工鱼巢,分三年执行,第一年建设5000m²,根据实际效果调整鱼巢位置及布设方案,第二年建设20000m²,第三年建设25000m²;②口岸直落成洲河段(Ⅱ标段):在落成洲工程上游和下游补充建设30000m²的人工鱼巢,以弥补产黏性卵鱼类的产卵场所的损失,分三年执行,第一年建设5000m²,根据实际效果调整鱼巢位置及布设方案,第二年建设10000m²,第三年建设15000m²;③和畅洲河段:在和畅洲护岸及切滩上游工程和下游补充建设60000m²的人工鱼巢,以弥补产黏性卵鱼类的产卵场所的损失,分三年执行,第一年建设5000m²,根据实际效果调整鱼巢位置及布设方案,第二年建设25000m²,第三年建设30000m²。

以上对策的落实情况为:在工程下游补充建设人工鱼巢。

根据施工影响区域渔业群落组成特点及工程对保护区渔业资源的影响,开展水生生物人工增殖放流。放流地点初步定在世业洲、和畅洲、落成洲、鳗鱼沙、福姜沙附近;放流品种为历年长江江苏河段放流的主要经济品种,以当地常见的鱼、蟹类等主,包括暗纹东方鲀、胭脂鱼、长吻鮠、黄颡鱼、翘嘴红鲌、细鳞斜颌鲴、中华绒螯蟹和四大家鱼等;增殖放流费用按500万元/年计,施工期(3年)用于增殖放流费用为1500万元,渔民经济补偿费用、渔政管理费用按500万元计,渔业资源补偿费用总计2000万元。

以上对策的落实情况为:业主单位和渔业管理部门已经及后续还将共同开展增殖放流活动。

(4)对珍稀水生野生保护动物的影响

施工时间调整:和畅洲洲头(豚类抚育点)护岸工程需要避开4—9月,2道潜坝尽量避开4—9月,在4—9月施工时,施工船舶尽量避开和畅洲洲尾,两施工船舶之间距离不小于200m。

开展施工活动前,应采取声波驱赶活动在该水域的江豚及其他大型水生动物,尽可能避免施工对该水域江豚及其他大型水生动物的直接致伤致死。采用超声波驱鱼后,在施工影响的范围边界采用电赶鱼,阻止鱼类或其他保护动物进入施工区。

建议在工程开工的同时,在镇江市市区征润洲夹江的中间水域筹建镇江豚类自然保护区救护基地,作为救护的受伤搁浅动物的救护康复基地。

建议由省政府协调,建立保护区与有关部门如航道、交通、海事等之间的协调沟通机制,例如建立联络员制度,制定保护区通航管理规范,设计设立保护区禁、限航规则(吨位、航速、航线等)。实现对穿越保护区航行船只的有效、规范、科学管理,尽可能降低保护区通航带来的负面影响,协调保护和航运发展的矛盾。

以上对策的落实情况为:已经得到落实。

根据工程变更提出的补充措施

通过工程变化核查与分析,除福姜沙河段外,工程实际施工方案与环评阶段相比,未发生重大变化。而福姜沙河段疏浚区域中增加南通水道,疏浚总量增加135.7万m³,因此建议根据福姜沙河段疏浚工程量的增加情况,重新核算保护区及周边鱼类生态环境的改造与修复预算,以及渔业生物增殖放流预算。

(三)疏浚、切滩生态保护对策措施的国内外概况

1)提高施工效率,缩短施工期限

施工期限越长,产生悬浮泥沙对生态环境的影响期限越长,生物越难于自然恢复。因此,应提高施工效率,缩短施工期限。

2) 合理安排施工时间

合理安排施工时间,使施工期尽量避开水生生物的产卵、繁育盛期,可有效降低施工悬沙扩散对水生生物的影响。

3) 实现疏浚土的综合利用

疏浚土作为一种可利用的资源可广泛用于吹填造陆、筑堤护岸、路基工程、烧制陶粒和保温隔热的新型轻质墙砖、滨海湿地的修复和重建等。在国内,利用疏浚土进行吹填造地已有实践经验和成功案例,例如,长江口深水航道治理二期工程疏浚土吹填横沙东滩、黄浦江航道整治工程疏浚土吹填造就复兴岛以及天津港东疆港区疏浚土吹填造陆等。

4) 合理选用施工设备

(1) 疏浚设备

疏浚设备的选择直接决定了疏挖的形式:不同的疏浚设备对底泥的扰动程度不同,防扩散和泄漏性能不同,吸入浓度不同,因此,施工中造成的污染物对周围水体的污染也不同。目前国际环保疏浚设备的研发归纳为两大类:第一类利用原有的挖泥船进行改造,以满足环保施工的要求;第二类专用的环保型疏浚设备。

利用原有挖泥船进行改造是目前普遍采用的方法,其经济性、实用性高。对挖泥船的改造侧重在疏挖机具和定位控制方面,即以环保型绞刀替换原有的挖泥机,并配备先进的高精度定位和监控系统,减少疏浚过程中的二次污染,满足环保疏浚要求。从技术角度讲,专用环保设备的设计和建造并非难事,但从经济上考虑,专用设备的设计和建造比对传统的挖泥设备进行改造造价要高得多,而且不同的工程需要建造不同的设备,对于规模较小的项目,经济性更差。

环保疏浚设备方面,目前较为先进的是采用绞吸式挖泥船配合环保绞刀使用。这种方式是直接由管道在泥泵的作用下吸起表层沉积物并远距离输送到陆地上,这类疏浚船均安装自动控制系统和监视系统,采用DGPS精确三维定位,大大提高了疏浚精度。这种方法可以减少沉积物的再悬浮,以及污染物的释放。

(2) 切滩施工设备

挖掘机:挖掘机切滩导流对短期内迅速调整河道的主溜流势、改变畸形河势、遏制工程险情、确保引河发展起到了重要作用,为今后类似情况下引导主溜、快速调整河势积累了成功经验,是在目前中水河槽整治条件下有效调整主溜流向、控制小水河势、解决大洪水顺畅排洪问题的有效方法与手段,开创了挖掘机应用于治黄的新局面。

吸砂船:吸砂船取砂切滩具体施工工艺为:吸砂管伸入水下,顶端高压喷嘴产生高速水流冲刷河床,形成的泥沙水混合物通过吸管吸至沉淀池,其中的黄砂经沉淀后,通过链斗及船两侧输送带输送至运输船,外运至沿江各砂场出售;作业时吸管一般与河床成60°夹角,可伸入水面以下10~12m,将河床中下层可用中砂吸出,上层土体在自重作用下自然塌陷,形成所需切滩断面。吸砂船取砂切滩施工工艺简便高效,节省投资,但存在一定的局限性,对地质条件有特殊要求,河床必须有黄砂层。吸砂船取砂切滩施工时,关键是要通过控制吸砂设备参数及吸砂船密度、设置安全距离、加强监管与测量等措施严格控制采挖深度与范围。采用吸砂船吸砂切滩存在一定的局限性:块石较多的地段作业困难,实际施工中需采取其他措施

5) 对受损的水生生物进行增殖放流

在采取各种工程措施仍无法避免对水生生物资源造成损失时,可考虑将受损生物幼苗增殖放流来进行补偿,以减缓工程施工对水生生态环境的影响。

二期工程疏浚、切滩工程实际生态环境影响分析:

二期工程初通期初步设计疏浚量为611.7万 m^3,后续基建初步设计疏浚量为745.6万 m^3,假设平均疏浚深度2.17m,初通期和后续基建期疏浚面积分别为281.9万 m^2 和343.6万 m^2,合计疏浚面积约626万 m^2,后续疏浚维护期初步设计疏浚量为626.1 m^3,假设平均疏浚深度1.0m,疏浚面积约626万 m^2。由于施工期和运行期的持续性疏浚,该626万 m^2 的底栖生物栖息功能基本丧失,栖息生物种类、密度和生物量均将低于非疏浚区域。此外,在疏浚施工过程中,局部区域的水中悬浮物浓度也会升高,导致对浮游动植物和鱼类生长产生不利影响,随着施工的结束,该不利影响随之消失。

7.2.5 航道运营影响机理与对策的关键作用

二期工程运营期航运作业,有可能对局地水文、水质等生境关键要素,以及水生生物的栖息、繁殖、产卵、觅食、索饵、越冬、育幼、洄游等关键活动,乃至生态系统结构和功能的完整性造成一定的影响,相应的影响机理和干扰途径的分析基于水生生物生态习性和生态系统能量、物质、信息流动等原理,具体分析如下所述。

(一)河道生境(水文、水质)变化的作用机制及干扰途径

工程实施后,河道生境发生变化。沉排工程将使所局部河床地形和底质发生变化,造成底泥流失,局部河段的流场、水质状况和饵料基础也将发生不同程度的变化;工程部分改变了岸边江水流态和近岸带生态环境,将影响部分鱼卵的漂流路线,同时航运量的增加,会干扰鱼类的产卵活动也会导致卵苗死亡率升高,影响该流域的早期资源状况。在工程运行期,由于水文情势变化不大,鱼类的产卵及早期资源将逐渐恢复;护滩(底)带将减少河流过渡段浅水区的面积,喜爱流水和卵石、沙砾底质的小型底栖生物将丧失部分适宜的栖息地和产卵场,使局部河段生物组成甚至区域生态系统结构发生变化。

(二)航运作业对重要保护生物关键活动的干扰途径及作用机制

1)江豚

航道工程运行后对江豚的影响包括船舶运行时螺旋桨的误伤、引擎的噪声等持续影响,以及可能发生的紧急情况导致的水域污染等带来的急性影响。

(1)船舶运行对江豚的干扰途径

长江作为交通运输的黄金水道,船舶噪声和振动干扰江豚的声呐系统,大量的船舶运行挤占了江豚的生存空间,螺旋桨会对江豚造成直接伤害。据统计,被螺旋桨误伤或击毙乃是其主要死亡原因之一。螺旋桨对江豚存在威胁,需要采取声学驱赶等预防措施使其远离主航道,尽可能地降低和避免误伤。据此推断,本工程建成运行后,江豚误伤的概率会增加。

从声学理论来看,由于江豚吞食较小的鱼,它的声频很高,衰减快且探测范围较窄,容易忽略探测范围外的目标;江豚发出一串脉冲后,往往要保持 5s 的静默期(即声呐关闭状态),向前游动约 20m,船舶数量多,密度过大,容易在静默期撞伤;从生态学角度来看:枯水期鱼类很少在浅滩活动,趋于集中在洲尾汇流区与干支流分离区,其河床地貌具沟槽与沙坎,是鱼类越冬场所;枯水期浅滩裸露,分离区具有 3~6m 水深,而且流速较缓,是江豚抚幼的水域;洲尾停滞区的水较深,而流速相对滞缓,江豚往往选择这些水域作为嬉耍与休息地方。

(2)噪声对江豚的干扰途径

江豚寻找食物、巡游或者与同伴交流,更多地是依靠发声系统和听觉功能,而视力所起到的作用很小。江豚的发声和听觉系统相当于一个雷达或声呐系统,江豚平均每 5s 就会发出一个脉冲串,这是江豚探测周围环境的主要工具,而环境噪声的增加会对江豚的探测能力产生严重影响,从而降低其生活能力。长江江豚对 45~139kHz 的声音极其敏感。

载重大型货船航行时,即使相距 200m,其对江豚的影响亦明显;快艇在 200m 处,或空载大型货船在 40m 处航行时,对江豚有影响。如果航行船舶与江豚之间的距离再近一些,船舶噪声对江豚的影响会更明显。

二期工程建成之后,通航海轮从 3 万吨级提高到 5 万吨级,随着发动机噪声源项比工程前增加,航运噪声对江豚的不利影响会明显增加,加强沿江航道的江豚保护势在必行。

(3)对鱼类和江豚觅食的干扰途径

潜坝水下建筑物给迁徙的鱼苗设置障碍,鱼的集群与迁徙活动减少,江豚觅食活动自然消失。护滩带和护岸改变了河势地质环境,给江豚回声定位带来难度,觅食风险与困难增大。将可能影响其正常生长和繁衍。

(4)对江豚繁殖的干扰途径

江豚交配水生态环境要求安静,水速相对静止或缓慢,因此江豚夏季早晚,通常在洲尾的滞留区、分离区交配。由于刚出生的幼豚运动能力与声呐系统发育不完善,因此江豚通常选择洲头的分流区或边滩分离区(上行船有干扰)进行抚幼活动。枯水期正是新生江豚发育关键时期,河道施工完成后工程河段的浅水沙洲相对减小,活动空间受限制,导致母子豚抚幼行为(江豚断奶行为没有停止)将维持更长时间,因此母豚进入妊娠状态机将会降低。同时,螺旋桨击毙和深水噪声也干扰了江豚的繁殖行为,这样会加快整治江段中江豚种群数量下降的速度。

(5)对江豚迁移的干扰途径

水下障碍物产生的气泡和护滩带聚丙烯材料都能吸收江豚发出的超声,因此豚类会主动回避。

(6)突发污染事故产生的影响

突发污染事故主要包括船舶事故导致燃油、原材料泄漏等情况。其中,燃油泄漏会导致事故发生江段以下区段内分布的江豚出水呼吸时,油污黏附在皮肤上,导致其呼吸产生困难。原材料泄漏导致下游江段水质变化,可能引起江豚急性中毒等危及生命的情况发生。

2)中华鲟、胭脂鱼

航道整治工程建成后,航道条件改善,航行船只明显增加。船只噪声源强的增加有可能会影响中华鲟、胭脂鱼的洄游,因此,在洄游季节,应该适度控制大型船舶通过的频次,以保证不会因工程建设而阻断其洄游通道,以及影响其洄游个体的数量;船只螺旋桨可能造成躲避不及的中华鲟、胭脂鱼的死亡和伤害,误伤一定数量的鱼类。

此外,根据环评报告,工程建成后,工程导致的流速的变化主要位于拟建工程附近局部区域内,主要表现一是由于坝体阻水绕流,水流扩散,坝体周边流速减小,特别是坝体上下游和各坝体之间往往成为流速减小区,但坝头和坝体附近由于受水流顶冲流速增加;二是由于整治工程缩窄河道过流面积,挤压水流,使主河道成为流速增大区。总体上看,河道的流速变化小。洄游至此的中华鲟幼鱼已经具备一定的适应环境变化的能力,如感觉系统已经基本形成,主动游泳能力提高等,能够对外界环境变化作出一定的回避反应,幼鱼即使遇到护滩(底)带,也可绕行或直接翻过护滩(底)带而通过。其他工程均不在幼鱼的洄游通道范围内。因此工程运行期不会对中国鲟幼鱼降海洄游造成较大的阻碍。水位及流速的改变可能会减少影响胭脂鱼幼鱼的觅食场所,但改变区域较小,工程河段洲滩水域面积较大,可为鱼类提供栖息、摄食的场所较多,故工程营运期也不会对胭脂鱼幼鱼栖息和摄食产生较大的影响。

(三)生态系统结构和功能完整性

工程实施后,河道生境发生变化,局部河段生态系统组成甚至区域生态系统结构发生变化。工程竣工后,将使不同河段河道地形以及水文状况趋于同化,其必然使一些富有特点的小生境类型趋于消失。而丰富多样的小生境类型是孕育保护区水生生物多样性的重要条件。与此同时,新构建的水工构筑物,特别是采用生态型结构、材料、工艺构建的生态护坡、护岸、护底、丁坝、潜坝、护滩等,也可能会形成一些新的适宜多种水生生物繁殖、觅食、活动的栖息地,如扩大了一些急流区域,为部分喜急流生境的鱼类营造一些新的栖息或繁殖环境。

航运发展污染及溢油及原材料泄漏事故风险:

本工程实施后,通航条件改善,船舶流量增大,船舶通航密度随之增大,船舶运行时的各类污染排放量以及出现碰撞事故的概率提高,如果防范缺失或不当,会造成船舶水气声固体废物污染,以及船舶溢油、原材料泄漏,导致水质变化,引起水生生物中毒,甚至危及生命,从而对人群健康和水生生物造成不利影响,进而影响水生食物链。此外,维护性疏浚的生态环境影响亦不容忽视。

7.2.6 叠加累积影响机理与对策的关键作用

叠加、累积影响分析主要是以受项目影响比较集中的区域,以及涉及自然保护区的区域为空间对象,对连续时间段内多重影响源对生态系统因子和保护目标的影响加以系统的辨识和梳理,并将相同时间和空间的同类影响加以叠加,以及将环境受体在一定时间和空间内受到的同类影响加以累积,这样一类分析方法和分析技术的总称。

因此,二期工程对生态环境的叠加、累积作用机制及干扰途径可表征为:相同或不同类型的施工活动和运营作业,在一定的时间和空间范围内对主要保护对象、功能区划、生态系统结构与服务功能、自然景观、珍稀濒危物种等生态因子造成影响的相互叠加。

根据前述对施工期护岸、护底、丁坝、浅滩、疏浚、切滩作业以及运营期航运作业对水生生态影响干扰途径和作用机制的分析,二期航道全河段在栖息地占用及生境破碎化、悬浮颗粒和噪声污染物排放、施工及运营作业对保护物种干扰等方面可能存在叠加、累积影响,影响源项和受损因子关联示意图见图 7.2-9,进一步的详细分析见后续章节。

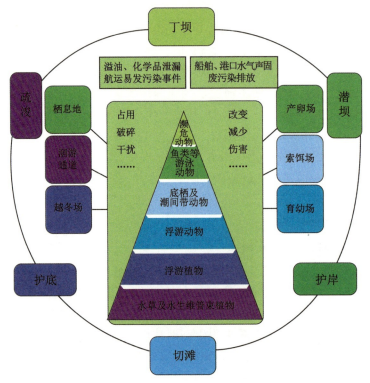

图 7.2-9　二期航道全河段叠加、累积影响源项与受损因子关联示意图

7.3　航道整治对鱼类生存环境影响分析

7.3.1　丁坝群对鱼类生存环境的影响

航道整治丁坝广泛应用于国内外各种河流的航道工程当中,其束水冲沙功能在增加航道水深和稳定航槽方面具有十分显著的效果。整治丁坝附近水流环境相比整治前明显改变,存在多种三维水流结构,如翻坝流、泡漩流和尾涡流等。河道水流环境是整个水生态系统中最为基础的物质条件,水流环境的改变不可避免地将对各种水生生物造成有利或不利的影响。其中鱼类作为整个水生态系统中和渔业生产中最主要的水生物之一,种群组成、早期及成鱼资源量与人类生活密切相关,并对维持整个水生态系统的健康可持续发展具有重要作用。本章节依托长江南京以下深水航道二期工程中福姜沙航道整治丁坝群工程,结合二维水流数学模型计算成果和鱼类生态学相关理论,较为全面和系统地分析了航道整治丁坝群对鱼类生存环境的影响。

（一）对产卵场的影响

（1）产沉黏性卵鱼类产卵场

产沉黏性鱼卵的鱼类多生活在中下层水域,喜在岸滩静水区或水流较弱的环境下生活(流速小于 0.3~0.5m/s),繁殖季节鱼卵吸附在水草的茎干、枝叶上,或砂质河床或洲滩上产卵吸附。

图 7.3-1 给出了福姜沙水道工程前、后洪季(流量 57500m³/s)落急流条件下工程河段中下层水域 0.3m/s 和 0.5m/s 的流速等值线。现有的沉黏性鱼类产卵场基本处在洲滩 0.5m/s 流速等值线以内,双涧沙滩面产卵场流速在 0.3m/s 以下。工程前 0.3m/s 和 0.5m/s 等值线在福姜沙左汊岸滩附近基本为顺岸,而在左侧丁坝群工程实施后 FL3#和 FL4#丁坝后 0.3m/s 和 0.5m/s 等值线向离岸方向偏移明显,尤其是 FL4#丁坝后流速基本在 0.3m/s 以下,福左丁坝群工程后增大了岸滩缓流区的范围,为 FL3#和 FL4#坝后的岸滩和 FL4#坝头附近浅滩营造出了适合沉黏性鱼类产卵的水流环境。

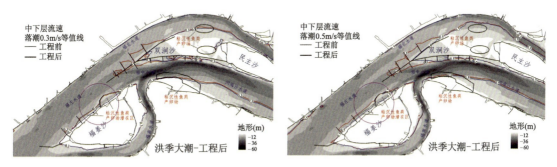

图 7.3-1 整治丁坝群工程前、后中下层水体 0.3m/s 和 0.5m/s 流速等值线

而双涧沙滩头丁坝群后方缓流区虽然流速值在 0.3m/s 以下,但由于距岸较远,水深较大,缺乏水生植物,且底质多为易变的流沙,不利于黏性卵的黏附,或易被泥沙覆盖导致失活,因此较难成为沉黏性鱼类的产卵场。

(2)产漂流性卵鱼类产卵场

产漂流性卵鱼类多生活在河道表层水体内,喜流水环境,在产卵季节寻找合适的水流环境进行产卵,如河床急剧变化区段(如矶头附近),特定的水动力条件(如泡漩水)可刺激卵巢排卵。

工程前福姜沙水道未发现大规模的漂流性鱼类产卵场,一方面由于河道内产漂流性卵鱼群种类和数量较少,另一方面也在于工程前福姜沙水道水流结构较为平顺,并未出现适合漂流性鱼类产卵的突变性河势和复杂的水流结构。

丁坝在水中的结构形式与矶头相似,在整治丁坝群工程实施后,河道的流场结构由工程前单一的平顺型转变为复杂的急缓交错型。在双涧沙左汊丁坝群区,水流结构变得较为复杂,同时洪季(流量 57500m³/s)落急流条件下丁坝仍淹没,坝区附近出现翻坝流、泡漩流和尾涡流等复杂的水流结构,水体垂向交换强烈。此外,工程前双涧沙左汊流速在 1~1.5m/s,双涧沙头部原有守护工程附近紊动能小于 0.006m²/s²,而在工程后坝头和坝后急缓流差异明显,坝头在 1.5m/s 以上,坝后则基本在 0.5~1m/s,并且坝体附近及坝头区域紊动能急剧增大,在 0.01~0.02m²/s²,相比工程前高出一个数量级(图 7.3-2~图 7.3-4)。

对于多数漂流性鱼类,如鳡鱼、贝氏䱗及长江四大家鱼,一般在丰水期河水流速达 1~1.5m/s 以上,便会形成鱼类产卵高峰,因此整治丁坝群工程实施后在双涧沙头部潜堤及左汊丁坝区会形成适合漂流性鱼类产卵的水流环境。

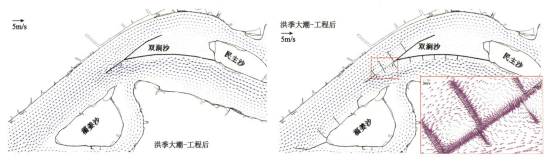

图 7.3-2 整治丁坝群工程前、后表层流场对比

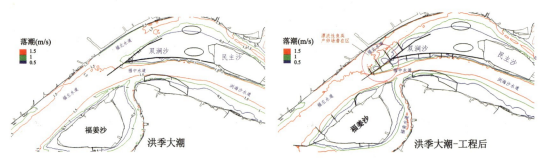

图 7.3-3 整治丁坝群工程前、后表层流速等值线对比

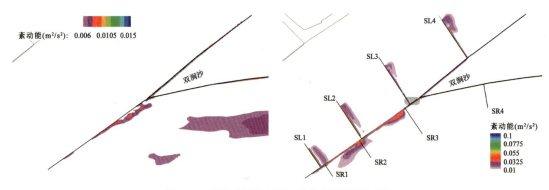

图 7.3-4 整治丁坝群工程前、后紊动能等值线对比

（二）对索饵场的影响

鱼类的食性随着生长期的改变而发生变化，多数鱼类在早期发育阶段（仔鱼和稚鱼）由于消化系统尚未发育完善，多以浮游生物为食，随着进入幼鱼和成鱼阶段食性开始出现差异，如杂食性、肉食性和草食性等。虽然不同鱼类在不同生命阶段饵料来源多种多样，但作为水生态系统中初级生产力的浮游生物在整个食物链中占据重要作用，既是鱼类早期发育阶段的直接饵料来源，又间接影响着成鱼的生长和发育，而浮游生物的浓度及分布又与河道的水流环境密切相关。

（1）落急流

落急流条件下航道整治丁坝对河道水流结构的影响最为明显，图 7.3-5 和图 7.3-6 给出了整治丁坝群工程实施后多年平均流量（流量 28700m³/s）落急流条件下对鱼类索饵场影响的示意图。根据工程前水生态现状调查结果,图中测点 1#、3#、17#和 18#浮游植物浓度在工程河段内相对较高,在 $3.5\times10^5 \sim 4.5\times10^5$ ind./L,而 16#、19#和 20#相对较低,小于 2.5×10^5 ind./L。从图 7.3-5 中可以看出整治丁坝群工程实施后,坝后横向水流可将来流中所携带浓度较高的浮游植物带入坝后的缓流区进行富集,如丁坝 SL1#和 SL2#。

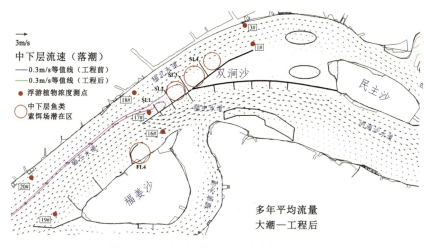

图 7.3-5　整治丁坝群工程对鱼类索饵场的影响

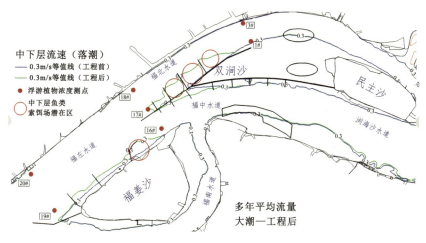

图 7.3-6　整治丁坝群工程前、后中下层水体 0.3m/s 流速等值线对比

与浮游植物同时带入坝后的还有悬沙,其可通过与河道内有机质的结合,向水体中释放无机氮和无机磷,同时丁坝附近复杂的水流结构也会将河床的营养物质带入水体中,进一步增加河道内营养盐浓度。此外,丁坝群坝后较弱的水流环境可以为浮游植物的富集和繁殖提供良好的水流环境,如图 7.3-6 所示坝后水流流速基本在 0.3m/s 以下。因此,在整治丁坝工程实施后双涧沙北侧丁坝坝后和福姜沙左缘 FL4 坝后可以为鱼类索饵场营造适合的水流环境。

（2）潮汐过程

福姜沙水道为潮汐河段,是长江口潮流界的变动区,洪季大流量(大于 $40000\text{m}^3/\text{s}$)时潮流界在如皋沙群附近,而枯季小流量(小于 $10000\text{m}^3/\text{s}$)则上溯至江阴大桥附近。河道水流环境同时受到上游径流和下游潮流的影响,水流环境较为复杂,各水力要素呈周期性变化,而航道整治丁坝修建后,对河道水流环境的影响也不同于以往在单一径流作用的河段。

在径流量较小的枯季(流量 16500m³/s)时,下游潮流作用较强,潮边界上移,高潮位的时刻潮流上溯翻坝进入坝后区,使得坝后水体与下游潮流进行混合,可丰富河道内营养盐含量,见图 7.3-7。此外,不同于单独的径流作用,径潮流作用下坝后区的水流并非一直保持缓流或静水,在高潮位时丁坝淹没深度较大,水流翻坝进入坝后区,流速处于波峰值,而在低潮位时丁坝挡水作用明显,坝后基本为静水或缓流,流速处于波谷值,整个潮汐过程中坝后始终维持着低流速、周期性变化的水流环境,见图 7.3-8。

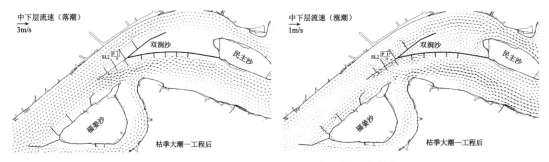

图 7.3-7 枯季大潮条件下工程后涨、落潮时刻流场结构

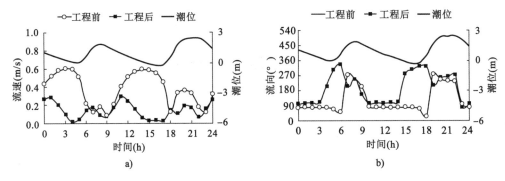

图 7.3-8 工程前后坝后流速和流向过程(中下层)

福姜沙水道的潮汐特性为涨潮短、落潮长,坝后区既能够为富集于此的浮游生物提供较长时间的静缓流环境,又能够在高潮位时刻进行短期的水流交换,枯水季节还能对下游潮流进行混合,避免坝后死水造成的水生态环境恶化,从而为鱼类在坝后栖息和索饵提供适宜的水流环境。

(三)对洄游通道的影响

福姜沙水道是诸多鱼类洄游的过路通道,在每年繁殖季节亲鱼经工程河段上溯洄游,后鱼卵或仔鱼随水流再经工程河段降河洄游。由于洄游性鱼类亲鱼的游泳能力较强,而整治丁坝群工程在河道断面上并未像大坝工程形成物理阻隔,对亲鱼的上溯洄游影响较弱。

对鱼类洄游通道的影响主要是对无游泳能力或较弱的鱼卵、仔鱼的降河洄游,降河洄游通道一般顺沿水流较缓、紊动较小和浮游生物浓度较高的近岸区,此区域内早期鱼类的存活率也较高。图 7.3-9 给出了整治丁坝群工程前、后洪季(流量 57500m³/s)落急流条件下近岸流线的变化。从近岸流线的变化可以看出,丁坝群对仔鱼降河洄游的影响主要出现在福姜沙左缘丁坝 FL4#坝头附近,受 FL4#的挑流作用近岸流线向离岸方向有所偏移,在水体表层漂流的鱼卵和仔鱼存在有被水流带离近岸区的风险。然而河中由于水流流速大、紊动较强且浮游生物浓度较低等因素,不利于在漂流过程中早期发育的仔鱼或稚鱼的张口捕食。

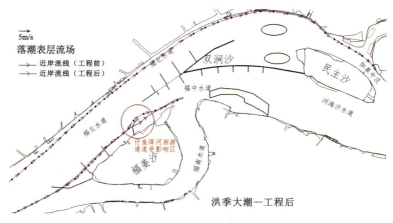

图 7.3-9 整治丁坝群对工程河段仔鱼降河洄游通道的影响

(四) 对避洪活动的影响

洪水季节由于径流量的增加,水流流速加大,对于河道内的鱼类而言,需寻找合适的缓流区以避免被水流带至下游。在福姜沙水道除了受洪季来流量增加的影响外,还受到长江口潮汐的作用,整治丁坝群工程前洪季落潮流条件下福左水道和福北水道流速在 1.5~2m/s 之间,福中水道流速在 2~2.5m/s,远大于栖息在此河段内鱼类的极限克服流速(基本在 1m/s 左右)。

图 7.3-10 给出了洪季(流量 57500m³/s)大潮落急流条件下整治丁坝群工程后河道表层流速变化值和近岸 1m/s 流速等值线。从图中可以看出在丁坝群后方流速衰减明显,在福姜沙左缘丁坝 FL3#和 FL4#坝后表层水体流速减小幅度在 0.5m/s 以上。在双涧沙北侧丁坝群及南侧(SR1#~3#)坝后表层水体流速的减小幅度基本大于 0.5m/s,其中 SL1#和 SR1#~3#坝后表层水体流速减小幅度在 1m/s 以上。整治丁坝群坝后在表层水体流速基本小于 1m/s,相比低于常见淡水鱼类的极限克服流速,所以在洪水季节落潮期整治丁坝群坝后可为鱼类提供避洪场所。

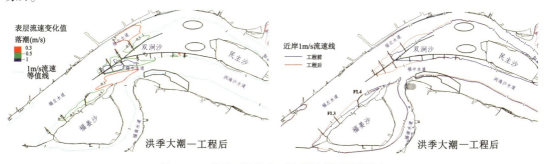

图 7.3-10 整治丁坝群对工程河段鱼类避洪的影响

(五) 对越冬活动的影响

进入冬季之后,随着气温的逐渐降低,鱼类开始由温度较低中上层水域逐渐沉入温度相对较高的底层水域,在河道主槽当中寻找水流较缓的河底卵石或块砾石间进行越冬活动,以减少对抗水流游动造成的身体脂肪消耗。

图 7.3-11 给出了整治丁坝群工程前、后枯季(流量 16500m³/s)落急流条件河道底层水体流速变化等值线。整治工程前除福中水道外主槽流速基本在 0.5~0.8m/s 之间,福中水道在 0.8m/s 以上,而在整治丁坝群工程后坝后流速的衰减幅度基本在 0.2~0.4m/s,福左缘丁坝 FL4# 和双涧沙左侧丁坝群坝后流速的衰减幅度则在 0.4m/s 以上。因此,从水流环境的角度可以看出相比工程前,丁坝群工程后坝后区可以为鱼类越冬提供良好所需的缓流或静水环境。

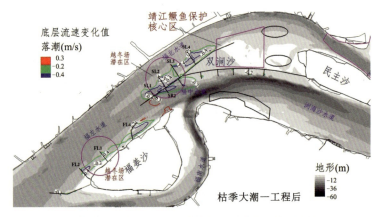

图 7.3-11 整治丁坝群对工程河段鱼类越冬活动的影响

(六) 小结

依托长江南京以下深水航道二期工程中的福姜沙水道整治丁坝群工程,结合二维水流数学模型计算结果和鱼类生态学相关理论,系统地分析了航道整治丁坝群对不同鱼类在不同生长期生理活动的影响,取得以下几点结论:

(1) 丁坝附近形成复杂的水流结构和坝后缓流区,丰富了河道水流环境的多样性,一定程度上为不同鱼类在不同生长期提供适宜的栖息环境,有利于产卵、索饵、避洪以及越冬。

(2) 不同于中上游河段,受涨落潮的影响,坝后始终存在低流速、周期循环水流环境,有利于垂向及上下游物质交换,避免死水造成的水生态环境恶化,为鱼类在坝后栖息和索饵提供适宜的水流条件。

(3) 坝头过高所形成的挑流不利于无游泳能力或较弱的鱼卵、仔鱼在近岸区的降河洄游,未来可进一步研究采用透空式丁坝或降低坝头顶高程,达到航运建设与生态保护的有效平衡。

7.3.2 基于生态习性和产卵特性的鱼类影响分析方法

(一) 方法构建与实例应用

产卵场作为鱼类完成繁殖过程的场所,是最为重要和敏感的鱼类栖息地,鱼类按其产卵的类型通常分为产漂流性卵和产黏/沉性卵两类,产漂流性卵鱼类对河道水深、水温、流速和流态均有较高的要求,主要出现在河床急剧变化的区段(如矶头附近),水动力条件在一定程度上的改变,如泡漩水,可刺激鱼类排卵;产黏/沉性卵鱼类的产卵场主要出现在水流流态比较缓和甚至为静水且水草丰富的河段,由于鱼卵比重大于水,其孵化常需要依附在水草或石砾、泥沙表面。

长江南京以下深水航道水域产漂流性卵的代表性鱼类为长江四大家鱼(青鱼、草鱼、鲢鱼、鳙鱼)、胭脂鱼、长吻鮠、刀鲚,产黏/沉性卵鱼类的代表性鱼类为鲤鱼、鲫鱼、暗纹东方鲀、黄颡鱼、翘嘴红鲌、细鳞斜颌鲴、中华绒螯蟹、鳊鱼。对这些代表性鱼类产卵特性的分析有助于分析辨识其适宜的产卵场以及相应可能受到的航道工程影响,进而在生态航道建设中对应采取预防和减缓不利影响的对策措施。

此外,由于鱼类索饵或育幼场的分布取决于其食性,鱼类洄游通道的分布取决于其食性和产卵特性,因此,对这些鱼类的适宜栖息环境和食性的调查分析,如表7.3-1所示,均有助于辨识其产卵场、索饵场、育幼场、越冬场和洄游通道在时间和空间上的分布,以及相应可能受到的航道工程影响,进而对应采取预防和减缓不利影响的对策措施。

长江南京以下水域代表性鱼类的适宜栖息环境及食性　　　　表7.3-1

适宜栖息环境及食性	外　观
青鱼: 栖息在水域中下层 主要以螺蛳、蚌和小河蚌等底栖动物为食	
草鱼: 栖息在水域的中下层和水草多的岸边 主要以水草、芦苇等为食	
鲢鱼: 栖息在水域的上层 以硅藻、绿藻等浮游植物为食	
鳙鱼: 栖息在水域的中上层 以水蚤等浮游动物为食	
鲤鱼: 底栖杂食性鱼类 荤素兼食,饵谱广泛,吻骨发达,常拱泥摄食	
鲫鱼: 底层鱼类,水下游动、觅食、栖息 以植物性食料为主	

续上表

适宜栖息环境及食性	外　观
暗纹东方鲀： 　洄游性鱼类，栖息于水域的中下层，每年3月成群溯河至长江中产卵繁殖，幼鱼生活在江河或通江的湖泊中肥育，至第二年春季返回海中 　偏肉食性的杂食性	
胭脂鱼： 　喜好在水体中部和底部活动，每年2月中旬，性腺接近成熟的亲鱼均要上溯到上游，于3—5月在急流中繁殖 　摄食频繁，属杂食动物	
长吻鮠： 　底层鱼类，水下游动、觅食、栖息 　属肉食性，喜夜晚捕食	
黄颡鱼： 　在静水或缓流的浅滩生活，昼伏夜出，生殖时期雄鱼有筑巢习性 　肉食性为主的杂食性鱼类	
翘嘴红鲌： 　中、上层大型淡水经济鱼类 　凶猛的肉食性鱼类	
细鳞斜颌鲴： 　栖息于水体的中下层。适应流水生活，性较活跃，冬季群栖于开阔水面的深水处，春暖后分散活动、觅食，到了产卵季节，有一定的短距离洄游现象，上溯至适合条件的产卵场进行集群产卵 　属于杂食性鱼类，主要以水底腐殖质、硅藻、丝状藻等藻类及高等植物碎屑为食物	
中华绒螯蟹： 　穴居江、河、湖荡泥岸，昼匿夜出，洄游到近海繁殖，母体所带的卵在翌年3—5月孵化，幼体经过多次变态，发育成为幼蟹，再溯江、河而上，在淡水中继续生长 　以动物尸体或谷物为食	

续上表

适宜栖息环境及食性	外观
刀鲚： 暖温性中上层小型洄游鱼类，平时生活在海里，每年2—3月份长颌鲚由海入江，并溯江而上进行生殖洄游，产卵后亲鱼分散在淡水中摄食，并陆续缓慢地顺流返回河口及近海，继续肥育 以桡足类、枝角类、轮虫及小鱼等为食	
鳊鱼： 栖息于底质为淤泥、并长有沉水植物的敞水区中、下层，比较适于静水性生活 以植物性食料为主	

对案例工程水域及影响的辨识分析结果显示：

(1) 在长江中生活的大部分鱼类，尤其是幼鱼，多喜在洲滩浅水水域摄食生长。

(2) 工程河段是长江四大家鱼和其他长江中下游主要鱼类重要的洄游通道和索饵场、育幼场。

(3) 工程区段沙洲边滩及其附近的浅水水域是以水生维管束植物为食的草鱼、以螺蚌为食的青鱼、杂食性的鲤鱼和鲫鱼，以及其他食鱼性鱼类鳜、鳡、乌鳢的索饵场。

(4) 随着气温、水温下降，长江冬季水位下降，鱼类减少活动进入越冬状态，越冬场主要分布于河道的深槽之中，鱼类的分布常与河床底质、河流走势相关。工程江段的越冬场主要分布在河道深槽、有矶头伸入河床的上游段和弯曲型河道的凹岸、洲头的下游处。

(5) 丁坝、潜堤分项工程施工后，由于水深和流场的变化，一些原有的产卵场会发生范围变化或丧失功能，如果丁坝坝体上游靠岸侧水流减缓，则当漂流性鱼卵漂浮至此时易发生下沉，进而影响鱼类的孵化。

为了分析航道工程建设、运营及维护对鱼类的各种影响和作用因子，构建了基于生态习性和产卵特性的影响机理分析方法。该方法针对典型生物的关键活动，即：栖息、繁殖、产卵、觅食、索饵、育幼、越冬、洄游，以及产漂流性卵和产沉性、黏性卵鱼类的产卵及其成鱼鱼卵成活所需的特殊环境要求，包括保护动物对栖息环境的特殊要求，分析典型生物的生态习性和产卵特性，辨识典型生物栖息地及敏感习性特征，分析典型生物关键活动的适宜环境条件、航道工程生态影响及其减缓对策，分析方法的概化模型详见图7.3-12。

该方法主要用于鱼类和保护动物的影响分析，具体分析流程如下：

步骤1：分析工程水域典型生物的生态习性和产卵特性，为此需要调查、监测、分析典型生物栖息、繁殖、产卵、觅食、索饵、育幼、越冬、洄游的关键活动，并列出相应的基本状况。

步骤2：辨识典型生物栖息地特征，为此需要调查、监测、分析典型生物产卵场、索饵场、育幼场、越冬场、洄游通道这些栖息地，并列出相应的基本状况。

步骤3：辨识典型生物敏感习性特征，为此需要调查、监测、分析典型生物繁殖期、迁徙性、食性、产卵期、育幼期、越冬期这些敏感习性，并列出相应的基本状况。

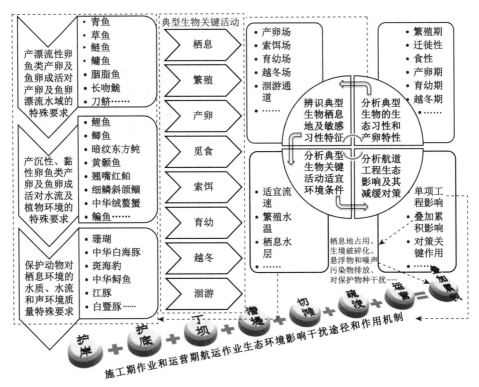

图 7.3-12　基于生态习性和产卵特性的影响机理分析方法及流程概化模型示意图

步骤 4：分析典型生物关键活动适宜环境条件，为此需要调查、监测、分析典型生物的适宜流速、繁殖水温、栖息水层，以及产漂流性卵的鱼类产卵及鱼卵成活对产卵及鱼卵漂流水域的特殊要求、产沉性、黏性卵的鱼类产卵及鱼卵成活对水流及植物环境的特殊要求、保护动物对栖息环境的水质、水流和声环境质量的特殊要求，并列出相应的基本状况。

步骤 5：分析航道工程生态影响及其减缓对策，其主要包括：

1）对护岸、护底、丁坝、浅滩、疏浚、切滩单项工程以及运营作业的生态环境影响干扰途径和对策作用机制的分析；

2）在栖息地占用及改变、生境破碎化、悬浮物和噪声污染物排放、对鱼类和保护物种干扰及损害这些方面可能存在叠加、累积影响的分析；

3）与上述1）、2）所列影响对应的减缓对策推衍及关键作用的分析。

（二）影响及对策效果的监测调查与分析

通过对二期工程及周边水域浮游动植物、底栖动物、鱼类早期资源的监测，对各施工区域渔业资源调查监测、刀鲚、中华绒螯蟹、日本鳗鲡洄汛期生物的调查，以及对增殖放流实际效果的监测，其结果显示出，航道工程对施工区域及其下游水域浮游生物以及施工区域底栖生物、鱼类早期资源带来了比较明显的影响，详见图 7.3-13～图 7.3-17，对这些影响及其恢复的具体分析如下：

（1）施工区域世业洲、落成洲、和畅洲水域浮游动物生物密度降低幅度分别约 1600、1600、1200ind./L，底栖动物生物密度恢复的幅度受本区域施工及外界供给的双重影响，以供给最弱的和畅洲水域为最低,高值约 200~300ind./m²,其次为落成洲、世业洲水域,高值分别约 300~500ind./m²、200~600ind./m²。

(2)下游区域靖江段、如皋段浮游动物生物密度降低幅度随距施工区域距离的增加而逐步减小,分别约为 300、200ind./L,底栖动物生物密度恢复的幅度受本区域自身恢复及外界供给的双重影响,以供给较强的如皋段为较高,高值约 50~150ind./m²,其次为靖江段水域,高值约 40~80ind./m²。

(3)由于浮游动物和底栖动物受到比较明显的损失,以及鱼类的躲避效应等,监测水域水生动物对浮游植物的消耗相应明显降低,浮游植物的生物密度随着施工作业的开展反而出现有所增加的趋势。

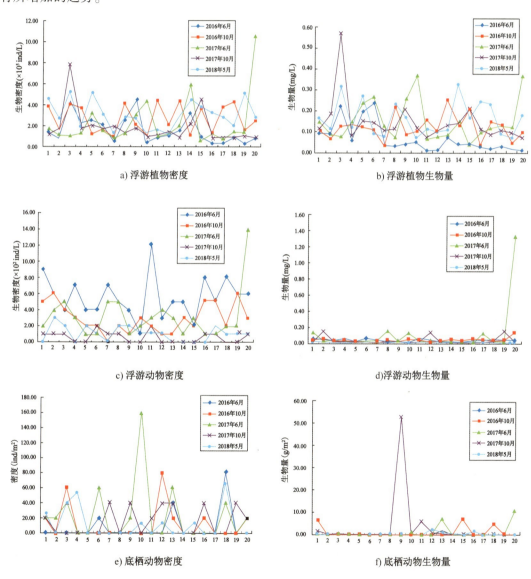

图 7.3-13　深水航道靖江段水生生物监测结果

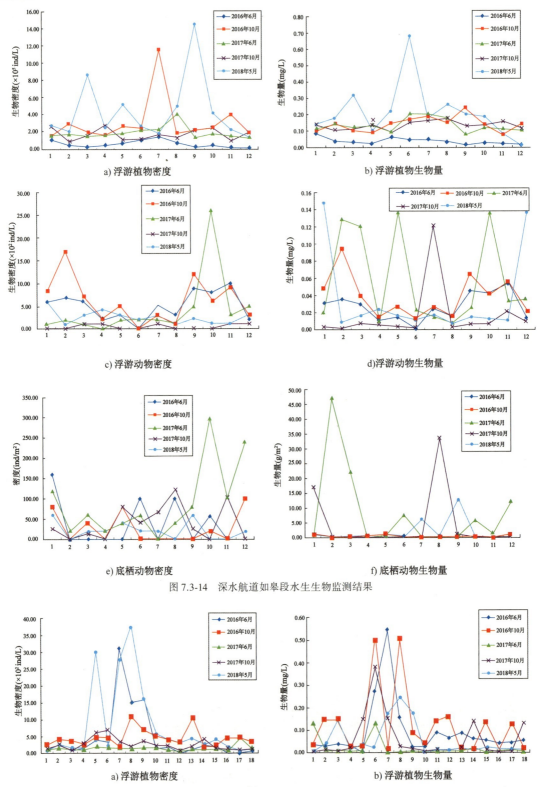

图 7.3-14 深水航道如皋段水生生物监测结果

图 7.3-15

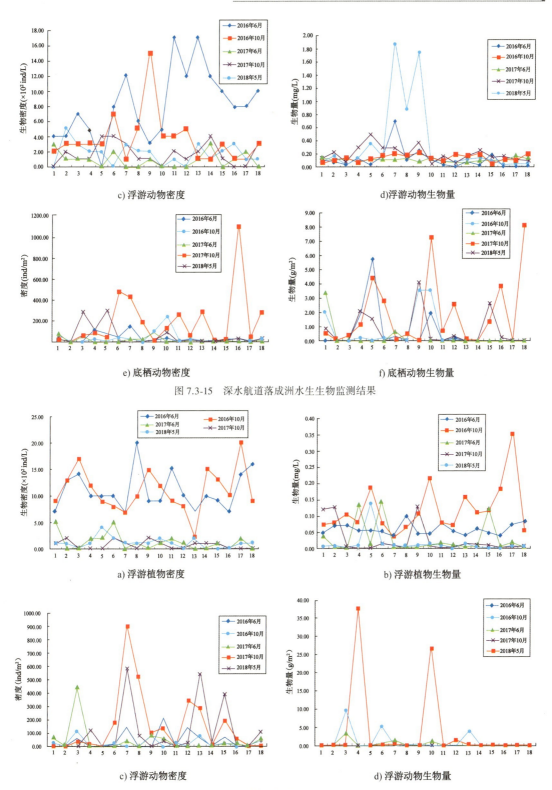

c) 浮游动物密度　　　　　　　　d) 浮游动物生物量

e) 底栖动物密度　　　　　　　　f) 底栖动物生物量

图 7.3-15　深水航道落成洲水生生物监测结果

a) 浮游植物密度　　　　　　　　b) 浮游植物生物量

c) 浮游动物密度　　　　　　　　d) 浮游动物生物量

图　7.3-16

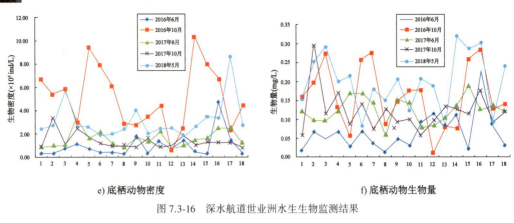

e) 底栖动物密度　　　　　　　　　f) 底栖动物生物量

图 7.3-16　深水航道世业洲水生生物监测结果

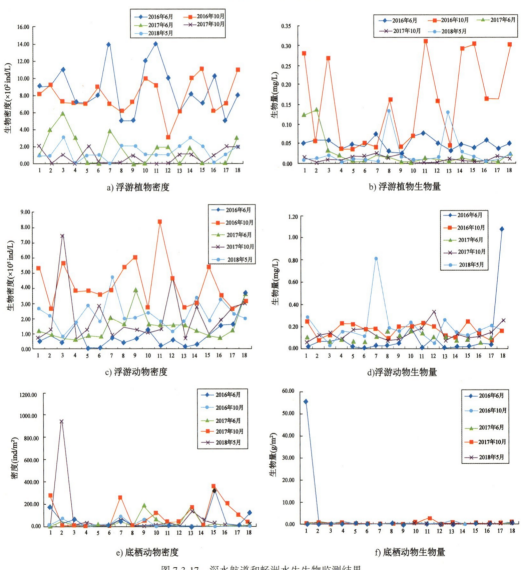

a) 浮游植物密度　　　　　　　　　b) 浮游植物生物量

c) 浮游动物密度　　　　　　　　　d) 浮游动物生物量

e) 底栖动物密度　　　　　　　　　f) 底栖动物生物量

图 7.3-17　深水航道和畅洲水生生物监测结果

(4)鱼类早期资源的种类和生物密度均有明显下降,随着施工的结束和增殖放流、人工鱼巢等生态修复工程的实施,生物密度有所恢复,种类数量的恢复仍需更长的时间,详见图 7.3-18。

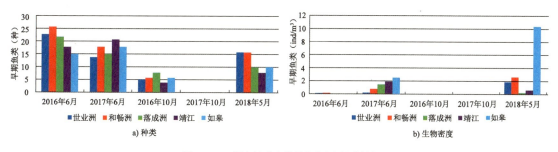

图 7.3-18　深水航道鱼类早期资源监测结果

(5)将 2017 年洄游性鱼类汛期产量与 2016 年相比较后得出,靖江地区刀鲚产量增加 3 倍多,中华绒螯蟹、日本鳗鲡产量分别下降了 34%和 29%,镇江地区刀鲚、中华绒螯蟹产量分别下降了 50%和 11%。

(6)为了防止或减轻多种施工方式的叠加累积影响,施工组织中应尽可能合理安排各类施工作业的区域和时间段,使之保持适度的时间和空间间距,以利水生生物得以有一定的休息及活动的空间和时间,以及将水体噪声的强度和悬浮物浓度的增幅控制在生物能够接受的水平。

(7)二期工程疏浚面积约 626 万 m^2,丁坝及护底铺排占用水域面积约 11.7 万 m^2,护岸工程占用水域面积约 94.9 万 m^2。由于施工区域主要位于传统的船舶航线,游泳类水生生物具有一定的避离趋势,因此,受影响最为显著的是逃避能力最弱的底栖生物,其栖息密度及生物量明显较低。同理,一年一度的维护性疏浚也会使该区域底栖生物的种类、栖息密度及生物量有所下降,构成在运行期的持续影响。

(8)运行期通航船舶吨级及数量的增加会导致航运船舶对水生生物干扰的影响更为显著,为此建议,在濒危和重要经济物种的繁殖、洄游期,应适度控制繁殖区和洄游通道的船舶通过吨位及数量,以及采取减速降噪等影响减缓措施。

(9)鉴于护岸工程、丁坝及护底铺排工程多位于水深较浅、水流较缓的水域,是水生生物栖息、繁殖、活动的重要栖息地,其守护洲滩的作用具有栖息地保护的正向生态效益,再加上一部分河段实施了生态护岸工程,丁坝及护底铺排部分采用了生态护底材料、结构和施工工艺,因此,二期工程的生态效益会逐步显现,其有利于底栖生物生境的逐步恢复。

(10)2016 年 5 月长江南京以下深水航道建设工程指挥部分别与南京、镇江、扬州、扬中、江阴、常州、靖江、如皋、泰州、张家港市共 10 家渔政管理单位签订了"水生生态补偿及渔业生产安全维护合同",总经费 3556 万元,用于各单位于 2016—2017 年增殖放流经费,主要放流品种为:鳊、鲢、鳙、草鱼、中华绒螯蟹、青鱼、胭脂鱼、长吻鮠、暗纹东方鲀、细鳞斜颌鲴、鳜、刀鲚、螺、鲫、翘嘴鲌、黄尾鲴、鳊、环棱螺。上述增殖放流措施对于受影响鱼类的恢复具有重要作用。

(11)本书第 4.3.2 节介绍了与保护区相近的福姜沙水域开展底栖动物投放、人工鱼巢和生态浮岛建设情况,以及生态修复效果监测结果。该保护区有多种鱼类繁殖、索饵,有鱼类

130 余种,盛产重要经济鱼类 56 种,主要保护对象为中华绒螯蟹、鳜鱼,保护区内还栖息着刀鲚、日本鳗鲡、长吻鮠、鲫、鳊、鲢、鳙、草鱼、乌鳢、黄颡鱼、胭脂鱼、薄鳅、华鳈、斑鳜、铜鱼、鲈鱼、翘嘴红鲌、鳤等物种。2018 年 1 月 5 日,靖江保护区人工鱼巢及生态浮岛建设项目顺利通过专家验收,其在水底形成了更丰富多样的鱼类生息繁衍的场所。监测结果显示,人工鱼巢对产黏性卵鱼类具有一定的增殖效果,增殖种类主要为鲤、鲫、鳘、翘嘴鲌、银飘鱼和黄尾鲴,增殖鱼卵总数量约 337 万粒,单位面积增殖鱼卵密度 56.48 粒/m²。此类鱼类的产卵高峰期集中在水温范围 20.6~21.8℃的时间段,而鱼卵增加率最高期为水温范围为 19.6~21.4℃的 5 月上旬,增加率为 2.39%,鱼卵孵化率范围值为 48.33%~66.00%,依据每月估算的鱼卵增殖数量和孵化率计算,人工鱼巢可增殖鱼苗数量约 200 万尾,其中 5 月下旬鱼苗增殖效果相对明显。根据逐次监测结果估算的人工鱼巢附着鲫鱼、鲤鱼、银飘鱼、翘嘴鲌、黄尾鲴、鳘鱼卵数量参见图 7.3-19。

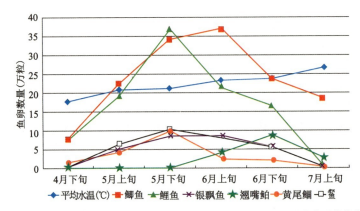

图 7.3-19　人工鱼巢附着鲫鱼、鲤鱼、银飘鱼、翘嘴鲌、黄尾鲴、鳘的鱼卵数量估算值

(12) 底栖动物增殖放流品种主要为圆田螺、环棱螺、河蚬和河蚌,共投放 300.07 吨,其中圆田螺 93.85 吨、环棱螺 88.52 吨、河蚬 67.64 吨、河蚌 50.06 吨。为有效提高投放成活率,分 13 次投放(详见图 7.3-20)。增殖放流监测结果显示,软体动物由工程期间和增殖放流前的二种增加到放流后的四种,田螺和河蚬优势度增加显著,群落生物量由增殖放流前的个位数增加到二位数,表明,增殖放流显著增加了放流物种的丰度、生物量以及保护区底栖动物群落生物量,对于受影响底栖动物和鱼类的恢复具有重要作用。

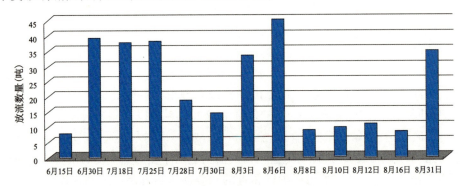

图 7.3-20　2018 年底栖动物投放时间及数量

7.3.3 叠加累积影响模型分析评价法与应用案例

（一）方法构建概述

航道工程生态环境影响叠加累积影响模型建立于感潮河段生态系统影响模型构建的基础之上，即建立在基于生态系统结构与演替机制科学理论的成套数学模型基础之上。在这些数学模型中具有代表性的模型，是在水动力模型和水质模型基础上的生态系统动力模型，其可用于描述对系统功能起重要作用的生态因子（无机营养盐、浮游植物、浮游动物、生物碎屑等）的时空演变与浓度分布，以及刻画水质和位于模型边界的岸滩及沉积物环境变化与生态系统间的相关影响，辅助人们认识自然规律，特别是人类行动的深层次生态环境影响，进而改善和调节自身的行为，以利于生态系统的保护和人类的可持续发展。

感潮河段生态系统模型是在海洋生态系统模型成果基础上发展而来，属于生态系统研究的前沿领域，已经积累了大量基础性研究成果和必要的野外观测资料，计算机软硬件的发展也为模型的高效计算提供了物质基础，正处于受到高度重视和即将蓬勃发展的时期。由于涉及了物理、化学、地质和生物等多种过程及其相互作用，生态系统模型的研究具有大跨度学科交叉的特点，因此很大地调动了科学家们的研究兴趣，成为当今环境科学领域较为活跃和具有魅力的学科之一。模型构建理论如下所述。

1) 生态因子浓度全微分方程

根据 Fick 扩散定律和质量守恒定律，可以推导出溶解物质浓度变化的全微分方程展开式。将溶解性物质扩展为营养盐、浮游植物、浮游动物和生物碎屑，即得到用于描述这些重要生态因子浓度时空变化的全微分方程式(7.3-1)。

$$\frac{dC_e}{dt}=\frac{\partial C_e}{\partial t}+u\frac{\partial C_e}{\partial x}+v\frac{\partial C_e}{\partial y}+w\frac{\partial C_e}{\partial z}=K_x\frac{\partial^2 C_e}{\partial x^2}+K_y\frac{\partial^2 C_e}{\partial y^2}+K_z\frac{\partial^2 C_e}{\partial z^2}+\sum S_e \tag{7.3-1}$$

式中，C_e 为重要生态因子的浓度；e 为生态因子符号，$e=P$（浮游植物），Z（浮游动物），D（生物碎屑），Np（磷营养盐），Nn（氮营养盐）；x,y,z 为笛卡儿三维空间坐标；t 为时间；u,v,w 为 x,y,z 方向的流速；K_x,K_y,K_z 为 x,y,z 方向的湍流及摩擦扩散系数；$\sum S_e$ 为生态因子源与汇浓度的总和。

2) 感潮河段生态系统能量与物质流动模型

为了定量计算式(7.3-1)中的 S_e 项，需要依据生态系统能量与物质流动机制（图 7.3-21）和生产过程模式，建立经过高度综合和适当简化的数学模型[式(7.3-2)～式(7.3-6)]，即感潮河段生态系统能量与物质流动模型。

$$\sum S_P = A1P - A2P - A3Z \tag{7.3-2}$$

$$\sum S_Z = A3Z - A4Z - A5Z - A6Z \tag{7.3-3}$$

$$\sum S_D = A2P + A4Z + A5Z - A7D + nsD \tag{7.3-4}$$

$$\sum S_{Np} = -A1P + A6Z + A7D + nsNp \tag{7.3-5}$$

$$\sum S_{Nn} = (-A1P + A6Z + A7D) \times K_{Nn:Np} + nsNn \tag{7.3-6}$$

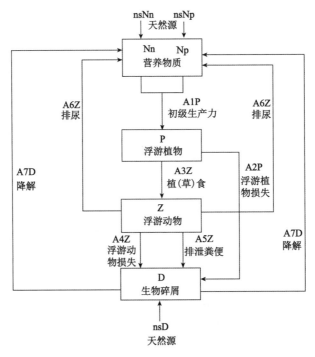

图 7.3-21 感潮河段生态系统能量与物质流动模型

以上各式中，$\sum S_P$、$\sum S_Z$、$\sum S_D$、$\sum S_{Np}$、$\sum S_{Nn}$ 分别为浮游植物、浮游动物、生物碎屑、磷营养盐、氮营养盐的源与汇浓度总和；$A1$ 为一定水深层浮游植物光合作用生长速率；$A2$ 为浮游植物自然死亡率；$A3$ 为浮游动物捕食速率；$A4$ 为浮游动物自然死亡率，$A5$ 为浮游动物粪便排泄速率；$A6$ 为浮游动物排尿速率；$A7$ 为生物碎屑降解速率；$K_{Nn:Np}$ 为 P、Z、D 中含氮量与含磷量的比值，为了方便计算过程中生态因子间的浓度转换，并且基于浮游植物从水中摄取的 $Nn:Np$ 大约为一个固定比值（如 16:1），浮游动物和生物碎屑中的 $Nn:Np$ 也有类似比值的假设；P、Z、D 分别为浮游植物、浮游动物和生物碎屑的浓度；nsD、$nsNp$、$nsNn$ 分别为 D、Np、Nn 天然源浓度。

3) 浮游植物光合作用生长模型

由于上述的浮游植物摄取氮和磷有一固定比值的规律，浮游植物光合作用生长速率受到水中氮、磷浓度相对于摄取比值较低者的浓度限制[式(7.3-7)~式(7.3-8)]。Steel 于 1962 年根据所进行的实验结果的分析，提出了描述光强与光合作用生长速率之间关系的理论模型[式(7.3-9)~式(7.3-14)]，其中式(7.3-11)引用了 Riley 于 1956 年获得的按叶绿素 a 浓度计算浮游植物自消光作用的公式，并综合考虑了浮游动物和生物碎屑的消光作用[式(7.3-12)]。Yamaguchi 于 1991 年根据实验室的实验研究，提出了水温和盐度与浮游植物光合作用生长速率之间关系的计算公式[式(7.3-13)~式(7.3-14)]。浮游植物光合作用生长模型是在综合了上述种种影响因素作用的基础上形成的[式(7.3-15)]。

$$P \propto P_m \frac{Nn}{K_{SN} + Nn} = V1(Nn) \tag{7.3-7}$$

$$P \propto P_m \frac{Np}{K_{SP} + Np} = V1(Np) \tag{7.3-8}$$

$$P \propto P_m \frac{I}{I_{opt}} \exp\left(1 - \frac{I}{I_{opt}}\right) = V2(I) \tag{7.3-9}$$

$$I = I_s \exp\left(-\int_0^z k(z)\,\mathrm{d}z\right) \tag{7.3-10}$$

$$k(z) = 0.04 + 0.054 C(z)^{2/3} + 0.0088 C(z) \tag{7.3-11}$$

$$C(z) = P(z) + Z(z) + D(z) \tag{7.3-12}$$

$$P \propto P_m \frac{T}{T_{opt}} \exp\left(1 - \frac{T}{T_{opt}}\right) = V3(T) \tag{7.3-13}$$

$$P \propto P_m \frac{S}{S_{opt}} \exp\left(1 - \frac{S}{S_{opt}}\right) = V4(S) \tag{7.3-14}$$

$$A1 = V_m \min[V1(Nn), V1(Np), V2(I), V3(T), V4(S)] \tag{7.3-15}$$

式中,P、P_m 分别为当前计算时段和前一个时段浮游植物浓度;K_{SN} 为某一特定地区浮游植物摄取氮的半饱和常数;K_{SP} 为某一特定地区浮游植物摄取磷的半饱和常数;I 为到达某一水深(z)的光合作用有效辐射强度;I_s 为到达水面的光照辐射强度;I_{opt} 为适合于浮游植物发生光合作用的最优光强;T 为 z 水深温度;T_{opt} 为适合于浮游植物发生光合作用的最优温度;S 为 z 水深盐度;S_{opt} 为适合于浮游植物发生光合作用的最优盐度;$V1(Nn)$、$V1(Np)$、$V2(I)$、$V3(T)$、$V4(S)$ 分别为依赖于氮供应、磷供应、最优光强、最优温度、最优盐度的浮游植物生长光合作用系数;V_m 为浮游植物光合作用最大生长速率。

经过对长江河段的现场调查,由于泥沙的作用,水深大于 2m 区域的光线已很弱,光合作用的发生区域主要位于 0~1m 水深的水体中,相应的光合作用系数应予以适当调整。

4) 浮游动物同化作用生长模型

针对浮游动物同化作用生长过程,前人进行了大量科学实验研究和理论探讨,目前被比较广泛应用的生长模型公式(7.3-16)是由苏联生态科学家 Ivlev 基于实验研究于 1955 年提出的。

$$A3 = R_{\max}[1 - \exp(-\lambda P)] \tag{7.3-16}$$

式中,$A3$、$R_{\max}$ 分别为浮游动物捕食速率最大捕食率;λ 为某一特定区域的 Ivlev 捕食常数;P 为浮游植物浓度。

5) 其他生态系统过程模型

浮游动物的粪便和尿液排泄量按式(7.3-17)和式(7.3-18)计算。

$$A5 = \tau A3 \tag{7.3-17}$$

$$A6 = \chi R_{\max} \tag{7.3-18}$$

式中,$A5$、$A6$ 分别为浮游动物粪便和尿液排泄速率;τ 和 χ 分别为浮游动物的粪便和尿液排泄系数。

6）涉水工作作业多生境多营养级生态系统影响模型

水工构筑物及疏浚工程施工作业造成水体悬浮物浓度增大，使得水体更为浑浊，降低水体透明度，影响水生生物的呼吸、代谢、生长、繁殖、酶的活力，甚至造成鱼类的窒息死亡等。另外，多项工程作业会造成底栖生物、岸滩生物的损失。

以上损失及环境变化存在着生态系统中多生境、多营养级的相互作用，其在感潮河段生态系统影响模型构建中予以刻画。

（1）长江口悬浮物影响试验模型

借鉴中国水产科学研究院东海水产研究所进行的长江口疏浚泥浸出液和悬浮液对小球藻和大型蚤的生长试验和急性毒性试验，疏浚泥浸出液和悬浮物对小球藻的 96h-EC_{50} 值分别为 87% 和 99.5%，对大型蚤的 96h-EC_{50} 值分别为 87.5% 和 0.1%。表明，长江口疏浚泥浸出液和悬浮液对浮游植物和浮游动物生产有一定影响，其影响关系式可以式（7.3-19）为例予以表达。

$$K_P = -0.0001 C_{SS} + 0.9333 \qquad (7.3\text{-}19)$$

式中，K_P 为小球藻生长抑制系数；C_{SS} 为悬浮物浓度。

（2）光合作用影响模型

悬浮物对光合作用的影响主要体现在降低了光强，影响模型按式（7.3-9）、式（7.3-10）、式（7.3-15）计算。

（3）浮游动植物生长影响模型浮游动植物影响模型按交通运输部水运科学研究所提出的模型，如式（7.3-20）和式（7.3-21）。

$$A1' = K_p V_m \min[V1(Nn), V1(Np), V2(I), V3(T), V4(S)] \qquad (7.3\text{-}20)$$

$$A3' = R_{\max} \times (1 - M_t) \times \{1 - \exp[-\lambda(P - P^*)]\} \qquad (7.3\text{-}21)$$

式中，$A1'$ 和 $A3'$ 分别为浮游游植、浮游动物受悬浮物影响的校正生长速率；K_p 为小球藻生长抑制系数；M_t 为悬浮物造成浮游动物死亡率；V_m 为浮游植物光合作用最大生长速率；$R_{\max}$ 为浮游动物最大捕食常数；λ 为特定水域 Ivlev 捕食常数；P 为浮游植物浓度；P^* 为浮游植物浓度捕食限值。

（4）对鱼卵、仔鱼的影响模型

采用交通运输部水运科学研究所提出的悬浮物与浮游动物死亡率的试验模型公式（7.3-22）计算对鱼卵和仔鱼的影响。

$$L_{DF_i} = 0.5 \times S_{DF_i} \times W_{F_i} \times A_D \qquad (7.3\text{-}22)$$

式中，L_{DF_i} 为鱼卵和仔鱼施工损失量；S_{DF_i} 为浮游动物因施工作业造成的相对损失率；WF_i 为施工作业区域面积鱼卵、仔鱼实测生物量；AD 为施工 SS 超标浓度影响面积。

（5）对幼鱼的影响预测模型

在施工泥沙影响集中的范围内，鱼类幼体因高浓度悬浮物而部分受到伤害，采用交通运输部水运科学研究所提出的幼鱼影响模式计算如下：

$$L_{DF_i} = M_{DF_i} \times W_{F_i} \times A_D \qquad (7.3\text{-}23)$$

式中，L_{DF_i} 为幼鱼施工损失量；M_{DF_i} 为施工作业对鱼类幼体的伤害率；WF_i 施工作业区域面积鱼类幼体实测生物量；AD 为施工 SS 超标浓度影响面积。

（6）对渔业资源间接影响

浮游动植物受到施工 SS 影响而受到损失后，因饵料损失而相应减少的鱼类资源量为对渔业资源的间接影响量，采用交通运输部水运科学研究所提出的间接影响计算模式计算如下：

$$\Delta F = \sum \Delta Z_{\text{Month}} \times E \tag{7.3-24}$$

式中，ΔF 为浮游动物鱼类年产量损失量；ΔZ_{Month} 为浮游动物月产量损失量；E 为生态转换效率，取为 15%。

（7）涉水工程作业对底栖生物影响模型

交通运输部水运科学研究所综合有关影响机理分析和实测资料，提出了底栖生物受到疏浚等航道工程作业影响的叠加累积分析模型如下：

$$WFF = \sum WFF_i = \sum [AD_i \times TF(QFA_i \times YD_i \times FDF_i + BIDA_i \times QIFA_i \times YID_i \times FIDF_i)] \tag{7.3-25}$$

式中，WFF 为航道工程作业叠加累积的底栖生物死亡量；WFF_i 为第 i 种作业方式造成的底栖生物死亡量；AD_i 为第 i 种作业方式直接伤害面积；QFA_i 为第 i 种作业方式直接伤害面积内的底栖生物栖息密度；TF 为底栖生物年收获季节；YD_i 为第 i 种作业方式直接伤害影响的恢复时间；FDF_i 为第 i 种作业方式造成底栖生物受到直接伤害的死亡百分率；$BIDA_i$ 为第 i 种作业方式间接扰动影响区域占直接伤害影响区的比值；$QIFA_i$ 为第 i 种作业方式间接扰动影响区域底栖生物栖息密度；YID_i 为第 i 种作业方式间接伤害影响的恢复时间；$FIDF_i$ 为第 i 种作业造成底栖生物受到间接扰动影响的死亡百分率。

（8）涉水工程作业引起悬浮物 SS 浓度超标的叠加累积影响

交通运输部水运科学研究所综合有关影响机理分析和实测资料，提出了涉水工程作业引起悬浮物 SS 浓度超标的叠加累积影响分析模型如下：

$$ASS = \sum ASS_i = \sum (DSS_i \times WSS_i \times N_i + AW_i) \tag{7.3-26}$$

式中，ASS 为航道工程作业叠加的 SS 超标面积；ASS_i 为第 i 种作业方式造成的 SS 超标面积；DSS_i 为第 i 种作业方式超标区域的纵向传输距离（疏浚作业取 2000m，其他施工作业取 800m）；WSS_i 为第 i 种作业方式 SS 超标区域的横向扩散范围（疏浚作业取 200m，其他施工作业取 125m）；N_i 为第 i 种作业方式分段施工数量（二期工程疏浚、丁坝及护底铺排、护岸工程分别取 21、14、16 个）；AW_i 为第 i 种作业方式占用水域面积（二期工程疏浚、丁坝及护底铺排、护岸工程分别取 626、11.7、94.9 万 m^2）。

（二）评价应用案例

首先建立了用于工程全境的平面二维水动力模型，网格图如图 7.3-22 所示。

引用依托工程科研项目参加单位北京尚水信息有限公司完成的专题报告《敏感点水质防护方案及评估》，其中采用 Delft3D 软件在工程全境二维模型构建基础上，基于有限体积的 Cyclic 方法，建立了福姜沙河段局部区域高分辨三维水流模型，计算网格分辨率约为 5~25m，垂向分为10层,分层采用对数分布准则,底部密,水表面较疏;并采用嵌套技术在大范围全河段二维模型结果中提取三维模型的边界条件,上边界采用流速时间序列边界,下边界采用水位时间序列,根据平衡输沙理论,建立泥沙输移模型,其边界条件采用Neumann边界条件,经过与实测水位和泥沙含量的对比,三维水动力和泥沙模型模拟结果能够与实测值良好吻合;继而采用三维水流及泥沙模型模拟了平水期丁坝抛石施工作业对水中悬浮物浓度增量的影响,当泥沙源强达到$6kg/m^3$,连续计算36小时,在大潮期将会在下游800m范围内出现悬浮物浓度增量超过10mg/L的超标情况。

图 7.3-22　工程河段生态系统影响动力模型网格图

此外,引用二期工程项目环境影响报告书的相关分析,疏浚作业对下游的超标影响范围会达到约2000m,若横向扩散范围取200m,则污染超标面积约40万m^2。该类超标影响的持续时间会较长。

若上述抛石作业横向扩散范围取125m,则污染超标面积约10万m^2。该类超标影响的持续时间会较短。

依据前述叠加累积影响模型分析评价法,来分析评价施工作业造成水中悬浮物SS浓度超标的叠加累积面积及影响,以及施工作业对底栖生物造成的叠加累积死亡量及影响。其中,水中悬浮物SS浓度超标的叠加累积面积计算及影响的具体分析结果如下:

(1)根据水流及泥沙模型模拟结果,当抛石作业泥沙源强达到$6kg/m^3$,连续排放36小时,在大潮期将会在下游800m范围内出现悬浮物浓度增量超过10mg/L的超标情况。若横向扩散范围取125m,则污染超标面积约10万m^2。疏浚作业对下游的超标影响范围会达到约2000m,若横向扩散范围取200m,则污染超标面积约40万m^2。

(2)为了计算航道工程施工SS超标影响范围的叠加累积影响,依据所述叠加累积影响模型分析评价法,研究确立了案例工程的相关叠加累积公式取值,具体公式详见式(7.3-26)。

(3)假设二期工程各类施工作业区域的悬浮物浓度超标,并考虑每段作业区域的超标面积相应的传输扩散影响范围要加和上述模型模拟的污染超标面积,则按照上述航道工程施工SS超标影响范围的叠加累积公式,计算二期工程疏浚及其他施工作业SS超标面积分别为1466万m^2及406.6万m^2,叠加的超标影响面积为1872.6万m^2。这些区域浮游动植物和鱼类的生长会在相应施工时段受到一定程度的不利影响。

(三)相关监测资料分析

二期工程环境监测自2015年6月二期工程正式开工建设起,至2016年7月实现初通南京、2017年6月整治建筑物工程完工、2018年4月基建疏浚完工并通过整体交工验收、2018年5月进入试运行期这些重要时间节点,对二期工程工程河段仪征水道、和畅洲水道、口岸直水道(鳗鱼沙)、口岸直水道(落成洲)、福姜沙水道19个监测断面(W1~W19),以及8个取水口监测站位、18个抛泥区监测断面的水质监测,主要监测因子为悬浮物(SS)、石油类、高锰酸盐指数(COD_{Mn})等。

从工程区域各监测断面SS浓度最高值(图7.3-23)及其与最低值之间的浓度变幅(图7.3-24)的监测结果可以看出:

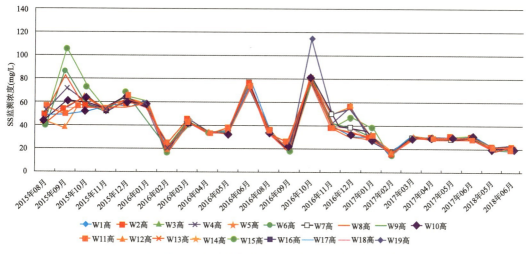

图7.3-23　工程区域各监测断面SS浓度最高值时空分布图

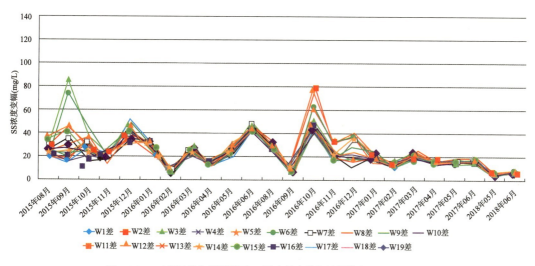

图7.3-24　工程区域各监测断面SS浓度最高值与最低值变幅时空分布图

(1)2016年2月、9月、2017年2月、2018年5月、6月各监测断面SS浓度接近或低于20mg/L,各断面不同监测站位的最高与最低浓度之间的变幅在3~10mg/L之间,表明在上述监测时间段内,施工活动处于很低或暂停水平,SS低值和高值为环境背景浓度的自然变化。

(2)在整治建筑物工程施工阶段的2017年3—6月期间,各监测断面SS浓度高值约比背景值高出10mg/L,最高与最低浓度之间的变幅在20mg/L左右,表明在上述监测时间段内,施工活动处于较低水平,SS高值高出环境背景浓度约10mg/L。

(3) 在2016年3—5月和8月,以及2016年11月、2017年11月,各监测断面SS浓度高值比背景值高出约20mg/L,最高与最低浓度之间的变幅在20mg/L左右,表明在上述监测时间段内,施工作业活动也处于较低水平,SS高值高出环境背景浓度约20mg/L。

(4) 在2015年8—10月和12月,以及2016年12月,不同的监测断面SS浓度高值比背景值高出的幅度有明显的差别,高出幅度在10~85mg/L之间,最高与最低浓度之间的变幅在20~80mg/L之间,表明在上述监测时间段内,不同工程河段的施工作业活动有的处于较低水平,有的处于较高水平,SS高值高出环境背景浓度可能高达约85mg/L。

(5) 在2015年11月和2016年1月、6月,以及2016年10月,各监测断面SS浓度高值比背景值高出的幅度在相同时间段内比较一致,高出幅度分别约在35、40、80、82mg/L,W19出现高出约100mg/Ld的峰值,各断面相同时间段内最高与最低浓度之间的变幅在20~80mg/L之间,表明在上述监测时间段内,各工程河段的施工作业活动处于较高水平,SS高值高出环境背景浓度可能高达约100mg/L。

(6) SS浓度增加减少了水体透明度,降低了其自净化能力,对水生生物的生长有不利影响,随着施工的结束,相应的不利影响也随之消失。

7.4 多层级生态环境影响综合指标体系构建与评价

7.4.1 研究现状与要解决的科学问题分析

航道工程生态环境影响评价涉及众多指标,尽管国内外对此已有不少研究,但提出的指标及指标体系比较宏观和分散,尚未形成系统、全面、适用的综合指标体系。例如:

徐宿东等基于已有研究将水动力模型(ADCIRC)和生态适宜度模型(HSI)进行耦合,建立了刀鲚和河蚬与水动力因素之间的关系,对长江特征物种刀鲚和河蚬进行生态适宜度评价,以此预测生态环境变化并优化深水航道整治方案。

夏静构建了水利工程建设引起的河流水文情势变化及对河口生态环境影响的因子架构,并结合长江口深水航道工程的生态调查结果,比较分析了深水航道工程对长江口浮游植物的影响,采用多元统计分析方法对环境因子的变化进行了分析。

严登华等提出内河生态航道建设理论框架,按照理论、规划设计、工程措施、监测评估、管理维护、投资建设的层级分别确定航道工程对河流生态环境影响的关键指标,用于构建内河生态航道建设技术框架,各层级之间的指标没有明确的包含或逻辑对应关系,对指标框架的研究侧重于关注内河航道建设对河流生态的影响,重点涉及内河航道船行波对生境及大型底栖生物群落的影响。

罗雄等人采用系统分析、生态因子识别、生态影响判别等方法,结合环境目标提出航道治理建设规划环境影响识别指标体系,该指标体系立足于规划环境影响评价层面,针对规划可能涉及的环境主题、保护目标、有关要求及关注指标,从资源利用和社会发展、生态环境、水环境、环境空气、环境风险等方面,结合保护目标和有关要求,提出环境影响评价重点关注的指标,以便于规划阶段的影响判别,以及规划、设计、施工、运行阶段的环境影响控制和环境管理操作。

杨苗苗调查了广东省内河航道整治工程(丁坝、炸礁、疏浚工程)对河流生态影响,结合影响机理分析,构建了航道整治工程生态保护与恢复指标体系,将丁坝、炸礁、疏浚工程的生态保护与恢复指标体系分为技术指标和生态指标两个指标群。该指标体系不用于评价方面的研究,其核心是要指导航道工程的生态化建设,为航道整治各分项工程的规划、设计、施工提供生态保护与恢复方面的技术指导和建议。

匡舒雅等基于对航道与河流系统关系的理解,并借鉴相关研究成果,构建了包括一个目标层A(长江下游南京—浏河口段生态航道水平)、7个准则层B(航运功能、输水泄洪功能、输沙功能、自净功能、供水功能、生态功能、景观娱乐功能)、19个指标层C的长江下游生态航道南京—浏河口段评价指标体系,其目的是评价长江下游生态航道健康水平。

上述评价指标研究尽管涉及了航道工程环境影响的相关指标及指标体系,但体系的架构要么较为具体,但涉及面较窄,要么较为宏观,但缺乏系统性的细化指标,在实际航道工程生态环境影响分析、减缓措施设计和后续生态环境修复及效果评价中,单凭上述研究提出的指标体系以及传统的环境影响评价方法,尚无法覆盖作业活动、生境变化、物种活动、生态影响全过程的关键指标,且难以实现分作用过程、分影响类型、分影响因素、分单项指标地加以精细化描述与调查分析的生态化高质量发展目标。

综上所述,在生态航道建设方面,用于评价其生态环境影响和减缓对策的指标不明确,指标之间的逻辑关系模糊不清。在国家生态文明建设如火如荼的当前形势下,亟待提出既有科学性、系统性,又有实用性和可操作性的指标体系架构,为航道工程生态环境影响及对策的跟踪分析评价,为生态航道建设中关键指标的辨识、设计、监测、调查、分析与评价提供科学技术支撑。

7.4.2 综合指标体系构建

(一)总体指标架构

常用的生态环境影响评价方法有图形叠置法、生态机理法、类比法、列表清单法、综合指数法、景观生态学方法、系统分析法、生物多样性评价法、生产力评价法、数学评价方法等,通过研究这些方法的特点及应用性,并结合传统的环境影响评价方法,以及上述生态环境影响途径与机理及减缓对策分析方法,可派生出众多的影响评价指标,其特点是:以水质、重要湿地生境、重要鱼类三场一通道、重要物种生长繁殖、生态系统完整性为重点。

基于系统分析法、综合指数法和层级分析法,本研究提出一种多层级的影响分析指标体系及评价方法,其以环评中采用的评价指标为基础,并进一步梳理施工内容和航运作业中关键生态因子引起生态系统状态快速转变的可能性,以及相关的定量化判别指标,包括相关施工活动的直接影响因子(如水质、沉积物等污染性因子),和相关生境破碎化、生物多样性、生态系统功能变化等作用后果的间接影响因子,进而得以丰富和完善并构建形成"作业行为—生境变化—物种活动—生态系统"多层级的影响分析指标体系。

本研究提出的多层级影响分析指标体系以影响的源项、受体及其受影响状态及程度的全过程机理分析为基础,其架构分为子系统(A)、指标群(B)、单因素指标(C)以及分项具体指标(D)四个层次。在该框架中,位于第一层次的子系统(A)分为作业行为系统、生境变化系统、物种活动系统、生态影响系统4个子系统,后续各层次按不同的子系统分别形成对应的指标群、单因素指标及分项具体指标,体系框架示于图7.4-1和表7.4-1。

多层级影响分析指标体系架构　　　　　表 7.4-1

子系统(A)	指标群(B)	单因素指标(C)	分项具体指标(D)
作业行为系统(A1)	施工作业模块	作业时序	不同施工段整体施工作业时序安排
			不同施工段疏浚、切滩、筑坝、护底、护岸各施工作业类型的作业时序
		作业形式	不同施工段各施工作业类型的作业形式,包括水工构筑物材料、结构、形态。作业位置及水流、水深等设计参数,如坝高、坝长、数量、挑角、材料种类、结构形式、坝间距、是否包括近自然、透水率优的材料和结构形式等
		作业方式	不同施工段各施工作业类型的作业方式,如不同类型软体排的铺设方式,避开鱼类产卵期、洄游期以及长江江豚繁殖期和抚幼期的作业方式,避开多种类型作业相同时间段和施工段集中作业的组织方式。疏浚和切滩挖运吹(耙吸船舱吹)工艺等指标
		作业强度	不同施工段各施工作业类型的作业强度,包括长度、宽度、方量、水域及陆域占用位置、面积、工期等
	工程变化及环保措施落实模块	施工作业变化	环评期及实际施工期的疏浚、切滩、筑坝、护岸、护底等工程在施工作业时序、范围、工程量、材料、结构及施工方式
		环保措施变化	环评期及实际施工期的环保措施变化,以及环保措施落实状况
	航道运行及维护模块	通航运行	通航船舶吨级及数量、船型及燃料、载货类型及运量的变化、船舶及港口水气声固体废物排放量、污染防治对策
		航道维护	航道维护性疏浚的范围、频次、疏浚量
	突发污染事故及应急模块	泄漏类型	溢油(原油、重油、柴油)、危险化学品
		泄漏规模	易发溢出量、泄漏时长
		污染风险概率	船舶及航道沿岸溢油及化学品泄漏污染事故风险概率、易发位置、分类风向风速统计概率
		应急防备	应急处置对策及人员装备配备、环境敏感资源分布、应急预案、污染预警模型、损害赔偿及修复对策
生境变化系统(A2)	水文环境模块	地形变化	岸线及水深分布变化
		水流变化	逐月或分季节的水流量、流向、流速分布变化
		光照变化	逐月或分季节的光照条件分布变化
	水生态环境	水质	pH(无量纲)、水温(℃)、悬浮物(SS)、溶解氧、高锰酸盐指数(COD_{Mn})、五日生化需氧量(BOD_5)、总磷、氨氮、总氮、挥发酚、石油类、富营养化指数、砷、硫化物
		岸滩及沉积物类型	粒径分布、栖息地类型
		岸滩及沉积物质量	石油类、有机碳、pH值、镉、汞、砷、铜、铅、铬、锌、镍
	社会经济环境变化	渔业	渔业资源量、捕捞量
		水利	年径流量、泥沙通量
		环保	入江污染物通量
		交通	通航环境变化带来的相应变化

续上表

子系统(A)	指标群(B)	单因素指标(C)	分项具体指标(D)
物种活动系统(A3)	各类水生植物和动物活动模块	群落学指标	叶绿素a含量
			浮游植物(种类组成、数量分布、优势种和物种多样性、丰度)
			浮游动物(种类组成、数量分布、优势种和物种多样性、丰度)
			底栖生物(种类组成、数量分布、优势种和物种多样性、丰度)
			潮间带生物(种类组成、数量分布、优势种和物种多样性、丰度)
			水草及水生维管束植物(种类组成、数量分布、优势种和物种多样性、丰度)
			鱼卵仔鱼种类组成、优势种、资源密度及分布
			游泳生物种类组成、优势种、资源密度及分布
			工程水域重要鱼类"三场"概况
			工程附近水域渔业生产现状
			珍稀水生保护动物现状
		生产力指标	初级生产力
			次级生产力
		生物体质量	石油烃、铜、锌、铅、铬、汞
		生态毒理学指标	生物残毒(PCB)
	生态系统功能	生态服务功能	浅水、缓流岸滩等适生栖息地供应
			多样性流态等适生栖息地供应
			挺水性植物等适生栖息地供应
			透水、通水等适生栖息地供应
		生态景观健康	水体自净化能力变化
			适宜生境多样性及面积变化
			生境破碎化变化
	人类干预	减缓措施	水质防护实施方式
			水生生物保护
			水生生物救助
			增殖放流、人工鱼巢和植物群落营造等生态恢复实施效果
	重要生物关键活动	物种活动	主要保护物种和经济鱼类的栖息、觅食、索饵、繁殖、产卵、洄游等活动习性
		活动变化相关性	重要生物群落学指标、生境面积、生境破碎化、食源水源变化引起活动的变化
生态影响系统模块	分项影响	分项施工直接影响	疏浚、切滩、筑坝、护底、护岸等分项施工作业以及航道运行、维护对生态环境带来的直接影响指标
		分项施工间接影响	分项施工作业以及航道运行、维护对生态环境带来的间接影响指标

续上表

子系统(A)	指标群(B)	单因素指标(C)	分项具体指标(D)
生态影响系统模块	叠加累积影响	多项施工叠加影响	在相同或相近时间和空间范围内不同类型施工作业以及航道运行、维护对同一直接影响因素(如水中噪声、水中悬浮物浓度、水流流向及流速、栖息地变化、岸滩及底栖生物损失量等)带来的叠加影响指标
		多项施工累积影响	在工程及影响区域多种直接、间接影响叠加后产生的综合累积影响指标
	环保措施落实效果影响	环评阶段提出措施	在工程环评阶段,对疏浚、切滩、筑坝、护底、护岸等施工作业以及航道运行、维护提出的对应环保措施的落实情况及实施效果的影响分析指标,以及溢油及化学品泄漏对应的应急措施影响指标
		工程变化追加措施	工程变化带来影响对应的追加措施影响分析指标
	影响持续时长	短期影响	由于工程施工、维护和季节性运行带来的短期不利影响,随着施工及维护的结束,或季节变化,该影响能够消除或在短期内得到明显减缓,如抛石、筑堤引起的水中悬浮物浓度、水中噪声增加,工程施工对水生生物洄游、产卵、越冬的影响等指标
		中长期影响	由于工程施工、维护和运行带来的中长期不利影响,即便施工及维护结束,或季节变化,该影响依然难以消除或在短期内难以得到明显减缓,如抛石、筑堤引起的水流变化、对物质、能量交换产生的阻隔作用工程运营对水生生物洄游、产卵、越冬的影响等指标

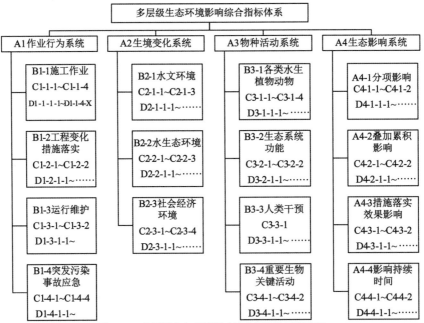

图 7.4-1　多层级生态环境影响综合指标体系框架图

各子系统的各指标群模块构成:

子系统(A)4 个子系统的各指标群模块具体如下:

子系统 A1——作业行为系统,包括疏浚、切滩、筑坝、护底铺设及护岸加固等施工作业模块、工程变化及环保措施落实模块、航道运行及维护模块、突发污染事故及应急模块(含溢油、化学品泄漏模块)。

子系统 A2——生境变化系统,包括水文环境(含岸滩沉积物理化参数)、水生态环境、社会经济环境变化等模块。

子系统 A3——物种活动系统,包括各类水生植物和动物活动(含种类、分布、栖息密度、生物量等)及人类干预活动、重要生物关键活动(含栖息、觅食、索饵、繁殖、产卵、洄游等)及变化等模块。

子系统 A4——生态影响系统,其受体与 A2、A3 类似,不同之处在于:子系统 A2 侧重于生境系统因子的变化,子系统 A3 侧重于生物因子的变化,子系统 A4 侧重于因子系统 A1～A3 变化而导致的对整个生态系统要素及功能(含生态系统健康状况和生态服务功能)的影响,影响类型分为直接影响、间接影响、叠加影响、累积影响、环保措施落实效果影响,以及短期影响、中长期影响等模块。

(二)作业行为系统模块的构成

1)护岸加固、护底铺设、筑坝(丁坝及潜堤工程)、疏浚、切滩等作业模块包括作业时序、作业强度、作业方式及形式等指标

(1)作业时序指标具体描述

包括不同河段整体施工作业时序安排以及疏浚、切滩、筑坝、护底护岸每个施工作业模块的作业时序。例如:

先护底后堤身、先护滩堤后丁坝护滩带,各施工段护滩堤首先自下而上进行施工护底,堤身紧跟护底推进,护底超前堤身大于 300m。

丁坝护底铺排由堤头向护滩堤方向推进。护滩堤身推进到丁坝护滩带位置前完成护滩带的护底施工,同时与护滩堤衔接进行护滩带抛石施工。

铺排施工遵循自下游到上游的施工顺序;多作业面平行施工、从下游向上游推进;上游侧进度快于下游侧等多种作业时序。

护岸工程的作业方式可分为水上护坡和水下护坡,水上作业时序包括:土方开挖、土方回填、雷诺石垫、浆砌块石、水上护坎抛石、土工布铺设等,水下作业方式包括石笼装运、水下船抛。

护底工程等水下作业时序指标除了总体指标外,还包括是否避开了鱼蟹的洄游/上溯期、保护物种繁殖、产卵期等。

(2)作业形式指标具体描述

作业形式指标具体包括疏浚、切滩、筑坝、护底护岸每个施工作业模块的作业形式,包括材料、结构、形态。例如:

护岸的形式不同,其对水流动力条件(近岸流速场、流态、河床、河道横断面)的影响也不同,其形式指标包括:平顺护坡,丁坝(石矶)护岸工程(凡是在河岸边修建的突出式护岸工程,无论其尺寸及其对水流条件影响的程度,只要改变水流条件的情况相同,即属于该类型),结构指标包括镂空型沉箱护岸结构、混凝土劈离块护面护岸结构、其他结构。护岸的形式指标还包括材料、植被等指标(进一步分为生态混凝土、鱼巢砖、净水石笼、植物纤维垫、土工植草固土网垫、土工网复合技术、土工格栅)。护底的形式指标包括生态软体排、可降解防护网、仿生水草垫、土工织物沙枕、混凝土块软体排、抛石等。

丁坝、潜堤工程等作业形式指标包括:设计参数(坝高、坝长、数量、挑角、材料种类、结构

形式、坝间距)、是否包括近自然、透水率优的材料和结构形式。

(3)作业方式指标具体描述

作业方式指标具体包括疏浚、切滩、筑坝、护底护岸每个施工作业模块的作业方式。例如：护底工程的作业方式指标包括专用铺排船水上铺设，堤身排为砂肋排、机织土工布铺设、余排采用混凝土联锁块、混凝土联锁块软体排、针刺复合土工布铺设。

各类作业方式指标除了总体指标外，还包括是否避开鱼类的产卵期、洄游期以及长江江豚的繁殖期和抚幼期，是否避开多种类型作业相同时间段和施工段集中作业的组织方式；

疏浚和切滩工程作业方式指标包括挖运吹(耙吸船艚吹)工艺、其他工艺指标。

(4)作业强度指标

作业强度指标具体包括疏浚、切滩、筑坝、护底护岸每个施工作业模块的作业强度，包括长度、宽度、方量、水域及陆域占用位置、面积、工期等。例如：

疏浚和切滩的作业强度指标包括单向施工、双向施工、施工设备的功效、性质(挖泥船、环保型疏浚设备；挖掘机、吸沙船及其他)和数量、施工人员的数量、工期等指标。

2)工程变化及环保措施落实模块

主要包括环评期及实际施工期的疏浚、切滩、筑坝、护岸、护底等工程在施工作业时序、范围、工程量、材料、结构及施工方式、环保措施的变化，以及环保措施落实状况等指标。

3)航道运行及维护模块

主要包括通航船舶吨级及数量、船型及燃料、载货类型及运量的变化，船舶及港口水气声固体废物排放量、污染防治对策，以及航道维护性疏浚的范围、频次、疏浚量等指标。

4)突发污染事故及应急模块

主要包括船舶及航道沿岸溢油及化学品泄漏污染事故风险或已发事故的溢出量、溢出物种类、泄漏时长、风险概率、统计高频或实时风向风速、潮流场、应急处置对策及人员装备配备、环境敏感资源分布、应急预案、污染预警模型、损害赔偿及修复对策等指标。

(三)生境变化系统模块的构成

1)水文环境模块

主要包括岸线及水深分布，逐月或分季节的水流量、流向、流速、光照条件分布等指标的变化。

2)水生态环境模块

主要包括水质和岸滩及沉积物质量等指标，分项具体指标如下：

(1)水质指标：pH(无量纲)、水温(℃)、悬浮物(SS)、溶解氧、高锰酸盐指数(COD_{Mn})、五日生化需氧量(BOD_5)、总磷、氨氮、总氮、挥发酚、石油类、富营养化指数、砷、硫化物等。

(2)岸滩及沉积物质量指标：栖息地类型、粒径分布、石油类、有机碳、pH值、镉、汞、砷、铜、铅、铬、锌、镍等。

3)社会经济环境变化模块包括：渔业资源捕捞量、泥沙通量、入江污染物通量、年径流量等，以及通航环境变化带来的相应变化。

(四)物种活动系统模块的构成

1)各类水生植物和动物活动模块

主要包括群落学、生产力、生态毒理学指标，具体指标如下：

(1)群落学指标：叶绿素a含量，浮游植物、浮游动物、底栖生物、潮间带生物、水草及水生维管束植物、鱼卵仔鱼、游泳生物、重要鱼类"三场"概况、工程附近水域渔业生产现状、珍稀濒危水生保护动物现状及变化。

以上指标中进一步分解指标如下：

①浮游植物、浮游动物、底栖生物、潮间带生物、水草及水生维管束植物：种类组成、数量分布、优势种和物种多样性、丰度等指标的变化；

②鱼卵仔鱼、游泳生物：种类组成、优势种、资源密度及分布等指标的变化；

③重要鱼类"三场"概况：栖息地、洄游通道、越冬场、产卵场、索饵场和育幼场分布情况等指标的变化。

（2）生产力指标：初级生产力、次级生产力等指标的变化；

（3）生态毒理学指标：生物体质量（石油烃、铜、锌、铅、铬、汞）、生物残毒等指标的变化；

（4）生态服务功能指标：浅水、缓流岸滩、多样性流态、挺水植物、透水、通水构筑物等适生栖息地供应等指标的变化；

（5）生态景观健康指标：水体自净化能力、适宜生境多样性及面积变化、生境破碎化等指标的变化。

2）人类干预模块

主要指标包括：工程作业以外的各种单项及综合性生态影响减缓措施及其实施方式、实施效果，如：水质防护、水生生物保护/救助、生态恢复等指标，分项具体指标如下：

（1）水质防护指标：工程防护技术（如防污屏）、管理手段（如避开取水高峰、作业方式和进度调整）；

（2）水生生物保护指标：水生动物声学驱赶及诱导技术，含船舶噪声驱赶技术及工艺、施工噪声驱赶法技术及工艺、击打噪声驱赶技术及工艺、声学驱赶仪驱赶技术及工艺、声学诱导技术等；

（3）水生生物救助指标：搁浅救护站及救助方案等；

（4）生态恢复指标：增殖放流、人工鱼巢和植物群落营造等指标。

3）重要生物关键活动（含栖息、觅食、索饵、繁殖、产卵、洄游等）模块

分项详细指标包括：主要保护物种和经济鱼类的栖息、觅食、索饵、繁殖、产卵、洄游等活动指标，以及与重要生物群落学指标、生境面积、生境破碎化、食源水源变化的相关性指标等。

（五）生态影响系统模块的构成

1）分项影响模块

（1）分项施工直接影响

主要包括疏浚、切滩、筑坝、护底、护岸等施工作业以及航道运行、维护对生态环境带来的直接影响指标。

（2）分项施工间接影响

主要包括疏浚、切滩、筑坝、护底、护岸等施工作业以及航道运行、维护对生态环境带来的间接影响指标。

2）叠加累积影响模块

（1）多项施工叠加影响

主要包括在相同或相近时间和空间范围内不同类型施工作业以及航道运行、维护对同一

直接影响因素(如水中噪声、水中悬浮物浓度、水流流向及流速、栖息地变化、岸滩及底栖生物损失量等)带来的叠加影响指标。

(2)多项施工累积影响

主要包括在工程及影响区域多种直接、间接影响叠加后产生的综合累积影响指标。

3)环保措施落实效果影响模块

(1)环评阶段提出措施

主要包括在工程环评阶段,对疏浚、切滩、筑坝、护底、护岸等施工作业以及航道运行、维护提出的对应环保措施的落实情况及实施效果的影响分析指标,以及溢油及化学品泄漏对应的应急措施影响指标。

(2)工程变化追加措施

主要包括工程变化带来影响对应的追加措施影响分析指标。

4)影响持续时长模块

(1)短期影响

主要指由于工程施工、维护和季节性运行带来的短期不利影响,随着施工及维护的结束,或季节变化,该影响能够消除或在短期内得到明显减缓,如抛石、筑堤引起的水中悬浮物浓度、水中噪声增加,工程施工对水生生物洄游、产卵、越冬的影响等指标。

(2)中长期影响

主要指由于工程施工、维护和运行带来的中长期不利影响,即便施工及维护结束,或季节变化,该影响依然难以消除或在短期内难以得到明显减缓,如抛石、筑堤引起的水流变化、对物质、能量交换产生的阻隔作用工程运营对水生生物洄游、产卵、越冬的影响等指标。

7.4.3 综合指标体系评价方法及应用

(一)单因素指标的评价方法

借鉴传统的环境影响评价方法,综合指标体系中单因素指标的评价方法分为两类,具体如下:

1)有明确的标准及规范规定其阈值及基准值的指标,可以引用其阈值及基准值进行指标状况的评价,这些指标主要包括:

(1)pH、水温、悬浮物、溶解氧、高锰酸盐指数、五日生化需氧量、总磷、氨氮、总氮、挥发酚、石油类、富营养化指数、砷、硫化物、镉、汞、砷、铜、铅、铬、锌、镍;

(2)浮游植物、浮游动物、底栖生物、潮间带生物、水草及水生维管束植物、鱼卵仔鱼、初级生产力、次级生产力、生物残毒。

2)无明确标准及规范,需要通过专项调查研究来界定其阈值及标准值,以及可借鉴相关科学研究成果综合评估,这些指标主要包括:渔业资源捕捞量、泥沙通量、入江污染物通量、生境面积、生境破碎化等。

(二)单因素指标的具体评价实例

1)有明确的标准及规范规定其阈值及基准值的指标

(1)仪征水道、和畅洲水道、落成洲水道、鳗鱼沙水道和福姜沙水道施工期和试运行期

COD_{Mn}和石油类监测结果均低于相应标准值,SS 月平均数值波动较大,2015—2016 年各标段 SS 年平均值均超标,2017—2018 年各标段 SS 年平均值低于相应标准值。高桥水厂、亨达水厂、泰州市三水厂和双山水厂取水口的监测结果与各工程断面类似,COD_{Mn}和石油类均低于Ⅱ类标准值,SS 数值波动大,2015 年和 2016 年各取水口 SS 年平均值超标,2017 年和 2018 年各取水口 SS 年平均值低于相应标准值。SS 数值在 2015—2018 年逐年降低,可能与近几年长江大保护、非法采砂活动减少及护岸工程的水土保持作用有关,不否认航道工程会在短期内增加 SS 数值,但航道工程结束后相关影响也会逐渐消失。

(2)仪征抛泥区、和畅洲抛泥区和落成洲抛泥区施工期和试运行期 pH、DO、石油类、COD_{Mn}、BOD_5、NH_3-N 的监测结果均未超标,施工期 SS 和 TP 超标;福姜沙抛泥区 pH、石油类、COD_{Mn}、BOD_5、NH_3-N、TP 的监测结果均未超标,DO 和 SS 超标。监测结果表明,抛泥施工会对 SS 产生一定影响,同时会造成水体中 TP 含量的升高和 DO 含量的降低等不利影响,但工程完工后,相关不利影响会逐渐消失。

(3)和畅洲水道和口岸直水道施工期和试运行期昼间噪声结果均未超过声环境 2 类标准值,仪征河道仅在 2016 年施工期间出现一例声环境数值超标情况,该河道施工期昼间噪声超标率低于 1.5%。通过对监测现场情况进行调查,该超标情况并非工程施工所致,且工程施工对声环境的影响会随着工程的完工而消失。仪征水道、和畅洲水道和口岸直水道施工期夜间噪声均出现超过声环境 2 类标准值的情况,但各河道超标率不高于 6%。通过对监测现场情况进行调查,该超标情况并非工程施工所致,且工程施工对声环境的影响会随着工程的完工而消失。试运行期间,仪征水道、和畅洲水道和口岸直水道未出现夜间噪声超过声环境 2 类标准值的情况,表明施工完成后,相关噪声影响会随之消失。

(4)试运行期各水道环境空气监测点各项监测指标均符合相应标准要求。同环评时期比较可知,SO_2 浓度在试运行期监测过程中出现了较小程度的下降,总体上变化不明显;NO_2 浓度在试运行期监测过程中出现了明显的下降;TSP 浓度最大值在试运行期间在部分监测点出现了一定程度的增加,但总体上仍然处于相应标准要求范围以内;PM_{10} 浓度在试运行期监测出现了较小程度的下降,总体上变化不明显。

(5)试运行期所有底泥监测指标均未出现超标现象。通过对比环评期和试运行期底泥监测结果,两者之间无明显差异,表明工程建设对工程江段底泥环境基本无影响。以科技示范工程为例,对上述内容进行说明。

2)无明确标准及规范的监测结果评价应用案例

(1)应用了生物群落结构研究常用的排序方法,分析底栖动物群落组成的差异性。其中,有别于一般的以原始数据矩阵为起点的排序方法,采用了无度量多维标定排序分析法(Nonmetric Multidimensional Scaling,NMDS),即以样方间相异距离的矩阵为起点,将 N 个样方排列在一定的空间,使得样方间的空间差异与原始距离矩阵保持一致,其排序仅决定于相异系数的大小顺序。

(2)应用了单因素方差分析法(One-way Analysis of Variance,One-way ANOVA),进行沉积物粒径和有机质的显著性分析,即对影响因素的试验结果进行统计,用来检验多个平均数之间的差异,从而确定某项单因素指标对试验结果有无显著性影响。

(3)生态护岸效果的评价可借鉴国内已有的评价指数方法,具体指标取值参见表 7.4-2,评价方法和判定准则如下：

生态护岸效果评价方法及评价参考指数　　　　　　表7.4-2

序号	护岸类型	防洪安全	生态保护	社会经济性	综合评价值
1	SG生态砖扦插柳枝复合护岸	2.599	2.28	2.105	2.392
2	块石扦插柳枝复合护岸	3.246	3.136	2.479	3.090
3	卵石扦插柳枝复合护岸	3.133	2.545	2.660	2.814
4	山石护岸	3.316	1.799	3.486	2.689
5	块石护岸	3.233	1.689	2.221	2.427
6	SG生态砖护岸	2.53	1.475	1.322	1.906
7	扦插柳枝护岸	2.116	2.44	3.455	2.445
8	松木桩护岸	3.583	3.672	2.832	3.515
9	生态袋和仿木桩复合护岸	2.932	3.523	2.000	3.053
10	卵石护岸	2.366	1.288	2.449	1.915
11	铅丝石笼和生态袋复合护岸	3.733	3.419	1.364	3.262

①综合评价值处于3.35~4.00时，护岸属于理想状态，松木桩护岸的综合评价值为3.515，符合理想状态护岸的判定准则要求；

②综合评价值处于2.70~3.35时，护岸属于良好状态，铅丝石笼和生态袋复合护岸、块石扦插柳枝复合护岸、生态袋和仿木桩复合护岸、卵石扦插柳枝复合护岸的综合评价值依次为：3.262、3.090、3.053、2.814，符合良好状态护岸的判定准则要求；

③综合评价值处于2.05~2.70时，护岸属于一般状态，能够满足基本需要，山石护岸、扦插柳枝护岸、块石护岸、SG生态砖扦插柳枝复合护岸的综合评价值依次为：2.689、2.445、2.427、2.392，符合一般状态护岸的判定准则要求；

④综合评价值低于2.05时，护岸属于较差状态，护岸功能较差，卵石护岸、SG生态砖护岸的综合评价值依次为：1.915、1.906，符合较差状态护岸的判定准则要求。

二期工程护岸多采用了铅丝石笼和生态袋复合护岸、块石扦插柳枝复合护岸，符合良好状态护岸的判定准则要求。

（4）增殖放流效果的评价体系可采用国内已有成果，根据二期工程影响水域的水生生态、渔业生物群落组成、种群结构、生物资源现状，利用香农指数、均匀度和优势度指数分析其生物资源的多样性特征，掌握放流物种在生物群落中的地位，科学客观地评估生态补偿措施的实施对放流水域群落特征及生物多样性的影响，具体的评价指标见图7.4-2，评价结果可用于制定和完善放流计划及管理目标，管理体系及流程详见图7.4-3。

（5）生态丁坝和生态空间体排的监测调查结果显示，其对底栖动物恢复和沉积物促淤以及对鱼类聚集的效果，均好于传统整治建筑结构。总体来看，丁坝建设前该区域由于水流冲刷严重难以形成底栖动物赖以生存的环境，丁坝建设后水流趋缓，在丁坝附近的河床形成了一定的沉积物淤积，构建出新的生境。相比于传统丁坝，生态丁坝不仅影响了周围底质环境，而且其内部又形成了另外的微生境，所以具有较好的生态效应，底栖动物群落具有更为多样的结构，生物量得到了提高。无护底带和生态空间体时的底栖动物群落组成NMDS分析显示，最具差异的是2017年12月的监测结果。尽管生态空间体采集点位的底栖动物并未形成稳定而独特的群落结构,但与传统护底带相比,能采集到底栖动物,说明生态空间体具有较好的生境重建作用,效果较为显著。

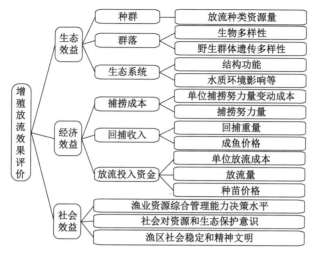

图 7.4-2 增殖放流效果评价指标体系

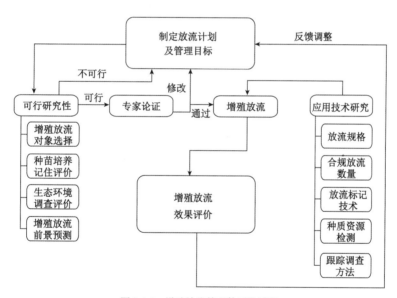

图 7.4-3 增殖放流管理体系及流程

(6)鱼类生态监测及评价结果显示,工程实施期间,水质、浮游生物、底栖动物、渔业资源(鱼类、早期资源)群落结构发生了一些变化,但经过一系列的水生生态补偿措施后,渔业资源均有逐渐恢复的趋势,施工结束后,渔业资源群落逐渐恢复,趋于稳定。

(7)人工鱼巢采用 C30 混凝土预制件,设计抗压强度大于 30MPa,强度较高且具有一定的抗变形能力,施工工序简单明了,质量易于控制和保证,空心结构若出水可植入水生植物,水下部分则有利于各类水生动物安身栖息繁衍,充分发挥近岸水域水体自净作用,改善其周边生态环境,稳定河道岸坡,可形成生态护坡。

(8)生态浮床由 4 部分组成:浮床框体、浮床床体、浮床基质、浮床植物,为适宜当地气候、水质条件,获得高成活率,浮床植物优先选择本地种中根系发达、根茎繁殖能力强、生长快、生物量大、植株优美、观赏性强、经济价值良好的品种,最终确定栽种美人蕉、水葫芦等水生植物。生态浮床框体的钢架四周悬挂人工鱼巢,鱼巢采用软质渔网制作的多层网片捆扎而成,底部用沉子进行下沉。外围是一个由上百条水泥沉船打造的鱼礁,在水底形成更丰富多样的鱼类生息繁衍场所。靖江、如皋水产种质资源保护区等水域内共建设生态浮床6.67万 m^2、人工鱼巢10万 m^2,修复工程已初见成效,为瓦氏黄颡鱼等代表种类提供了产卵场所,为黏草性鱼卵的附着提供重要基质。

(9)为改善河段内生物栖息环境,研究人员设计了生态型坝体结构,开孔的坝体改变了工程区域上升流、背涡流流场结构,从而改善水生生物的诱饵场、产卵场和避难所,同时坝体结构本身也可以成为水生生物的栖息地,低潮时构件内可见浮游生物及贝壳附着,具有良好的生态效益。

(10)2016年11月—2018年4月增殖放流鱼种统计显示,共投入16种(14种鱼类及中华绒螯蟹、螺),合计约4180.86万尾,经费2508.66万元,增殖放流品种以鲢、鳙为主,分别为1344.80及1189.33万尾,鲢、鳙比为1.13∶1,以此估算,15种增殖放流品种(螺除外)理论可形成留江资源量为1.758万t,其中鲢约8264.3t,鳙约6860.9t。2016—2018年按月度共采集14目29科渔获物,其中鱼类13目24科98种,2016年及2017年种类变化不大,但鲢、鳊、鳙等生态优势度有一定提升,鲢为三年鱼类群落的第一优势种,各年多样性指数亦处于较高水平。根据渔获物中放流鱼种的生物量占比估算这15种增殖放流品种,自2016年11月增殖放流开始,至2018年8月,共计捕捞产量11040.00t,其中鲢捕捞6052.93t,鳙捕捞2695.24t等。2016—2018年共采集鲢、鳙子代样本各789份及622份,11个亲本场采集亲本样本420及281份,使用CERVUS 3.0进行亲权关系分析,结果显示,鲢增殖放流对鲢资源增殖贡献率约为7.14%,鳙增殖放流对鳙资源贡献率为4.26%。经济评价显示,增殖放流创造了可观的经济效益。

(三)二期工程生态环境影响多层级综合指标体系架构分析

提出的多层级影响分析指标体系及评价方法,系统性地集成了传统环境影响评价方法和上述生态环境影响途径与机理及减缓对策分析方法的各项关键指标及评价方法,形成了新的适用于航道工程生态环境影响的评价指标体系,其横向架构覆盖了作业活动、生境变化、物种活动、生态影响全过程作用机制,并通过纵向架构分别予以分类地刻画,以及分因素、分单项指标地精细化描述与调查分析,全面体现了基于机理分析的具有科学性、系统性、实用性和可操作性的指标体系架构特征,有利于将二期工程生态影响及减缓对策的研究、应用成果加以分过程、分类型及因素、分单项指标地总结提炼和分析评价,有利于后续生态航道建设中关键指标的辨识、设计、监测、调查、分析、评价。

经收集资料和指标体系架构后,长江南京以下深水航道的生态环境影响综合指标架构如下。

1)A1 作业行为子系统

(1)B1-1 护岸加固、护底铺设、筑坝(丁坝及潜堤工程)、疏浚、切滩等作业模块包括C1-1-1作业时序、C1-1-2作业形式、C1-1-3作业方式及C1-1-4作业强度指标。

①C1-1-1作业时序指标。

包括D1-1-1-1不同河段整体施工作业时序安排以及D1-1-1-2疏浚、切滩、筑坝、护底护岸每个施工作业模块的作业时序。

例如：先护底后堤身、先护滩堤后丁坝护滩带，各施工段护滩堤首先自下而上进行施工护底，堤身紧跟护底推进，护底超前堤身大于300m。

丁坝护底铺排由堤头向护滩堤方向推进。护滩堤堤身推进到丁坝护滩带位置前完成护滩带的护底施工，同时与护滩堤衔接进行护滩带抛石施工。

铺排施工遵循自下游到上游的施工顺序；多作业面平行施工，从下游向上游推进；上游侧进度快于下游侧等多种作业时序。

护岸工程的作业方式可分为水上护坡和水下护坡，水上作业时序包括：土方开挖、土方回填、雷诺石垫、浆砌块石、水上护坎抛石、土工布铺设等，水下作业方式包括石笼装运、水下船抛。

护底工程等水下作业时序指标除了总体指标外，还包括是否避开了鱼蟹的洄游/上溯期、保护物种繁殖、产卵期等。

②C1-1-2 作业形式指标。

作业形式指标具体包括 D1-1-2-1 疏浚、切滩、筑坝、护底护岸每个施工作业模块的作业形式，包括材料、结构、形态。例如：护岸的形式不同，其对水流动力条件（近岸流速场、流态、河床、河道横断面）的影响也不同，其形式指标包括：平顺坡，丁坝（石矶）护岸工程（凡是在河岸边修建的突出式护岸工程，无论其尺寸及其对水流条件影响的程度，只要改变水流条件的情况相同，即属于该类型），结构指标包括镂空型沉箱护岸结构、混凝土劈离块护面护岸结构、其他结构。护岸的形式指标还包括材料、植被等指标（进一步分为生态混凝土、鱼巢砖、净水石笼、植物纤维垫、土工植草固土网垫、土工网复合技术、土工格栅）。护底的形式指标包括生态软体排、可降解防护网、仿生水草垫、土工织物沙枕、混凝土块软体排、抛石等。

丁坝、潜堤工程等作业形式指标包括：设计参数（坝高、坝长、数量、挑角、材料种类、结构形式、坝间距）、是否包括近自然、透水率优的材料和结构形式。

③C1-1-3 作业方式指标具体描述。

作业方式指标具体包括 D1-1-3-1 疏浚、切滩、筑坝、护底护岸每个施工作业模块的作业方式。例如：护底工程的作业方式指标包括专用铺排船水上铺设，堤身排为砂肋排、机织土工布铺设、余排采用混凝土联锁块、混凝土联锁块软体排、针刺复合土工布铺设。

各类作业方式指标除了总体指标外，还包括是否避开鱼类的产卵期、洄游期以及长江江豚的繁殖期和抚幼期，是否避开多种类型作业相同时间段和施工段集中作业的组织方式；疏浚和切滩工程作业方式指标包括挖运吹（耙吸船艏吹）工艺、其他工艺指标。

④C1-1-4 作业强度指标。

作业强度指标具体包括 D1-1-4-1 疏浚、切滩、筑坝、护底护岸每个施工作业模块的作业强度，包括长度、宽度、方量、水域及陆域占用位置、面积、工期等。例如：疏浚和切滩的作业强度指标包括单向施工、双向施工、施工设备的功效、性质（挖泥船、环保型疏浚设备；挖掘机、吸沙船及其他）和数量、施工人员的数量、工期等指标。

（2）B1-2 工程变化及环保措施落实模块

主要包括 C1-2-1 施工作业变化（包括环评期及实际施工期的疏浚、切滩、筑坝、护岸、护底等工程在施工作业时序、范围、工程量、材料、结构及施工方式）、C1-2-2 环保措施的变化（包括环评期及实际施工期的环保措施变化,以及环保措施落实状况指标)。

根据工程逐项核查,除部分施工标段工程外,其余江段水下筑坝工程(潜堤、丁坝及护底)、护岸工程及疏浚工程均稍有降低,环境影响及生态损失降低。

部分施工标段筑坝、疏浚工程有所增加,由于施工区域涉及长江靖江段中华绒螯蟹鳜鱼国家级水产种质资源保护区试验区,因此相应河段工程施工影响可能比原评价的该区域生态损失和环境影响程度要有相应的增加。

航道工程的疏浚工程量变化指标调查实例分析图详见图8.2-1。

(3)B1-3 航道运行及维护模块

主要包括 C1-3-1 通航运行,包括通航船舶吨级及数量、船型及燃料、载货类型及运量的变化(D1-3-1-1)、沿岸港口吞吐量、货类的变化(D1-3-1-2)、船舶及港口水、气、声、固体废物排放量(D1-3-1-3)、船舶及港口污染防治对策(D1-3-1-4),以及 C1-3-2 航道维护,包括航道维护性疏浚的范围、频次、疏浚量(D1-3-2-1)、污染防治对策(D1-3-2-2)等指标。

科技示范工程是《长江经济带发展规划纲要》确定的重大项目,是"十二五"和"十三五"期间全国内河水运投资规模最大、技术最复杂的工程。工程范围从南京至太仓全长283km,总投资110亿元,历经7年建设。工程分两期实施,一期工程将12.5m深水航道从太仓上延至南通,2012年8月开工,2014年7月交工投入试运行;二期工程从南通上延至南京,2015年6月开工,2018年4月底通过交工验收,提前半年完成建设任务。工程建成后,长江南京以下航道水深从10.5m提高到12.5m,通航海轮从3万吨级提高到5万吨级,航道通过能力提升一倍,是长江黄金水道建设与发展的一个重要里程碑,将为高质量发展长江航运,构建高效畅通的水上高速公路,深化水运供给侧结构性改革,推动长江经济带发展和交通强国建设发挥重要作用。

科技示范工程后续疏浚维护期初步设计疏浚量为 $626.1m^3$,假设平均疏浚深度 $1.0m$,疏浚面积约 626 万 m^2。由于施工期和运行期的持续性疏浚,该范围的底栖生物栖息功能基本丧失,栖息生物种类、密度和生物量均将低于非疏浚区域。此外,在疏浚施工过程,局部区域的水中悬浮物浓度也会升高,导致对浮游动植物和鱼类生长的不利影响,随着施工的结束,该不利影响随之消失。相应提出的污染防治对策如下:

①提高施工效率,缩短维护疏浚施工期限。

②合理安排施工时间,尽量避开水生生物的产卵、繁育盛期。

③实现疏浚土的综合利用,可广泛用于吹填造陆、筑堤护岸、路基工程、烧制陶粒和保温隔热的新型轻质墙砖、滨海湿地的修复和重建等。

④合理选用疏浚设备:选择专用的环保型疏浚设备或利用原有挖泥船进行改造,降低对底泥的扰动程度,提升防 SS 扩散和防泄漏性能,其中,环保疏浚设备采用先进绞吸式挖泥船配合环保绞刀,直接由管道在泥泵的作用下吸起表层沉积物并远距离输送到陆地上,并安装自动控制系统和监视系统,采用 DGPS 精确三维定位,提高了疏浚精度,减少了沉积物的再悬浮以及污染物的释放。

⑤对受损水生生物进行增殖放流:将受损生物幼苗增殖放流,进行生态补偿,以减缓工程施工对水生生态环境的影响。

(4)B1-4 突发污染事故及应急模块

主要包括 C1-4-1 泄漏类型、C1-4-2 泄漏规模、C1-4-3 污染风险概率、C1-4-4 应急防备;

C1-4-1 对应的 D1-4-1-1~D1-4-1-2 分别为溢油（原油、重油、柴油）指标、危险化学品指标；C1-4-2 对应 D1-4-2-1~D1-4-2-2 分别为易发溢出量指标、泄漏时长指标；C1-4-3 对应的 D1-4-3-1~D1-4-3-3 分别为船舶及航道沿岸溢油及化学品泄漏污染事故风险概率指标、易发位置指标、分类风向风速统计概率指标；C1-4-4 对应 D1-4-4-1~D1-4-4-5 分别为应急处置对策及人员装备配备指标、环境敏感资源分布指标、应急预案指标、污染预警模型指标、损害赔偿及修复对策指标。

2) A2 生境变化系统

（1）B2-1 水文环境模块

主要包括 C2-1-1 地形变化指标、C2-1-2 水流变化指标以及 C2-1-3 光照变化指标；分项具体指标包括 D2-1-1-1 岸线及水深分布指标，D2-1-2-1 逐月或分季节的水流量、流向、流速指标以及 D2-1-3-1 光照条件分布指标。

（2）B2-2 水生态环境模块

主要包括 C2-2-1 水质指标、C2-2-2 岸滩及沉积物类型指标以及 C2-2-3 岸滩及沉积物质量指标，分项具体指标如下：

①水质指标（D2-2-1-1~D2-2-1-14）：pH、水温、悬浮物（SS）、溶解氧（DO）、高锰酸盐指数（COD_{Mn}）、五日生化需氧量（BOD_5）、总磷、氨氮、总氮、挥发酚、石油类、富营养化指数、砷以及硫化物。

②岸滩及沉积物类型指标（D2-2-2-1~D2-2-2-2）：栖息地类型、粒径分布。

③岸滩及沉积物质量指标（D2-2-3-1~D2-2-3-11）：石油类、有机碳、pH 值、镉、汞、砷、铜、铅、铬、锌以及镍。

（3）B2-3 社会经济环境变化模块包括 C2-3-1 渔业、C2-3-2 水利、C2-3-3 环保以及 C2-3-4 交通；具体包括 D2-3-1-1 渔业资源量、D2-3-1-2 捕捞指标、D2-3-2-1 年径流量、D2-3-2-2 泥沙通量指标、D2-3-3-1 入江污染物通量指标以及 D2-3-4-1 通航环境变化带来的相应变化指标。

3) A3 物种活动系统

（1）B3-1 各类水生植物和动物活动模块

主要包括 C3-1-1 群落学指标、C3-1-2 生产力指标、C3-1-3 生物体质量指标和 C3-1-4 生态毒理学指标，具体指标如下：

①C3-1-1 群落学指标：D3-1-1-1~ D3-1-1-11 分别为叶绿素 a 含量、浮游植物、浮游动物、底栖生物、潮间带生物、水草及水生维管束植物、鱼卵仔鱼、游泳生物、重要鱼类"三场"概况、工程附近水域渔业生产现状、珍稀濒危水生保护动物现状及变化。

以上指标中进一步分解指标如下：

浮游植物、浮游动物、底栖生物、潮间带生物、水草及水生维管束植物：种类组成、数量分布、优势种和物种多样性、丰度等指标的变化；

鱼卵仔鱼、游泳生物：种类组成、优势种、资源密度及分布等指标的变化；

重要鱼类"三场"概况：栖息地、洄游通道、越冬场、产卵场、索饵场和育幼场分布情况等指标的变化。

②C3-1-2 生产力指标：具体包括 D3-1-2-1 初级生产力指标的变化、D3-1-2-2 次级生产力指标的变化。

③C3-1-3 生物体质量指标:D3-1-3-1~D3-1-3-6 为石油烃、铜、锌、铅、铬以及汞指标的变化。

④C3-1-4 生态毒理学指标:D3-1-4-1 为生物残毒指标的变化。

(2)B3-2 生态系统功能

包括 C3-2-1 生态服务功能指标以及 C3-2-2 生态景观健康指标。

①C3-2-1 生态服务功能指标:具体包括 D3-2-1-1 浅水、缓流岸滩等适生栖息地供应指标、D3-2-1-2 多样性流态等适生栖息地供应指标、D3-2-1-3 挺水性植物适生栖息地供应指标以及 D3-2-1-4 透水、通水适生栖息地供应指标。

②C3-2-2 生态景观健康指标:具体包括 D3-2-2-1 水体自净化能力变化指标、D3-2-2-2 适宜生境多样性及面积变化指标以及 D3-2-2-3 生境破碎化变化指标。

(3)B3-3 人类干预模块

主要指标包括:C3-3-1 为工程作业以外的各种单项及综合性生态影响减缓措施及其实施方式、实施效果,如:D3-3-1-1 水质防护、D3-3-1-2 水生生物保护、D3-3-1-3 水生生物救助以及 D3-3-1-4 生态恢复指标,分项具体指标如下:

①D3-3-1-1 水质防护指标:工程防护技术(如防污屏)、管理手段(如避开取水高峰、作业方式和进度调整)。

②D3-3-1-2 水生生物保护指标:水生动物声学驱赶及诱导技术,含船舶噪声驱赶技术及工艺、施工噪声驱赶法技术及工艺、击打噪声驱赶技术及工艺、声学驱赶仪驱赶技术及工艺,以及声学诱导技术。

③D3-3-1-3 水生生物救助指标:搁浅救护站及救助方案。

④D3-3-1-4 生态恢复指标:增殖放流、人工鱼巢和植物群落营造指标。

(4)B3-4 重要生物关键活动(含栖息、觅食、索饵、繁殖、产卵、洄游等)模块

①C3-4-1 物种活动:分项详细指标包括:D3-4-1-1 为主要保护物种和经济鱼类的栖息、觅食、索饵、繁殖、产卵、洄游等活动指标。

②C3-4-2 活动变化相关性:D3-4-2-1 为重要生物群落学指标、生境面积、生境破碎化、食源水源变化的相关性指标。

4)A4 生态影响系统

(1)B4-1 分项影响模块

①C4-1-1 分项施工直接影响。

D4-1-1-1 为疏浚、切滩、筑坝、护底、护岸这样的施工作业以及航道运行、维护对生态环境带来的直接影响指标。

②C4-1-2 分项施工间接影响。

D4-1-2-1 为疏浚、切滩、筑坝、护底、护岸这样的施工作业以及航道运行、维护对生态环境带来的间接影响指标。

分项工程间接影响分析结果显示,护岸工程控制了水流的侧向冲刷,从而稳定了局部河势,减少了崩岸,保护了河岸生态系统免受因堤岸冲毁及加固维护而导致的紊乱与损失,因而具有一定的正面生态效应。此外,护岸工程引起的一些流态变化,如泡漩水、下钻水流、回旋流等,也为多种鱼类的栖息和繁殖提供了多样性的适宜水流条件选择,同样也具有一定的正面生态效应。

尽管如此,护岸工程仍然存在一些不利的生态环境影响,例如,在施工期,施工作业会引起水体中的噪声和悬浮物浓度有所升高,从而造成对游泳动物和浮游生物的危害;施工作业还会破坏底栖动物的栖息地,导致部分底栖动物暂时或永久地丧失其生存场,底栖动物的种类和数量因而会有所下降,此外,施工作业还会改变像底栖生物产卵基质这样的繁殖生境,同样也会导致底栖动物的种类和数量下降;同时,施工作业造成的岸滩硬化会影响水生维管束植物的生长,进而间接影响到喜好在此产沉性卵或黏性卵鱼类的繁殖发育,导致区域鱼类资源量的下降。

护底铺设等守护工程在施工期会使水体中噪声和悬浮物浓度升高,危害游泳动物和浮游生物;施工后一般不会对河道水文情势造成大的改变,但会破坏底栖动物的主要生存场,导致底栖动物种类、数量下降,改变其产卵基质等栖息繁殖生境,同时施工还会造成边滩硬化,影响水生维管束植物的生长,间接影响喜好在此产沉性卵或黏性卵鱼类的繁殖发育,导致区域鱼类资源量下降。通过采取生态型护底(生态空间体排)、增殖放流等生态保护措施,能够有效减低护底工程施工对水生生态环境的影响。

护底、丁坝、切滩和疏浚工程对生态的不利环境影响在机理上与上述影响总体相似。案例航道工程生态型护底的结构和材料选择了砂肋软体排,其外部为透水不透砂的分节高强度土工布肋体,现场铺设时将泥浆水注入中空的分节肋体内,其中较大颗粒的泥砂被土工布拦截在肋体之内,含有细砂的泥浆水则被排出肋体,形成的砂肋软体排旋即被布放到工程水域底部。由于这种砂肋软体排仍然具有一定的透水功能,而并未完全割裂土体与水体之间原有的连接关系,因而河道水域中生物、微生物与陆域的接触也未完全隔断,进而能在一定程度上减缓对河流天然自净能力降低的影响。相关试验段的生态监测调查结果也证实了以上分析判断,同时还显示了生态丁坝所具有的显著聚鱼效应。

(2)B4-2 叠加累积影响模块

①C4-2-1 多类工程叠加影响。

D4-2-1-1 为在相同或相近时间和空间范围内不同类型施工作业以及航道运行、维护对同一直接影响因素(如水中噪声、水中悬浮物浓度、水流流向及流速、栖息地变化、岸滩及底栖生物损失量等)带来的叠加影响指标。

根据水流及泥沙模型模拟结果,当抛石作业泥沙源强达到 $6kg/m^3$,连续排放 36 小时,在大潮期将会在下游 800m 范围内出现悬浮物浓度增量超过 10mg/L 的超标情况。若横向扩散范围取 125m,则污染超标面积约 10 万 m^2。疏浚作业对下游的超标影响范围会达到约 2000m,若横向扩散范围取 200m,则污染超标面积约 40 万 m^2。

为了计算航道工程施工 SS 超标影响范围的叠加影响,研究建立了叠加公式:

$$ASS = \sum ASS_i = \sum (DSS_i \times WSS_i \times N_i + AW_i)$$

式中,ASS 为航道工程作业叠加的 SS 超标面积;ASS_i 为第 i 种作业方式造成的 SS 超标面积;DSS_i 为第 i 种作业方式超标区域的纵向传输距离(疏浚作业取 2000m,其他施工作业取 800m);WSS_i 为第 i 种作业方式 SS 超标区域的横向扩散范围(疏浚作业取 200m,其他施工作业取 125m);N_i 为第 i 种作业方式分段施工数量(二期工程疏浚、丁坝及护底铺排、护岸工程分别取 21、14、16 个);AW_i 为第 i 种作业方式占用水域面积(二期工程疏浚、丁坝及护底铺排、护岸工程分别取 626、11.7、94.9 万 m^2)。

假设二期工程各类施工作业区域的悬浮物浓度超标,并考虑每段作业区域的超标面积相应的传输扩散影响范围要加和上述模型模拟的污染超标面积,则按照上述航道工程施工 SS 超标影响范围的叠加公式,计算二期工程疏浚及其他施工作业 SS 超标面积分别为 1466 万 m^2 及 406.6 万 m^2,叠加的超标影响面积为 1872.6 万 m^2。这些区域浮游动植物和鱼类的生长会在相应施工时段受到一定程度的不利影响。

②C4-2-2 多类工程累积影响。

D4-2-2-1 为在工程及影响区域多种直接、间接影响叠加后产生的综合累积影响指标。

航道工程综合累积影响主要体现在对由水草及水生维管束植物、浮游植物、浮游动物、底栖及潮间带生物、鱼类及游泳动物、濒危动物以及他们的栖息地共同组成的生态系统结构和功能造成一定的不利影响,为降低此类影响,二期航道工程部分施工点采取了有利于生态恢复的工程结构,施工期采取了一系列生态保护措施,实施了人工鱼巢和生态浮岛水生生态修复措施、鱼类增殖放流生态补偿措施。随着施工结束工程投入试运行,施工期影响呈现逐步减缓和得到恢复趋势,工程采取的生态保护措施在一定程度上减缓了工程建设给水生生态带来的负面影响。

(3) B4-3 环保措施落实效果影响模块

①C4-3-1 环评阶段提出措施。

D4-3-1-1 为工程环评阶段,对疏浚、切滩、筑坝、护底、护岸这样的施工作业以及航道运行、维护提出的对应环保措施的落实情况及实施效果的影响分析指标,以及溢油及化学品泄漏对应的应急措施影响指标。

②C4-3-2 工程变化追加措施。

D4-3-2-1 为工程变化带来影响对应的追加措施影响分析指标。

除部分施工标段外,工程实际施工方案与环评阶段相比,未发生重大变化,因此从工程变更角度,环境影响结论及生态保护与对策及方案不需做较大调整。

由于部分施工标段施工内容增加,且施工区域涉及长江靖江段中华绒螯蟹鳜鱼国家级水产种质资源保护区试验区,因此建议根据该标段工程量的增加情况,适当优化生态补偿与修复方案。

部分施工标段增加消能坝总长度 2200m,丁坝长度减少 675m,合计丁坝总长度增加 1525m,施工区域涉及长江靖江段中华绒螯蟹鳜鱼国家级水产种质资源保护区试验区。为减轻护底工程施工对该区域的生态损失和环境影响程度,应该合理安排施工时段,10—11 月为中华绒螯蟹成蟹洄游高峰期,护底工程施工应避开这段时间,尽量安排在 12 月至翌年 1 月;根据新增加的丁坝护底工程占地面积,重新核算保护区及周边鱼类生态环境的改造与修复预算,以及鱼类增殖放流预算。

部分施工标段河段增加了护岸工程 1240m,施工区域涉及如皋刀鲚国家级水产种质资源保护区试验区。为减轻护底工程施工对该区域的生态损失和环境影响程度,应该合理安排施工时段,2—4 月为刀鲚上溯高峰期,鉴于刀鲚的增殖放流技术尚未完全成熟,各类施工应避开刀鲚的上溯高峰期,护底工程施工尽量安排在 12 月至翌年 1 月;根据新增加的丁坝护底工程占地面积,重新核算保护区及周边鱼类生态环境的改造与修复预算,以及鱼类增殖放流预算。

部分施工标段工程实际施工方案与环评阶段相比疏浚总量增加 135.7 万 m³,因此建议根据疏浚工程量的增加情况,重新核算保护区及周边鱼类生态环境的改造与修复预算,以及鱼类增殖放流预算。

(4) B4-4 影响持续时长模块

① C4-4-1 短期影响。

D4-4-1-1 为工程施工、维护和季节性运行带来的短期不利影响,随着施工及维护的结束,或季节变化,该影响能够消除或在短期内得到明显减缓,如抛石、筑堤引起的水中悬浮物浓度、水中噪声增加,工程施工对水生生物洄游、产卵、越冬的影响指标。

② C4-4-2 中长期影响。

D4-4-2-1 为工程施工、维护和运行带来的中长期不利影响,即便施工及维护结束,或季节变化,该影响依然难以消除或在短期内难以得到明显减缓,如抛石、筑堤引起的水流变化、对物质、能量交换产生的阻隔作用工程运营对水生生物洄游、产卵、越冬影响等指标。

(四)创新点小结

提出一种多层级的影响分析指标体系及评价方法,其系统性地集成了传统环境影响评价方法和上述生态环境影响途径与机理及减缓对策分析方法的各项关键指标及评价方法,形成了新的适用于航道工程生态环境影响的评价指标体系,其横向架构覆盖了作业活动、生境变化、物种活动、生态影响全过程作用机制,并通过纵向架构分别予以分类地刻画,以及分因素、分单项指标地精细化描述与调查分析,全面体现了基于机理分析的具有科学性、系统性、实用性和可操作性的指标体系架构特征,有利于将二期工程生态影响及减缓对策的研究、应用成果加以分过程、分类型及因素、分单项指标地总结提炼和分析评价,有利于后续生态航道建设中关键指标的辨识、设计、监测、调查、分析、评价。主要创新点如下:

(1)采用生态环境影响多层级综合指标体系架构法,系统性地展现综合评价成果;

(2)指导生态航道建设中关键指标的辨识、设计、监测、调查、分析与评价;

(3)填补了航道工程生态环境保护及影响评价领域的相关指标体系架构空白;

(4)作为示范工程总体技术方案之一,可大幅增强对航道工程生态环境影响评价和生态航道建设的指导作用,其推广应用具有显著和重大的水路交通生态文明建设意义。

第 8 章 生态航道建设模式与对策效果评估模型

8.1 生态航道建设模式构建

8.1.1 科技成果推广的指导思想和技术特点

众所周知,水路运输一直以来都承担着繁重的客运和货运任务,特别是承担了全球资源和物资的运输任务。尽管水运在综合交通运输体系中具有单位运力成本低、环境污染轻的比较优势,但在其发展进程中仍面临诸多生态环境问题需要加以积极防治和妥善解决。

当前,围绕着交通强国着力推进安全、便捷、高效、绿色、经济的现代化综合交通运输体系建设的宏图大业,绿色生态水运的转型升级发展蓝图正在绘就,生态航道建设和养护保障是其中的重要核心内容。在国家生态文明建设的大背景下,水运迎来了构建并完善生态航道管理体制和支持保障技术体系,实现发展速度与产业结构、技术质量、生态环境效益相统一的重大发展机遇期。

长江南京以下 12.5m 深水航道建设工程是国内沿海和内河水运具有标志性的重大工程,由长江南京以下深水航道建设工程指挥部负责建设,其一期工程位于通州沙整治建筑物Ⅱ标段的狼山沙堤高滩上有一片大约 100 万 m^2 的芦苇区,为保护这片原生态的植物,工程指挥部组织研制开发和投入使用了新型生态软体排结构,同时还在长江江心沙洲设立了生态修复区,采取竹竿法、芦苇种植架、水魔方 3 种工艺进行芦苇种植,实施大面积的生态工程;其二期工程采取了生态护岸丁坝技术、重要水质保护目标防护技术、大型水生动物保护与救助、水下铺排区域生态修复技术等多项生态影响减缓对策,同步开展了"长江南京以下深水航道二期工程河段环境保护与生态修复技术研究"等生态保护项目,以及多项生态监测调查项目,为生态航道建设积累了比较丰富的工程实践经验和科研观测成果。

交通运输部于 1999 年 7 月 1 日批准立项优秀青年专业人才专项经费资助项目"水运工程海洋生态系统影响模型研究",项目编号 95-05-05-34,由本书作者交通运输部水运科学研究所乔冰研究员领衔承担。该项研究针对水运工程建设和运营中的水生生态影响预测评价和预防减缓对策技术难题,创建了水运工程海洋生态系统影响模型,并在上海国际航运中心洋山深水港区一期工程建设项目环境影响评价中加以应用,为水运工程生态环境保护提供了有力科技支撑。经过研发团队在后续 20 余项水运工程规划和建设项目的环境影响评价实践中加以推广应用及检验完善,形成了水运工程生态影响综合模型体系的系列成果,于 2008 年获得中国航海学会科学技术奖二等奖,于 2015 年获批列入交通运输部科技成果推广目录(批准登记号 2015029)。

上述推广应用系列成果围绕典型水运工程,如陆域吹填、航道和港池疏浚、水下炸礁作业、构筑水工构筑物防波堤及桥墩等内容,研究揭示其对海洋、河口及内河生态环境的影响,包括工程附近水域岸线资源的占用、水下地形和水流条件的改变,开发及运行对水质、水生生态及渔业资源的诸多不利影响,重点探索影响的定性识别、定量分析、综合评价技术方法,包括水动力条件、水质、浮游动植物、底栖生物、沉积物环境、滩涂湿地、渔业资源、敏感生物及生境影响的模拟模型,通过开展大量研究试验和应用验证,创建形成了系统、完整的水运工程生态影响综合模型体系,配套提出了促进水运可持续发展的模型系统应用模式及流程(应用模式及流程详见图 8.1-1),为防治因水运工程而引起的生态环境问题,减缓和恢复不利影响,提供理论研究和模拟评价等方面的科学依据与技术支持。

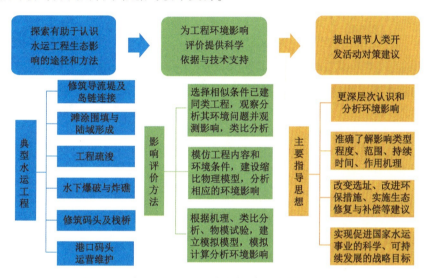

图 8.1-1　水运工程生态影响综合模型体系应用模式及流程

在上述推广应用系列成果的基础上,交通运输部水运科学研究院的研究团队承担完成了由指挥部委托的"长江南京以下深水航道二期工程河段环境保护与生态修复技术研究"项目专题一"二期工程生态环境影响及对策研究",形成了与环评成果相衔接的"航道工程生态环境影响及对策分析评价技术方法",主要包括:工程建设核查及影响变化分析方法、分项及叠加累积影响的途径与机理分析方法、减缓对策分析与效果调查评估法、多层级生态环境影响综合指标构建评价法、生态航道符合性指标体系构建评价法、遥感跟踪监测评价法、生态影响模型分析评价法(技术方法组成详见图 8.1-2),以期为生态航道建设提供科学、系统、实用、成套的理论和技术方法支撑。

本项科技示范工程选择了内河及沿海运输均具有代表性的感潮河段,重点研究航道建设的生态环境影响与减缓对策效果,并以长江南京以下深水航道二期工程作为建设实例,开展以下科技示范:

(1)推广应用水运工程生态影响综合模型体系应用模式及流程,对生态航道建设模式加以构建和完善,对减缓对策的实施情况及生态保护效果加以调研,对影响减缓对策的效果评估模型加以验证和优化。

(2)选择典型试验段,开展经物模和数模试验结构优化的生态软体排和生态丁坝实际工程试验及其生态效果监测与分析评价。

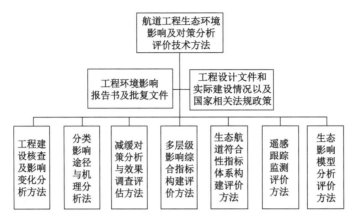

图8.1-2 航道工程生态环境影响及对策分析评价技术方法组成示意图

(3)为构建生态文明建设长效机制,强化参与航道建设人员的生态文明意识,培养生态文明理念,在航道的设计、施工、管理部门推广应用生态航道建设模式与对策效果评估模型,开展相应的用户培训宣传,以期提供必要的科技支撑。

综上所述,本项科技示范应用的交通运输部科技成果推广项目"水运工程水生生态影响模型体系"的主要技术特点为:

(1)主要研究不同类型水运工程所造成的水生生态环境影响的类型、机理和减缓对策,建立典型生态环境影响时空分布预测分析评价方法,研究开发相应的模拟模型系统和发展建设模式,通过在实际水运工程环评中的应用,对模型理论和运用加以验证,再在多项工程的环评、环保对策、环境监理、项目竣工环保验收调查中加以应用,对模型技术体系加以进一步的验证,创建形成系统、完整的水运工程生态影响综合模型体系及其理论、技术方法、应用模式及流程。

(2)依托长江深水航道二期工程建设及其科研项目,并结合《中国大百科全书》交通运输卷水运篇编撰项目、交通运输部专家委员会调研项目、科技成果推广目录项目、青年人才项目、生态环境部教材编写项目、行业标准制定项目、引领性应急性研究项目,推广应用水运工程水生生态影响综合模型体系及其理论、技术方法、应用模式及流程,对生态航道建设模式和对策效果评估模型及理论方法加以构建和完善,包括针对航道工程构建机理分析概化模型、生态影响综合指标体系、减缓对策生态保护效果评价方法、生态航道符合性评价体系、遥感跟踪调查分析方法,充实完善叠加累积影响关键指标的定量分析模型,对影响减缓对策的效果评估模型加以验证和优化。

(3)将影响评价和对策评估技术纳入国家及行业的相关教材、政策建议、示范工程、大百科全书、行业标准、专著成果之中,为构建生态文明建设长效机制,强化参与航道建设人员的生态文明意识,培养生态航道建设理念,陶冶生态文明道德情怀,在航道的设计、施工、管理部门推广应用生态航道建设模式与对策效果评估模型,开展相应的用户培训宣传,提供有力的科技支撑。

该科技成果推广项目的上述技术特点参见图8.1-3。

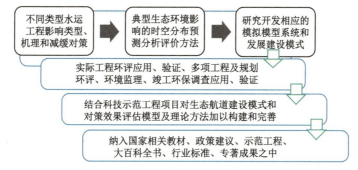

8.1-3 "水运工程水生生态影响模型体系"成果推广项目的技术特点示意图

8.1.2 模式体系组成与目标要求

（一）推广应用成果相关内容介绍

交通运输部科技成果推广目录项目水运工程水生生态影响综合模型体系的研究与应用始终坚持将生态建设理念融入主旨目标之中。

水运工程水生生态影响综合模型体系研究解决的主要科学问题如下：

水路运输消耗能源少，占用土地资源少，是全球大宗能源、资源及各类货物流通的主要运输方式。然而，水运工程常会遇到陆域吹填、航道和港池疏浚、水下炸礁作业、构筑水工构筑物防波堤及桥墩等内容，不仅占用岸线资源较多，而且改变了工程附近水域的水下地形和水流条件，开发及运行对水质、水生生态及渔业资源会带来诸多不利影响。

推广应用成果给出的具体解决方案是：既要保证水路运输的正面环境效益，又要分析辨识人类开发活动对生态环境的影响源项，及其造成的生态服务功能损失，研究模拟生物栖息环境的改变，进而辨识对生态环境的不利影响。

水运工程水生生态影响综合模型体系研究解决的关键技术如下：

要保证水运事业"又好又快"地科学发展，保证水运规划的布局、规模、功能以及建设具有环境合理性，保证相关环境影响评价以及减缓影响的对策措施的科学性，就需要研究建立国内外尚比较缺乏成熟技术和经验的水运工程水生生态影响综合模型体系，科学、定量地预测和评价水运工程多项活动带来的各类水生生态影响，为环境影响报告书的审批以及生态环境保护工作提供科学依据。

研究成果给出的具体解决方案是：提出并推进实施水运事业科学发展理念，在规划、建设全过程融入环境合理性的目标，为保证环境影响评价与对策的科学性提供技术支持，需要构建水生生态影响综合模型体系，为环境管理和生态保护提供科学依据。

（二）生态航道建设模式研究与模式架构

航道建设具有正面和负面两个方面的生态环境影响。其正面影响是在运营期具有一定的生态效益，具体体现在能够改善和稳定河道河势条件，减少河流生境突变的程度与概率；其负面影响既包括建设期的航道工程影响，也包括运营期航道维护工程和航运的影响。

本书科技研发团队在先期探索和实践水运工程水生生态影响综合模型体系及其应用模式及流程的基础上，承担开展了交通运输部水运科学研究院青年科技创新项目"生态航道建设模式研究",调研分析了国内外生态航道研究的状况,并在项目研究报告中总结分析提炼了生态航道内涵和建设构想,在总结和借鉴国内外相关发展模式和经验的基础上,提出了在依托工程中示范实施下述生态航道建设模式的建议,即:

将生态学的概念引入到航道建设和运营的各个主要影响环节,通过科学、合理地设计工程建设、运行、维护、管理方案,一方面尽可能实现航道工程在运营期所具有的生态效益,另一方面尽可能减缓航道施工和运行所带来的不利生态环境影响。

具体而言,为了将生态学概念引入到航道的规划、设计、建设、运行、维护和管理,首先需要摸清航道建设和运营的生态环境影响,对应推衍出在航道、船舶、港口工程以及配套支持系统方面的保护对策,其包括如下四个方面的航道建设及运行、维护、管理生态化内容:

(1)加强水生生态调查与监测,摸清生态环境基线及存在问题,掌握航道建设和运营的影响和保护对策及效果;

(2)航道工程设计和施工方案与实施的生态化;

(3)船舶和港口工程设计、建造与运营的生态化;

(4)通航安全和港口运行支持系统规划与管理的生态化。

根据上述对生态航道建设模式的描述,构建了生态航道建设模式体系,示意图参见图8.1-4。

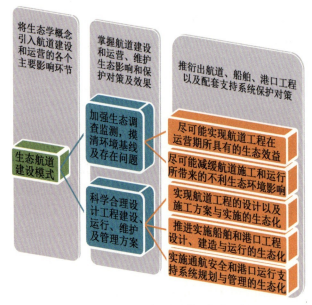

图8.1-4　生态航道建设模式体系构建示意图

(三)生态航道建设模式的运用要求

1)模式运用的指导思想

每一位航道工程规划、设计、建设、运行、管理工作者,包括与航道工程高度相关的船舶、港口、通航安全和港口运行支持系统的规划、设计、建设、运行、管理工作者,在实施具体工程任务过程中,都应各自岗位中积极践行生态航道建设模式,全面加强生态调查监测,摸清工程水域生态系统的多生境栖息地、多生物营养级、多生态服务功能的环境基线及存在问题,增强多层级、多类型影响因素的辨识和减缓对策的研究、规划、设计与实施,增强生态航道建设的科学性、针对性和主动性,并对实施效果进行跟踪监测及评估,根据效果的实测与评估资料,持续改进和完善生态航道建设工作。

2) 目标阶段Ⅰ:总体建设模式

将生态学概念引入航道建设和运营的各个主要影响环节,引入到每一位航道工程及相关船舶、港口、通航安全和港口运行支持系统的规划、设计、建设、运行、管理工作者的具体工作中。

3) 目标阶段Ⅱ:科学建设模式

要求相关工作者在本手册模型技术的支持下,能够基本掌握各自所涉及的航道工程及相关支持系统的建设和运营、维护中的生态环境影响和保护对策及效果。

该阶段目标任务分解为两类:

(1) 加强生态调查监测,摸清环境基线及存在问题;
(2) 科学合理设计工程建设、运行、维护及管理方案。

4) 目标阶段Ⅲ:主动建设模式

要求相关工作者能够在本手册模型技术的支持下,推衍出航道、船舶、港口工程以及配套支持系统的保护对策。

该阶段目标任务分解为两类共5个方面:

(1) 在加强生态调查监测,摸清环境基线及存在问题的基础上,推衍和实施以下两方面的保护对策:

① 尽可能实现航道工程在运营期所具有的生态效益;
② 尽可能减缓航道施工和运行所带来的不利生态环境影响。

(2) 在科学合理设计工程建设、运行、维护及管理方案的基础上,推衍和实施以下三方面的保护对策:

① 实现航道工程的设计以及施工方案与实施的生态化;
② 推进实施船舶和港口工程设计、建造与运行的生态化;
③ 实施通航安全和港口运行支持系统规划与管理的生态化。

8.1.3 评估模型对实现模式目标的支持

(一) 影响和对策作用机理精细概化模型

为了实现生态航道建设模式的目标,本研究建立了一组关于航道工程生态影响和对策作用机理的精细概化模型,用于支持相关用户分类分析护岸工程、护底工程、丁坝及潜堤工程、疏浚及切滩工程在施工和运行中对水生生态环境影响的作用机理,分析船舶航运及港口作业对相关环境受体的作用机制及干扰途径,辨识航道工程建设和运行的叠加、累积生态环境影响的作用因子。

与此同时,本研究还以护底工程和丁坝及潜堤工程为例,建立了辅助推衍影响预防及减缓对策关键作用的模型通道,以及便于用户应用的基于生态习性和产卵特性的航道工程生态环境影响机理及对策推衍分析方法及流程。

综上所述,相关用户可在上述精细概化模型的辅助和相关评估理论的指导下,实现综合、完整、精细、深入地分析航道工程生态环境影响机理,进而推衍出适合的预防和减缓不利影响的对策措施,有针对性地开展生态型航道工程的设计和规划的生态航道建设模式目标。

上述精细概化模型的具体内容详见 8.2 节。

(二)影响和对策效果评估模型

为了实现生态航道建设模式的目标,项目研发团队在已列入交通运输部 2015 年科技成果推广目录"水运工程水生生态影响综合模型体系"的基础上,针对生态航道建设与影响和对策效果评估的应用需求,对模型体系总体架构予以了充实完善,进而发展形成了基于机理分析的航道工程生态环境影响及对策评价方法和评估模型体系,体系架构如图 8.1-5 所示。在前期研究成果创建的由 10 个水运工程生态影响分析模型组成的模型系统以及相应的模型理论和模拟技术方法的基础上,工项科技示范工程新增创建和示范应用了如下模型技术方法:

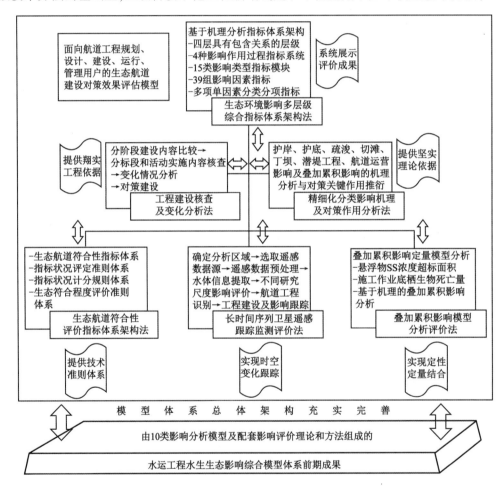

图 8.1-5 基于机理分析的航道工程生态环境影响及对策评价方法和评估模型体系

(1)采用精细化分类影响机理及对策作用分析法来加强科学理论对影响及对策评价的技术支撑。

(2)采用工程建设核查及变化分析法来实现与现有传统环评方法及成果的衔接,并为影响及对策评价提供更为翔实和更有针对性的工程内容分析依据。

(3) 采用生态环境影响多层级综合指标体系架构法来系统性地展现综合评价成果,以及用于指导生态航道建设中关键指标的辨识、设计、监测、调查、分析与评价。

(4) 采用生态航道符合性评价指标体系架构法来反映生态航道的科学内涵和可定量化的技术准则体系,为指导生态航道建设和符合性评价提供技术工具支持。

(5) 采用长时间序列卫星遥感跟踪监测评价法来分析评价航道工程的冲淤、岸线及水域形态变化影响,以及易识别影响源项的相关影响,为航道工程设计的有效性和生态合理性评价提供适宜、简便、易行、经济的大范围长期跟踪监测评价技术支持。

(6) 采用叠加累积影响模型分析评价法来分析评价施工作业对底栖生物造成伤害和引起悬浮物 SS 浓度超标的叠加累积影响,针对关键影响指标创建了定量模型,强化了影响模型分析功能。

上述新增模型技术的详细内容详见本章和第 7 章相关论述。各方法技术特征以及相互之间的关联关系如下:

1) 工程建设核查及变化分析法

(1) 技术特征:包括了如下的方法和步骤:将具体航道工程在环评之后更为细化的建设内容与其环评阶段建设和评价内容相比较,针对工程的生态环境影响源项及减缓对策,开展分施工标段、分建设活动、分实施内容的核查,并分析与环评阶段相比的具体变化情况,辨识相应的生态环境影响变化情况,提出补充对策建议。

(2) 关联关系:为其他分析评价法的实施提供翔实和有针对性的工程内容分析依据,以及与环评相关内容相衔接的依据,同时,其自身实施中对生态环境影响变化情况的辨识和提出补充对策建议,需要依据精细化分类影响机理及对策作用分析法。

2) 精细化分类影响机理及对策作用分析法

(1) 技术特征:包括了 6 套精细化的概化模型,分别用于指导开展护岸工程对水生生态环境影响的机理分析、护底和疏浚及切滩工程对生态环境影响的机理分析与对策关键作用推衍、丁坝及潜堤工程对生态环境影响的机理分析与对策关键作用推衍、航道运营期对生态环境影响的作用机理和干扰途径分析、航道工程对生态环境叠加累积影响的作用因子辨识、基于生态习性和产卵特性的航道工程生态环境影响机理分析。

(2) 关联关系:为其他分析评价法提供航道工程生态环境影响与对策关键作用的坚实理论依据和成套的概化模型分析工具支持,同时,其自身的实施需要以所述工程建设核查及变化分析法的实施成果为依据。

3) 生态环境影响多层级综合指标体系架构法

(1) 技术特征:以一种基于机理分析的指标体系架构,来系统性地展现航道工程生态环境影响及减缓对策的综合评价成果,以及用于指导生态航道建设中关键指标的辨识、设计、监测、调查、分析与评价,该架构的横向和纵向主架构及分支架构由四层具有包含关系的层级组成,包含了 4 种影响作用过程指标子系统、15 类影响类型指标模块、39 组影响因素指标、多项单因素分类分项指标。

(2) 关联关系:其自身各项指标成果的展现需要以其他分析评价法的实施成果作为依据,需要形成良好的互动衔接。

4) 生态航道符合性评价指标体系架构法

(1)技术特征:架构了一种由三个层级 8 类分类指标及其所包含的 32 项分项指标组成的生态航道符合性分类分项指标体系,来反映生态航道的安全保障型、生态建设型、环境协调型、人水和谐型内涵,配套架构了分项分档指标状况定性或定量评定准则体系及计分规则体系,来提供可定量化的技术准则体系,以及可方便地评价航道生态符合性指数(URECI)的方法,还配套架构了生态符合程度评价准则体系,来评定具体航道工程 URECI 所代表的生态符合程度。

(2)关联关系:其自身各项指标的状态评定需要以其他分析评价法的实施成果作为依据,需要形成良好的互动衔接。

5)长时间序列卫星遥感跟踪监测评价法

(1)技术特征:提供了一种长时间序列卫星遥感分析流程和方法,来分析评价航道工程的冲淤变化、岸线变化、水域形态变化这类生态环境影响,以及开展易识别目标工程建设内容的跟踪监测、工程影响范围一致性比较、工程实施效果评价,进而实现对影响时空变化的跟踪,具体包括了确定分析区域、选取遥感数据源、遥感数据预处理、水体信息提取、不同研究尺度影响评价、航道工程识别、工程建设及影响跟踪这样的分析步骤。

(2)关联关系:上述确定分析区域、选取遥感数据、航道工程识别、工程建设及影响跟踪这样的分析步骤,需要以上述工程建设核查及变化分析法的实施成果为依据,上述不同研究尺度影响评价、工程建设及影响跟踪这样的分析步骤需要以上述精细化分类影响机理及对策作用分析法为依据,其自身实施需要与上述生态环境影响多层级综合指标体系架构法、上述生态航道符合性评价指标体系架构法、叠加累积影响模型分析评价法的实施相衔接,形成相关成果的相互支持。

6)叠加累积影响模型分析评价法

(1)技术特征:基于航道工程生态环境影响的机理分析,发展了一种新的叠加累积影响定量模型,用于分析评价施工作业造成水中悬浮物 SS 浓度超标的叠加累积面积及影响,以及施工作业对底栖生物造成的叠加累积死亡量及影响,进而实现定性定量影响分析的结合。

(2)关联关系:其影响分析基于了上述精细化分类影响机理及对策作用分析法,其模型计算需要以上述工程建设核查及变化分析法的实施成果为依据,其自身实施需要与上述生态环境影响多层级综合指标体系架构法、生态航道符合性评价指标体系架构法、长时间序列卫星遥感跟踪监测评价法的实施相衔接,形成相关成果的相互支持。

8.2 影响和对策效果评估模型

8.2.1 工程建设核查及变化分析法

(一)主要科学问题分析

目前,针对航道工程生态环境影响机理及对策关键作用的研究,仍存在对航道工程施工过程可能产生环境影响的环节及源项指标认知、梳理不清的问题。为此,构建工程建设核查及变化分析法,能够通过梳理和核查分标段分施工内容(护岸、护底、潜堤、丁坝、疏浚、切滩)的建设方案各源项指标的具体变化情况,识别出航道工程生态影响源项变化的核查要点,保证环境影响分析以及补充对策措施的科学性,从而为开展航道工程生态环境影响机理及对策关键作用的研究提供翔实和有针对性的工程内容分析依据。

(二)关键技术需求分析

目前,仅航道工程建设项目环评文件,会针对施工环节的影响开展分析,并提出相应的环境保护措施,然而环评阶段难以细化到开展具体建设方案各个施工环节的影响分析。航道工程施工过程的环境保护主要依靠施工单位对照环评文件所提措施来实施,然而对于施工过程发生工程变更的情况,施工单位难以获取有针对性的技术支持。工程施工结束后,再开展竣工环境保护验收调查,只能通过搜集的工程总结报告、环境监理总结报告等文件了解工程变化情况及已采取的环境保护措施,无法针对因工程变化带来环境影响变化,及时提出补救措施。为此,提出航道工程建设核查及变化分析法,其对于解决相关技术问题是十分必要的。

(三)分析内容和步骤

将航道工程施工阶段更为细化的施工设计文件、实施方案,与其环评阶段建设和评价内容相比较。针对工程的生态环境影响源项及减缓对策,开展分施工标段、分建设活动、分实施内容的核查,并分析与环评阶段相比的具体变化情况,辨识相应的生态环境影响变化情况,提出补充对策建议。具体步骤如下:

步骤一:搜集资料

主要搜集航道工程环评阶段的相关技术文件、现阶段更为详细的不同施工标段水域的护岸、护坡、护底、潜堤、丁坝、疏浚、切滩工程的施工方案、组织管理等相关技术文件。

步骤二:分析梳理

根据现阶段工程方案,对各标段护岸、护坡、护底、潜堤、丁坝、疏浚、切滩航道工程建设活动的范围、过程、工程内容、生态保护要求、影响减缓对策及方案进行逐项的分析梳理,并与环评阶段相关内容逐项进行对比。

步骤三:工程核查

针对航道工程生态环境影响源项,重点核查各施工标段水域各项施工活动的工程量、地理位置及范围、施工时间、施工方式、建筑材料、疏浚土以及施工弃渣土的处置方式及具体位置等源项指标。

步骤四:环境措施核查

针对航道工程不利生态环境影响的预防和减缓对策,重点核查工程方案的环保优化措施、施工期和运行期水环境保护措施、生态环境影响减缓措施、生态环境恢复与补偿措施的落实情况。

步骤五:补充对策建议

通过列表及图示清晰地展示上述工程核查及变化情况对比分析结果,汇总给出各施工标段水域的总体施工时序、单项工程的施工地理位置、施工内容、方案、工程量的变化情况,以及不利生态环境影响的预防和减缓对策落实情况,分析提出由于工程变化而带来的生态环境影响变化及补充对策建议。

(四)核查分析要点

导致实际工程生态影响与环评结论发生变化的重要原因,是工程影响源项发生了变化。经过分析梳理,提出航道工程生态影响源项变化的核查要点,见表8.2-1。

航道工程生态影响源项变化核查要点一览表　　　　表 8.2-1

工程类型	工程量	地理位置范围	施工时间	施工方案		疏浚土处置方式
				施工方式	建筑材料	
潜堤、丁坝工程	√	√	√		√	
护底工程	√	√	√		√	
护岸工程	√	√	√		√	
疏浚、切滩工程	√	√	√	√		√

（1）工程量

受工程设计深度的限制，环评阶段与实际施工各类工程的工程量会存在不同程度的差异。工程量的变化将直接影响生态影响范围、程度的变化。因此，工程核查中，首先对各类工程的工程量进行核查。

（2）地理位置范围

由于工程量变化，工程准确施工范围会相应发生变化。首先应关注变化之后是否造成了对生态敏感目标的影响，如变化之前位于敏感保护目标范围之外，工程占用范围增大，造成占用部分生态敏感区。

在与生态敏感保护相对位置关系不发生显著变化的情况下，工程施工范围的变化，会直接造成对生态影响程度的变化。以护岸工程为例，在护岸工程长度增加的情况下，护岸工程占用的水域地理范围会扩大，即占用水域面积发生变化，会造成底栖生物损害量的直接变化。

（3）施工时间

施工时间，主要是各分项工程施工的实际时间是否与对应施工区域的水生生物的敏感期（例如鱼类繁殖和洄游的主汛期）重合。

工程的施工时间应避开水域鱼类的产卵期等敏感时段，实际施工中严格执行施工时间上的避让措施，从而避免了由于施工时间变化而造成的对生态环境影响的加剧。

（4）施工方案

施工方案包括工程所用建筑材料及所采用施工船舶、施工机械的变化。

对于筑坝工程、护岸工程由于其实际采用的建筑材料，与环评阶段发生的变化，则施工过程中对水域的影响程度会发生相应的变化。对于疏浚工程，施工方案主要是施工船舶类型的变化，会对工程施工的影响程度造成更为显著的影响。

（5）疏浚土处置方式

对于疏浚、切滩工程而言，工程施工产生的疏浚土的不同处置方式，也会产生不同类型及程度的生态环境影响。在疏浚、切滩工程核查中还需要关注疏浚土的最终处置方式的变化。

（五）示范应用

以长江南京以下深水航道二期工程生态航道建设与评估科技示范工程为例，对上述内容进行说明。

1）步骤一：资料搜集

主要收集二期工程的五个施工标段，即：福姜沙河段、口岸直河段Ⅰ标段、口岸直河段Ⅱ标段、和畅洲河段、世业洲河段，环评阶段的工程方案（工程可行性研究报告、环境影响报告书中的工程方案）和实际施工方案（初步设计、分标段施工组织设计文件）相关资料。

2)步骤二:分析梳理

主要采用图示分析,对各标段的疏浚、切滩、筑坝(潜坝、丁坝)、护底铺设、护岸加固等航道工程建设活动的范围、过程、工程内容等进行逐项的分析梳理和列表及图示对比分析。

同时,根据环评阶段深水航道二期工程方案和实际施工方案对工程内容进行逐项对比可知,除福姜沙河段外,工程实际施工方案与环评阶段相比,未发生重大变化,因此本次以福姜沙河段为例,介绍工程建设核查及变化分析法的应用。详见表8.2-2～表8.2-5。

与环评阶段相比福姜沙标段总体施工时序变化情况核查结果　　　　表8.2-2

施工标段	环评阶段	实际施工	变化情况
福姜沙河段	第一阶段:福姜沙水道应先实施双涧沙头部潜堤和福姜沙洲左缘下游两座丁坝(FL3和FL4)。 第二阶段:实施双涧沙北侧丁坝(SL1、SL2、SL3、SL4)。 第三阶段:实施双涧沙南侧丁坝(SR1、SR2、SR3、SR4、SR5、SR6)和福姜沙左缘下游两座丁坝(FL1和FL2)	①护底施工安排:护底可多作业面平行施工;鉴于本工程河段基本为落潮优势,头部潜堤护底施工原则上应从下游向上游推进,丁坝应由坝头向坝根铺设。 ②堤身施工安排:第一阶段:先进行双涧沙头部潜堤和南侧SR4～SR8丁坝的施工。第二阶段:进行双涧沙北侧SL1～SL4丁坝的施工,与头部潜堤堤身衔接(应保持四座丁坝坝头基本同步推进、下游侧丁坝进度略快于上游侧丁坝)。第三阶段:进行双涧沙南侧SR1～SR3丁坝的施工,同时进行福姜沙左缘FL1～FL4丁坝的施工(应保持四座丁坝坝头基本同步推进、上游丁坝进度略快于下游侧丁坝)。 ③护岸工程施工安排:护岸应与航道整治工程相衔接,护岸工程不晚于相应段航道整治工程实施	与环评阶段相比福姜沙洲左缘下游两座丁坝(FL3和FL4)调整为第三阶段施工,第三阶段的SR4、SR5和SR6调整为第一阶段施工,同时第一阶段增加了SR7和SR8的施工

与环评阶段相比筑坝(含护底铺设)施工变化情况核查分析结果　　　　表8.2-3

施工标段	实施阶段	施工地理位置	施工内容	结构方案	施工方式	施工船舶	施工人员
福姜沙河段	环评阶段	潜堤:双涧沙头部沙脊线附近。丁坝:双涧沙头部潜堤北侧、双涧沙头部潜堤南侧、双涧沙南堤南侧和福姜沙左缘	潜堤:在双涧沙头部沙脊线附近建一道潜堤,潜堤长度3150m,其中AB段长1450m,高程+5.0m;BC段长1500m,高程+5.0～-8.5m。丁坝:在双涧沙头部潜堤北侧建设4道丁坝,长度分别为510m、800m、1000m、900m;头部潜堤南侧建设3道丁坝,长度分别为250m、370m、550m;双涧沙南堤南侧建设5道丁坝,1道425m,其余4道400m;福姜沙左缘建设4道丁坝,长度分别为2750m、1055m、800m、1200m,总长5805m	①堤高小于6m的堤段采用抛石斜坡堤。堤身顶宽取4m,堤头段加宽为5m;堤坝两侧坡度为1:2,堤(坝)头段放缓至1:3;堤(坝)头纵坡为1:5。堤心采用1～200kg块石,堤面采用400～600kg块石,护脚宽5m采用100～200kg块石。 ②堤高6～8m的堤段采用齿形构件混合堤;堤高大于8m的堤段采用新齿形构件混合堤。预制构件高5～7m,基床采用1～100kg块石,护肩宽5m采用200～300kg块石。 ③堤身结构下护底结构采用砂肋软体排,余排采用联锁块软体排,滩面高于设计低水位的余排上铺压排石防护	抛石:网兜装船,吊机船抛填。基床整平:机械水下整平	抛石:运石船、吊机船。基床整平:整平船	200人

续上表

施工标段	实施阶段	施工地理位置	施工内容	结构方案	施工方式	施工船舶	施工人员
福姜沙河段	实际施工	潜堤：双涧沙头部。丁坝：双涧沙头部潜堤北侧、双涧沙头部潜堤南侧、双涧沙南堤南侧和福姜沙左缘	潜堤：双涧沙头部潜堤长度3150m。丁坝：在双涧沙头部潜堤北侧4条丁坝总长度3210m，分别为SL1长510m、SL2长800m、SL3长1000m和SL4长900m；南侧8条丁坝总长度3195m，分别为SR1长250m、SR2长370m、SR3长550m、SR4长425m和SR5~SR8均为400m；还有潜堤南侧的消能棱体总长度2200m，分别为#1消能棱体长1000m、#2消能棱体长900m和2条子棱体长150m。福姜沙左缘4条丁坝总长度5130m，分别为FL1长2130m、FL2长1000m、FL3长800m和FL4长1200m	①抛石斜坡式结构的堤心采用抛填1~200kg块石，堤心外采用块石防护，堤心石主要以抛石标高控制，宽度5m。除因整治效果有明确要求外，抛石斜坡堤顶宽度均取为4m，两侧坡比均为1:2。②混合式结构底部抛填10~100kg块石基床，基床厚度为1m，采用块石护肩、护脚。基床整平后安放预制混凝土齿形构件，齿形构件分为5m和7m两种，单件重量分别为250t和400t左右。齿形构件混合堤堤顶宽度为构件宽度，为1.2m，护肩石宽度为5m，两侧护脚宽度同样为5m。③充填管袋裸袋堤：在护底软体排上充填一层管袋，充填料为河沙。充砂管袋裸袋堤高2m，管袋宽度约为5.3m	①抛石：堤心块石抛填、护肩石抛填、护面石抛填，堤心石主要以抛石标高控制，抛石施工采用网络抛石法施工工艺，原则是定点定量抛石。压排石抛填、护脚石抛填：压排石主要以厚度控制，抛石施工采用网络抛石法施工工艺，原则是定点定量抛石。基床石抛填：分两次进行，第一次粗抛，第二次细抛。②基床整平：基床抛石完成后，构件安装前，对基床进行整平，采用水下整平机进行水下基床整平	抛石：深水区域抛石：抛石船抛填，大型甲板驳、深仓驳运输。浅水区域抛石：吊船机抛石，甲板驳运输。高滩区域抛石：吊船机抛填，小型内河驳船运输	抛石96人
	变化情况	与环评阶段一致	潜堤：与环评阶段一致。丁坝：双涧沙潜堤南侧增加消能坝总长度2200m；福姜沙左缘4道丁坝中，FL1长由2750减至2130m，FL2长由1055m减至1000m	与环评阶段基本一致	与环评阶段基本一致	与环评阶段基本一致	—

与环评阶段相比护岸加固施工变化情况核查分析结果　　表8.2-4

施工标段	实施阶段	地理位置	施工内容	施工结构	施工方式	施工船舶	施工人员
福姜沙河段	环评阶段	福北水道北岸、福姜沙尾左缘	护岸工程全长7495m，其中福北水道北岸护岸6185m，福姜沙尾左缘护岸长度约1310m	福姜沙河段选定护岸工程范围内均已实施过护岸工程，仅需加设水下护脚工程，采用抛石加固的防护形式。①福北水道左岸护岸工程：采取抛石防崩层防护，抛石厚度1.5m，护宽长20.0m。	抛石：网兜装船，吊机船抛填	运石船、吊机船	200人

施工标段	实施阶段	地理位置	施工内容	施工结构	施工方式	施工船舶	施工人员
福姜沙河段				②福姜沙沙尾护岸工程：Ⅰ区抛石厚0.9m，平均护宽长约30.0m；Ⅱ区抛石厚1.5m，护宽长20.0m			
	实际施工	福北水道左岸，又来沙、福姜沙沙尾	护岸全长7400m，即福北水道左岸护岸4850m，又来沙护岸1240m和福姜沙沙尾1310m	护岸结构以标高0m为界，0m以上采用护坎抛石防护，0m以下采用抛石防护	①土工布铺设利用人工铺设。②水上抛石采用车抛的工艺。③水下抛石采用船抛工艺	运石船、吊机船	抛石96人
	变化情况	施工位置由长青沙西北角移至又来沙	护岸总长少95m，即福北水道北岸由6185m减至4850m，又来沙护岸增加1240m	—	与环评阶段基本一致，细化了土工布铺设和水上抛石的工艺	与环评阶段一致	—

与环评阶段相比疏浚施工变化情况核查分析结果　　　　表8.2-5

施工标段	实施阶段	施工范围	施工内容	施工方式	施工船舶	施工人员	疏浚物去向
福姜沙河段	环评阶段	福中水道、福北水道	福中水道、福北水道疏浚采取"福中单向+福北单向"方案，设计底高程为-12.5m，边坡1:8，底宽260m	挖运吹（耙吸船艏吹）工艺	4500m³/h耙吸式挖泥船	200人	南通市通州区横港沙纳泥区
	初步设计方案	初通：福中水道+南通水道；后续：福北水道	福中水道、福北水道疏浚设计底高程-12.5m，边坡1:8，超深0.4m、宽3m	采用耙吸船（艏吹）工艺	1艘4500m³/h耙吸式挖泥船	—	南通市通州区横港沙纳泥区
	变化情况	增加了南通水道疏浚	与环评一致	与环评一致	与环评一致	—	与环评一致

3）步骤三：工程核查

主要采用列表分析，对比各标段总体施工时序，单项工程施工地理位置、施工内容及其变化情况，单项工程施工方案（施工方式、流程、工艺、建筑材料、疏浚土处置方式）及其变化情况，单项工程工程量（包括工程本身及施工船舶、施工人员）的变化情况，以及由此带来的生态环境影响变化，工程方案的环保优化措施、生态影响减缓措施、生态影响恢复与补偿措施及其落实情况。

（1）筑坝工程（含潜堤、丁坝及护底工程）变化情况分析详见表8.2-6～表8.2-7。

筑坝工程变化情况核查结果总结　　　　　　　表8.2-6

施工标段	施工内容	结构施工方案
福姜沙河段	双涧沙潜堤南侧增加消能坝总长度2200m；福姜沙左缘丁坝长度减少675m；合计丁坝总长度增加1525m	与环评阶段基本一致

筑坝工程量对比　　　　　　　表8.2-7

施工标段	分项		长度(m)		
			环评数量	实际数量	增加量
福姜沙河段	双涧沙头部潜堤		2950	2950	0
	双涧沙头部潜堤北侧丁坝	SL1	510	510	0
		SL2	800	800	0
		SL3	1000	1000	0
		SL4	900	900	0
	双涧沙头部潜堤南侧丁坝	SR1	250	250	0
		SR2	370	370	0
		SR3	550	550	0
	双涧沙南堤南侧丁坝	SR4	425	425	0
		SR5~SR8	400×4	400×4	0
		#1消能棱体、#2消能棱体、子棱体	0	2200	2200
	福姜沙左缘丁坝	FL1	2750	2130	-620
		FL2	1055	1000	-55
		FL3	800	800	0
		FL4	1200	1200	0

(2)护岸工程变化情况分析详见表8.2-8。

护岸工程量核查结果汇总(单位:m)　　　　　　　表8.2-8

施工标段	分项	环评数量	实际数量	增加量
福姜沙河段	福姜沙福北水道左岸护岸工程	6185	4850	-1335
	福姜沙沙尾护岸工程	1310	1310	0
	又来沙护岸工程	0	1240	1240

(3)疏浚、切滩工程变化情况分析详见表8.2-9。

疏浚工程量变化分析(单位:万m³)　　　　　　　表8.2-9

工程河段	阶段	初通(基建+维护)	后续基建				合计	运营期年维护性疏浚
			断面量	超挖量	施工期回淤	基建量		
福姜沙	环评	634.3	56.9	31.2	14.6	102.7	737.0	390
	初设	345.1	351.6	52.0	124.0	527.6	872.7	512
	变化	-289.2	294.7	20.8	109.4	424.9	135.7	122

以疏浚工程量变化情况对比分析为例,绘制初步设计和环评阶段疏浚工程量变化情况对比分析图,详见图8.2-1。

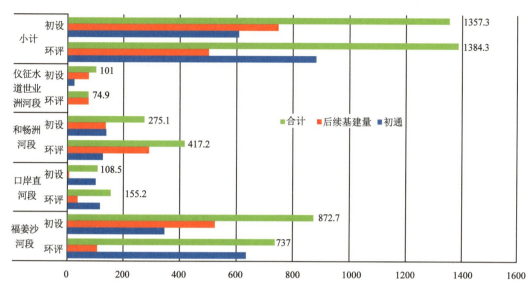

图8.2-1 初步设计和环评阶段疏浚工程量变化情况对比分析图

(4)环境影响变化情况分析

根据工程逐项核查,除福姜沙河段工程外,其余江段水下筑坝工程(潜堤、丁坝及护底)、护岸工程及疏浚工程均稍有降低,环境影响及生态损失降低,详见表8.2-10。

环境影响变化情况分析   表8.2-10

施工类型	工程变化	环境影响变化情况
福姜沙消能坝及疏浚	福姜沙河段增加双涧沙潜堤南侧增加消能坝总长度2200m;福姜沙河段疏浚区域中增加南通水道,疏浚总量增加135.7万 m^3	施工区域涉及长江靖江段中华绒螯蟹鳜鱼国家级水产种质资源保护区试验区,施工可能加剧对该区域的生态损失和环境影响程度

4)步骤四:环境措施核查

核查工程方案的环保优化措施、施工期和运行期水环境保护措施、生态环境影响减缓措施、生态环境恢复与补偿措施的落实情况。

以生态影响恢复与补偿措施落实情况为例,见表8.2-11。

生态影响恢复与补偿措施落实情况   表8.2-11

	生态影响恢复与补偿措施		落实情况
生态护岸(编织物或蜂窝状护岸)		利于水生生物吸附,营造适于产卵的场所1815亩	已落实
镇江长江豚类自然保护区影响补偿和监测计划	生态修复	设置人工鱼槽和生态浮岛,栽种挺水植物,投入螺蚬等底栖动物	已落实
	增殖放流	镇江长江豚类自然保护区增殖放流	已落实
	监测计划	水生生物监测;在征润洲北侧近岸水域设立趸船式水生野生动物监测执法站;江豚救护基地建设;江豚迁地保护区选址与建设	
	征润洲趸船式救护监测执法站	在征润洲北侧近岸水域设立趸船式水生野生动物监测执法站	已落实

续上表

生态影响恢复与补偿措施			落实情况
镇江长江豚类自然保护区影响补偿和监测计划	执法能力及渔政管理	监督、管理及宣传工作,制作保护区宣传牌,施工期加强巡视,和畅洲河段渔政管理补贴等	已落实
	江豚救护基地	焦北滩(征润洲)江豚救护基地的建设	已落实
	替代生境	新建江苏南京长江江豚自然保护区	已落实
	江豚保护专项基金	建立江苏省江豚保护专项基金,用于江苏省江豚保护的长期资金来源	已落实
水产种质资源保护区补偿费用	生态修复	设置人工鱼槽和生态浮岛,栽种挺水植物,投入螺蚬等底栖动物	已落实
	增殖放流	工程涉及水产种质资源保护区水域增殖放流,执行期3年	已落实
	监测计划	对工程涉及水域开展渔业资源环境监测。渔政管理补贴	已落实
	渔政管理	监督、管理及宣传工作,制作保护区宣传牌,施工期加强巡视	已落实
其他河段渔业增殖放流		施工期放流暗纹东方鲀、胭脂鱼、长吻鮠、黄颡鱼、翘嘴红鲌、细鳞斜颌鲴、中华绒螯蟹、四大家鱼等	已落实
海豚声音记录仪		5个施工河段(世业洲水道、和畅洲水道、落成洲河段、鳗鱼沙河段、福姜沙河段)的上、下游端部分别设置10套,共50套,并配套自动报警装置,保护江豚	已落实

5) 步骤五:补充对策建议

在上述工程核查、环境影响变化分析的基础上,分析提出由于工程变化而带来的生态环境影响变化及补充对策建议及落实情况,详见表8.2-12。

工程方案的环保优化措施落实情况　　　表8.2-12

工程方案的环保优化措施	落实情况
将和畅洲左汊潜坝往下游侧调整800m,取消位于饮用水源一级、二级保护区内的护岸工程	已落实
和畅洲右汊局部疏浚范围调整,取消位于其准保护区内的疏浚工	已落实
和畅洲右汊切滩工程优化	切滩边坡由1:5调整至1:8,总疏浚量减少142.1m³
取消口岸直水道落成洲河段三江营上游1353m的护岸工程	已落实
双山岛左缘丁坝工程优化:以使FL3丁坝与双山水厂取水口的距离在1000m以外,避免对取水口造成不利影响	已落实
取消长青沙西北角总长1897m的护岸加固工程	已落实

8.2.2 精细化分类影响机理及对策作用分析方法

(一)护岸工程对水生生态环境影响机理分析与评估概化模型

模型理论和架构:

针对护岸工程建立了专用的生态环境影响机理的精细概化分析模型,如图8.2-2所示,其展示出护岸工程存在正面生态效应和不利生态影响两个方面的影响,以及存在短期和中长期影响、直接和间接影响多种类型的影响。具体如下：

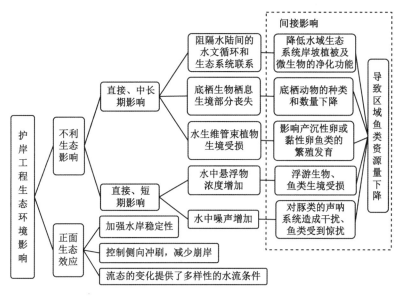

图 8.2-2　护岸工程对水生生态环境影响的机理分析概化模型示意图

（1）正面生态效应体现在加强水岸稳定性、控制侧向冲刷，减少崩岸、流态变化提供多样性水流条件这些方面；

（2）不利短期影响体现在水中悬浮物浓度增加、浮游生物、鱼类生境受损、水中噪声增加、对豚类的声呐系统造成干扰、鱼类受到惊扰这些方面；

（3）不利中长期影响体现在阻隔水陆间的水文循环和生态系统联系、降低水域生态系统岸坡植被及微生物的净化功能、底栖生物栖息生境部分丧失、底栖动物的种类和数量下降、水生维管束植物生境受损、影响产沉性卵或黏性卵鱼类的繁殖发育这些方面。

（二）模型应用方法和案例

用户可应用该概化模型理论，并遵循第1章所述的生态航道建设模式，来指导航道工程的设计和施工，以及对生态环境影响和对策效果的评估。

具体而言，通过科学、合理的工程建设与维护方案，来尽可能实现航道工程在运营期所应具有的生态效益，即：改善和稳定河道河势条件，减少河流生境突变的程度与频率，通过减少碍航因素和改善通航条件，减少水上交通事故的发生，从而降低船舶溢油及危险货物事故概率，减少环境损害风险。

护岸工程生态保护效果的跟踪监测和评估可采用基于长时间序列卫星遥感数据的航道工程生态影响跟踪监测评价方法（详见本章8.2.3节），通过研究收集和处理从20世纪70年代中期至近期（2015—2017年）40多年来的美国陆地卫星（Landsat）系列的 MSS、TM、ETM 和 OLI_TRIS 遥感影像数据，可分不同阶段，如分别为20世纪70年中期、80年代初、90年代初、2000年、2010年前后、2015—2017年工程建设期，并选择年内同一时段数据（枯水期）进行分析。

科技示范工程的数据源详见表8.2-13。

二期工程河段卫星遥感影像数据源　　　　表 8.2-13

序号	影像拍摄时间	光学传感器类型	景　数	空间分辨率(m)
1	20 世纪 70 年中期	MSS	3	78
2	20 世纪 80 年代初	MSS	6	80
3	20 世纪 90 年代初	TM	4	30
4	2000 年	ETM	6	30/15
5	2010 年	TM	4	30
6	2015—2017 年	OLI	6	30/15

通过卫星遥感数据来分析工程水域冲淤、岸线和水域形态的长时间序列变化状况,结果显示,以和畅州河段为例,镇江下游约 10km 处长江被和畅洲分为南北两汊,其历史上的河势变化较为剧烈,20 世纪 90 年代以前,长江主河道位于南汊,北汊处于淤积状态,而 20 世纪 90 年代之后,北汊逐渐成为主河道,南汊逐渐淤积。和畅洲段 1981—2015 年岸线变化也表明了这一变化趋势。

科技示范工程所在长江河段自 1981—2015 年河道水域面积减小了 82.02km^2,其中 1981—2000 年减少了 26.93km^2,年均减少 1.42km^2,2000—2015 年减少了 55.09km^2,年均减少 3.67km^2。其中,和畅洲段、福姜沙段水域形态变化最为显著,主要以淤积占优势,其余河段在 35 年间变化不大,基本保持稳定。

以福姜沙河段为例,通过获取 4 期卫星遥感数据(Landsat-5 TM 数据和 Landsat-8 OLI_TRIS 数据),时间分别为 2010 年 2 月 21 日(施工前)、2015 年 10 月 12 日(施工期)、2016 年 4 月 22 日(施工期)、2017 年 3 月 8 日(施工期末),结合护岸、丁坝和潜堤工程建设内容及实施进度,对航道工程内容进行了目视识别和跟踪监测。卫星遥感监测实现了福姜沙河段航道整治工程建设内容的全过程跟踪监测。结果表明,工程影响范围符合环境影响评价预测范围,工程的建设对于岸线稳定,冲淤平衡和水域形态稳定具有很好的实际效果。

科技示范工程的跟踪监测结果表明,工程影响范围符合环境影响评价预测范围,工程的建设对于岸线稳定,冲淤平衡和水域形态稳定具有很好的实际效果。

另一方面,从尽可能减缓航道施工和运行所带来的不利生态环境影响角度分析,航道护岸工程水上部分土工布通常为透水材料,水下钢丝网兜抛石也有助于减少护岸对物质和能量交换的阻隔,总体符合生态护岸的材料、结构及铺设工艺要求。

科技示范工程护岸总长度为 47435m,平均宽度按 20m 计,永久占用水域面积约 94.9 万 m^2,该水域面积的底栖生物栖息地功能在施工期及恢复期将丧失,待泥沙缓慢充填至石兜,护岸的水生生物栖息功能能够部分地缓慢恢复。

(三)护底和疏浚及切滩工程对生态环境影响机理分析与对策关键作用概化模型

1)模型理论和架构

针对护底和疏浚及切滩工程建立了专用的生态环境影响机理与对策关键作用精细概化分析模型,展示出护底和疏浚及切滩工程存在长期和暂时两方面的直接、间接影响,并对应推衍和体现影响减缓对策的关键作用,具体如下:

(1)长期影响包括造成局部水流流态及流速发生变化,进而改变鱼类及浮游生物生境,同时还包括直接造成底栖生物、水生维管束植物生境破坏和损失,并会进一步导致底栖生物损失和产沉性卵、黏性卵鱼类资源量下降,对应推衍出采用生态型护底、疏浚、岸滩建设、实施增殖放流、建设生态浮岛、栽种挺水植物这样的对策具有减缓影响和恢复生态的关键作用。

(2)暂时影响包括施工造成悬浮物增加,间接引起鱼类、浮游生物资源量下降,施工占用水域增加水污染物排放,使水质变差,影响鱼类产卵及觅食,施工造成噪声增加,并可能干扰鱼类和保护物种方位辨别能力,从而威胁其正常觅食,对应推衍出采用合理安排施工期、选择低噪设备、筹建保护物种救护基地的对策具有减缓影响的关键作用,以及采取建设人工鱼巢和增殖放流的对策具有补偿生态的关键作用。

该护底和疏浚及切滩工程对生态环境影响的机理分析与对策关键作用概化模型示意图参见图 8.2-3。

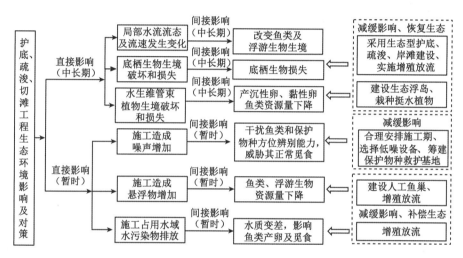

图 8.2-3　护底和疏浚及切滩工程对生态环境影响的机理分析与对策关键作用概化模型示意图

2)模型应用方法和案例

用户可应用该概化模型理论,并遵循第 1 章所述的生态航道建设模式,来指导科技示范工程的设计和施工,以及对生态环境影响和对策效果的评估。

具体而言,为了将生态学概念引入到航道的设计、建设和管理,首先需要摸清航道建设和运营的生态环境影响,对应推衍出适宜的保护对策,例如:

(1)航道护底工程噪声影响现场监测显示,软体排铺设在离施工较近水域(10m 范围)的水下噪声谱级可达 105~115dB,其对于一定范围内的鱼类和豚类会产生惊扰,影响的控制对策为:

① "尽量减少高频敲击",该对策的落实应在文明施工管理中予以要求;

② "设备选型要选择符合声环境标准的低噪声设备",该对策的落实应在施工招标合同中予以要求。

(2)为减少护底材料对水、土之间物质、能量交换阻隔的作用,堤身排大部分为机织土工布砂肋软体排,余排大部分为针刺复合土工布砂肋软体排以及混凝土联锁块软体排,少部分堤身护底及余排护底采用了混凝土联锁块软体排,所有排边均采用加重压载处理,从材料、结构和施工工艺上均具有一定的减少对水、土之间物质、能量交换阻隔的作用。

（3）在疏浚、抛石等施工过程，局部区域的水中悬浮物浓度也会升高，导致对浮游动植物和鱼类生长的不利影响，随着施工的结束，该不利影响随之消失。为减缓对浮游生物影响，护底等施工作业安排在枯水期11月至次年3月完成，并通过在距离取水口较近的施工段布置防油帘，降低抛石作业的水中悬浮物浓度。

（4）科技示范工程初通期初步设计疏浚量为611.7万 m^3，后续基建初步设计疏浚量为745.6万 m^3，假设平均疏浚深度2.17m，初通期和后续基建期疏浚面积分别为281.9万 m^2 和343.6万 m^2，合计疏浚面积约626万 m^2，后续疏浚维护期初步设计疏浚量为626.1 m^3，假设平均疏浚深度1.0m，疏浚面积约626万 m^2。由于施工期和运行期的持续性疏浚，该626万 m^2 的底栖生物栖息功能基本丧失，栖息生物种类、密度和生物量均将低于非疏浚区域。

为减缓疏浚、护底等施工作业对底栖生物的影响，科技示范工程制定并实施了连续三年投放底栖生物的计划，使得生物种类和数量有所恢复。

（5）为减缓对鱼类的影响，可对采用超音波驱鱼和人工鱼巢技术进行研究试验，并根据试验结果采取适宜的驱离对策。此外，还应开展建设人工鱼巢等生态修复活动和鱼类增殖放流生态补偿活动。

（6）为减缓对珍稀水生野生保护动物影响，可在豚类自然保护区建设救护基地，以及在工程施工现场配备"江豚记录仪"，设置于施工工点的上下游边界处对江豚实施有效监控，并配套设置相应的报警装置。一旦发现江豚出现在施工水域或有靠近施工水域的趋势，视具体情况，采取暂停施工让其安全通过，或利用船舶噪声采取善意驱赶方式，将其驱离施工区，避免意外伤害事件的发生，并立即向相关主管部门报告，建设单位应组织开展水生生物多样性监测。

（7）建设单位应组织开展对水生生物多样性的监测，掌握工程建设前后水生生物生态环境变化的时空规律，预测不良趋势并及时发布警报，对工程河段的鱼类组成及资源量变化、鱼类产卵场变化、浮游植物、浮游动物、底栖动物和水生维管植物等进行全面监测，以全面评估航道整治工程对珍稀水生生物的影响。

（四）丁坝及潜堤工程对生态环境影响的机理分析与对策关键作用概化模型

1) 模型理论和架构

针对丁坝及潜堤工程建立了专用的生态环境影响机理与对策关键作用精细概化分析模型，具体包括：

（1）要求根据具体的单项工程类型，分析其短期和长期两个方面的直接生态影响，再分析相应的有利和不利间接生态影响，继而对应推衍和体现环评期提出的和建设期增补的生态保护对策及其关键作用。

（2）概化分析了丁坝、潜堤工程短期直接影响，具体为：

① 噪声，对水生生物产卵、繁殖和抚幼造成威胁不利间接影响。

② 悬浮物增加，造成水质污染以及相应的不利间接影响。

③ 占用水域，造成水生生物栖息地破坏、部分底栖生物消失的不利间接影响。

（3）概化分析了丁坝、潜堤工程长期直接影响，具体为水域水文动力条件及泥沙运移情况改变，以及相应的下述间接影响：

① 有利间接影响，营造出急流、缓流相间的多样化水流形态，有利于增加生物多样性，改善区域生态环境。

② 不利间接影响,冲刷区域难以构建稳定的生物生存环境。

(4)概化分析了与上述不利影响对应的环评期提出的和施工期增补的减缓对策关键作用,具体体现为:

① 施工前进行超声波驱赶鱼类和保护动物;
② 采用低噪声施工设备并减少高频敲击;
③ 合理安排施工时间,尽量避开鱼类的产卵期及保护物种繁殖期和抚幼期,安排在枯水期施工;
④ 实施生态补偿;
⑤ 提前规划生态环境恢复及改善方案;
⑥ 定期开展水生生物及水环境因子监测;
⑦ 合理选择生态保护型丁坝,优化相关设计参数;
⑧ 坝体结构优先采用自然、透水率优的材料和结构形式;
⑨ 生态保护工程与丁坝整治主体工程同步实施;
⑩ 合理设置生态补偿区域及方式。

该丁坝及潜堤工程对生态环境影响的机理分析与对策关键作用概化模型示意图参见图8.2-4。

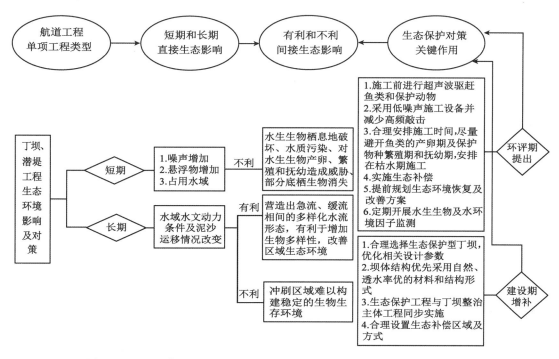

图8.2-4 丁坝及潜堤工程对生态环境影响的机理分析与对策关键作用概化模型示意图

2)模型应用方法和案例

用户可应用该概化模型理论,并遵循第1章所述的生态航道建设模式,来指导科技示范工程的设计和施工,以及对生态环境影响和对策效果的评估。

具体而言,为了将生态学概念引入到航道的设计、建设和管理,首先需要摸清航道建设和

运营的生态环境影响,对应推衍出适宜的保护对策,例如:

(1)航道丁坝、潜堤工程施工噪声对鱼类、豚类等保护动物会造成一定惊扰,施工造成悬浮泥沙骤增,会对浮游动物、鱼类的生产率和摄食率产生不利影响,整治构筑物占用局部水域对该区域内底栖生物生境造成破坏,导致底栖生物消失。为此,航道工程应开展相应的生态补偿,包括投放底栖生物,开展水生生物人工增殖放流,在工程下游补充建设人工鱼巢等。

(2)丁坝、潜堤构筑物形成后,其附近形成不同流态区域,对于整治河段主流区流速显著增强,坝头处流态复杂、水流紊乱,河床处于冲刷状态,底质不稳定,影响底栖动物生存,进而影响水生动植物的生存环境,而对于分叉河段的非通航区以及丁坝前后的回流区,流速减小,趋于缓和,流速、水深水生生物生境条件相对良好、适宜,有稳定的底质供底栖动物栖息和水生植物扎根,鱼类等水生动物会选择在此生活,并且由于在工程河段营造出了急流、缓流相间的多样化河段形态,从而有利于增加生物多样性,改善河段生态。

(3)生态丁坝、生态空间体排试验段及效果观测工程作为生态保护工程,应与丁坝、潜堤整治主体工程同时设计、同时施工、同时投产使用,试验段可通过研究试验来实现合理选择生态保护型丁坝,根据实际情况优化设计参数,包括坝高、坝长、数量、挑角、材料种类、结构形式、坝间距等,坝体结构考虑采用近自然、透水率优的材料和结构形式,应在施工前提前规划生态环境恢复及改善方案,以期达到在新的水流泥沙及约束条件形成动态平衡后,逐步恢复不利生态影响的目标。

科技示范工程前后生态调查结果显示,生态丁坝的多样性指数处于中等较高水平,促淤效果明显,集鱼效果非常显著。生态沉排处的多样性指数也处于中等较高水平。生态丁坝结构详见第4章。

(4)当重要鱼类的洄游通道受影响时,考虑在丁坝与航槽之间的过渡区域预留空间,供鱼类洄游通过,并定期在整治河段及附近开展水生生物及水环境因子监测,对效果进行评估。

(5)结合科技示范工程生态修复经验,生态软体排在丁坝、潜堤接岸护滩工程中的使用能够给河段内动植物的生长和栖息创造更为有利的生态环境,可采用10cm×10cm聚酯高分子材料大网格土工格栅加十字块压护的方案,在岸滩促淤的过程中,促进水生植物根系完成发育,也可针对感潮河段在低水位时能有露滩时间的高滩段,采用人工干预的工程方式,建设既能护滩又能实施后期栽种植物、修复生态环境的护底结构,如采用380mm×380mm生态软体排布和大间距(120mm)联锁块作为新的护底结构,较大的间距及可被植物穿透的排体为基底原生植物的生长创造了有利条件。

(五)航道运营期对生态环境影响的作用机理和干扰途径分析概化模型

1)模型理论和架构

针对航道运营及维护建立了专用的生态环境影响机理精细概化分析模型,具体包括:

(1)要求按照如下的分析流程开展机理分析,即:分析列出航道运营及维护不同类型的影响作用机理,细化分解出每类作用的不同源项,对应分析列出各作用源项的干扰途径,对应分析列出各干扰途径造成的后果。

(2)概化分析了航道运营期3类不同的影响作用机理,分别为工程实施长期影响、维护性疏浚影响、船舶航运港口作业影响,其中:

① 工程实施长期影响的作用源项细分为:局部底床的地形、底质、岸边变化;

② 维护性疏浚影响的作用源项细分为：挖泥区和抛泥区底栖生物生境受到破坏、挖泥区和抛泥区悬浮物浓度增加、作业船舶噪声影响；

③ 船舶航运港口作业影响的作用源项细分：为船舶及港口废气、废水、垃圾排放、螺旋桨误伤和发动机噪声干扰、船舶及港口突发污染事故。

（3）概化分析了上述每个细化作用源项的影响干扰途径，分别为：

① 局部水域流场变化、航道生境发生变化、岸边江水流态、近岸带生境发生变化；

② 底栖生物物种和生物量受损、水质状况和饵料基础发生变化、干扰鱼类栖息和保护动物声呐系统；

③ 水域环境质量变差、发生误伤鱼类和保护动物、干扰其繁殖和活动、造成水域生态环境污染损害。

（4）概化分析了上述影响干扰途径的影响干扰后果，分别为：

① 影响部分鱼卵漂流路径、水域生物组成甚至区域生态系统结构发生变化、鱼类栖息地和产卵场的局部改变；

② 水生生物和渔业资源受损、水生生物和渔业资源受损、鱼类和保护动物受损；

③ 人群健康受损和水生生物受到危害、加快整治航段保护动物种群数量的下降、人群健康受损和水生生物的毒性危害。

该航道运营期对生态环境影响的作用机理和干扰途径分析概化模型示意图参见图 8.2-5。

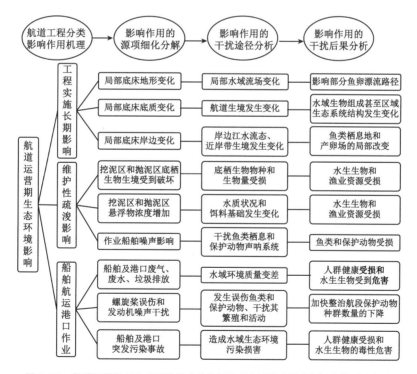

图 8.2-5　航道运营期对生态环境影响的作用机理和干扰途径分析概化模型示意图

2）模型应用方法和案例

用户可应用该概化模型理论，并遵循第 1 章所述的生态航道建设模式，来指导科技示范工程的设计和施工,以及对生态环境影响和对策效果的评估。

具体而言,为了将生态学概念引入到航道的设计、建设、运营和管理,首先需要摸清航道建设和运营的生态环境影响,对应推衍出适宜的保护对策,例如:

(1) 在采用生态型护岸的工程水域,运营期一方面可明显改善陆生和水生生态系统之间的相互联系及补给,增加生物多样性及微生物数量,提升河道抵抗外界变化、干扰和保持系统平衡的能力,另一方面可增加河床的糙度,形成的水下障碍体可增加尾部的局部遛流,从而产生人工鱼礁的效应,可以为洄游性鱼类提供临时避让场所,也为一些底栖鱼类如黄颡鱼等提供适宜栖息活动的环境。

(2) 当航道工程项目位于河势较为平缓的赶潮河段时,经护岸工程守护的河岸和洲滩多处于浅水、缓流区域,在运营期除可明显减少崩岸等生态损害外,还有利于包括底栖生物、咸淡水交替生境生物在内的多种水生生物的栖息生长,也为多种洄游性鱼类的繁殖、觅食和生长提供了适合栖息的场所,具有显著的促进生态恢复和利于鱼类繁殖生长的功效。

(3) 沉排工程在运营期影响体现在局部河床地形和底质发生变化,造成底泥流失,局部河段的流场、水质状况和饵料基础发生不同程度的变化,部分改变了岸边和水体中的水流流态和近岸带生态环境,影响部分鱼卵的漂流路线。

鉴于沉排工程引起的水文情势变化通常不大,鱼类的产卵及早期资源所受到的影响会逐渐恢复。此外,护滩(底)带减少了河流过渡段浅水区的面积,喜爱流水和卵石、沙砾底质的小型底栖生物相应会丧失部分适宜的栖息地和产卵场,使局部河段生物组成甚至区域生态系统结构发生变化,相应的生态环境影响亦不容忽视。为此,可结合维护性疏浚继续开展生态修复及环境监测。

(4) 航运量的增加会存在以下不利影响:

① 干扰鱼类的产卵活动,也会导致卵苗死亡率升高,使该流域的早期资源状况受到影响。

② 在长江航道水域,江豚对频率为 45~139kHz 的声音极其敏感,载重大型货船航行时,即使相距200m,其对江豚的影响亦明显;快艇在200m处,或空载大型货船在40m处航行时,对江豚有影响。如果航行船舶与江豚之间的距离再近一些,船舶噪声对江豚的影响会更明显。

以科技示范工程为例,在工程建成之后,通航海轮从3万吨级提高到5万吨级,随着发动机噪声源项比工程前增加,航运噪声对江豚的不利影响会明显增加,加强沿江航道的江豚保护势在必行。与此同时,研发和应用生态型低噪声发动机船舶,也是减少不利影响的有效手段。

③ 突发污染事故主要包括船舶事故导致燃油、原材料泄漏等情况,对水生生物造成污染损害。其中,燃油泄漏会导致事故发生江段以下区段内分布的江豚出水呼吸时,油污黏附在皮肤上,导致其呼吸产生困难,原材料泄漏会导致下游江段水质变化,可能引起鱼类和江豚急性中毒等危及生命的情况发生。

为减少各类船舶事故,要合理规划通航安全保障设施和突发水污染事故应急保护设施的建设,以及航运安全监管支持保障系统的建设。

④ 随着通航条件改善,船舶流量增大,船舶通航密度随之增大,船舶运输量和港口吞吐量也将增加,运行时的各类污染物排放量以及出现碰撞事故的概率提高,如果防范缺失或不当,会造成船舶和港口水气声固体废物污染,以及船舶、港口污染事故,导致水质变化,引起水生生物中毒,甚至危及生命,进而影响水生食物链,造成对人群健康和水生生物造成不利影响。

为预防和减缓上述不利环境影响，特别应加强船舶建造和港口建设的生态化设计，采用低污染、低排放的船型和装卸储运工艺，配套清洁能源的供应以及防污染设备设施及其监管设施等支持保障系统等能力建设，并配套相应的业务化监管体制和机制。

（六）航道工程对生态环境叠加累积影响和作用因子辨识概化模型

1）模型理论和架构

针对航道工程建设、运营及维护建立了专用的生态环境叠加累积影响和作用因子的精细概化辨识模型，具体包括：

（1）航道工程护岸、护底、疏浚、切滩、丁坝、潜堤建设和航道运行对生态环境的叠加累积影响因子，其主要包括：

①对生境的占用、造成的破损和改变；

②对生物的干扰、伤害及种类和数量的减少；

③船舶和港口水、气、声、固废污染排放；

④溢油和化学品泄漏航运易发事件污染。

（2）航道工程对生态环境的叠加累积影响作用因子，其主要包括：

① 上述影响因子对产卵场、索饵场、育幼场、越冬场、洄游通道、栖息地的多生境作用；

② 上述影响因子对水草和水生维管束植物、浮游植物、浮游动物、底栖及潮间带动物、鱼类及游泳动物、濒危动物的多营养级生物作用；

③ 上述影响因子对生境和生物共同组成的生态系统结构和功能的完整性造成一定影响的多生态服务功能作用。

该航道工程对生态环境叠加累积影响和作用因子辨识概化模型示意图参见图8.2-6。

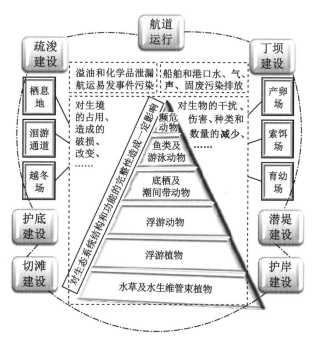

图 8.2-6　航道工程对生态环境叠加累积影响的作用因子辨识概化模型示意图

2) 模型应用方法和案例

用户可应用该概化模型理论,并遵循第 1 章所述的生态航道建设模式,来指导科技示范工程的设计和施工,以及对生态环境影响和对策效果的评估。

具体而言,为了将生态学概念引入到航道的设计、建设、运营和管理,首先需要摸清航道建设和运营的生态环境影响,对应推衍出适宜的保护对策。

从前述的分项机理分析理论和应用案例可以看出,航道工程的生态环境影响尽管涉及了建设施工期和运营期的多种作业类型和人类活动,影响的机理各有特点,对应的减缓对策关键作用也不尽相同,但影响作用的生态环境受体无外乎不同种类并具有营养级供应关系的生物及其各类不同生命周期生物适宜的栖息环境(生境),相应的叠加累积不利影响既包括多生境和多营养级生物受到的各类损害,也包括多种类型生态服务功能受到一定程度的影响。其中,生态服务功能所受影响主要体现在:

(1)按营养级的生物供应功能以及不同类型不同生命周期生物适宜的特殊生境供应功能的缺失和不足;

(2)由以上影响而导致的生态系统结构和功能的完整性以及多样性和稳定性所受到的一定不利影响。

上述多生境多营养级多生态服务功能的影响机理以及减缓对策的推衍分析,即包括前面论述的航道工程建设期和运营期的分类影响和对策相关理论和示范应用案例,也包括本节介绍的多生境多营养级多生态服务功能影响叠加累积作用因子辨识,以及下一节重点涉及的影响源项全作用过程和影响受体全生命周期及其适宜栖息环境的分析评估和减缓对策推衍。

(七)基于生态习性和产卵特性的影响机理分析方法及流程概化模型

针对航道工程建设、运营及维护的生态环境叠加累积影响和作用因子建立了专用的基于生态习性和产卵特性的影响机理分析方法及流程,详见 7.2 节。

8.2.3 长时间序列卫星遥感跟踪监测评价法

长江航道作为沟通中国东、中、西部地区的交通运输大动脉,是构建长江经济带综合立体交通走廊的主骨架,在航运方面具有独特优势和巨大发展潜力,在发挥好航道整治工程社会、经济、环境效益的同时,着力加强工程及生态影响的观测及监测分析,对于强化工程的生态设计和生态施工监管,以及生态保护效果的监测具有重要意义。

卫星遥感(Remote Sensing, RS)技术具有观测范围广,时间跨度大,可快速、同步和周期性地获取研究区的生态环境动态变化资料的特点,自 20 世纪 80 年代以来,已逐渐成为航道和港口工程监测及分析的一种重要手段。

航道工程涉及的空间范围大,施工和运行维护的时间跨度长,相应引起水流和岸线等生境状况随时间和空间发生变化。面对这种大范围、长时间的航道工程生态影响,采用长时间序列卫星遥感数据来跟踪监测,具有独特的技术优势。

(一)方法构建概述

近三十年来,RS 结合 GIS 技术在航道工程生态影响分析中的应用逐渐得到人们的重视,Spot、Radarst、Landsat 等各种卫星都已介入水体信息的提取,各种卫星传感器的数据都已经得到试验和应用,尤其以 Landsat 系列影像的应用最为广泛。

国内近年来的相关研究包括:陈一梅利用长时间序列 Landsat 卫星遥感数据分析了闽江口深水航道的演变因素。许静运用遥感技术,结合实测水下地形资料,以美国 Landsat 遥感数据为例,建立了闽江河道水深遥感反演模型,并引入适合于二类水体的泥沙遥感参数,建立了闽江下游干流水深模型。褚忠信运用遥感技术,以黄河三角洲 1976—2000 年 Landsat 遥感数据,并结合实测的 2m 等深线数据和黄河入海水沙资料,研究了黄河三角洲的冲淤变化规律,进而实现对高浑浊度水域的多光谱遥感水深反演。孙超综合了长时间序列多源遥感影像数据集,开展了南海油气开发活动监测研究,提出了海洋油气开发活动分析方法。

此外,王伟、凌焕然公开了一种基于遥感解译的土地利用识别方法,其采用模式识别中的 13 种特征识别法,进行多样本栅格数据的模板取样和匹配检测,实现了在掌握研究区域部分准确的土地利用测绘分类的基础上,对全研究区域的土地利用状况的识别,为获取有效完整的数据带来很大方便。

以上现有的卫星遥感监测相关研究存在以下方面的局限和不足:

(1)需要建立专用的关于土地利用、水深、海洋油气开发活动状况的遥感数据识别方法,且依赖于已经掌握上述状况的实测资料,识别方法缺乏普适性;

(2)主要用于获取土地利用状况和水深信息,以及海洋油气开发的人类活动状况信息,这些信息并不能直接用于评价航道工程的生态影响及相关人类活动状况,数据获取的类型存在相应的空白;

(3)相关土地利用匹配检测方法、多源遥感影像油气开发活动分析方法、特定及高浑浊度水域水深遥感反演方法,尽管提升了数据获取的可达性及效率,但并不能直接用于评价航道工程水域生态状况及相关人类活动影响,遥感监测评价方法存在相应的技术空白。

基于上述分析,本研究采用长时间序列的 Landsat 卫星遥感数据,开展长江南京以下 12.5m 深水航道二期工程生态环境影响遥感监测,研究并建立一种基于长时间序列卫星遥感数据的航道工程生态影响跟踪监测评价方法。该方法的组成包括以下三个部分:

1)航道工程生态影响长时间序列卫星遥感分析流程

该流程如图 8.2-7 所示,包括 4 个层次自上而下逐层推进的分析流程:

(1)第 1 层次分为 2 项具有高度关联性的独立分析内容,即确定分析区域和选取遥感数据源;

(2)第 2 层次为遥感数据预处理;

(3)第 3、4 层次横向为 2 组具有一定关联性的独立分析内容,每组内容上下层之间为具有高度关联性的独立分析内容,分别为:

① 第 1 组:水体信息提取以及据此推进不同研究尺度影响评价;

② 第 2 组:航道工程识别以及据此推进工程建设及影响跟踪。

2)基于水体信息提取的不同研究尺度航道工程生态影响评价方法

包括水体信息提取法、冲淤变化分析法、岸线变化分析法和水域形态变化分析法,各方法具体特征分别如下:

(1)水体信息提取法:采用归一化水体指数($NDWI$)提取水体面积和空间分布信息,计算公式如下:

$$NDWI = \frac{B_{\text{green}} - B_{\text{Near IR}}}{B_{\text{green}} + B_{\text{Near IR}}} \quad (8.2\text{-}1)$$

式中,B_{green}为卫星遥感影像中的绿光波段;$B_{Near\,IR}$为卫星遥感影像中的近红外波段。

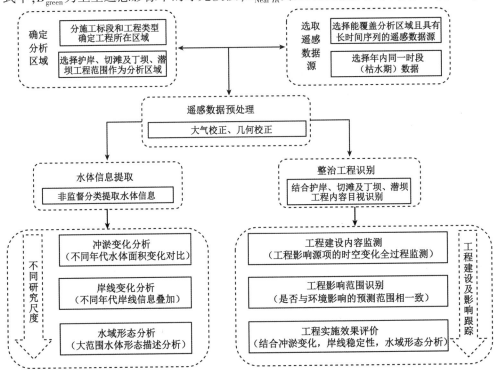

图 8.2-7 航道工程生态影响长时间序列卫星遥感分析流程示意图

(2)冲淤变化分析法:包括了冲淤分析方法、冲淤状况判断准则和冲淤面积计算公式,具体内容如下:

① 冲淤分析方法:采用 GIS 叠加分析工具,对不同施工标段所在水域的长时间序列水体面积的变化进行对比,采用淤积状况判定准则,分析不同施工标段在不同时期的冲淤状况,采用冲淤面积计算公式定量分析淤积面积。

$$CYS_{i+j} = WS_{i+j} - WS_i \tag{8.2-2}$$

式中,CYS_{i+j}为第 i 时段至第 $i+j$ 时段的冲淤面积($CYS_{i+j}<0$ 时为冲刷,$CYS_{i+j}>0$ 时为淤积,$CYS_{i+j}=0$ 时为冲淤平衡);WS_i、WS_{i+j}分别为第 i 时段、第 $i+j$ 时段的水体面积。

② 冲淤状况判断准则:若水体面积随时间序列的增加而增加,则为冲刷状态,若水体面积随时间序列的增加而减少,则为淤积状态,若水体面积随时间序列的增加不变,则为冲淤平衡状态。

(3)岸线变化分析法:采用 GIS 面文件转换为线文件工具,根据不同年代水体面积的空间分布数据,筛选出岸线分布信息,进行不同年代的岸线信息叠图,分析其变化。

(4)水域形态变化分析法:选择具有代表性时间节点的水体面积空间分布作为对比参照,并结合实地调查资料,对分析区域大范围空间尺度的航道水域形态随时间尺度的变化进行综合分析。

3)基于航道工程识别的建设内容与实施效果跟踪监测评价方法

该方法主要包括航道工程内容目视识别法、工程建设内容跟踪监测法、工程影响范围一致性比较法、工程实施效果评价法。各方法的具体特征如下:

(1)航道工程内容目视识别法:以卫星遥感图像彩色合成为基础,对易于目视辨识的护岸、切滩、丁坝、潜堤这样的工程类型，结合航道工程建设的具体内容，进行航道工程内容目视识别，并加以手工标注。

（2）工程建设内容跟踪监测法：基于所述航道工程内容目视识别法，选择施工前、施工期和施工结束后相关时间节点的卫星遥感彩色合成图像，进行航道工程内容目视识别和手工标注，通过对不同时期监测结果的对比分析，进行护岸、切滩、丁坝、潜堤这样的工程影响源项时空变化的全过程跟踪监测评价。

（3）工程影响范围一致性比较法：涵盖施工前、施工期和施工结束后三个阶段，根据所述工程建设内容跟踪监测法的评价结果和生态环境影响作用机理，判断工程的生态环境影响类型及范围，并与环境影响评价结果相比较，分析其在类型及范围上的一致性。

（4）工程实施效果评价法：通过将所述工程建设内容跟踪监测法的跟踪监测结果和所述工程影响范围一致性比较法的一致性比较结果，并与相同区域的冲淤变化分析法、岸线变化分析法和水域形态变化分析法得到的冲淤、岸线稳定性和水域形态变化分析结果相结合，来综合评价航道工程设计的有效性和生态合理性。

（二）遥感数据收集

尽管我国卫星遥感技术近年来得到了长足发展，但积累的监测资料时间较短。为了达到长时间序列卫星遥感信息跟踪监测的分析目标，本次应用案例研究主要收集了国外四种光学传感器卫星遥感数据，分别为美国陆地卫星（Landsat）的 MSS、TM、ETM 和 OLI_TRIS 数据，其比国内卫星遥感资源提供的信息时长早了近30年。

美国 NASA 的陆地卫星（Landsat）计划（1975年前称为地球资源技术卫星 ERTS），从1972年7月23日以来，已发射8颗（第6颗发射失败）。目前 Landsat-1～4 均相继失效，Landsat-5 仍在超期运行（从1984年3月1日发射至今），Landsat-7 于1999年4月15日发射升空，目前仍在轨运行，但从2003年5月31日开始由于设备异常造成接收影像质量下降，Landsat-8 2013年2月11日发射。

Landsat 卫星系列发射一览表　　　　表 8.2-14

卫星参数	LandSat-1	LandSat-2	LandSat-3	LandSat-4	LandSat-5	LandSat-6	LandSat-7
发射时间	1972.7.23	1975.1.22	1978.3.5	1982.7.16	1984.3.1	1993.10.5	1999.4.15
卫星高度(km)	920	920	920	705	705	发射失败	705
半主轴(km)	7285.438	7285.989	7285.776	7083.465	7285.438	7285.438	7285.438
倾角	103.143°	103.155°	103.115°	98.9°	98.2°	98.2°	98.2°
经过赤道的时间(a.m.)	8:50	9:03	6:31	9:45	9:30	10:00	10:00
覆盖周期	18d	18d	18d	16d	16d	16d	16d
扫幅宽度(km)	185	185	185	185	185	185	185
波段数	4	4	4	7	7	8	8
机载传感器	MSS	MSS	MSS	MSS、TM	MSS、TM	ETM+	ETM+
运行情况	1978年退役	1976年失灵，1980年修复，1982年退役	1983年退役	1983年TM传感器失效退役	在役服务	发射失败	2003年出现故障

(三)遥感数据处理及科技示范工程应用案例

应用遥感解译方法,收集和处理了二期工程河段从20世纪70年代中期至近期(2015—2017年)40多年来的遥感影像数据,共分六个阶段进行收集,分别是20世纪70年中期、80年代初、90年代初、2000年、2010年前后、2015—2017年工程建设期。

航道工程生态影响长时间序列卫星遥感分析流程的具体应用步骤如下:

(1)确定分析区域分施工标段和工程类型确定工程所在区域,选择护岸、切滩及丁坝、潜堤工程范围作为分析区域。

(2)选取遥感数据源选择能覆盖分析区域且具有长时间序列的遥感数据源,选择长时间序列同一时段(枯水期)数据。

(3)遥感数据预处理应用专业遥感分析软件完成遥感影响的大气校正和几何校正。

(4)水体信息提取采用归一化水体指数法(NDWI)提取水体信息。

(5)不同研究尺度影响评价:

①基于不同年代水体面积变化的对比进行冲淤变化分析;

②基于不同年代岸线信息的叠加进行岸线变化分析;

③基于大范围水体形态变化的描述进行水域形态变化分析。

(6)航道工程识别结合护岸、切滩及丁坝、潜堤工程内容,目视识别并在遥感分析图上标注。

(7)工程建设及影响跟踪:

①基于对工程影响源项的时空变化全过程跟踪监测来开展工程建设内容跟踪监测;

②在对监测结果与环境影响评价结果进行比较的基础上来开展工程影响类型和范围一致性的比较分析;

③结合对冲淤、岸线稳定性、水域形态的变化分析来开展工程实施效果评价。

(四)科技示范工程应用案例结果分析

1)河道形态演变分析

为研究二期工程河段从20世纪80年代至目前30多年的河道变化情况,研究中主要从冲刷和淤积的面积统计入手归纳分析流域中河道演变规律(图8.2-8~图8.2-10)。采用ENVI5.2软件的归一化水体指数法(NDWI),对二期工程河段的河道水域信息进行了提取,对河道面积分别进行年际间的对比,并统计冲刷和淤积的河道面积。二期工程河段冲淤变化统计结果如表8.2-15所示。

二期工程河道水域及冲淤面积变化结果　　　　表8.2-15

时间	河道水域面积(km²)	时间段	冲刷面积(km²)	淤积面积(km²)	冲淤差值(km²)	年均水域减少面积(km²)
1981年	763.49	1981—2000年	56.52	83.45	-26.93	1.42
2000年	736.56	2000—2015年	21.89	76.98	-55.09	3.67
2015年	681.47	1981—2015年	49.42	131.44	-82.02	2.41

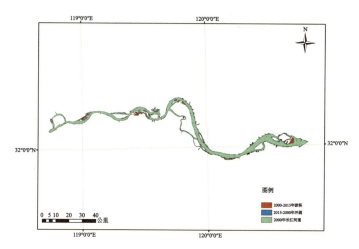

图 8.2-8　二期工程河段 1981—2000 年河道形态演变

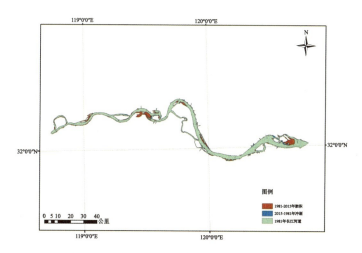

图 8.2-9　二期工程河段 2000—2015 年河道形态变化

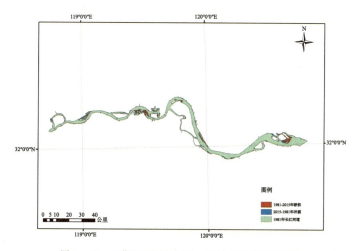

图 8.2-10　二期工程河段 1981—2015 年河道形态变化

从上述统计结果可以看出：

(1) 长江二期工程河段从 1981—2015 年这 35 年的河道水域面积减小了 82.02km^2，其中 1981—2000 年减少了 26.93km^2，年均减少 1.42km^2，2000—2015 年减少了 55.09km^2，年均减少 3.67km^2。

(2) 和畅洲段、福姜沙段冲淤面积变化最为显著，主要以淤积占优势，其余河段在 35 年间变化不大，基本保持稳定。

2) 和畅洲 1975—2017 年遥感监测

镇江下游约 10km 处长江被和畅洲分为南北两汊，历史上和畅洲河势变化较为剧烈，收集了 20 世纪 70 年代中期至 2017 年 40 多年来和畅洲段的遥感影像数据，共分八个时期进行对比分析。20 世纪 90 年代以前，长江主河道位于南汊，北汊处于淤积状态，而 20 世纪 90 年代之后，北汊逐渐成为主河道，南汊逐渐淤积。

依据和畅洲整治方案，在和畅洲北汊上段即左汊口门已建潜坝下游 2100、3100m 处新建两道变坡潜坝，坝长分别为 1817m、1919m；南汊进口右岸切滩工程，面积约 78090m^2，南汊航宽狭窄处实施疏浚；和畅洲北汊左岸护岸工程 1941m，和畅洲左缘护岸工程 2075m，孟家港段护岸工程 3627m，和畅洲洲头及右缘护岸工程 3062m，护岸总长 10705m；疏浚面积约 25 万 m^2。根据和畅洲 2015—2017 年遥感数据监测，2017 年完成北汊两道变坡潜坝，2015 年完成南汊进口及狭窄处右岸切滩疏浚工程，2016 年完成护岸工程。整治工程实施后，和畅洲南汊沙洲减少，主航道萎缩的趋势得到扭转，和畅洲洲头及浅滩较为稳定，表明整治工程取得较好的效果。

3) 福姜沙 1975—2017 年遥感监测

福姜沙河段为长江下游河道冲淤变化剧烈，碍航最严重的水道之一。

长江河道在福姜沙洲头形成一级分汊，被江心福姜沙分为南、北两汊。福姜沙北汊在安宁港对开水域又被双涧沙和民主沙分为南北两支，形成二级分汊。其中，北支为福北水道，下接如皋中汊；南支为福中水道，傍靠福姜沙北侧，下接浏海沙上水道。

收集了 20 世纪 70 年代中期至 2017 年 40 多年来福姜沙段的遥感影像数据，共分八个时期进行对比分析。40 多年的遥感监测表明，福姜沙较为稳定，双涧沙和民主沙在 1990 年之前冲淤变化剧烈，而之后较为稳定，长青沙则逐渐淤积扩大。

依据福姜沙整治方案，在双涧沙头部沙脊线附近建设一道长为 315m 的潜堤；头部潜堤北侧建设 4 道丁坝，长度 510～1000m，头部潜堤南侧建设 3 道丁坝，长度 250～550m；双涧沙南堤南侧建设 5 道丁坝，长度 400～425m；福姜沙左缘建设 4 道丁坝，总长 5805m。护岸及护岸加固共计约 7495m，其中福北水道北岸护岸工程 6185m，福姜沙尾左缘护岸工程约 1310m，福中水道、福北水道疏浚 237.9 万 m^3。根据福姜沙 2015—2017 年遥感数据监测，2015 年已基本完成双涧沙头部潜堤和丁坝工程，头部潜堤围成的区域内泥沙逐渐淤积，枯水期逐渐露出水面，2017 年双涧沙头部有围填造地活动，新增大片用地。总体来看，整治工程实施后，福姜沙河段主航道保持冲刷，维持通畅，双涧沙头部浅滩由于工程作用淤积发展，表明整治工程取得较好的效果。

4) 福姜沙施工期遥感监测

结合二期工程的实施进度，选取福姜沙区域进行施工期遥感监测，目前已获取 4 期遥感数据（Landsat-5 TM 数据和 Landsat-8 数据），分别为 2010 年 2 月 21 日（施工前）、2015 年 10 月

12日(施工期)、2016年4月22日(施工期)、2017年3月8日(施工期末)。

研究区12.5m深水航道建设方案为福中单向+福北单向,航道设计宽度为260m。福姜沙水道建设内容为:在双涧沙头部沙脊线附近建设一道长为3150m的潜堤;头部潜堤北侧建设4道丁坝,长度510~1000m;头部潜堤南侧建设3道丁坝,长度250~550m;双涧沙南堤南侧建设5道丁坝,长度400~425m;福姜沙左缘建设4道丁坝,总长5805m。护岸及护岸加固共计约7495m,其中福北水道北岸护岸工程6185m,福姜沙尾左缘护岸工程约1310m,福中水道、福北水道疏浚237.9万m^3。

根据遥感监测,截至2017年3月8日,双涧沙头部3150m的潜堤、双涧沙北侧和南侧丁坝已基本完成施工。

(五)应用案例主要研究结论

上述科技示范工程应用案例的主要研究结论如下:

(1)应用遥感解译及分析方法,收集和处理了二期工程河段从20世纪70年代中期至近期(2015—2017年)的遥感影像数据,共分六个阶段分别是20世纪70年中期、80年代初、90年代初、2000年、2010年前后、2015—2017年工程建设期。

(2)遥感监测表明,二期工程河段从1981年至2015年这35年的河道水域面积减小了82.02km^2,其中1981年至2000年均减少1.42km^2,2000至2015年均减少3.67km^2。和畅洲段、福姜沙段冲淤积变化最为显著,主要以淤积占优势,其余河段在35年变化不大,基本保持稳定。

(3)仪征水道(世页洲河段)20世纪90年代以前,长江主河道虽然位于南汊,但北汊冲刷明显,而20世纪90年代之后,北汊冲刷逐渐稳定,南汊主河道趋于稳定。

(4)和畅洲河段20世纪90年代以前,长江主河道位于南汊,北汊处于淤积状态,而20世纪90年代之后,北汊逐渐成为主河道,南汊逐渐淤积。

(5)口岸直水道江中鳗鱼沙心滩将河槽分为左、右两槽,心滩冲淤频繁,两槽相应冲淤交替发展,航槽不稳,目前左槽为主槽。

(6)福姜沙河段为长江下游河道冲淤变化剧烈,碍航最严重的水道之一。福姜沙较为稳定,双涧沙和民主沙在1990年之前冲淤变化剧烈,而后较为稳定,长青沙则逐渐淤积扩大。

(7)选取4期遥感数据(Landsat-5 TM数据和Landsat-8数据),分别于2010年2月21日(施工前)、2015年10月12日(施工期)、2016年4月22日(施工期)、2017年3月8日(施工期末),对福姜沙河段开展了施工期遥感监测。根据遥感监测,截至2017年3月8日,双涧沙头部3150m的潜堤、双涧沙北侧和南侧丁坝已基本完成施工。

8.3 生态航道建设效果评价

8.3.1 生态航道建设现状与构想

(一)内涵分析

围绕着"十三五"期间着力推进智慧绿色平安交通建设的宏图大业,绿色水运的转型升级发展蓝图正在绘就。其中,生态航道建设和养护保障是重要的核心内容之一,备受社会各界的关注。究其原因,一方面是公众的生态保护意识普遍增强,另一方面则是生态资源的破坏和环境的恶化业已引起了人们的高度警觉,被迫形成了具有较强外部约束力的"倒逼"机制。

当前形势是构建生态文明建设长效机制,强化参与航道建设人员的生态文明意识,培养生态文明理念,陶冶生态道德情操,构建并完善生态航道管理体制和支持保障技术体系,实现发展速度与产业结构、技术质量、生态环境效益相统一的最好机遇。

航道建设的生态效益在于改善和稳定了河道河势条件,减少了河流生境突变的程度与概率,其生态环境影响既包括建设期工程影响,也包括运营期航道维护工程和航运的影响。因此,将生态学的概念引入航道建设,需要加强水生生态调查与监测,摸清生态环境基线及存在问题,掌握航道建设的影响和保护对策的效果,同时要着重加强航道工程设计和施工方案与实施的生态化,此外,还需要开展船舶工程设计与建造、船舶通航规划与管理的生态化。

生态航道建设不是简单地保护生态环境,应统筹考虑流域经济社会的发展需求,在航道建设与生态保护间找到平衡点,对航道实施科学整治和适度开发,合理利用自然水深进行运输,有效减少能源消耗、降低环境污染,同步推进航道与生态文明建设,提高航道与生态的和谐度。其内涵具体体现在:

(1)生态航道建设应是秉持生态建设理念,构建"畅通、高效、平安、绿色"的水运通道。将生态航道系统与经济社会可持续性发展目标相融合,采用绿色环保的建筑材料和施工工艺,实施低碳养护,减少航道建设、管理、养护等活动对长江生态的影响,既实现规划建设标准,又最大限度地保护生态环境。

(2)环境协调是满足河流生态系统的基本要求。航道属于河道的一部分,河道生态系统存在河道本身的连通性及河道与水生生态系统的相融性两个层面的理解。评价生态航道的生态性时,要重点考虑航道建设对河流生态系统产生的影响。

(3)安全是保障河道航运功能和河流生态系统健康的基本前提。安全通航的范畴主要包括河道力学结构上的稳定、通航船舶正常航行、河道对洪涝灾害的正常回应以及提供安全水源、容纳污染和维持生态平衡等服务功能。

(4)人水和谐型航道,即满足公众对水体景观的基本需求。城市区域的航道建设要充分考虑居民的要求,因地制宜建设与城市环境和谐的亲水景观空间。其他区域的航道,要以回归自然作为建设主流,保护生物多样性,维护生态系统平衡,构筑水生生物栖息的生态廊道,保障人类自身健康发展、支持社会可持续发展。

(二)国内生态航道建设进展

在生态航道建设方面国内已取得一些进展。2015年底长江经济带建设重点工程——荆江河段航道整治工程全面完工,荆江治理河段临近石首麋鹿国家级自然保护区、长江天鹅洲白鱀豚国家级自然保护区、监利段"四大家鱼"国家级水产种质资源保护区等多个自然保护区,整个河段分布着大量生态植被、生物种群及取水口。为了保护好每一条鱼,工程建设者在水下为江豚等珍稀鱼类建设"人工鱼礁";在鱼类产卵地建鱼巢砖,为鱼类产卵繁殖提供良好的生态环境。

2016年8月瓯江(大港头—开潭电站段)生态示范航道专项养护工程设计获省港航局批复(浙港航〔2016〕87号)。按照综合交通运输"5411"发展战略提出的高标准构建美丽经济交通走廊的要求,结合丽水市绿色生态发展战略,将传统航道的通航功能与自然河流生态系统和谐地统一起来,通过实施疏浚、护滩及相关生态工程措施,改善航道通航条件,发挥水运生态和低成本优势,推动丽水市旅游资源的整合和开发。有利于社会效益和经济效益提高。

2018年年中交通运输部和广东、广西、贵州、云南省(自治区)人民政府联合发布《推进珠江水运绿色发展行动方案(2018—2020年)》,明确未来3年珠江水运推进绿色发展的总体要求、基本原则、发展目标和重点任务,并提出要深入贯彻落实习近平总书记关于生态文明建设的重要讲话精神,充分发挥珠江水运运能大、成本低、能耗小、污染少等比较优势,优化珠江航道布局,突出珠江水运绿色发展和环境保护要求。将生态环保理念和要求贯穿于航道规划、建设、管理、养护的全过程,2020年底前,完成1~3个生态航道示范工程建设,完成1~3个航道生态修复示范工程建设。

长江南京以下12.5m深水航道建设工程是国内内河水运具有标志性的重大工程,其一期工程位于通州沙整治建筑物Ⅱ标段的狼山沙堤高滩上有一片大约100万m^2的芦苇区,为保护这片原生态的植物,工程指挥部组织研制开发和投入使用了一种新型的生态软体排结构,同时还在长江江心沙洲设立了生态修复区,采取竹竿法、芦苇种植架、水魔方3种工艺进行芦苇种植,实施大面积的生态工程。

生态护坡是国内目前在生态航道建设领域研究最广泛、结构最多样、使用频率最高的建设手段,主要技术和产品有:生态混凝土、鱼巢砖、净水石笼、植物纤维垫、土工植草固土网垫、土工网复合技术、土工格栅等。例如:长江中游嘉鱼至燕子窝航道整治工程生态护坡采用钢丝网护垫结构铺筑护岸,一方面大幅提升了护坡材料的整体性和耐久性,另一方面也有效防止了因水流对岸坡的淘刷而导致的岸坡变形,并且在撒上草籽后还可以很快长出草皮,美化坡岸。再例如:连云港疏港航道整治工程中根据水位变化来设计和实施了分层防护的生态护岸结构。

南京滨江风光带建设经过了详细的规划和设计,在最大限度地保留原有生态资源的前提下,对岸线资源加以整合,对防洪设施进行改造,扩大了景观空间,建设了陆地、水上交通系统和人文娱乐配套设施,建成的两个沿江风光带展现了长江和城市的新风貌,构造了集航运、防洪、排涝、调水、景观、休闲于一体的新运河体系,既提升了城市的防洪能力,又保护了自然生态资源。

为排除碍航浅滩风险重大安全隐患,长江太子矶炸礁工程被列入重点工程之一。工程项目设计根据爆破影响范围预测结果以及区域环境特征有针对性地制定了施工控制范围和距离,选择了环保性、安全性均较好的乳化炸药和水下钻孔爆破法,消耗炸药量小、爆破精度高,加上毫秒延时微差技术的运用,大大削弱了水下爆破产生的冲击波。尽量减少炸礁对工程段航道原生态的影响,并专门列支594.5万元预算用于鱼类资源保护措施和生态补偿。

(三)国际生态航道建设进展

国际方面,密西西比河是美国最重要的河流之一,全长6262km,航道长3400km,除干流外约有50多条支流可以通航,并有多条运河与五大湖及其他水系相连,构成一个巨大的内河水运网络。美国内河运输货种煤炭占17.1%,石油及制品占26.6%,食物、谷物、农产品占21.2%,原材料占16.9%,化学品占11.05%,其他制成品占6.3%。密西西比河运量占美国内河运量的60%,2010年约6.8亿t。

美国内河运输管理部门由美国运输部海事局(MARAD)和美国陆军工程兵团(USACE)组成,分工负责运输发展政策整体制定、船舶及航行安全管理、水资源和其他土建工程规划、设计、建设及维护,以及环境管理、防洪、水力发电、供水、航道的娱乐性使用以及对影响航道发展的调控。在内河运输方面,USACE将其内河运输方面的业务定义为"为国家安全、商业发展及娱乐提供安全、可靠、高效、环境可持续发展的内河运输系统"。

欧盟境内等级航道总长约35000km,其中大部分为具有历史、环境、娱乐或风景观赏价值的航道。其中具有商业价值的航道网为莱茵河和马斯河—美因河—多瑙河通道,里程约4500km;另外还有斯凯尔特河下游、摩斯河、塞纳河、罗纳河和索恩河、威悉河、奥德河及一些比较繁忙的运河(如德国的米特尔兰运河等),总长约8000km。2008年欧盟27国完成的内河货物周转量为1450亿t·km,占全社会货物周转量3.6%,2000—2008年间的年均增长率为1%。

欧盟内河的生态护岸设计采用自然属性较强的材料作为主体结构,结合少量特别研制的生态混凝土或土工合成材料作为辅助材料,形成可以抵抗水流淘刷侵蚀的结构,同时适合植物的生长和自然演替。欧洲发达国家的护岸结构都选用利于生态系统稳定的"软性化"结构,结构构造为水体与土体、水体和生物、生物和土体的相互涵养创造优越的条件,创造适合生物生存和繁衍的自然状态。河道原有生态系统的稳定得到保障,"水草丛生、鱼翔浅底"的景象应运而生。欧盟的河道整治不仅要保护好生态环境,而且还要切实体现科学发展观的内在要求,顺其自然,避免因为裁弯取直而改变原有河流形态,而是因地制宜地保留自然形态,为浮游动物及其他动植物提供栖息的场所,尽可能使河岸趋于自然。

航道生态化建设在许多国家已成为一个系统的学科,取得了丰硕成果。1938年德国人Seifert首先提出"亲河川整治"概念,20世纪50年代"近自然河道治理工程学"作为一项正式研究在德国被创立,提出河道的整治要符合植物化和生命化的原理。面对涉水工程对河流生态系统带来的严重负面影响,欧洲各国对原本的水利工程及航道利用规划设计理念进行了深刻的反思。环境生态的知识和理论得到不断累积和逐步完善,使得人们对于航道利用、河流治理有了新的认识和思考,即河流除了要满足人类社会的需求以外,还应该满足维护河流生态系统稳定性及生物多样性的需求。德国、美国、日本等国家相关领域的研究人员先后提出"近自然治理""河道整治对生态系统胁迫直线的平衡尺度""岸坡植被的小生态环境结构及其作用""河流原生态生物的生产力维护"等各种有利于河流、航道生态发展建设的理论研究,这些生态整治理论在莱茵河、密西西比河等重要河流的治理中发挥了重要的作用。从各国研究方向及成果来看,虽然研究命题和对新理论的阐述上有所差异,但其关键性的共同点就是亲近自然,将河流的治理与生态学相结合,以原生态为标杆,尽量同时满足人类社会和生态系统健康的需求。

(四)国内外生态航道建设现状对比分析

从内河航运在综合交通运输体系中的作用和地位来看,欧美和我国具有很多相似之处。但是从发展进程来看,欧美的内河航运又走在我国的前面。因此,研究欧美内河运输的现状和发展趋势,对于发展我国的内河航运具有十分重要的意义,一些好的经验和做法值得我们学习吸收,促进我国内河航运的发展;一些不成功的教训也值得我们引以为戒,避免重走欧美的弯路。

在生态航道建设的起步阶段,我们可以主动汲取发达国家的经验教训,少走弯路。但学习和借鉴不能照搬照拿,每条河流的地理、地质特性差异大,有不同的流域生态环境。国外在河道生态建设的技术方面主要的成功措施包括:恢复缓冲带、重建植被、修复人工湿地、降低河道边坡、重塑浅和深潭、修复水边湿地、沼泽地、修复池塘。各国理论和经验告诉我们,生态保护措施最好在工程设计阶段就开始考虑,统筹安排,合理兼顾,施工期严格执行,施工后进行评估并加以保持,才是可持续之道。

(五)生态航道建设构想

要建设具有地方特色的生态航道,重点应放在航道的生态设计方面,并应遵循本报告前面提及的生态设计原则。本着人与自然和谐相处为本、保护生态的理念,提出以下几点建设构想:

(1)识别航道沿线生态系统中由于工程建设可能直接或者间接影响的关键生态敏感目标。

目前我国航道整治设计中,多数只考虑其与河床演变、浅滩类型、航道等级、通航保证率等关系,很少考虑流域的生态敏感因素。比如甘肃省黄河刘家峡库区以及盐锅峡库区水面开阔,是黄河鲤鱼以及鲶鱼的产地,在该航段的整治建设中,在规划阶段应将关键生态敏感目标联系到整治参数的确定中,以达到生态设计的要求。在工程建设的同时,保护野生鱼类栖息地。

(2)航道建设应放眼于全寿命周期成本,而非一次性工程建设投入。

在以往的航道建设工程案例中,有的项目只考虑工程建设的一次性投资,而忽略了工程建成之后的养护管理费用,导致新建不久就需每年投入大量的人力、物力去修复。除了实际成本增加之外,由于项目在水工作业的过程中会导致水体浊化,直接或间接影响水生植物的光合作用,使水体溶解氧量有一定的下降同时,在施工期产生的生活污水和少量的含油污水等,对水生态环境也造成一定程度的破坏。因此,这种重复的建设过程实际上就是对生态环境的二次破坏,并且严重扰乱水生生物的正常演替,毁坏水生态系统的多样性。所以,适当地加大航道建设的先期投入,保证后期的养护费用,将更加有利于延长航道的使用寿命和航道沿线的水生态系统的稳定。

(3)将生态观念贯穿于护岸设计。

目前,内河已建成的护岸大多采用重力式浆砌块石墙护岸结构。这种传统结构有许多制约因素:首先,浆砌石墙结构工艺落后、劳动强度大、施工效率低、并且受气候和航道水位影响较大,很难满足现代化航运建设的需要;其次,工程质量难以保证,在施工过程中易造成座浆砌筑不规范、灌浆不实、丁顺搭接不良、块石大小不符合标准等现象;另外,结构形式单一,航道沿线长距离护岸采用同一种结构形式,不仅外观效果单调,而且易造成司乘人员的视觉疲劳。值得注意的是,护岸工程还破坏了河岸的自然植被,使得生态环境受到干扰。因此,在护岸设计中可以参考一些新技术。比如京杭运河两淮航段,以芦苇为主要材料,建设植被型生态护岸。在原生态较好的河段以芦苇作为护坡材料,与周边植被连成一体,构成完整的河流生态系统,让航道成为一道靓丽的水上风景;在受冲刷严重岸段采用柳树桩支护,水边补植菖蒲或芦苇等水生植物,既减少了水土流失,又与周边景观相协调,苏南运河镇江陵口段航道整治工程的二级挡墙为生态袋护岸。在生态袋中灌入有利于草种生长的营养土,袋体与袋体之间用连接扣连接,每4层用土工格栅反包袋体后将土工格栅埋设于墙后回填土中压实形整体。坡面喷播草种绿化,形成一道绿色的长廊。类似的范例,还有生态袋加插柳护坡,生态袋具有良好的固土和透水性能,给柳树提供了优良的生长环境,增强了护岸的生态效果和景观效益。除此之外,还可以采用亲水性、透水性强的预制混凝土箱式护岸。在沿岸地面较高航段采用预制混凝土联锁块铺面形式护岸;在修复护岸采用劈离块护面等新型生态护岸。比如京杭运河扬州段便采用了联锁块护岸,块体中间留有孔腔,内有黏性土植被。这种护岸能适应一定程度的沉降变形,具有良好的整体性,并且植被生长茂盛,风景宜人。

(4)建设航道服务区。

航道服务区是在航道沿线布置的用以增强航道服务性功能,改善内河航运效率,提升水运行业服务形象的重要辅助设施。一般设立航道管理中心、服务中心等,满足航道监测管理、船舶维修、加油、生活垃圾处理等需求。生态航道服务区除了满足上述功能外,还应通过绿化、护岸等方法将其营造成公园式的休闲场所。

(5)长江航道生态环境保护的宣传教育是全员参与最有效和最直接的方式。

各级单位需要积极探索多种途径的航道生态环境保护宣传教育形式,全面提升全员环保意识,在长江航道沿线各单位要形成自觉保护航道生态环境和推进航道生态文明建设的强大合力。要充分发挥各种宣传媒介的重要作用,将理论教育与实际紧密结合,通过开设生态航道环境保护新闻报道专栏、专题,多渠道多层次挖掘探讨生态环保问题的深层原因,注重宣传效果,保障职工的生态环境知情权,积极推动各级主管单位对长江航道生态保护问题的有效决策。

(6)以各级主管单位为主导,持续开展职工航道生态保护主题教育及知识培训、主题报告会、知识竞赛、演讲比赛、猜灯谜比赛等,培养全员生态环境道德素质。

通过全员参与的环境教育体系,培养全体职工良好的生态航道保护意识和保护环境行为。利用世界环境日、地球日等重要的环境纪念日和重大环保事件为契机,组织开展职工喜闻乐见的环境宣传活动,可设立长江生态航道建设纪念日,不断强化生态环保理念。

(7)重视民间环保组织参与长江生态航道的环境保护。

近年来,各地环保民间组织发展迅速,他们广泛参与环保宣传、信息提供等各类活动,呼吁社会关注环境保护,倡导公众践行环境保护,日益成为生态环境保护的一支不可忽视的力量。长江航道各级主管部门可以和民间环保组织之间建立沟通、交流机制,对长江航道生态保护相关的民间环保组织予以支持引导,如对各类环保组织进行专业培训,多层次地搭建主管部门与各地组织座谈、对话的平台,如联合民间环保组织和各界人士共同开展社会公益行动,以更好发挥环保民间组织的重要力量。提升长江航道人在长江航道生态建设中的社会影响力,让长江生态航道保护理念得到全社会的共识与认可。

生态航道是航道建设的发展方向,将有助于改善航道沿线生态环境,提高沿江经济社会发展水平。从多个角度来看,生态建设需要政府支撑、港航企业及社会公众参与、科技创新与国际合作,在时间、人力、财力与机制建设上是一个长期的过程,而且在长江生态航道建设实践中,需重点关注人工岸线与自然岸线的关系、陆水相互作用的动力学机制、大型工程对长江生态系统的影响等问题。在现有基础上,加大适应航运特点的生态航道建设研究,总结经验,真正把航道建设成水清、岸绿、景美、流畅、人水和谐的绿色水运通道。

(六)制定长效考核体系的对策建议

建设生态航道最重要的内容就是航道的生态设计。S. Vander Run 曾提出生态设计的原则:结合地域、人文特征、按照生态收支进行设计、符合自然结构的设计,将自然可视化。简单总结,即:①尊重地方的传统文化,并在工程建设中巧妙地利用当地的植被和建材等;②注意保护和节约资源,切忌掠夺式的开发;③充分尊重自然法则,遵循3R原则——减量化(reduce)、再利用(reuse)、再循环(recycle),利用边缘效应建立生物自维持体系,以促进系统间协调发展。与自然融合的生态设计就是要尊重和维护生物的多样性。为保证生态设计得以有效实施,提出以下建议:

(1)各级领导签订生态保护责任书。建立长短期目标,定期述职航道生态工作状况。

(2)制定生态航道管理考核奖惩办法。设立奖惩机制,把考核结果与对干部的教育培训、管理监督甚至和干部任免结合起来。

通过生态航道管理目标考核制度建设,激发各级主管部门、广大干部职工的工作积极性、主动性和创造性,促进节能减排、环境保护和生态建设,形成推进生态航道建设的强大动力。

8.3.2 生态航道评价方法构建

(一)研究现状

包括航道工程在内的人类活动对河流和海洋生态环境带来了不利影响,这个问题已经引起了高度关注。美国、澳大利亚、瑞典、中国等国家相继开展了河流和海洋健康评价的研究与实践,形成了RBP(美国)、GRS(澳大利亚)、RCE(瑞典)等多种评价方法,在我国形成了健康评价标准,其特征是在水域健康内涵分析的基础上,针对自然、生态环境和社会服务功能,以及根据水域的基本特征及个体特征,建立由共性和个性指标构建的健康评价指标体系,并提出整体评价方法。

就研究现状来看,国内有关生态航道与评价问题的研究已经开展了多年,提出了若干目标和功能各异的评价指标建议,由于还处于探索阶段,目前尚未形成标准统一的指标体系。例如:

(1)杜朝丹等人提出的基于层次分析法的城市内河生态多层级评测方法,建立了多层级评估系统和分析确定评估指标及基础权重的方法,涉及城市内河缓冲带、护岸、河道三方面23项指标,用于量化评价城市生态内河的生态性,为内河生态建设的管理提供技术工具。

(2)李天宏、丁瑶、倪晋仁、夏炜提出了荆江河段生态航道评价指标体系,其考虑了航运功能、输水泄洪功能、输沙功能、供水功能、自净功能、生态功能、景观娱乐功能7个方面的18项指标,建立了指标数据获取和计算方法,以及分级评判准则,给出了以河段健康性为主的评价指数结果。此外,李天宏等人还建立了基于木桶效应的生态航道模糊综合评价方法,用于评判生态航道综合健康水平。

(3)于格等人提出的海岸带生态安全评价模型构建方法,其包括生态系统指标数据的收集和分布图的制图,计算生态系统服务价值和生态安全指数,为此建立了生态安全评价指标体系。

(4)朱孔贤、蒋敏、黎礼刚、王家生对生态航道层级分析评价指标体系进行了初探,旨在为建设方案提供参考,从施工生态性、航道生态性、航运环保性、航道可持续性与社会适宜性5个方面建立了23项评价指标,用于分析取材加工和施工及运行管理的生态性和可持续性,以及司乘人员和航道沿线群众对社会服务功能的印象,但文中并未涉及具体的指标要求和评价准则。

(5)严登华、窦鹏等人探讨了内河生态航道建设理论框架,其中提及的生态航道评估指标体系涉及了分级分类指标、生态健康评价指标、生态完整性评价指标、评价方法指标、建设水平指标、区域特色指标,文中未提出进一步细化的指标。

(6)许士国、石瑞花和王国体、李宏卓对城市河道生态护坡进行了评估和优选,其中构建的生态护坡工程评价指标体系包括了成本(建造成本、维护成本、使用寿命)、生态景观(生态保护及修复、亲水性、与周围环境的协调性)、施工工艺(材料的易得性、工艺的简单性)3个方面8项指标,并采用问卷调查方法获得打分值及权重值;提出的生态岸坡防护目标体系包括安全评价、工程结构、生态防护3类体系的相关指标,但未明确具体指标。

(7)吕晶、高甲荣对非通航河流生态护坡进行了健康评价,从护坡的基本功能工程效果、生态效果和社会经济效果三个方面建立了由20项指标组成的评价因子体系,其中,工程效果包括了抗蚀性、抗滑性、污染物去除率、通透性、有机质增量5项指标,生态效果包括了植物成活率、植物覆盖度、植物多样性、全年保绿期、植物抗旱性、植物耐瘠薄能力、动物多样性7项指标,社会经济效果包括了建造成本、维护成本、使用寿命、人体适宜性、文化美学功能、休闲娱乐功能、公众的环保意识、与周围环境的协调性8项指标,给出了指标的量化方法和分级判定准则。

(8)许鹏山、许乐华分析了甘肃省航道建设的现状以及面临的问题,阐述了航道的生态设计理念,提出了生态航道的评价对象和指标,其中,航道安全功能包括航道尺度、通航保证率、航标设施完善率、司乘人员视觉满意度4项指标,航道生态功能包括栖息地质量、船队综合污染指数2项指标,航道景观功能包括航道景观指数1项指标,航道服务功能包括服务区分布率、服务区完好率2项指标,建议采用模糊评分加权综合评价方法进行评价。

(9)夏继红等曾研究河岸带生态系统的综合评价内容,并建立了河岸带生态系统综合评价指标体系,其在结构稳定性方面包括土壤特性、岸坡结构特性、水文气象特性、植被情况4类多项指标,在景观适宜性方面包括异质性、稳定性、自然性、优美性、服务性5类多项指标,在健康性方面包括种群特性、物化特性、功能特性3类多项指标,在安全性方面包括入侵物种特性、污染特性、水质状况、自然灾害特性、人为干扰状况、社会经济状况6类多项指标。

(10)王华结合黄浦江、苏州河的退化现状和环境特征,构建了河流生态系统恢复评价指标体系,其包含河流水质理化特征、河流生物特征、河流生境特征3项1级指标和17项二级指标,其中,水质指标有溶解氧、pH、BOD_5、COD、总氮、氨氮、总磷、SS,生境指标有流速状况、水量状况、河道渠化程度、河道弯曲程度、河道护岸形式,生物指标有浮游植物、浮游动物、底栖动物,完成了黄浦江、苏州河生态恢复综合评价。

(二)方法架构

随着航道工程生态保护与恢复技术的日益成熟和推广应用需求的日益增长,亟须在上述背景技术基础上，研究并建立具有指导性且操作性强的生态航道符合性评价指标体系，用于指导生态航道的建设和管理，评价其效果，以逐步提升航道建设和运行的生态航道符合性。由于航道工程对生态环境的影响因素很多，不同地区、不同性质的河流或海域差异性很大，因此，生态航道符合性评价指标体系的构建还应具备普适性。

提出构建一种生态航道符合性评价指标体系架构和评价方法，其包括一套生态航道符合性分类分级指标体系，还包括与该指标体系对应的生态航道符合性指标分项分档评分准则体系和评价方法，以及将分项指标得分累计为待评价航道生态符合性指数 URECI 的计分规则体系，并且包括根据 URECI 得分确定待评价航道生态符合程度的评价准则体系。

该架构和评价方法的具体内容如下：

1）生态航道符合性分类分级指标体系

由三个层级 8 类分类指标及其所包含的 32 项分项指标构成，其中，第一层级包括 4 类分类指标，即：安全功能 A1、生态功能 A2、景观功能 A3、服务功能 A4；第二层级仍为分类指标，其仅将第一层次中的 A2 指标进一步细分为 4 类，分别为：滨岸带生境 B1、滨岸带生物 B2、沉积层生境 B3、沉积层生物 B4；第三层级指标为上层各项分类指标各自包含的分项指标，共计 32 项，具体分项指标包括：

（1）与 A1 对应的通航宽度 C11、通航保证率 C12、航标设施完善率 C13、视觉满意度 C14；

（2）与 B1 对应的滨岸带宽度 C21、滨岸带坡度 C22、护岸类型 C23、纵向联动性 C24、横向连通性 C25；

（3）与 B2 对应的物种丰富性 C31、生态型结构草种 C32、植被连续性 C33、植被覆盖率 C34、物种数量更新率 C35；

（4）与 B3 对应的基底类型 C41、地形复杂性 C42、水动力条件 C43、水体透明度 C44；

（5）与 B4 对应的水生植物类型 C51、底栖动物种类数量 C52、底栖动物状况 C53、鱼类种类 C54；

（6）与 A3 对应的易于亲水性 C61、水面清洁度 C62、滨岸带景观 C63；

（7）与 A4 对应的基础设施完善率 C71、能源清洁度 C72、管理体制 C73、养护难易度 C74、船队综合污染指标 C75、服务区分布率 C76、服务区完好率 C77。

该生态航道符合性分类分项指标体系示意图参见于图 8.3-1。

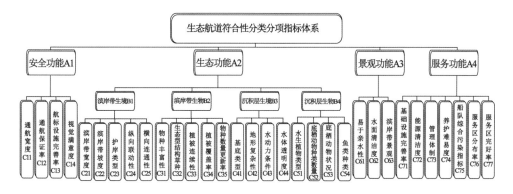

图 8.3-1　生态航道符合性分类分项指标体系示意图

2) 生态航道符合性指标分项分档评分准则体系

设计了32项分项指标5个档次状况的定性或定量评定准则,和5个档次指标分值的统一取值原则,其中,各项指标不同档次的状况随档次递增逐步变差,各项指标不同档次的分值随档次递增都依次取4、3、2、1、0分,分别代表了该项指标符合性"很高""较高""一般""较低""很低"这5种状态,通过国内外调研和结合依托工程深入分析,研究提出了32项分项指标5个档次状况的定性或定量评定准则,详见表8.3-1。

分项指标评价分值准则一览表　　　　表8.3-1

指标名称	编号	得分				
		4	3	2	1	0
通航宽度	C11	保证2条十万吨级船并排通过	(介于前后两档之间)	保证2条万吨级船并排通过	(介于前后两档之间)	万吨级船无法通过
通航保证率	C12	保证2条十万吨级船并排通过	(介于前后两档之间)	保证2条万吨级船并排通过	(介于前后两档之间)	万吨级船无法通过
航标设施完善率	C13	航行标志、信号标志、专用标志齐全	(介于前后两档之间)	(介于前后两档之间)	(介于前后两档之间)	无标志或标志不明显
视觉满意度	C14	视野宽敞明亮无遮挡	(介于前后两档之间)	(介于前后两档之间)	(介于前后两档之间)	视野不好
滨岸带宽度	C21	>河宽1倍	>0.5~1倍	>0.25~0.5倍	>0.1~0.25倍	≤0.1倍
滨岸带坡度	C22	0°~10°	10°~30°	30°~60°	60°~90°	90°
护岸类型	C23	自然原型	人工近自然型	抛石、土坡低挡墙、混凝土栅格植被	堆石、浆砌石块、干砌石块	混凝土
纵向联动性	C24	滨岸带畅通	少量障碍物	中断1~2次	中断3~5次	中断5次以上
横向连通性	C25	透水界面>80%	60%~80%	40%~60%	20%~40%	<20%
物种丰富性	C31	40种以上	30~40种	20~30种	10~20种	少于10种
生态型结构草种	C32	乔灌草(藤竹)	乔灌或乔草	灌草	只有一种	无植被
植被连续性	C33	连续均匀分布	半连续分布	丛块分布	零散分布	无植被分布
植被覆盖率	C34	>75%	50%~75%	25%~50%	5%~25%	≤5%
物种数量更新率	C35	物种数量>75%	50%~75%	25%~50%	5%~25%	≤5%
基底类型	C41	清洁土质界面、伴有沙石、砾石	土质界面,无淤泥沉积及人工覆盖	土质界面,少量淤泥沉积及可透水人工覆盖	黑厚淤泥及较多可透水人工覆盖	混凝土浇筑及非透水人工覆盖
地形复杂性	C42	凹凸起伏多孔质结构	(介于前后两档之间)	局部有地形起伏	(介于前后两档之间)	地形平直坚硬
水动力条件	C43	水流自然通畅	流速较合理	流速受泵闸控制	流速过快或过缓	完全为死水

续上表

指标名称	编号	得分 4	3	2	1	0
水体透明度	C44	>2m	1~2m	0.5~1m	0.2~0.5m	<0.2m
水生植物类型	C51	挺水、沉水、浮水均有出现	挺水、沉水	挺水、浮水或沉水、浮水	只有一种	无水生植物分布
底栖动物种类数量	C52	20种以上	10~20种	5~10种	1~5种	无水生植物
底栖动物状况	C53	生物量与丰富度高,有清洁指示种	生物量与丰富度较高	出现耐污种,生物量中等	仅有少量耐污种,生物量很低	无底栖动物
鱼类种类	C54	肉食、草食、滤食性鱼类均有出现	肉食、草食性鱼类	草食、滤食性鱼类	仅滤食性鱼类	无鱼类
易于亲水性	C61	沿线完全开放	（介于前后两档之间）	指定位置开放	（介于前后两档之间）	完全不开放
水面清洁度	C62	水面无任何杂物	少量植物漂浮	偶见少量垃圾	时常漂有垃圾	水面非常脏
滨岸带景观	C63	季相分明,布局错落有致	空间配置优美,但无季相变化	季相变化分明,但空间配置不足	景观时空变化较为单调	无时空变化,景观单调生硬
基础设施完善率	C71	基础设施健全无损坏	（介于前后两档之间）	基础设施有轻微损坏	（介于前后两档之间）	基础设施不配套
能源清洁度	C72	光合作用推动	太阳能、风能	使用混合能源	电能、耗电较少	使用大量电能
管理体制	C73	管理体制具有层层制约监督功能,定期考核培训	（介于前后两档之间）	（介于前后两档之间）	（介于前后两档之间）	无管理体制
养护难易度	C74	偶尔少量人工养护,成本很低	需要定期少量人工投入	需要定期较多人工投入	需要长期大量人工投入	长期无人养护,杂草丛生
船队综合污染指标	C75	船队噪声、水、空气综合污染水平很低	船队噪声、水、空气综合污染水平低	船队噪声、水、空气综合污染水平较低	船队噪声、水、空气综合污染水平中等	船队噪声、水、空气综合污染水平较高
服务区分布率	C76	间距<10km	间距10~20km	间距20~30km	间距30~40km	间距>40km
服务区完好率	C77	服务区提供服务类型多样	（介于前后两档之间）	服务区提供服务单一	（介于前后两档之间）	无服务区

3) 待评价航道生态符合性指数 URECI 的计分规则体系

设计了9项计分规则,具体如下:

(1) 计分规则1:深入开展待评价航道工程生态环境影响及对策调研,依据表8.3-1所述的分项分档评分准则,逐项调查分析各项指标的实际状况,分析评估指标的分值取值。

(2) 计分规则2:将与A1对应的4项分项指标得分进行等权加和平均,获得分类指标值

URECI-A1。

（3）计分规则3：将与B1对应的5项分项指标得分进行等权加和平均，获得分类指标值URECI-B1。

（4）计分规则4：将与B2对应的5项分项指标得分进行等权加和平均，获得分类指标值URECI-B2。

（5）计分规则5：将与B3对应的4项分项指标得分进行等权加和平均，获得分类指标值URECI-B3。

（6）计分规则6：将与B4对应的4项分项指标得分进行等权加和平均，获得分类指标值URECI-B4。

（7）计分规则7：将与A3对应的3项分项指标得分进行等权加和平均，获得分类指标值URECI-A3。

（8）计分规则8：将与A4对应的7项分项指标得分进行等权加和平均，获得分类指标值URECI-A4。

（9）计分规则9：将上述分类指标值URECII-A1、URECI-B1、URECI-B2、URECI-B3、URECI-B4、URECI-A3、URECI-A4进行等权加和，获得待评价航道的生态符合性指数URECI，计算公式如下：

$$URECI = URECI\text{-}A1 + URECI\text{-}B1 + URECI\text{-}B2 + URECI\text{-}B3 + URECI\text{-}B4 + URECI\text{-}A3 + URECI\text{-}A4 \quad (8.3\text{-}1)$$

4）待评价航道生态符合程度的评价准则体系及评价方法

由于上述32项指标5个档次的得分均设定为4、3、2、1、0分，因此，若假定某个待评价航道的每项指标均处于相同的档次，则按照式(8.3-1)计算的总得分URECI分别为28、21、14、7、0分；若按照惯例取得分的60%为该档次分值的合格分，则达到合格标准的5个档次分值分别为16、12、8、4、0分，按此分值作为评分分档的理论标准值。

考虑到32项指标都达到符合性"很高"档次的合格分，仍具有相当大的难度，而若都仅达到"一般""较低"档次的合格分，又显得过于轻松或不努力，因此分别奖励"很高"档次1分，提高"一般"档次得分门槛2分，惩罚"较低"档次1分，即该三个档次的评分分档分别调整为15分、10分和5分，5个档次的评价准则具体如下：

（1）评价准则1：当URECI≥15分时，说明待评价航道的生态符合性很高。

（2）评价准则2：当URECI<15分且≥12分时，说明待评价航道的生态符合性较高。

（3）评价准则3：当URECI<12分且≥10分时，说明待评价航道的生态符合性一般。

（4）评价准则4：当URECI<10分且≥5分时，说明待评价航道的生态符合性较低。

（5）评价准则5：当URECI<5分时，说明待评价航道的生态符合性很低。

8.3.3 生态航道评价应用范例

以"长江南京以下12.5米深水航道二期工程"为具体实施案例，通过现场调研、资料搜集和综合分析，按照生态航道符合性评价指标体系架构，对该航道工程的各项分项指标按照表8.3-1的评分准则体系进行评分。

该案例针对工程河段生态环境特点及保护需求，研发了多种生态型整治建筑物结构，在工程受影响区域,探索人工鱼巢、生态浮床等生态修复尝试,计算与分析潮汐河段施工引起的水体悬浮物浓度对取水口及水源地影响,提出了防护方案;在研究噪声对江豚影响的基础上,提出声学驱赶与声学诱导技术,提出了全过程的生态环境保护措施与管理办法,监测结果表明生态效果良好,评价期间无生态环境事故发生。

该案例工程生态符合性指标中各项分项指标的具体评分结果如下:

(1) C11 通航宽度:根据二期工程环境监测总报告,其工程概况章节对建设目标的描述为,可满足 20 万吨级船舶通过,评 3 分。

(2) C12 通航保证率:根据二期工程环境监测总报告,由其工程概况章节对建设标准和整治建筑物工程内容的描述可知,航道可满足 20 万吨级船舶通过,评 3 分。

(3) C13 航标设施完善率:根据二期工程环境监测总报告,由其工程概况章节对航标调整工程的描述可知,航道工程的航标设施完善,评 4 分。

(4) C14 视觉满意度:根据现场调研情况,航道视野宽阔,评 4 分。

(5) C21 滨岸带宽度:根据二期工程竣工环境保护验收调查报告,由其对环境保护目标及工程建设内容的描述,结合二期工程环境监测总报告中对航道宽度的描写,综合考量,评 1 分。

(6) C22 滨岸带坡度:根据现场调研情况,滨岸带多为缓坡,综合考量,评 2 分。

(7) C23 护岸类型:根据二期工程竣工环境保护验收调查报告,由其对施工顺序与工艺的描述可知,航道工程多为抛石、土坡低挡墙、混凝土栅格植被,评 2 分。

(8) C24 纵向联动性:根据二期工程竣工环境保护验收调查报告,由其对环境现状质量评价结论的描述并结合现场调研情况可知,工程区域出现少量障碍物,评 3 分。

(9) C25 横向连通性:根据现场踏勘和工程设计文件综合分析,航道工程护岸透水界面占比约可达到 40%~60%,评 2 分。

(10) C31 物种丰富性:根据《镇江长江豚类省级自然保护区水生生态补偿及修复效果监测及评估项目成果报告》,2018 年 4 月和 7 月共采集水生植物 8 种,其中芦苇、酸模叶蓼为优势种,评 0 分。

(11) C32 生态型结构草种:根据二期工程竣工环境保护验收调查报告,由其对环境现状质量评价结论的生态环境部分描述可知,航道工程陆域自然植被可划分为 4 种类型,3 个群系组,11 个群组,评 3 分。

(12) C33 植被连续性:根据现场调研情况,植被连续性较差,多为成块分布,评 2 分。

(13) C34 植被覆盖率:根据二期工程竣工环境保护验收调查报告,由其对环境现状质量评价结论的描述,结合现场调研情况综合分析可知,植被覆盖率在 25%~50% 之间,评 2 分。

(14) C35 物种数量更新率:根据《镇江长江豚类省级自然保护区水生生态补偿及修复效果监测及评估项目成果报告》,以及其他相关监测报告综合分析,施工期和试运营期水生生物物种数量与环评阶段监测结果相比,虽然明显下降,但尚能基本控制在 25%~50% 的范围,评 2 分。

(15) C41 基底类型:根据二期工程竣工环境保护验收调查报告,由其对施工顺序与工艺的描述以及护底工程实施情况可知,工程区域多为土质界面,有少量淤泥沉积及可透水人工覆盖,评 2 分。

(16) C42 地形复杂性:根据工程内容分析,工程底部局部地形有起伏,评 2 分。

(17) C43 水动力条件:根据模型应用章节中的水动力模型分析,航道工程水表面较宽阔,流速较合理,评3分。

(18) C44 水体透明度:根据现场调研情况可知,工程水域水质相对浑浊,能见度低,评1分。

(19) C51 水生植物类型:根据二期工程竣工环境保护验收调查报告,由其对水生生态调查的水生植物描述可知,多为沉水植物,结合调研情况,评2分。

(20) C52 底栖动物种类数量:根据二期工程竣工环境保护验收调查报告,由其对水生生态调查的底栖动物描述可知,除福姜沙水道低于20种,其余都在20种以上,评3分。

(21) C53 底栖动物状况:根据二期工程竣工环境保护验收调查报告,由其对水生生态调查的描述可知,工程水域底栖动物的生物量与丰富度较高,评3分。

(22) C54 鱼类种类:根据二期工程竣工环境保护验收调查报告,由其对鱼类影响调查的描述可知,工程水域鱼类物种丰富,多为肉食、草食性鱼类,评3分。

(23) C61 易于亲水性:根据现场调研情况可知,河道沿线为半开放状态,评3分。

(24) C62 水面清洁度:根据现场调研情况可知,河道水面除有少量植物漂浮外,目视清洁,评3分。

(25) C63 滨岸带景观:根据现场调研情况可知,本工程滨岸带季相变化分明,但空间配置不足,评2分。

(26) C71 基础设施完善率:根据二期工程竣工环境保护验收调查报告,由其对环评报告要求措施落实情况的分析来看,人工鱼巢、生态浮岛的规模发生了调整,在江苏省海洋与渔业局的统一领导和部署下,选择了符合当地环境特点切实有效的放流方案,评3分。

(27) C72 能源清洁度:可从生态能源和空气能源两方面看,生态方面:根据生态系统结构和功能完整性的描述可知,航道工程使一些富有特点的小生境消失;空气方面:由于工程位置未在排放控制区,对能源的清洁度要求尚有较大改进空间,根据调研可知,内河船只尚未普遍采用 LNG、岸电和低硫油等节能减排清洁能源方式,评2分。

(28) C73 管理体制:航道工程由指挥部委托和管理了多项生态保护及研究项目,管理体系比较完善,评3分。

(29) C74 养护难易度:根据针对疏浚、切滩的情况描述可知,航道工程属于需要维护性疏浚的情况,评2分。

(30) C75 船队综合污染指数:根据调研可知,船队施工中整体造成的内河污染较为严重,评0分。

(31) C76 服务区分布率:根据二期工程竣工环境保护验收调查报告,由其对环评报告要求措施落实情况的分析来看,人工浮岛等改善生态服务功能的服务设施分布率较低,除此之外,综合考虑上下游建设的类似服务设施尚少见,评1分。

(32) C77 服务区完好率:根据《长江靖江段中华绒螯蟹鳜鱼国家级水产种质资源保护区水生生态补偿及修复效果监测及评估项目成果报告》,靖江保护区人工鱼巢及生态浮岛建设项目于2018年1月5日顺利通过专家验收,具备人工鱼巢、生态浮岛和鱼苗驯养等生态服务功能,评2分。

依据航道生态符合性指数 URECI 的计分规则体系,设计了生态航道符合性打分表,详见表8.3-2,得到 URECI-A1 = 3.50,URECI-B1 = 2.00,URECI-B2 = 1.80,URECI-B3 = 2.00,URECI-B4 = 2.75,URECI-A3 = 2.67,URECI-A4 = 1.86,等权加和得到二期工程生态符合性指数

URECI 为 16.58 > 15,根据航道生态符合程度的评价准则体系判断,该案例航道工程的生态符合性很高。

生态航道符合性打分表　　表 8.3-2

分项指标符合性			分类符合性		分项指标符合性			分类符合性	
指标名称及符号		分值	符号	分值	指标名称及符号		分值	符号	分值
通航宽度	C11	3	A1	3.50	水生植物类型	C51	2	B4	2.75
通航保证率	C12	3			底栖动物类型	C52	3		
航标设施完善率	C13	4			两栖动物	C53	3		
视觉满意度	C14	4			鱼类	C54	3		
滨岸带宽度	C21	1	B1	2.00	河道亲水性	C61	3	A3	2.67
滨岸带坡度	C22	2			水面清洁度	C62	3		
护岸类型	C23	2			滨岸带景观	C63	2		
纵向联动性	C24	3			基础设施完善率	C71	3	A4	1.86
横向连通性	C25	2			能源清洁度	C72	2		
物种丰富性	C31	0	B2	1.80	管理体制	C73	3		
生态型结构	C32	3			养护难易度	C74	2		
植被连续性	C33	2			船队综合污染指数	C75	0		
植被覆盖率	C34	2			服务区分布率	C76	1		
自我更新率	C35	2			服务区完好率	C77	2		
基底类型	C41	2	B3	2.00	生态符合性指数总得分 URECI = URECI-A1 + URECI-B1 + URECI-B2 + URECI-B3 + URECI-B4 + URECI-A3 + URECI-A4 = 3.50 + 2.00 + 1.80 + 2.00 + 2.75 + 2.67 + 1.86 = 16.58				
地形复杂性	C42	2							
水动力条件	C43	3							
水体透明度	C44	1							

经过综合调研、打分,得出"生态符合性很高"的评价结论。本案例的生态航道建设具体事例包括:

(1)针对工程河段生态环境特点及保护需求,工程设计中研发了生态型护坡、排体、坝体、护底、护滩等整治建筑物结构,在达到工程整治效果的同时,也为水生生物营造了适宜的栖息环境。

(2)在工程受影响的长江潮汐河段区域,人工鱼巢、生态浮床等生态修复措施效果明显,浮床植物长势良好,鱼巢的浮游生物量增加。

(3)在潮汐河段受工程影响的取水口周围设置防污屏,可减小施工引起的水体悬浮物浓度对取水口及水源地的影响,对于降低取水口附近总磷和化学需氧量浓度有一定的效果。

(4)在噪声对江豚影响研究的基础上,提出的声学驱赶技术与声学诱导技术,可减少施工过程对江豚产生不利影响和潜在伤害。

(5)全过程的生态环境保护措施与管理办法,能有效降低工程建设的环境影响。3 年的渔业增殖放流,可维持工程河段水生生物的多样性及总量,减轻工程建设对河段水生生物数量及多样性的不利影响。

(6)从打分分析可以看出,尽管综合评分达到了生态符合性很高的档次,但未来的航道工程建设在滨岸带宽度、物种丰富性、船队综合污染指数、服务区分布率等指标方面尚有很大的提升空间。

参 考 文 献

[1] 曹民雄,申霞,黄召彪,等.长江南京以下深水航道生态建设与保护技术及措施[J].水运工程,2018(7):1-9.

[2] 罗宏伟,黄召彪,张立辉,等.长江南京以下12.5m深水航道二期工程环境保护工作管理[J].水运工程,2018(7):10-15.

[3] 金震宇.长江南京以下12.5m深水航道二期工程环保实践[J].水运工程,2018(7):16-19,46.

[4] 中交第二航务工程勘察设计院有限公司.长江南京以下12.5m深水航道二期工程环境影响报告[R].2015.

[5] 北京中环格亿技术咨询有限公司,交通运输部长江航务管理局环境监测中心站.长江南京以下12.5米深水航道二期工程竣工环境保护验收调查报告[R].2018.

[6] 环境保护部环境工程评估中心.交通运输类环境影响评价(上) 第二篇 港口、码头、航道及仓储项目[M].北京:中国环境科学出版社,2011.

[7] 环境保护部环境工程评估中心.海洋工程类环境影响评价[M].北京:中国环境科学出版社,2012.

[8] 环境保护部环境工程评估中心.建设项目环境监理[M].北京:中国环境科学出版社,2012.

[9] 环境保护部环境影响评价司.战略环境影响评价案例讲评(第二辑)[M].北京:中国环境科学出版社,2009.

[10] 环境保护部环境影响评价司,环境保护部环境工程评估中心.重点领域规划环境影响评价理论与实践[M].北京:中国环境科学出版社,2010.

[11] 乔冰,等.港口工程竣工环境保护验收调查技术与应用[M].北京:中国环境出版集团,2017.

[12] 乔冰.西部大开发与内河水运可持续发展浅析[A].中国航海学会内河船舶防污染研讨会[A].2002.

[13] 乔冰,刘春玲,刘晓峰,等.大连港总体规划环境影响评价[J].水运科学研究,2008(1).

[14] 乔冰,顾云龙,刘春玲,等.南京港船舶污染防治总体规划研究[A].全国规划环境影响评价技术与管理交流会[C].2006.

[15] 兰儒,乔冰.水运工程对渔业资源物种多样性的影响研究——以上海国际航运中心洋山深水港区一期工程为例[A].海上污染防治及应急技术研讨会论文集[C].2009.

[16] 李春潮,吴宣,刘晓峰,等.涉海工程水动力影响案例分析[A].2011年船舶防污染学术年会论文集[C].交通运输部水运科学研究院,2011:57-63.

[17] 万琪.航道整治工程对河流生态环境的影响分析[J].江西建材,2014(20):141.

[18] 陈华飞,陈佩.港口与航道工程施工的生态影响及其对策[J].科技资讯,2017(18):107,109.

[19] 汪冬冬,施展,杨凯,等.城市河流滨岸带土地利用变化的环境效应——以上海苏州河为例[J].中国人口.资源与环境,2009,19(03):96-101.

[20] 汪冬冬,杨凯,车越,等.河段尺度的上海苏州河河岸带综合评价[J].生态学报,2010,30(13):3501-3510.

[21] 左倬,由文辉,冬冬.上海青浦区不同用地类型河流滨岸带生境及植物群落组成[J].长江流域资源与环境,2011,20(01):116-121.

[22] 高学平,赵世新,张晨,等.河流系统健康状况评价体系及评价方法[J].水利学报.2009,40(08):962-968.

[23] 严登华,窦鹏,崔保山,等.内河生态航道建设理论框架及关键问题[J].北京师范大学学报(自然科学版),2018,54(06):755-763.

[24] 匡舒雅,李天宏.五元联系数在长江下游生态航道评价中的应用[J].南水北调与水利科技,2018,16

(05):93-101.

[25] 罗雄,方建章.航道治理建设规划环境影响识别及指标体系建立[J].水运工程,2018(08):219-224.

[26] 杨苗苗.广东省内河航道整治工程对河流生态影响与对策研究[D].南京:东南大学,2015.

[27] 夏静.长江口浮游植物变化及影响因子初步研究[D].上海:上海师范大学,2005.

[28] 徐宿东,李锐,殷锴.长江深水航道工程后特征物种的生态评价(英文)[J].Journal of Southeast University (English Edition),2015,31(04):559-565.

[29] 陈一梅,张东生.卫星遥感在港口、航道工程中的应用回顾与展望[J].水运工程,2001(10):10-13+16.

[30] 吴文挺,田波,何青.长江口三沙航道近三十年来表层水体泥沙含量遥感分析[C].第十六届中国海洋(岸)工程学术讨论会,2013.

[31] 李茂田,于霞,陈中原.40年来长江九江河段河道演变及其趋势预测[J].地理科学,2004(01):76-82.

[32] 陈一梅.利用卫星遥感分析闽江口深水航道演变[J].水运工程,2003(07):30-32+38.

[33] 许静.闽江下游干流水深遥感与河道演变分析[D].福州:福建师范大学,2009.

[34] 褚忠信.现代黄河三角洲冲淤演变规律与遥感应用研究[D].青岛:中国海洋大学,2003.

[35] 孙超.长时间序列多源遥感影像支持下南海油气开发活动监测研究[D].南京:南京大学,2018.

[36] 王越,范北林,丁艳荣,等.长江中下游护岸生态修复现状与探讨[J].水利科技与经济.2011,17(10):25-28.

[37] 杜朝丹,徐竟成,吴旭东,等.一种基于层次分析法的城市内河生态多层级评测方法:,CN105975787A[P].2016.

[38] 李天宏,丁瑶,倪晋仁,等.长江中游荆江河段生态航道评价研究[J].应用基础与工程科学学报,2017,25(2):14.

[39] 郑洋,于格,钟萍丽,等.基于土地利用变化和生态系统服务的海岸带生态安全综合评价——以胶州湾为例[J].应用生态学报,2018,29(12):9.

[40] 朱孔贤,蒋敏,黎礼刚,等.生态航道层次分析评价指标体系初探[J].中国水运·航道科技,2016(2):5.

[41] 严登华,窦鹏,崔保山,等.内河生态航道建设理论框架及关键问题[J].北京师范大学学报:自然科学版,2018,54(6):9.

[42] 许士国,石瑞花,黄保国,等.平原河道生态护坡工程评价和方案决策方法[J].水利学报,2008,39(3):7.

[43] 吕晶,高甲荣,娄会品,等.不同植物护岸措施水土保持效益研究[J].中国农村水利水电,2009(12).

[44] 许鹏山,许乐华.甘肃省生态航道建设思考[J].水运工程,2010(9):5.

[45] 夏继红,严忠民,蒋传丰.河岸带生态系统综合评价指标体系研究[J].水科学进展,2005,16(003):345-348.

[46] 王华.河流生态系统恢复评价方法及指标体系研究[D].上海:华东师范大学,2006.

致　　谢

　　本书的撰写得到了交通运输部水运科学研究院、中交第一航务工程勘察设计院有限公司、长沙理工大学、水利部交通运输部国家能源局南京水利科学研究院、华设设计集团股份有限公司、长江航道局、交通运输部长江口航道管理局、交通运输部长江航务管理局环境监测中心站、长江航道规划设计研究院、中交上海航道勘察设计研究院有限公司、中交水运规划设计院有限公司等多家单位的研究团队和专家们的加盟支持,在多方面人士的关心、支持、帮助下得以完成。

　　在此,本书编委会特向所有参与单位和人员,向相关设计、施工、监理、监测、评价单位,向相关领导、专家、同事、家人对本书中研究所给予的大力支持和帮助表示崇高的敬意和衷心的感谢!